西北政法大学国际法研究中心
西北政法大学郑斌航空与空间法研究所　主办
西北政法大学航空法治现代化协同创新中心

陕西省国际法学科“三秦学者”科研创新团队
陕西省哲学社会科学重点研究基地西北政法大学国际法研究中心
陕西省2011协同创新中心西北政法大学航空法治现代化协同创新中心专项资金资助

CHINA AVIATION LAW REVIEW

中国航空法评论

（第五卷）

王瀚／主编

法律出版社
LAW PRESS·CHINA
北京

图书在版编目(CIP)数据

中国航空法评论. 第五卷 / 王瀚主编. -- 北京 :
法律出版社, 2022
ISBN 978-7-5197-5475-4

Ⅰ. ①中… Ⅱ. ①王… Ⅲ. ①航空法-研究-中国
Ⅳ. ①D922.296.4

中国版本图书馆 CIP 数据核字(2021)第 052368 号

中国航空法评论(第五卷)
ZHONGGUO HANGKONGFA PINGLUN
(DI-WU JUAN)

王 瀚 主编

策划编辑 沈小英
责任编辑 沈小英 程王刚 王美懿
装帧设计 李 瞻

出版发行 法律出版社
编辑统筹 法治与经济出版分社
责任校对 周合芝
责任印制 吕亚莉
经　　销 新华书店

开本 710 毫米×1000 毫米 1/16
印张 23.25 **字数** 380 千
版本 2022 年 8 月第 1 版
印次 2022 年 8 月第 1 次印刷
印刷 北京虎彩文化传播有限公司

地址:北京市丰台区莲花池西里 7 号(100073)
网址:www.lawpress.com.cn
投稿邮箱:info@lawpress.com.cn
举报盗版邮箱:jbwq@lawpress.com.cn
销售电话:010-83938349
客服电话:010-83938350
咨询电话:010-63939796

书号:ISBN 978-7-5197-5475-4
定价:178.00 元
凡购买本社图书,如有印装错误,我社负责退换。电话:010-83938349

《中国航空法评论》
编委会

目　录

纪念专稿

突发公共卫生事件与航空法因应

飞行风险防控与争议解决

航空运输与反垄断法

航空法实务热点研判

域外航空法书评

纪念专稿

评国际航空法*

戴季陶**

欧洲战争的当中,飞机飞船非常进步,战争终了以后,各国更极力讲求改良,供交通运输之用。美国的邮局,试用飞机邮送已经好多次,虽是没有一般的完成,但是它的效用,一般人已经承认了。世界上用机械力的运输交通线,最普通的就是"铁路线""轮船航线""汽车路线""地底及海底铁路线"。现在飞机飞船已经进步到做一般运输交通机关的地位,当然,运输交通线的里面,又非加上一种"空中飞行线"不可。在地面上呢?各国都非设备"飞机飞船着地所"不可。巴黎的和平会议里面,定出一个"国际航空法",全部有四十几条,且把最重要的条件,写了出

---

* 本文原载《星期评论》(第十九号)1919年10月12日,第1版。辑在此处,以示经典传世,同表后学对前人早期航空法学思考之敬意。本文简体版由中国民用航空局政策法规司副司长吉大鹏整理、校对。在此谨表谢意。

** 戴季陶(1891~1949),男,生于四川广汉,毕业于日本大学法科。曾任国民政府委员、黄埔军校政治部主任、国立中山大学校长、中华民国考试院院长。代表作有《孙文主义哲学的基础》《青年之路》等。

来,再讲讲我对于这航空法的意见。

(1)绕世界一周的主要航空线,以及到各重要地的支线。

(2)各国领土及领海上面的空间区域,叫做领空。各国对于它的领空区域内,有完全的主权。

(3)航空机分为军用、邮政用、税关用、警察用、民间用等五种。

(4)“要塞”“军港”“宫城”等的上空,定为航空禁止区域。

(5)航空机须和船舶一样注册,取得注册国的国籍,在国际航空的时候,须持有“航行证书”及“技术证书”。

(6)军用的航空机,在受外国政府招待的时候,和军舰一样,有治外法权。

(7)“爆炸物”“兵器”“弹药”及“禁运品”为航空禁制品。在军事的必要上,可以禁止携带写真器械。

(8)和从前国境港湾设置税关一样,国际航路线上的国际重要地点,设置税关,可以命令由国外来的航空机着地,行检查征税。

(9)罚则。

这几个重要条件里面看来,和从前通商航海的条约,没有什么两样。在道理上,我对于这“领空”的原则,根本上不赞成。空间有的什么东西呢?有的是“空气”。空气是天然的,是不可分的,是无边际的。在这空气的当中,要设定一个人为的界限,叫他做领空,实在没有道理。现在世界上的种种战争罪恶,由“海上争霸”发生出来的,占大部分。倘若因为航空术的发达,再去用人为的方法,设定一个空中的障壁,将来由海上争霸,一变而为“空中争霸”,又不晓得要发生多少罪恶,杀死多少人类呢?所以我以为“空中”是应该离开国家的拘束,作为世界万国人民自由活动域区,航空的机械,应该作为和平事业的专用机械。我想是这么想,但是这个意见,我们中国人能够在世界上去主张吗?你们且看中国国内是怎么样。

蠢如鹿豕的官僚和顽固国粹学者。智识和思想的幼稚,比飞行机要差几百年。“空中自由”是什么?他们哪里会了解。

一般毫无知识的人民,依旧迷信神鬼。迷信金木水火土相生相克的哲学医学。“航空”是什么东西?他们哪里能够懂得。

想到这个地方,我主张“空中自由”的勇气都没有了。但是我再想一想,我是一个堂堂的人。我是世界上的一个人。这种利用“科学上的成绩”来造罪恶的国际法上原则,是世界人类和平的障碍,为世界永久和平和人类一般的幸福计,我不管中国人一般的程度怎样,中国人在国际上的地位怎样,我以一个“人”的资格,到底要主张。即使这个主张不能贯彻,我也盼望世界上有智识的人,承认我这个主张是正当的。

维持航空器内秩序的基石

——写在2014年《蒙特利尔议定书》诞生7周年之际

赵劲松*

2019年6月28日，中国民用航空局正式下发《关于进一步加强客舱秩序管理工作的通知》，进一步加强客舱秩序管理，保障和督促客舱乘务员履行安全职责，引导形成良好的公共秩序。目前，在航空运输过程中，个别旅客乘机时不按指定座位入座、抢占座位、不遵守客舱秩序，甚至不服从机组管理的现象逐渐增多，扰乱了航空器内正常的管理秩序，直接危及飞行安全。针对这一问题，国际社会和各国是如何行动的呢？

* 法学博士，中国民航局国际合作服务中心副研究员。

一、国际民航组织在行动:持续推进立法

从国际层面来看,国际航空运输协会发布的数据显示,2019 年全球航空运输业净利润达到 259 亿美元,客运量为 45.4 亿人次,货运量为 6120 万吨。从长远态势来看,旅客违规事件也呈现上升趋势,随着航空运输业的快速发展,引起全球航空业界的普遍担忧。《芝加哥公约》序言中提及,"使国际民用航空得按照安全和有秩序的方式发展,并使国际航空运输业务得建立在机会均等的基础上,健康地和经济地经营"。为此,在一些国家和国际航空运输协会的积极倡议下,国际民航组织于 2009 年启动了 1963 年《关于在航空器上犯罪及其他某些行为的公约》(以下简称《东京公约》)的修订工作,并分别召开了两次专家组会议。2012 年 5 月和 12 月分别召开了两次法律委员会特别小组委员会会议。2013 年 5 月召开了第 35 届法律委员会会议,重点审议了《东京公约》修订的若干法律问题,并将会议报告提交给国际民航组织理事会。理事会决定于 2014 年 3 月 26 日至 4 月 4 日召开外交会议,以期通过《东京公约》议定书的新案文。2014 年 3 月 26 日至 4 月 4 日,国际民航组织在其总部召开了 1963 年《东京公约》修订外交会议,共有来自 100 个国家(地区)和 9 个国际组织的 422 名代表出席了本次会议,会议的主要目标是找到解决日益升级的违规旅客问题的应对之道。在会议闭幕当天,有 76 个国家(地区)在最后文件上签字,有 24 个国家(包括中国、巴西、印度、墨西哥、约旦、苏丹等)在《关于修订〈关于在航空器内的犯罪和其他某些行为的公约〉的议定书》(以下简称 2014 年《蒙特利尔议定书》)上签字。此次外交会议规格之高、规模之大以及影响之广,在近年来国际民航组织召开的外交会议上是不多见的。

与此同时,2014 年 4 月 4 日外交会议闭幕当天,各国代表在外交会议全会上通过了最后文件,该最后文件授权成立更新 288 号通告工作队,以进一步更新 2002 年国际民航组织颁行的 288 号通告。为此,国际民航组织法律

局为更新288号通告,会议秘书处先后召集了4次会议。会议研究了《关于不循规/扰乱性旅客法律方面的指导材料》(国际民航组织288号通告)的更新问题,主要内容是列入更加详细的关于犯罪和其他行为的清单,并根据2014年《蒙特利尔议定书》对该通告进行更新。国际民航组织288号通告修订工作是应对违规旅客问题的重要举措,也是落实2014年《蒙特利尔议定书》的重要内容之一。我国民航业也面临违规旅客事件频发的严峻问题。2018年9月召开的国际民航组织第37届法律委员会审议通过了工作手册(修订稿)。目前,我国已经签署了2014年《蒙特利尔议定书》,在2014年外交会议上对管辖权条款、机上安保员条款以及罪行清单条款,表达了严重关切,并充分说明了我国政府在这些基本问题上的立场和态度,有力地维护了我国的主权、国家利益和民航业的利益。对288号通告的更新问题,我国政府原则上没有重大的关切,更多的着眼点是从技术层面上来优化文件。鉴于此,上述4次讨论的内容,与我国的国家利益和民航利益并不矛盾。2019年6月7日,国际民航组织颁行了《关于不循规/扰乱性旅客法律方面的手册》(文件号:10117)。因此,建议加强对《关于不循规/扰乱性旅客法律方面的手册》的研究工作,及时与有关司局进行业务对接,以便在行业内进行宣传,以有力地指导行业打击违规旅客的活动。

二、国际社会怎么看:几家欢喜几家愁

2014年《蒙特利尔议定书》自2014年4月4日后,在加拿大蒙特利尔国际民航组织总部向所有国家开放签署。截至2021年3月31日,共有36个国家签署了2014年《蒙特利尔议定书》,11个国家(刚果、科特迪瓦、多米尼加、约旦、塞内加尔、科威特、马来西亚、土耳其、巴拉圭、尼日利亚、卡塔尔)向国际民航组织提交了2014年《蒙特利尔议定书》批准书,15个国家(巴林、埃及、加蓬、圭亚那、马耳他、莫桑比克、葡萄牙、乌干达、加纳、新加坡、哈萨克斯坦、乌拉圭、圣基茨和尼维斯联邦、古巴、冈比亚)向国际民航组织提交了

2014年《蒙特利尔议定书》加入书。该议定书已经于2020年1月1日生效。塞舌尔已于2020年1月18日批准该议定书，肯尼亚议会正在推进批准过程中。我国已经签署了该议定书，但是，尚未批准。

国际航空运输协会、国际航空公司驾驶员协会联合会和国际运输工人联合会于2019年8月2日向国际民航组织第40届大会提交了一份文件，该文件敦促各国尽快批准2014年《蒙特利尔议定书》，以打击日益升级的违规旅客事件。该议定书生效之后，国际航空公司驾驶员协会联合会专门发表声明持欢迎态度。

依据目前提交批准书和加入书的国家情况来看，航空运输大国没有表现出足够的积极性。美国政府在2014年外交会议上就明确表示，既不会签署本议定书，也不会批准本议定书。新加坡表现颇为积极。新加坡民航局法制司司长陈秀花女士在2014年外交会议上当选为会议主席，全程主持了外交会议。2018年9月25日，新加坡加入2014年《蒙特利尔议定书》，为了实施2014年《蒙特利尔议定书》，新加坡国会于2018年专门通过了2018年《东京公约修正法》。2016年9月26日，马耳他加入了2014年《蒙特利尔议定书》，并通过了国内民航安保立法，赋予其法律效力。

三、我国该怎么看：多维度视角

根据1969年《维也纳条约法公约》，"称条约者，谓国家间所缔结而以国际法为准之国际书面协定，不论其载于一项单独文书或两项以上相互有关之文书内，亦不论其特定名称如何"，"称批准、接受、赞同及加入者，各依本义指一国据以在国际上确定其同意受条约拘束之国际行为"。目前，我国已经签署2014年《蒙特利尔议定书》，下一步该如何推进，需要综合评估其对我国的影响。

（一）视角之一：政治外交考量

2015年9月，国家主席习近平在出席联合国成立70周年系列峰会期间，在联合国讲坛上提出,要继承和弘扬《联合国宪章》的宗旨和原则,构建以合作共赢为核心的新型国际关系,同心打造人类命运共同体,得到国际社会的广泛赞誉。构建以合作共赢为核心的新型国际关系成为各国普遍认同和接受的思想理念。2019年6月28日,国家主席习近平在二十国集团领导人峰会上指出,“中国有信心走好自己的路、办好自己的事,同世界各国和平共处、合作共赢,共建人类命运共同体,为创造世界经济更加美好的明天不懈努力”。2020年3月26日,国家主席习近平在北京出席二十国集团领导人应对新冠肺炎疫情特别峰会时提出,“中方秉持人类命运共同体理念,愿同各国分享防控有益做法”。

从2009年《东京公约》现代化进程启动以来,直至2014年《蒙特利尔议定书》在外交大会上获得通过,各国代表在国际民航组织框架下携手合作,共同致力于找到打击日益升级的违规旅客问题的解决之道。从整体上讲,违规旅客问题不仅危害各国航空旅客的生命财产安全,更危害各国航空承运人的切身利益,这是人类命运共同体面临的共同课题,单独依靠一个国家的努力,难以找到制胜的法宝。尽管在历次会议推进过程中,各国间难免存在或多或少的分歧,但是,各国的根本目的基本上是一致的,这也是保证《东京公约》成功的根本原因。正是从这种意义来讲,《东京公约》现代化的基本价值理念与我国提出的人类命运共同体的理念是基本一致的。

(二)视角之二:国内法衔接

1. 2014年《蒙特利尔议定书》中的管辖权

我们需要进一步分析新增加的立法管辖权和司法管辖权对我国的影响。当然,新增加的立法管辖权和司法管辖权,有利于打击日益增多的旅客违规事件。然而,也存在不利方面:(1)与我国现行的管辖权制度存在衔接上的困难。目前,我国《治安管理处罚法》和《民用航空安全保卫条例》都规定了对一般非法干扰行为处理的条款。《治安管理处罚法》第4条规定:“在中华人民共和国领域内发生的违反治安管理行为,除法律有特别规定的外,适用本法。在中华人民共和国船舶和航空器内发生的违反治安管理行为,除法律有特别规定的外,适用本法。”《民用航空安全保卫条例》第2条规定:“本条例适用于在中华人民共和国领域内的一切民用航空活动以及与民用航空活动有关的单位和个人。在中华人民共和国领域外从事民用航空活动的具有中华人民共和国国籍的民用航空器适用本条例;但是,中华人民共和国缔结或者参加的国际条约另有规定的除外。”依此观之,《治安管理处罚法》和《民用航空安全保卫条例》都规定了对一般非法干扰行为的处罚,但是这两部法律法规管辖的依据是属地管辖(中华人民共和国领域内和在中华人民共和国登记的航空器)和属人管辖(中国国籍),并没有规定航空器降落地国的管辖权。(2)加大中国执法当局的负担,浪费更多的司法资源,也会涉及人权的问题,例如,对嫌犯的司法措施,可能引起外国的干预。中外交流日益频繁,航空运输量进一步增长,旅客违规事件也随之增加,执法当局必然疲于应付、处理与我国并无实际联系的旅客违规事件,浪费有限的行政资源和司法资源。比如,外国航空器上发生的一般违规行为,不是在中国领空发生的,也不是在中国登记的航空器上发生的,发生的案件与中国籍公民没有任何联系,也没有影响中国的利益,但是在中国机场降落,我国如何处理?如果不处理,则只会任其逍遥法外;如果处理,只能依据条约中规定的由降落地国管辖来处理。何去何从,需要慎重处理。

2. 2014年《蒙特利尔议定书》中的罪行清单

2014年《蒙特利尔议定书》第15条规定:“鼓励各缔约国采取必要措施,对航空器上犯下罪行或者行为的人启动适当刑事、行政或者任何其他形式的程序,特别是:(一)对机组成员实施人身攻击或威胁实施此种攻击;(二)拒绝遵守机长或以机长名义为保护航空器或机上人员或财产的安全之目的发出的合法指令。本公约的任何规定不影响各缔约国为惩处机上所犯不循规和扰乱性行为而在本国立法制定或维持适当措施的权力。”实际上,议定书中的规定与我国《刑法》《治安管理处罚法》《民用航空安全保卫条例》以及民航有关航空保安的规章,完全可以衔接。

3. 2014年《蒙特利尔议定书》中的机上安保员

在外交会议上通过的关于机上安保员的条款是:“二、机长可以要求或授权机组其他成员提供协助,并可以请求或授权但不能强求机上安保员或旅客给予协助,来管束他有权管束的人。任何机组成员或旅客在有理由认为必须立即采取这种行动以保护航空器或所载人员或财产的安全时,在未经授权的情况下,也可采取合理的预防措施。三、依照相关缔约国之间双边或多边协定或安排部署的机上安保员,在有理由认为必须立即采取行动保护航空器或所载人员的安全,防止非法干扰行为,以及如果该协定或安排允许采取行动防止犯下严重罪行时,可在未经授权的情况下,采取合理的预防措施。”该条的规定,实际上为机上安保员不经机长授权而单独采取行动提供了依据。

我国《民用航空法》第44条规定:“民用航空器的操作由机长负责,机长应当严格履行职责,保护民用航空器及其所载人员和财产的安全。机长在其职权范围内发布的命令,民用航空器所载人员都应当执行。”第46条规定:“飞行中,对于任何破坏民用航空器、扰乱民用航空器内秩序、危害民用航空器所载人员或者财产安全以及其他危及飞行安全的行为,在保证安全的前提下,机长有权采取必要的适当措施。飞行中,遇到特殊情况时,为保证民用航空器及其所载人员的安全,机长有权对民用航空器作出处置。”

我国于2002年开始组建机上安保员队伍,旨在处置劫机、炸机等机上恐怖犯罪活动以及机上违法行为。在我国,机上安保员执法的依据包括《刑法》《治安管理处罚法》《民用航空法》《人民警察法》等法律文件。2002年机上安保员队伍组建之前,航空器上的治安工作主要由机长和航空安全员负责,二者都是航空公司的雇员,且航空安保员必须服从机长的领导。机上安保员队伍组建之后,航空器上的治安工作由机长、航空安全员和机上安保员共同负责。

4. 2014年《蒙特利尔议定书》中的追索权

2014年《蒙特利尔议定书》第18条第2款规定:“本公约中任何规定不排除根据本国法向分别根据第8条或第9条被移交或下机的某人要求补偿

所产生的任何损失的权利。”通过加重犯罪或行为者的违法成本，有利于增强公约的威慑力，有利于提高旅客对民用航空安全的认识，有利于减少飞行中违反国际保安公约的犯罪行为。就赔偿依据而言，从侵权责任的角度出发，不仅可能涉及刑事责任，而且是一个侵权行为。侵权行为是民事主体违反民事义务，侵害他人合法权益，依法应当承担民事责任的行为；也即行为人由于过错侵害人身、财产和其他合法权益，依法应当承担的民事责任的不法行为，以及依照法律特殊规定应当承担民事责任的其他侵害行为。一般认为，侵权行为首先是一种民事过错行为，侵权行为同时又是对他人造成伤害的行为，加害人必须对受害人作出赔偿。我国也有相应的实践经验，例如，在2006年某航空公司的一架航班上，一位旅客将写有“机上有炸弹，12点爆炸”的字条交给乘务员，造成了飞机的返航。事后，某航空公司向他索赔并最终获赔86万元。又如，2012年某航空公司因旅客散布虚假恐怖信息导致航班返航，给航空公司造成较大的损失，为此该乘客被法院判决赔偿35万元。

（三）视角之三：经济测算

根据国际航空运输协会统计的数据分析，2017年大约1053次航班发生1次旅客违规事件。2018年，中国民航全行业完成旅客运输量61,173.77万人次，国内航线完成旅客运输量54,806.50万人次，国际航线完成旅客运输量6367.27万人次。2019年，全国民航完成旅客运输量6.6亿人次，同比增长7.9%。2018年《新时代民航强国建设行动纲要》提出“两实现”，即从2021年起到21世纪中叶，分两个阶段推进民航强国建设。从2021年到2035年，实现从单一的航空运输强国向多领域的民航强国跨越。在这一阶段，预计我国人均航空出行次数超过1次。从2036年到21世纪中叶，实现由多领域的民航强国向全方位的民航强国跨越，全面建成保障有力、人民满意、竞争力强的民航强国。依此推算，如果国际航空运输量增长，按照国际航空运输协会测算的比例，则意味着我国在国际航班上出现的旅客违规事件增长，这该如何处理？如果与我国通航的主要国家，没有批准或者加入2014年《蒙特利尔议定书》,则意味着降落地国主管当局没有管辖的义务。在国际航班上,要么机长将案件移交给降落地国主管当局,该当局因没有法定义务实施管辖,将嫌疑人释放;要么机长将嫌疑人滞留在机舱内,带回本国处理。如果是后一种情形,机长则有违法之嫌。依据1963年《东京公约》关于机长权力的规定,机舱舱门在打开之后,机长的权力马上让位于机场所在地的执法机关,此时,机长不再具有类似于警察的治安权力,其身份完全变成航空公司的雇员,不再具有类似于国家公权力机关的权力。

实践中,我国也曾有过先例。1987年12月10日,最高人民法院在转发对外经济贸易部《关于执行联合国国际货物销售合同公约应注意的几个问题》的通知中指出:"我国政府已于1986年12月11日正式核准了《联合国国际货物销售合同公约》。鉴于参加公约的国家已经超过10个,公约将于1988年1月1日生效,目前已经参加公约的国家除中国外,还有美国、意大利、赞比亚、南斯拉夫、阿根廷、匈牙利、埃及、叙利亚、法国和莱索托等国家。1986年,该10个国家与我国的进出口贸易总额已达92.3亿美元,贸易合同的数量是相当大的。我国政府既已加入了公约,也就承担了执行公约的义务,因此,根据公约第一条(1)款的规定,自1988年1月1日起,我各公司与上述国家(匈牙利除外)的公司达成的货物买卖合同如不另做法律选择,则合同规定事项将自动适用公约的有关规定,发生纠纷或诉讼亦得依据公约处理。"截至2020年2月1日,《联合国国际货物销售合同公约》有18个签署国、93个当事方。

简言之,批准或者加入国际公约,应充分考虑大国的基本立场和态度及其对我国的实际影响。唯有如此,方能充分维护我国的国家利益、主权和行业的利益,做到思考时"胸有成竹",决策时"心中有数",形成流程"闭环",达到"运筹帷幄,决胜于千里之外"的目的。

突发公共卫生事件与航空法因应

国际航空法中的公共卫生规则：构成与作用*

于　丹**

有关传染性疾病国际传播的一个重要事实是，“传染的路径与人类的交通系统一致”。① 所以传染性疾病预防与控制的措施中，有相当一部分都是通过对国际运输活动进行管控来实现的。《国际卫生条例(2005)》规定的公共卫生措施中即包括“对交通工具和交通工具运营者的特别条款”，②由此促成调整公共卫生与国际运输两个领域国际法律制度的紧密联系。以1944年《国际民用航空公约》为核心的航空国际立法，通过条约、国际标准以及行业建议等多种规则形式，吸纳了国际卫生法的原则与规定，并

---

* 本文系上海市哲学社会科学规划课题“促进航空制造业发展的产品责任制度研究”(项目编号:2019BFX014)和西北政法大学校级疫情专项科研项目“全球卫生合作治理及中国因应研究”(项目编号:2020YQ01)的阶段性研究成果。

** 法学博士，华东政法大学国际法学院副教授。

① Andre Siegfried, *Routes of Contagion*, Harcourt Press, 1965, p. 16. 转引自晋继勇:《全球公共卫生治理中的国际机制分析》,复旦大学2009年博士学位论文,第50页。

② 《国际卫生条例(2005)》第五编第二章。

通过多维度的航空治理活动将国际卫生法的内容落实到航空活动中。国际航空法的公共卫生规则,是国际卫生立法在国际航空领域的转化和发展。这些规则不仅保证了国际航空法与国际卫生法在内容上的协调,还通过自身更强的规范效力加强了相应的国际卫生法规范在航空领域的统一执行,从而为避免传染病通过空中途径传播提供坚实的法律保障。防控传染病的国际蔓延是具有鲜明“问题联动”①性质的全球性公共问题,不仅需要公共卫生领域的国际合作,也需要国际运输领域的国际合作,而国际法是确认、协调此种国际合作的制度保障之一。迄今为止,除了航空法以外的其他国际运输法律,其规则普遍呈现与国际卫生立法衔接不足的现象,也由此形成了防控传染病国际传播的国际法律漏洞。有必要总结国际航空法中公共卫生规则的经验,在此基础上积极推动其他国际运输法律发展公共卫生规则。本文首先介绍国际航空法的构成以及国际航空法中公共卫生规则的主要形式;其次分析国际航空法的公共卫生规则与《国际卫生条例(2005)》的关系;最后总结国际航空法在转化国际卫生立法、推进公共卫生目标方面的经验,建议把这种经验推广至其他国际运输法领域。

一、国际航空法中的公共卫生规则

(一)国际航空法的构成

国际航空法是由国际条约、国际标准和行业惯例等多种法律渊源构成的一套法律规则体系,既包含规范国家行为的公法性规则,也包含规范私人行为的私法性规则。

1944年于芝加哥达成的《国际民用航空公约》(以下简称《芝加哥公约》)②是国际航空法的核心构成。根据该公约成立的国际民航组织

---

① “问题联动”(Issue Linkage),或称“议题联系”,是当代日益依赖的国际社会的基本特点,需要相应的制度予以回应。See Joel P. Trachtman, *Institutional Linkage: Transcending Trade and...*, American Journal of International Law, Vol. 96:1, p. 77-93(2002).

② 截至2019年12月,《芝加哥公约》有193个缔约国。

(International Civil Aviation Organization, ICAO),后来成为联合国负责协调国际民用航空活动的专门机构。航空安全是《芝加哥公约》的核心目标,而制定统一的技术标准并要求缔约国严格遵循,则是《芝加哥公约》实现这一目标的制度安排。① 根据《芝加哥公约》,ICAO 有权根据国际航空活动发展的需要,随时制定"标准及建议措施"(SARPs)。② SARPs 也被称为芝加哥公约体系的技术性规范,实际上由"标准"(Standards)和"建议措施"(Recommended Practices)两类具有不同约束力的规则组成。"标准",是指对于保证航空安全或航空运行所必需的,缔约国应当普遍遵守的规则;③"建议措施",则是指对于保证航空安全或正常运行所推荐的,建议缔约国予以遵守的规则。④ SARPs 不属于公约条款,⑤《芝加哥公约》也允许缔约国在一定条

---

① Jiefang Huang, *Aviation Safety through the Rule of Law*, Wolters Kluwer, 2009, p. 18.

② 《芝加哥公约》第 37 条。

③ Standard: Any specification for physical characteristics, configuration, matériel, performance, personnel or procedure, the uniform application of which is recognized as necessary for the safety or regularity of international air navigation and to which Contracting States will conform in accordance with the Convention; in the event of impossibility of compliance, notification to the Council is compulsory under Article 38. See ICAO Assembly Resolution A1 – 31, Definition of "International Standards" and "Recommended Practices", Doc. 4411 (A1 – P/45) (1947).

④ Recommended Practice: Any specification for physical characteristics, configuration, matériel, performance, personnel or procedure, the uniform application of which is recognized as desirable in the interest of safety, regularity or efficiency of international air navigation, and to which Contracting States will endeavor to conform in accordance with the Convention. See ICAO Assembly Resolution A1 – 31, Definition of "International Standards" and "Recommended Practices", Doc. 4411 (A1 – P/45) (1947).

尽管早期的 ICAO 文件赋予了"标准"和"建议措施"以不同的约束力,但是后来的 ICAO 大会决议普遍弱化两者的区别,要求缔约国关于"建议措施"的背离也向 ICAO 通知。See ICAO Assembly Resolution A36 – 13, Consolidated Statement of Continuing ICAO Policies and Associated Practices Related Specifically to Air Navigation, Doc. 9902, at Ⅱ – 7.

⑤ 关于国际公约的附属性文件,是否构成公约的一部分,理论上并没有形成一致的观点。支持者认为国际公约的附属性规范构成公约的一部分,缔约国如果背离这些规范,则构成对国际公约的保留。See H. Saba, *Quasi-Legislative Activities of the Special Agencies of the United Nations* (in French) RdC 111 (1964): 607, 678 in Jie fang Huang, *Aviation Safety through the Rule of Law*, Wolters Kluwer, 2009, p. 58. 反对者认为,缔约国一般没有义务去遵守或执行国际公约的附件或修订性文件,除非它们认为遵守是可行的。See T. Buergenthal, *Law-making in the International Civil Aviation*, Syracuse University Press, 1969, p. 76.

件下背离这些规范。[①] 然而,理论上一致认为,SARPs 对于成员国具有法律上和事实上的约束力,这些技术性规范已然构成国际航空法的一部分。[②] 根据《芝加哥公约》的规定,缔约国仅在无法完全遵守 SARPs,并立即将本国措施与 SARPs 之间的差别通知 ICAO 的情况下,才可以偏离 SARPs 的规定。[③] 这种仅能在特定条件下背离的安排,恰恰说明 SARPs 对缔约国具有普遍的约束力。从实践运作来看,芝加哥公约体系也暗含了对背离 SARPs 的缔约国进行"惩罚"的效果。这是因为一般而言,背离 SARPs 的国家,其航空安全管理能力较差,其他缔约国会根据执行 SARPs 的情况决定是否允许一国航空器进入自己的领空。[④] 此外,ICAO 还有另一重监督缔约国执行 SARPs 的机制。从 1999 年开始,ICAO 引入"统一安全监督审计项目"(USOAP)对缔约国履行 SARPs 的情况进行审计。[⑤] SARPs 是《芝加哥公约》体系中规则最为庞大的一项构成,按照调整的内容,被编排在《芝加哥公约》的 19 个附件中。[⑥]

除了条约和国际标准外,国际航空法中也包含大量的软法性的规则。其中一部分是 ICAO 发布的辅助 SARPs 得以执行的操作规范,形式上主要体现为"手册"(ICAO Manuals);另一部分是由航空领域的非政府间国际组织发布的行业性操作指南。与 ICAO 发布的"手册"不同,行业性组织发布的操作

---

① 《芝加哥公约》第 38 条。

② 赵维田:《国际航空法》,社会科学文献出版社 2000 年版,第 86 页; Jiefang Huang, *Aviation Safety through the Rule of Law*, Wolters Kluwer, 2009, p. 58 – 60; Brian F. Havel & Gabriel S. Sanchez, *The Principles and Practice of International Aviation Law*, Cambridge University Press, 2014, p. 60.

③ 《芝加哥公约》第 38 条。

④ Brian F. Havel & Gabriel S. Sanchez, *The Principles and Practice of International Aviation Law*, Cambridge University Press, 2014, p. 63.

⑤ ICAO Assembly Resolution A32 – 11, *Establishment of an ICAO Universal Safety Oversight Audit Programme*, Doc. 9790 (2001).

⑥ 《芝加哥公约》目前共有 19 个附件,分别为:附件 1 人员执照;附件 2 飞行规则;附件 3 航空气象;附件 4 航图;附件 5 空中和地面操作中的计量单位;附件 6 飞机运行;附件 7 航空器国籍和登记标志;附件 8 航空器适航;附件 9 便利化;附件 10 航空通信;附件 11 空中交通服务;附件 12 搜寻与救助;附件 13 航空器事故和事件调查;附件 14 机场;附件 15 航空信息服务;附件 16 环境保护;附件 17 安保;附件 18 航空危险品运输;附件 19 安全管理。

指南主要面向航空行业中的经营者,如航空公司、机场、货运代理人,是规范私主体行为的规则。行业性国际组织中最具影响力的两个组织——国际航空运输协会(International Air Transport Association,IATA)和国际机场协会(Airports Council International,ACI),为促进行业运营的效率,发布了大量的以规范指引为内容的规则。此类规则虽不具有法律上的约束力,但是基于内容的专业性和实用性,依然获得了广泛的遵守和执行。

(二)国际航空法关于公共卫生内容的规定

1.《芝加哥公约》

《芝加哥公约》第 14 条规定,“缔约国同意采取有效措施防止经由空中航行传播霍乱、斑疹伤寒(流行性)、天花、黄热病、鼠疫,以及缔约各国随时确定的其他传染病。为此,缔约国将与负责关于航空器卫生措施的国际机构保持密切的磋商。……”这是《芝加哥公约》中唯一一条直接关于公共卫生内容的条款,该条将防止传染病经由空中传播确定为缔约国的一项义务。由此,也确立了国际航空法调整与航空有关的公共卫生事务的规范基础,为 ICAO 开展与航空有关的公共卫生立法、执法活动提供了法律依据。只是在第 14 条内容形成之时,国际卫生立法的主体部分尚未成形、相关的国际组织也并未确定,所以该条中仅是概括地规定了缔约国要与负责航空器卫生措施的国际机构保持磋商。

21 世纪以来的几次全球性公共卫生危机,①尤其是 2003 年暴发的“非典”,使国际航空业务受到严重的负面影响。② 缔约国普遍希望芝加哥公约体系能对机上人员的健康权给予更多的关注,从而提升人们选择航空出行的

---

① 2003 年非典型性肺炎(SARS)、2013 年 H1N1 流感、2014 年非洲埃博拉病毒、2015 年中东呼吸综合征(MERS)均对国际航空产业产生了抑制性影响。

② 据 IATA 统计,即使在 2003 年“非典”即将结束的 5 月,全球航空客运量同比下降幅度达 21%,而疫情最严重的亚太地区航空客运量下降幅度超过 50%。See IATA, *International Air Traffic Drops 21% in May-Optimism for June Start to Traffic Recovery*, https://www.iata.org/en/pressroom/pr/2003-07-02-01/.

信心。2004 年,ICAO 第 35 届大会决议声明:“保护乘客与机组成员的健康是航空安全不可分割的一项内容,应当以及时、高效的方式始终保持确保机上人员健康的条件。”①航空安全是国际航空法的基本宗旨和目标,《芝加哥公约》以及 SARPs,正是为了维护航空安全建立起来的规则体系。按照 ICAO 文件的解释,“航空安全是使飞机、机上人员和财产免于任何不可接受的风险的状态”。② 传统观点认为,影响机上人员安全的风险主要来自飞机操作、天气、非法干扰等方面。但随着社会、科技的进步,人们逐渐认识到机舱内不良的环境也是危及机上人员健康的因素之一,进而构成航空安全风险。ICAO 大会决议具有宣誓、解释、发展国际航空法的作用。③ ICAO 第 35 届大会的决议,通过重新解释航空安全的内涵,将“机上人员健康”并入其中。由此,保护机上人员的健康也成为芝加哥公约体系的宗旨之一,这也为 ICAO 进一步开展关于公共卫生内容的立法和执行活动提供了法律依据。

2. 标准及建议措施(SARPs)

2005 年,世界卫生组织(World Health Organization, WHO)修订了该组织在 1969 年制定的《国际卫生条例》,修订后的文件被称为《国际卫生条例(2005)》。该条例系统地规定了国家在预防、控制传染病方面承担的义务。条例发布以后,ICAO 对 SARPs 也进行了修订和增补,使其全面吸纳了《国际卫生条例(2005)》的原则和规定。具体来说,SARPs 涵盖的公共卫生措施主要体现为以下 3 个方面的内容:航空检疫;机场公共卫生能力建设;机上卫

---

① See ICAO Assembly Resolution A35 - 12, *Protection of the Health of Passengers and Crews and Prevention of the Spread of Communicable Disease through International Travel*, Doc. 9848 (2004).

② ICAO, *Determination of a Definition of Aviation Safety*, Working Paper AN-WP/7699 (11 December 2001), para. 22.

③ ICAO 对外关系与法律事务局局长黄解放认为,ICAO 大会的决议不仅具有政治或道义上的意义,也具有国际法上的意义。视决议内容的不同,大会决议的法律意义可以分为如下几类:宣誓习惯国际法;国际法形成的准备;解释国际法;对 ICAO 内部机构发出指令;对成员国的法律示范。See Jiefang Huang, *Aviation Safety through the Rule of Law*, Wolters Kluwer, 2009, p. 175 - 183.

生。检疫措施一向是国际卫生条例协调的主要内容,[①]《国际卫生条例(2005)》对国际交通工具到达、停靠与离开阶段的检疫条件、内容、范围都作了比较详细的规定。因此,规定航空检疫措施的SARPs只是要求缔约国执行《国际卫生条例(2005)》的相关规定,自身未作展开。如附件9规定:在从事国际运输的民用航空器到达与离开本国机场期间,缔约国采取公共卫生措施应按照《国际卫生条例(2005)》规定的条件。[②] 如果为应对特定的公共卫生风险或国际关注的突发公共事件,缔约国考虑采取WHO推荐措施以外的额外措施时,应遵守《国际卫生条例(2005)》规定的条件与程序。[③] 缔约国应按照《国际卫生条例(2005)》规定的条件、程序,对民用航空器进行消毒或杀虫。[④] 关于"机场公共卫生能力建设"和"机上卫生"两方面的内容,《国际卫生条例(2005)》的规定是比较原则的。为了保证缔约国的统一执行,SARPs在《国际卫生条例(2005)》规定的基础上,作了更为细化的解释。如《国际卫生条例(2005)》的"口岸公共卫生核心能力建设",要求国家建立和完善口岸突发公共卫生事件的应急预案,[⑤]但是条例没有说明应急预案应当包括的内容和采用的程序。《芝加哥公约》附件9则把《国际卫生条例(2005)》的这项要求转化为缔约国建立"国家航空应急预案"的义务。[⑥] 附件11和附件14又进一步将"国家航空应急预案"分解为"空中管理应急预案"和"机场应急预案",明确了应急预案应当包括的参加者、[⑦]内容[⑧]以及对应急预案的演练

---

① 全球性的卫生条约可以追溯到20世纪二三十年代,如1926年在巴黎签署的《国际卫生公约》和1933年在海牙签署的《国际航空卫生公约》。两者都主要是对国家口岸卫生检疫形式和内容的规定。

② ICAO, Annex 9 of Facilitation of Convention on International Civil Aviation (2011), s.2.4.

③ Ibid., s.2.5.

④ Ibid., s.2.23 –2.32.

⑤ 《国际卫生条例(2005)》附件1,第2条第2款。

⑥ ICAO, Annex 9 of Facilitation of Convention on International Civil Aviation (2011), s.8.16.

⑦ ICAO, Annex 14 of Volume Ⅰ Aerodrome Design and Operations of Convention on International Civil Aviation (2009), s.9.1.3.

⑧ Ibid., s.9.1.5.

要求。[1] 再如,《国际卫生条例(2005)》对交通工具上的卫生要求仅原则性地规定了交通工具运营者应"遵守世界卫生组织建议并经缔约国采纳的卫生措施;……保持交通工具无感染源或污染"。SARPs 则把这种要求具体化为保证机上人员健康的具体标准。如附件 6 规定,航空器上必须配备应急医疗箱;在公共卫生风险上升时,航空器上配备的应急医疗箱数量也应当相应增加。[2] 附件 8 规定,机上环境的设计必须充分考虑机组人员的健康及其工作的开展。[3]

值得注意的是,ICAO 在将《国际卫生条例(2005)》的相关内容并入 SARPs 时,不仅可能出于执行的需要作出解释性规定,也在某些时候扩张了《国际卫生条例(2005)》规定的缔约国义务范围。如关于上述机场(口岸)的核心能力建设,《国际卫生条例(2005)》仅要求在缔约国指定的口岸范围内进行。[4] 而根据相应的 SARPs,建立机场应急预案的范围被扩展到所有对公众开放的机场。[5]

3. 行业建议和指南

公共卫生目标的实现,需要包括政府和私人主体在内的多元主体共同参与,协调行动形成共同治理。国际航空法中的公共卫生规则,不仅限于国际条约与标准,也含有非政府间国际性组织(行业组织)发布的系列建议、指南。自 2010 年开始,ICAO 联合 WHO,将航空领域和公共卫生领域重要的国际性、区域性以及国家层面的有重要影响力的组织和机构联合起来,设立了"民航公共卫生事件合作安排"(Collaborative Arrangement for the Prevention

---

① ICAO, Annex 14 of Volume Ⅰ Aerodrome Design and Operations of Convention on International Civil Aviation (2009), s. 9. 1. 12 – 9. 1. 13.

② ICAO, Annex 6 of Operation of Aircraft Part Ⅱ International General Aviation—Aeroplanes of Convention on International Civil Aviation (2008), s. 2. 2.

③ ICAO, Annex 8 of Airworthiness of Aircraft of Convention on International Civil Aviation (2010), Part Ⅲ B, Sub Part J, J – 4.

④ 《国际卫生条例(2005)》第 20 条第 1 款、附件 1 第 2 条。

⑤ ICAO, Annex 14 of Volume Ⅰ Aerodrome Design and Operations of Convention on International Civil Aviation (2009), s. 1. 2. 2.

and Management of Public Health Events in Civil Aviation, CAPSCA)。[①] 基于信息共享、协调行动的目标,该合作安排中各组织和机构针对特定传染性疾病发布的公共卫生应对建议、措施,都被汇集到一个网站上。[②] 使用者可以通过"一站式"查询,获得航空运输相关的所有公共卫生信息和建议。

IATA 和 ACI 分别针对航空企业和机场发布了公共卫生方面的操作指南。这些指南在内容上极具针对性,如自 2003 年"非典"以来,IATA 针对航空公司、机组人员、航空器维修人员、航空器清洁人员、航空货物与行李搬运人员,分别制定了在传染病暴发期间的操作指南。指南以国际公约、国际标准为依据,结合航空业运营的实践需要,为企业及其工作人员提供专业性指引。如根据 IATA 发布的"疑似传染性疾病的机组人员指南",[③]对疑似传染性疾病的判断、机上处置流程、座位安排都提供了具体的标准,机舱工作人员据此可以对机上疑似病例作出科学且合理的处置。按照该指南,一旦确认机上有疑似传染病人,机舱工作人员应当立即向机长报告,并提醒机长建议到达地机场按照当地公共卫生当局的规定与程序准备清洁与消毒。[④] 机舱工作人员向机长进行的汇报,与飞机国籍国承担的国际法义务紧密相连。根据《国际卫生条例(2005)》第 28 条第 4 款和《芝加哥公约》附件 9 第 8.15 条,航空器国籍国有义务要求机长向航行目的地的空中管理部门汇报航空器上发现的传染病或疑似传染病情况。而按照民航运营的实践,机舱内人员的健康状况会首先由机组人员发现并处置。IATA 通过"疑似传染性疾病的机组人员指南",按照国际立法和标准的规定,制定出供航空企业和工作人员执行的

---

① "民航公共卫生事件合作安排"包含的政府间国际组织有:国际民航组织;世界卫生组织;联合国开发计划署;联合国移民计划署;联合国粮食计划署;联合国粮食及农业组织;世界旅游组织;国际原子能机构。包含的行业性国际组织有:国际航空运输协会;国际机场协会;国际飞行员协会。包含的国家层面机构有美国疾病预防控制中心。

② See http://www.capsca.org/.

③ IATA, *Suspected Communicable Disease-Guidelines for Cabin Crew*, CAPSCA (Feb. 20, 2020), http://www.capsca.org/Documentation/CoronaVirus/health-guidelines-cabin-crew.pdf.

④ IATA, Suspected Communicable Disease-Guidelines for Cabin Crew, Article 14, CAPSCA (Feb. 20, 2020), http://www.capsca.org/Documentation/CoronaVirus/health-guidelines-cabin-crew.pdf.

操作规范。此类行业性建议,在国际条约、国际标准的规定与企业行为之间建立起有效的连接,不仅有助于航空公司、机场等行业从业者的高效、安全、合规运营,也为国际法获得统一执行提供了保障。因此,即使不具有法律上的约束力,由行业性组织发布的规则也得到了广泛的遵循,形成航空领域公共卫生治理的规则保障。

二、国际航空法的公共卫生规则与《国际卫生条例(2005)》的关系

(一)《国际卫生条例(2005)》及其局限

世界卫生组织是联合国负责协调与指导卫生工作的专门性机构,WHO大会具有通过国际性的卫生规章的权利。① 1951 年 WHO 大会通过了《国际公共卫生条例》,1969 年 WHO 大会在此基础上修改形成《国际卫生条例》(IHR)。2005 年,WHO 大会又在 IHR 基础上修订形成现在的《国际卫生条例(2005)》。该条例生效②后取代了之前各个版本的国际卫生协议和条例,③成为当前防控传染病国际传播的唯一全球性国际立法。

协调国家层面的传染病控制措施,降低公共卫生措施对国际交通造成的影响,是各个版本的国际卫生协议和条例的宗旨和主要内容。在此基础上,《国际卫生条例(2005)》规范的内容则更为广泛,增加了关于国内卫生能力建设的内容和 WHO 宣布突发公共卫生事件和应对建议的权力。"人权保护"也作为一项基本原则被并入《国际卫生条例(2005)》规定的公共卫生措施中。从法律性质上看,《国际卫生条例(2005)》属于国际条约,④对 WHO

---

① 《世界卫生组织法》第 19 条。

② 《国际卫生条例(2005)》于 2007 年 6 月 15 日正式生效。

③ 《国际卫生条例(2005)》第 58 条。

④ "条例"与"公约"存在细微的差别。"条例"通常指国际组织有权机关制定的技术性的行为准则。参见龚向前:《传染病控制之国际法问题研究》,武汉大学 2005 年博士学位论文,第 31 页。

的所有成员国[①]和明确表示接受该条例的国家[②]具有约束力。但与之前各版本的国际卫生协议和条例一样,《国际卫生条例(2005)》的执行情况并不乐观。[③] 执行力较弱可以归因于《国际卫生条例(2005)》自身存在的两个突出问题:一是条例部分规定含混不清,尤其是对成员国义务的范围缺乏清晰界定。条例一方面强调成员国应采取统一行动,另一方面又极力避免对成员国主权所辖事务的任何干预,表现在其内容上,就不可避免地呈现模棱两可的特点。比如,对于受染交通工具处置的方法,条例规定,如果 WHO 有建议的方法,成员国应予采用;但条例同时又规定,如果缔约国的主管当局认为其他方法也同样安全可靠,则不必遵循 WHO 建议的方法。[④] 另外,《国际卫生条例(2005)》框架下应对突发公共卫生事件的卫生措施普遍是以不具有约束力的"建议"(Recommendation)的形式发布的。[⑤] 成员国不具有必须执行"建议"的国际义务,因此实践当中基于各自的利益,成员国背离建议内容各行其是的做法屡见不鲜。国际卫生法规则被边缘化的危机一直存在。二是保证条例执行的强制机制缺位。虽然《国际卫生条例(2005)》引入了仲裁方式解决成员国之间的争端,[⑥]但对于违反条例义务或者拒不执行仲裁裁决的成员国并没有规定相应的惩罚。《国际卫生条例(2005)》的制度设计中缺少惩罚功能,面对成员国采取"过度措施"的行为,WHO 也只是一个"没有法律牙齿的卫生监督者"。[⑦] 相应地,《国际卫生条例(2005)》也同样欠缺奖励功能。

---

① 根据《世界卫生组织法》第 22 条的规定,WHO 成员国可以拒绝该条例的适用或对该条例提出保留,但必须在条例通过之日起的 24 个月内通知 WHO 总干事。

② 《国际卫生条例(2005)》第 64 条。

③ 晋继勇:《全球公共卫生治理中的国际机制分析》,复旦大学 2009 年博士学位论文,第 71 页。

④ 《国际卫生条例(2005)》第 27 条第 1 款。

⑤ 《国际卫生条例(2005)》第 15、16 条。

⑥ 《国际卫生条例(2005)》第 56 条第 3 款。

⑦ Andy Ho, *WHO: A Health Watchdog without Legal Teeth*, Archived Issues, March 2, 2004. 转引自龚向前:《传染病控制之国际法问题研究》,武汉大学 2005 年博士学位论文,第 33 页。

严格遵守条例的国家往往因为其他国家采取过度措施而遭受损失。[①]欠缺奖惩效果的制度安排,使国际卫生条例的执行情况不佳。每当重大的传染病流行之时,几乎总会出现成员国违反条例规定以及与WHO建议背道而驰的情况。

(二)国际航空法的公共卫生规则克服了《国际卫生条例(2005)》的局限

《国际卫生条例(2005)》的软弱性使其规范效力降低,难以真正协调国家层面的统一行动。虽然同样是强调功能性而非政治性的规则体系,国际航空法规则却因其明确的奖惩效果以及多元治理的构成对缔约国产生了较强的约束力。国际航空法中的公共卫生规则,也由此体现出相对于《国际卫生条例(2005)》规则更强的执行力。

《国际卫生条例(2005)》中与航空有关的规定,首先被转化为国际航空法中的SARPs。如上文所述,基于《芝加哥公约》的规定和暗含的惩罚功能,SARPs对成员国具有法律上和事实上的约束力。目前,ICAO正在加紧研讨将含有公共卫生内容的SARPs也明确纳入"航空安全标准审计"的范围中。[②]所以,经过国际航空法的这层转化,《国际卫生条例(2005)》的内容能够以具有更强约束力和执行力的规则形式呈现。另外,《国际卫生条例(2005)》的内容普遍比较原则,如关于口岸公共卫生能力建设和交通工具卫生的规定,这就留给国家较大的自行解释空间,进而产生国家层面执行不统一的后果。ICAO通过SARPs(硬法规则)和"指南"(软法规则)对《国际卫生条例(2005)》的相对原则性的规定进行解释或扩充,行业性组织制定的指南性规

① 晋继勇:《全球公共卫生治理中的国际机制分析》,复旦大学2009年博士学位论文,第77页。

② ICAO航空安全审计项目审计的对象仅限于与航空安全有关的SARPs。含有公共卫生内容的SARPs是否在强制审计的范围中,目前没有被清晰地界定。新冠肺炎疫情的蔓延使ICAO理事国普遍意识到加强公共卫生国际标准实施审计的必要性,2020年3月召开的ICAO理事会会议因此商讨将含有公共卫生内容的SARPs纳入强制审计的范围。

则又进一步将其落实到私法主体层面。国际航空法中的这些公共卫生规则，相当于在国际航空领域为《国际卫生条例(2005)》提供了一套实施细则,为国家履行《国际卫生条例(2005)》提供了更为具体的规则指引。通过这层规则转化,公共卫生的目标无疑在航空领域获得了更为深入的推进。

因此,国际航空法中的公共卫生规则,作用不局限于将国际卫生立法的规定引入《芝加哥公约》体系中,也克服了当前国际卫生法的局限。

(三)国际航空法的公共卫生规则增强了《国际卫生条例(2005)》的权威

航空运输与传染病防控活动都具有天然的国际性。在联合国的框架下,它们分别由联合国下属的两个功能性机构——ICAO 和 WHO 负责组织协调。然而,这两项活动之间也呈现相当的交叉性。国际航空运输自诞生初期就被与卫生检疫活动联系起来,[①]早期的国际卫生检疫也主要是通过对运输活动的控制来实现。[②] 对于两项活动中交叉的部分,无疑需要统一的制度予以回应。WHO 定位于"国际卫生工作的指导和调整机关",[③]基于成员国的授权和自身的功能定位,一直对协调全球性公共卫生事务发挥主导作用。然而,WHO 的权威和领导作用也会受到来自其他国际组织的挑战。如部分学者认为,世界贸易组织(WTO)通过制定和执行《卫生与动植物检疫措施适用协定》《与贸易有关的知识产权协议》等国际立法,已经取代 WHO 成为公共卫生领域最有影响力的国际组织。[④] WHO 的相关研究也指出,其他国际组织分享了它在国际卫生领域的立法权威,这也是国际卫生制度成效有限的原

① 张冠华、许华:《我国航空卫生检疫的回顾》,载《国境卫生检疫》1983 年第 S1 期。

② 晋继勇:《全球公共卫生治理中的国际机制分析》,复旦大学 2009 年博士学位论文,第 50 页。

③ 《世界卫生组织法》第 2 条。

④ 龚向前:《传染病控制之国际法问题研究》,武汉大学 2005 年博士学位论文,第 64 页。

因之一。[①] 两项具有交叉性内容的活动,必然呼唤统一的而不是多重的制度规则回应,但是统一的制度回应也可能导致国际组织之间的权力迁移现象。执行能力较弱的国际组织对于含有交叉性内容活动的管辖权,可能经由国际法的途径向执行力更强的国际组织迁移。[②] 2003 年"非典"以后,国际航空业界深刻地感受到公共卫生危机对于全球航空业的致命性打击,加强了关于航空公共卫生内容的立法活动,目前又致力于将含有公共卫生内容的 SARPs 纳入 ICAO 审计监督的范围中。那么,ICAO 的这些举措是否也是权力迁移的一种表现,并进而会影响 WHO 在公共卫生领域的权威呢?

传染病防控与航空运输两项活动确实具有一定的冲突。如航空运输可能加速传染病的传播,卫生检疫也总是通过对航空活动的限制而实现。但是,无论在 WHO 还是 ICAO 的框架下,对其中任何一项活动的规范均是以促进另一项活动的正常发展为目标的。国际航空法律和 ICAO 的目标均为促进国际民用航空活动的安全和秩序。传染病的蔓延与肆虐无疑是航空安全和秩序最主要的威胁之一。ICAO 和《芝加哥公约》的缔约国,对于公共卫生也有深刻的利益关切,公共卫生的目标已经被并入国际航空法的宗旨和内涵当中。ICAO 确立的一系列航空公共卫生规则和标准,无论是体现为"硬法"还是"软法"的形式,均在内容上与《国际卫生条例(2005)》相呼应,意在加强而不是削弱国际卫生法制在航空领域的执行。这与 WTO 的相关协议暗含贸易优先于传染病防治的目标[③]、争夺 WHO 对公共卫生事务领导权的情形,是根本不同的。

防控传染病国际传播,不只是国家间在公共卫生措施上的合作与协调,也必然要渗透国际社会的各个领域。在国际航空领域,WHO 的权威和专业

---

① 2002 年的一项报告指出:"由于有许多国际组织分享与卫生有关的问题上的立法权威,发布指令与施加义务的努力容易分散和无效。" Genebra, *Coordinating of International Lawmaking*, *Bulletin of World Health Organization*, Vol. 80:12, p. 1(2002). 转引自晋继勇:《全球公共卫生治理中的国际机制分析》,复旦大学 2009 年博士学位论文,第 69 页。

② Joel P. Trachtman, *Institutional Linkage*: *Transcending Trade and...*, American Journal of International Law, Vol. 96:1, p. 77-93(2002).

③ 龚向前:《传染病控制之国际法问题研究》,武汉大学 2005 年博士学位论文,第 60 页。

性都是不足的，WHO不可能独立开展与航空有关的公共卫生立法以及相关的执行监督活动。通过ICAO的立法活动与监督执法机制，使《国际卫生条例（2005）》的规定在航空领域获得更详尽的解释和更有力的执行，加强了WHO在此领域的权威。事实上，由于传染病防控与航空运输都是具有较强的技术依赖性的活动，对两者交叉部分的规范与协调，只有通过相关的国际组织的共同努力，才能取得最优的效果。《国际卫生条例（2005）》、WHO的组织文件和《芝加哥公约》，都强调了国际组织合作解决国际卫生问题的必要性。

国际航空法的公共卫生规则，虽然在《国际卫生条例（2005）》内容的基础上有所扩展，但扩展的部分与国际卫生立法的精神和原则是高度一致的。这些规则是为了在航空领域推进公共卫生目标的具体举措，本质上是对《国际卫生条例（2005）》内容的表达。

三、国际航空法规范航空公共卫生事务的经验和启示

防控传染病的国际传播，是非常典型的全球性公共问题。[①] 此类问题难以通过国家的单边行动解决，国际合作是唯一的出路。而协调处于不同发展水平、具有不同利益关切的国家采取统一行动，唯有依靠国际制度。[②] 以《国际卫生条例（2005）》为主要内容、以WHO为组织保障的国际卫生法律制度，当前承担着协调、指导国家防控传染性疾病的功能，其内容的专业性值得推崇，也具有广泛的成员国基础。然而，依托于传统国际法的逻辑基础，国际卫生法依赖国家来管理具有全球属性的公共卫生问题的模式，不可避免地导致

① 就范畴来说，全球性公共问题不只是简单的国家与国家之间面临的共同问题，也是个人—国家—全球面临的共同问题；既可能是包括生态危机和环境污染在内的公害问题，也可能是公益问题。参见苏长和：《全球公共问题与国际合作：一种制度的分析》，上海人民出版社2009年版，第5页。

② 参见苏长和：《全球公共问题与国际合作：一种制度的分析》，上海人民出版社2009年版，第73～78页。

制度的失灵或低效。现有国际卫生法的主体规则部分内容模糊、执行力弱，如果公共卫生目标的实现仅寄希望于国家对规则的善意履行，恐怕并不现实。

以《芝加哥公约》为核心的国际航空法，在尊重国际卫生法的权威和发展航空卫生规则之间，找到了精确的平衡。通过国际航空法公共卫生规则，国际卫生立法的原则和内容在航空领域中得到了落实和强化。这种以其他国际立法来确认、增强国际卫生立法的路径，不失为当前克服国际卫生立法不足的现实性选择。传染病防控具有较强的"问题联动"特征，①必然要通过对其他领域活动的管理和协调来实现。增强国际交通活动中的公共卫生管理，是防止传染病国际蔓延的必要手段。因此，在国际运输法律中确认、发展关于公共卫生内容的规则，是防控传染病国际蔓延的重要法制保障。但迄今为止，除国际航空法外，其他国际运输法中的公共卫生规则存在明显的不足，尤其体现在内容上与当前的国际卫生立法无法形成协同效应。这个问题从国际海上运输公约中的公共卫生规则内容，可见一斑。《便利国际海上运输公约》(Convention on Facilitation of International Maritime Taffic，FAL)②是海上运输法中比较集中地涵盖公共卫生内容规则的公约。借鉴国际航空公约采取"国际标准和建议措施"来统一缔约国航空管理标准的模式，③《便利国际海上运输公约》的附件也包含"标准"和"建议措施"两类规则。FAL 的公共卫生规则规定于附件中，内容涵盖海运卫生检疫措施、港口卫生能力建设和船上病例的通报 3 个部分。规则要求缔约国在国际海运活动中全面执行《国际卫生条例(2005)》的规定，即使缔约国并非 WHO 的成员国亦不例外。④ 然而，FAL 引入公共卫生规则的目的似乎仅局限于便利海上运输，没有沿着推进海运领域的公共卫生目标的方向走得更远。表现在 FAL 的公共

---

① 龚向前：《传染病控制之国际法问题研究》，武汉大学 2005 年博士学位论文，第 14 页。

② 《便利国际海上运输公约》于 1965 年在国际海事组织(IMO)的外交大会上通过，主要内容是要求缔约国简化和减少从事国际航行船舶的抵达、停留和离开的手续、文书要求和程序，为国际海上运输提供便利。截至 2015 年年底，共有 115 个成员国。

③ Jochen Erler, *New Convention on Facilitation of International Maritime Traffic*, McGill Law Journal, Vol. 13:2, p. 324 - 328(1967).

④ 《便利国际海上运输公约》附件 1，第 6.1 条。

卫生规则内容并没有与《国际卫生条例(2005)》形成有效的呼应,也并没有帮助后者在海运领域落实。首先,FAL 的公共卫生规则在概念、内容上没有与《国际卫生条例(2005)》保持一致。如附件规定,"除非有对公共健康构成严重威胁的突发情况",否则缔约国不得拒绝未受感染船舶停靠或补给。① 这条规则中的"对公共健康构成严重威胁的突发情况"(An Emergency Constituting a Grave Danger to Public Health)如何解释?与《国际卫生条例(2005)》中的"国际关注的突发性公共卫生事件"是否存在等同或包含的关系?由于 FAL 并没有进一步解释,在执行过程中可能引发条约解释的问题,也可能给缔约国逃避国际义务埋下伏笔。其次,FAL 的公共卫生规则规定得比较原则,也无法发挥对《国际卫生条例(2005)》相关内容的解释作用。比如,关于港口公共卫生能力建设,FAL 仅规定了"各国应确保其境内有尽可能多的港口具备在突发事件发生时满足船上人员卫生需求的条件",对于能力建设的主体和建设的内容都没有进一步明确。相比《国际卫生条例(2005)》的相关规则,FAL 似乎更为原则。再加上 FAL 的执行情况也不尽理想的现实,②FAL 公共卫生规则并未起到如航空法领域规则所发挥的转化、解释、发展国际卫生法的作用。FAL 公共卫生规则与国际卫生法衔接不足的现象,在国际海上运输公约中普遍存在。③ 所以,即使有多项国际立法涉及海上运输的公共卫生措施和标准,但各国事实上还是处于各自为政的状态。在新冠肺炎疫情暴发期间,多艘国际邮轮"无家可归"并由此导致传染病聚集暴发的事例④足以说明,国际海上运输法对于公共卫生问题的回应是非常不足的。

---

① 《便利国际海上运输公约》附件 1,第 6.10 条。

② 李剑飞:《海运便利化与港口国监管的法律问题研究》,华东政法大学 2019 年硕士学位论文,第 34 ~40 页。

③ 张文广:《应对邮轮疫情亟须加强国际合作》,载《经济参考报》2020 年 3 月 10 日,第 8 版。

④ 在 2020 年新冠肺炎疫情暴发期间,载有 2257 名乘客的"威士特丹"号邮轮因多次被港口国拒绝,在海上漂泊近 2 周时间,最终才得以停靠柬埔寨。美国嘉年华集团运营的"钻石公主"号邮轮发现船上确诊病例后,日本横滨港要求其他旅客和船员在船上隔离。由于船上隔离条件差,超过 700 名船上人员最终确诊感染。参见张文广:《应对邮轮疫情亟须加强国际合作》,载《经济参考报》2020 年 3 月 10 日,第 8 版。

在国际运输法中发展公共卫生规则,促进国家间在国际运输领域开展卫生合作,可以为防控传染病国际传播提供法律保障。尤其是在现有国际卫生法制度失灵的背景下,通过在国际运输法中发展公共卫生规则来加强运输领域的国际协调,可以为防控传染病蔓延竖起一道又一道法律屏障。在此方面,国际航空法通过对国际卫生法的转化和表达,已经取得相对成功的经验,值得推广到其他国际运输法领域。我国应积极推动国际运输法转化、发展为与国际卫生立法原则与内容相符的公共卫生规则。一方面,积极推动国际海事组织、相关的国际铁路运输组织和国际公路运输组织开展关于公共卫生的立法活动,促进国际运输法中公共卫生规则的发展;另一方面,也应继续促进国际航空法中公共卫生规则的进一步发展。尤其可以尝试将我国在此次新冠肺炎疫情中形成的航空抗疫经验形成标准,争取上升为国际航空法的国际标准或软法性规则。通过国际制度将中国模式的经验转化为更多的理解和共识,也让其他国家得以共享我国在公共卫生建设领域取得的成果。

四、结　　语

全球性公共问题的解决,既需要各个国家的协调行动,也需要国家、国际组织以及私人主体的共同参与。而法律是规范、协调公私主体行为,促进合作的有力保障。在以《国际卫生条例(2005)》为核心的国际卫生法存在内容模糊、约束力弱、执行力差等诸多问题的背景下,单纯依靠国际卫生法规则恐难以满足防控传染性疾病蔓延的需要。国际航空法通过制定公共卫生规则有效地将《国际卫生条例(2005)》的内容转化、落实在国际航空领域,筑起一道航空领域阻隔传染病蔓延的法律屏障。国际航空法的公共卫生规则,是国际卫生法的航空法表达,其不仅克服了国际卫生法现有的种种局限,也在特定的领域内赋予了其更强大的生命力。国际航空法转化、发展《国际卫生条例(2005)》内容的方法,有必要推广至其他国际运输法领域,从而为防控传染病的国际传播提供国际合作的法律保障。

突发公共卫生事件背景下航空公司破产法律问题分析

——以欧洲3起航空公司破产案为例*

吕　瑞**

随着新冠肺炎疫情在全球肆虐,世界各国相继出台了一系列强有力的措施来限制旅客出行,部分国家甚至实施了完全封锁,交通运输近乎停滞。作为依赖旅客出行和物流交换的航空运输业,全球的航空业迎来了史无前例的"寒冬"。据亚太航空中心预测,截至2020年5月底,世界大多数航空公司都将面临技术性破产或巨量的违约债务。① 国际航空运输协会(International Air Transport Association,IATA)也预测,2020年全球航空业损失将达到3140亿美元

* 本文系中国民用航空飞行学院青年基金项目(项目编号:Q2011－54)阶段性研究成果。

** 法学博士,中国民用航空飞行学院讲师。

① CAPA(Center for Aviation and Pilot Association), *Airline Cash Reserves Running out Fast as Coronavirus Impacts Widen*, CAPA(Mar. 16, 2020), https://centreforaviation.com/news/capa-airline-cash-reserves-running-out-fast-as-coronavirus-impacts-widen－983988.

(约2.2万亿元人民币)。[①] 如果趋势延续下去,航空业的“全球大破产”可能真的马上开始了。欧洲已经有多家支线航空公司和廉价航空公司破产或申请破产保护。[②] 据民航资源网的统计,全球已有9家航空公司已经破产或申请了破产保护。3月5日,英国老牌支线航空公司——弗拉比航空(Flybe)正式宣布进入破产接管程序,成为在新冠肺炎疫情之下倒下的第一个牺牲者。[③] 3月23日,美国的指南针航空(Compass Airlines)和天西航空(Skywest Airlines)相继宣布破产,同一天两家本土航空公司悄然退场。[④] 4月5日,美国阿拉斯加州最大航空公司拉夫航空(Ravn Air)正式申请破产保护,等待美国财政部的援助决定。[⑤] 4月6日,瑞典支线航空公司布拉森支线航空(Braathens AsA)申请破产保护。4月8日,汉莎旗下的德国之翼永久关闭。4月20日,挪威航空四家子公司申请破产。4月22日,德国支线航空公司——瓦尔特航空申请破产。[⑥] 支线航空公司近乎倒闭,大型航空公司也是举步维艰。德国汉莎航空公司90%以上的飞机处于停飞状态,每小时大约损失100万欧元,其现金储备只能维持半年左右。[⑦] 同为国际航空巨头的法荷航空集团也声称,每天损失达2000万欧元,公司现金流将在6月耗尽。[⑧] 4月21日,澳大利亚的第二大航空公司维珍澳大利亚(Virgin Australia)也宣布进入托管状态,其债务总额已经达到50亿澳元。[⑨] 欧美澳地区的航空公司因新冠病毒的冲击面临“全军覆没”的危机,我国的航空公司在这场旷世疫情

---

① 猫哥:《这个行业距离“全球大破产”不到一个月? 停工、裁员、破产潮才刚刚开始》,载搜狐网2020年5月11日,https://www.sohu.com/a/394299996_711825。

② 同上。

③ 《时间轴梳理|疫情下国外航司的“破产潮”》,载民航资源网2020年4月26日,http://news.carnoc.com/list/531/531615.html。

④ 同上。

⑤ 同上。

⑥ 同上。

⑦ 《至少9家破产! 全球航空业寒冬:一年巨亏2.2万亿 连巴菲特都“挥泪斩仓”!》,载东方财富网2020年5月3日,http://finance.eastmoney.com/a/202005021474436620.html。

⑧ 同上。

⑨ 王聪:《澳大利亚第二大航空公司维珍航空启动自愿托管程序》,载中国财经网2020年4月21日,http://finance.china.com.cn/ca/20200421/5255154.shtml。

中也同样损失惨重。2020年一季度,东航、国航、南航分别亏损39.88亿元、48.05亿元、52.62亿元。[①] 国有三大航尚有国有资本撑腰,相对还好一些,而我国唯一赢得世界航空大奖(Skytrax)全球最佳航空公司称号的海南航空是最惨的非国有航空公司,亏损近62.95亿元,同比降幅652%。[②] 由此可见,我国的航空公司也面临巨大的财务危机。一些规模较小,经营管理制度不完备,财务表现较差的航空公司很有可能在这场疫情的打击下走上破产的道路。因此,航空公司破产便是目前亟须深入研究的问题。本文将以3起欧洲航空公司破产案为研究对象,分析各案的法律适用,比较法律规制模式,阐释我国《企业破产法》《民用航空法》等对此类问题规定的不足并提出立法完善建议。

一、对3起航空公司破产案的梳理

(一)意大利航空公司的困境

早在2014年,作为意大利的国家航空公司——意大利航空公司(以下简称意航)就已经在挣扎中经营。为了维持它现有的经营状态,该公司一直在寻求投资者注入资金。阿提哈德航空公司认为,这家令人担忧的航空公司并不是一个负担而是一个机遇,于是便立即向意航增资。[③] 在增资协议中,原意大利航空股份有限公司将航空运输的业务转移出来并持有新组建的意大利航空公共股份有限公司51%的股份,阿提哈德航空公司通过注资拥有新建公司49%的股份。根据《欧盟成员国航空运输服务一般规则(No. 1008/2008)》第4条f项的规定,成员国公民或公司须持有航空公司50%以上份额并有效控制之,方可被认定为欧盟成员国的航空公司。由于新建的意大利公

---

① CAPA, *Airline Cash Reserves Running out Fast as Coronavirus Impacts Widen*, CAPA (Mar. 16 2020), https://centreforaviation.com/news/capa-airline-cash-reserves-running-out-fast-as-coronavirus-impacts-widen-983988.

② Ibid.

③ Etihad Aviation Group, *Equity Investment Model Protects and Promotes Competition Says*, Etihad Airways Press, 2016, p.1.

共航空股份有限公司被意大利人控制，符合上述规定，因此被认定为欧盟的航空承运人。基于这种交易架构，阿提哈德航空公司在实际上成为新建的意航的管理人。新的意航的重要决议和未来的发展方向均由阿提哈德航空公司控制。但不幸的是，由于多种因素的困扰，新的意航的财务状况迅速恶化。2017 年年初，意航已经濒临破产。阿提哈德航空公司为此曾提出了一系列拯救措施，但由于当地工会的反对而搁浅。意航只得申请开启特殊行政管理程序。2017 年 5 月，意大利经济发展部宣布开启特殊行政管理程序并指定了专家组进行行政托管。根据意大利破产法令 347/2003 的规定，意大利奇维塔维基亚地方法院在 5 月 11 日宣布意航进入破产程序。① 此时，意航拥有 9.12 亿欧元的资产、20 亿欧元的负债和 7.4 亿欧元的现金流。② 为了保证意航在特殊托管时期能正常运营，意大利政府给予了它 6 亿欧元的过桥贷款。贷款的利率相当于欧洲银行一年期同业拆借利率加 1000 个基点。虽然意航本应当在 11 月还本付息，但是意大利政府又颁布政令，宣布继续再给予意航 6 个月的贷款宽限期并追加 3 亿欧元贷款。直到 2018 年 1 月，意大利政府根据欧盟的《欧盟公司破产拯救和重整计划指引（2014 年版）》第 37 段的规定向欧盟通报了这些贷款的情况。由于可采取分期付款的方式偿付贷款，意大利政府允许意航在 2018 年 12 月及 2019 年 6 月分两次还清债务。同时，意大利政府暂停了所有收购意航的投标要约并规定所有收购必须晚于 2018 年 10 月 30 日才可实施。这个措施导致了收购竞价的优胜方——意大利国家铁路公司——难以实施收购。③

（二）柏林航空公司的境遇

在意航启动特别管理程序之后，德国柏林航空公司（以下简称柏林航）

① Tribunale di Civitavecchia, Decision 17/2017 (2017).

② Ibid, para 2.

③ *Alitalia, Ok dei Commissari Straordinari all' Offerta di FS*, ilsole24ore (Nov. 20, 2018), https://www.ilsole24ore.com/art/alitalia-ok-commissari-straordinari-all-offerta-fs--AEETyCkG.

也申请了破产的自我管理程序。[①] 柏林航在申请破产之时还是一家按跨国公司的架构设计股权的跨国经营的航空公司。它的控股公司——柏林航空公共股份有限公司——是一家登记在英国的控股公司。这家公司旗下有3家拥有商用航空飞行执照的航空公司：柏林航、贝莱尔航空公司以及瓦尔特航空公司。阿提哈德航空公司在柏林航的母公司里拥有29%的股份且以最大股东的身份作为该公司的实际控制人掌控柏林航的日常管理经营与决策。尽管柏林航在经营管理上表现出很多阿拉伯地区航空公司的特征，但是根据欧盟的相关决议规定，柏林航仍然是由欧盟成员国控制和拥有的公司。2017年8月，阿提哈德航空公司决定向柏林航提供相当数额的财务支持和战略支持。但是随着柏林航决定进入破产保护程序，阿提哈德航空公司便撤销了之前的财务支持和战略支持计划。在柏林航申请破产保护的同一天，德国政府告知欧盟：它有意向柏林航提供1.5亿欧元的过桥贷款，以帮助柏林航在破产清算的第一个阶段仍可以继续经营。这笔贷款将通过由德国政府所有的公共信贷机构——德国复兴信贷银行——提供。贷款的利率是银行的一年期同业拆借利率加950个基点。贷款的期限为最长5个月。这笔贷款仅为支付柏林航在2017年9月和10月的运营成本。欧盟同意了德国政府的贷款做法。第一笔贷款在2017年9月已经提供给了柏林航。根据一些德国媒体的报道，柏林航在2017年12月已经将部分破产财产变现后用以偿还德国政府的贷款。[②] 由于德国缺乏有关公共运输企业破产的特定法规，这就导致了德国的航空公司破产程序显得难以预料，往往伴随短暂的恢复经营和突然的经营停滞以及极其复杂的资产变现过程。柏林航的破产保护案在一定程度上也显示了德国对此问题的态度比较灵活，采取根据情况来调整现有法规以及借用欧盟的相关法规、决议的方式，来处理涉及公共利益的运输企业破产问题。

---

① Amstgericht Charlottenburg, *Decision on Opening of Insolvency Proceedings in Self-administration*, Bankrupt in Europe, Vol. 36:17, p. 249 (2017).

② Insolvenz: Air Berlin zahlt Teil des 150 - Millionen-Kredits zurtick, Zeit Online (Dec. 19, 2017), https://www.zeit.de/wirtschaft/unternehmen/2017-12/insolvenz-air-berlin-teilrueckzahlung-kredit-kfw.

(三)英国君主航空公司的遭遇

2017年10月,英国君主航空公司(以下简称君主航)宣布进入破产程序。[①] 君主航这样做的结果直接导致该航空公司的所有运输服务立刻停止。由于君主航在夜间终止了所有运营,这就导致英国政府不得不直接介入此事并安排滞留在国外达两周的10万多名英国旅客回国。在君主航宣布进入破产管理程序之际,英国格雷布尔资本公司(Greybull Capital)已经拥有了君主航绝大多数的股份。该公司对君主航的收购始于2014年。英国格雷布尔资本公司有意将君主航打造成一个经营优良且盈利的航空公司。但不幸的是,英国格雷布尔资本公司进入君主航正是该航空公司因财务困境即将丧失航空运营商执照的时候。此外,君主航的核心市场也是恐怖活动较猖獗的地区。这些不利因素使英国格雷布尔资本公司难以改变君主航的经营状况。伴随着君主航开启的破产程序,其航空运营商执照和其他营运资质都一并被英国民航管理局中止。这就导致了君主航所有的飞机被立即停飞;其10万多名正在国外度假的乘客被迫滞留国外;君主航的30万份客票订单被取消;英国政府派机接旅客回国的情形。[②]

二、3起航空公司破产案的法律适用

(一)意航破产案的法律适用

意航破产案适用了破产案中的特殊行政管理程序。这个程序来自意大利立法机关针对部分公司申请破产时面临的特殊情况而制定的立法令——第347/2003号法令,也被称为"马尔扎诺法则"。马尔扎诺法则作为一项破

---

① *Appointment of an Administrator*, Monarch Airlines Limited (Oct. 18, 2017), https://beta.companieshouse.gov.uk/company/00907593/filing-history? page = 1.

② UK CAA (Civil Aviation Authority), *CAA Launches Flying Programme to Bring Home Monarch Customers*, UK CAA (Oct. 2, 2017), https://www.caa.co.uk/search/? query = monarch%20airlines.

产法令旨在维护大型公司进入破产程序后的可持续经营状态。它本身不是一项破产清算规则。从本质上讲,它是一个临时管制措施。这项措施实施后如果仍然无法使破产公司摆脱破产困境,那么破产清算程序将开启。这项法则的实施有4个条件:(1)债务人处于资不抵债状态;(2)债务人的运营规模较大,判断标准为其前3年的主营业务收入;(3)拥有至少800名以上的员工;(4)实施拯救管理计划有确定的可能性。只有债务人可以通过申请开启特别行政管理程序。开启这项程序的机构为意大利经济发展部。经济发展部在接到申请后会审查债务人是否属于大型公共公司等客观要件。一旦特别行政管理程序成功开启,债务人在开启前与债权人达成的和解协议将一并适用。由于企业只有进入破产保护程序后才可以实行特别行政管理程序,因此企业在进入此程序后会同时经历两个事项:(1)继续清偿债务,通常在法院的主持下召开各种会议,通过一系列协议、备忘录等方式履行债务的清偿义务。这如同一般的破产案件的审理程序。(2)由经济发展部指定的专员来管理公司的日常运营并开展重整工作。这些被指定的专员有权:中止或终止部分合同的履行;施行符合重整战略计划的部分债务偿付;代表企业申请税收减免或申请退税;代表企业可以拿回在开启特别行政管理程序前存在的不当支付等。特别行政管理专员一般通过出售部分企业资产或业务以获取重整资金的方式来维持企业的正常运营。同时,专员还要制订不超过一年的企业经营计划以保证重整的顺利实施。专员所有工作均是为了保护债务人的大量资产并竭力将其转化为优良资产。这项特别行政管理程序在开启之后会定期进行评估。评估的工作由经济发展部实施。它可以作出如下认定:(1)在确实有可能解决破产企业经济和财政窘况的前提下,准许债务人继续采用特别行政程序;(2)将有关是否确实有可能解决债务人的经济和财务窘况的评估委托给独立专家,暂缓继续实施该程序。如果债务人的重整计划被管理专员或破产法庭或债权人认定为不可行,或者解决债务人的财务收支问题的可能性被显著削弱,那么他们都有权向法院申请终结特别行政管理程序并开启司法破产清算程序。虽然马尔扎诺法则为处理航空公司破产提供了非常有效的临时干预措施,但是在很多时候此法则并不能适用于航空公司破产。由于开启此程序的条件是大型公共服务类公司且破产会导致意大利经济受到严重打击,因此一些规模尚小,营业收入不够多的中小型航空公司则被排除在外。意大利西西里航空公司(Wind Jet)的破产则没有采用特别行政管理程序而是按照一般的破产程序处理,以与债权人达成和解协议而告终。①

意航在其破产的过程中享受到了特别行政管理程序带来的优势。意大利法庭在2017年5月11日裁定意航进入破产程序,这就意味着意航无力负担其财务负担。影响其运营执照。根据《欧盟成员国航空运输服务一般规则(No. 1008/2008)》第4条与第5条的规定,任何航空运营人须保持一定的资产数额以维持执照的有效性。同时该规则的第9条规定,在出现破产危机的时候,运营执照的管理机关必须立即对破产航空企业进行深入财务评估并根据评估结果来决定运营执照的状态。但是,在马尔扎诺法则项下,这种财务评估将无法实施。当然意航仍然必须按照运营执照的其他要求维持正常运营。由于马尔扎诺法则还授予了管理专员有权决定是否履行或终止正在实施的合同的权力,因此在特殊行政管理程序中,破产管理专员确保了如飞机租赁合同等重要合同的继续履行,中止或终止了部分合约的履行,阻止了债权人、出租人等发起针对意航资产或正常运营的诉讼,明确宣布任何因破产程序启动而宣布合同终止的条款归于无效,以及在破产程序中为意航寻求最佳的竞价收购者,即要求竞价收购者须保障意航的正常运营且收购要约的价格必须经独立第三方评估后方可出价。对于意航的旅客,特别行政管理程序会使其免受意航破产问题的困扰。由于管理专员旨在维护意航的正常经营,意航旅客的订单几乎都得到了很好的执行。唯一的变化是部分针对意航诉讼的旅客将不可通过一般民事诉讼程序来主张权利,而只能在破产程序中主张破产债权来实现。对于发生在破产程序之前的战略投资债权,马尔扎诺法

---

① Wind Jet, *scongiurato il Fallimento. Il 92% dei Creditori dice Sì alConcordato*, La Repubblica, https://www.repubblica.it/economia/2013/10/19/news/wind_jet_scongiurato_il_fallimento_il_92_dei_creditori_dice_s_al_concordato-68968184/.

则明确禁止对其提前偿付,因为这会对意航的经营情况带来不利的影响。同时由于意航仍然处于运营状态,这类债权将不被认定为破产债权,而应当在特别行政管理程序结束前按照债权的先后顺序进行偿付。不过对于旅客的偿付则是可以进行的,因为几乎不可能将此类债权归于战略投资债权。马尔扎诺法则及其他意大利的破产法规均规定,即使破产企业经过特别行政管理程序得以继续经营,但破产企业的营运将不受相关市场竞争管理机构的反垄断审查。如此一来,任何有关意航市场竞争的行政审查,都将被认为是在破产程序中出售意航的意图。与此同时,意大利的宪法法院也在2010年裁决,在破产程序内停止对平等竞争主体的竞争法审查。因此,特别行政管理程序不仅让意航得以继续经营,而且还让意航享受破产保护程序中的特权。

意航的破产除了涉及破产法的特别行政管理程序以外,还涉及意大利的航空法中的优先权。优先权适用于所有航空公司的破产程序。它将在债权人主张发生后,在航空公司的破产财产中产生优先偿付。根据意大利航空法,这些优先权包括特定的航机留置费、机场设施的租赁费、机组工资、机长为保全飞机或维持继续航行而产生的报酬、损害赔偿。这些权利的实现将不受破产特别行政管理程序的影响而优先获得偿付。

(二)柏林航破产案的法律适用

柏林航的破产几乎是普通破产程序的一次特别实施,即债务人保有并管理破产财产,法院指定的机构负责监管破产清算等活动,债权人申报破产债权等。但是柏林航破产的特别之处在于债务人的管理层仍然在原职位上管理柏林航的财产以便完成破产清算。① 根据德国《破产法》第17条的规定,一个债务人如果不再能偿付到期债务或即将到期的债务则被认定为破产债务人。一旦进入破产程序,法庭将指定一个监管小组,同时债务人将管理破

---

① European Law Institute, *Rescue of Business in Insolvency Law*, European Law Institute, https://www.europeanlawinstitute.eu/fileadmin/user_upload/p_eli/Publications/Instrument_INSOLVENCY.pdf.

产并完成破产清算。债务人将在与监管小组协商一致的前提下集体决定终止哪些合同。这些破产管理活动必须本着有利于债权人的原则并保证按期将破产管理活动报告给法庭。倘若债务人无法管理破产财产,它可申请免除管理破产财产的义务。破产财产将在法庭的监管下交给一个可靠的第三方来管理,至此进入完全破产程序。

对于柏林航正在履行的合同,德国破产法的规定与意大利破产法类似,即这些合同并不因破产程序的开启而自动终止。德国《破产法》第 103 条规定,在自我管理破产财产的阶段,债务人如果要终止履行这些合同则必须在法院指定的破产监管机构和债权人的监督下完成。但是公司在进入完全破产程序后,公司资产的接受人将有权决定是否履行这些合同。此外,德国《破产法》对于破产程序中的租赁问题也作出特别的规定,其第 112 条规定,如果终止租赁合同将恶化债务人财务状况或终止的缘由发生在破产程序开启之后,那么任何终止租赁合同的行为都是被禁止的。这些条款从本质上是为了防止因进入破产程序后发生重大的合同变更而导致债务人持续经营价值受到贬损。如果出租人可以随意终止合同,那么就会导致债务人许多可用的资源被停止使用。这样做的结果将会在进入完全破产程序后,破产资产的接受人重新考虑出售公司以及重整的计划。由于柏林航拥有一个租赁的航机队,这个租赁合同效力维持条款使柏林航可以在破产程序开始后继续经营,很好地保存了公司所拥有的价值。由于大部分飞机租赁合同都没有终止,柏林航的管理层,亦即破产管理人,与英国易捷航空公司(EasyJet)达成了接管其 25 架飞机运营的协议。① 根据《欧盟机场时刻分配规则》第 8 条 a 项的规定,欧盟成员国的航空公司在接管其他正在运营的航空公司的飞机时,也可以将该航空公司的部分运营时刻、航线一并接收。因此,柏林航在将飞机交由英国易捷航空公司管理的同时,也将其在柏林特格尔机场的航班时刻、航线、旅客订单、航机的飞行历史数据以及其配套设施一并转给了英国易捷航空公司。

---

① EasyJet, *EasyJet Today Signed an Agreement with Air Berlin to Acquire Part of Its Operations at Berling Tegel Airport*, Easyjet Press, 2017, p. 3.

柏林航的破产案中也存在国家担保贷款问题。与意航的国家担保贷款不同的是,德国政府在决定贷款之前已经告知了欧盟,且欧盟同意了德国政府的做法。在贷款的履行中,欧盟认为,德国政府的贷款行为符合欧盟的国家救助相关规定。此外,欧盟也认为,破产程序中德国政府的行为不会构成对市场竞争行为的扭曲,因为德国政府的目的主要是终止柏林航的运营,保护债权人的权益,维护债务人应有的价值。① 德国政府的贷款在本质上是为了保证柏林航能继续经营最多3个月以确保暑期运输的完成,从而可以更好地出售柏林航的资产。这笔国家贷款的最大受益者为柏林航的旅客。德国政府给予柏林航贷款的初衷就是通过维持柏林航的经营以便让在暑期出国度假的德国人能够顺利返回德国。不过,在柏林航结束运营后的已有订单,旅客将只有在破产程序中以破产债权的形式要求赔偿或补偿。除了订单赔偿以外,对于进入破产程序前的旅客因投诉产生的赔偿,也只有依据《欧盟航空旅客由于航班取消、拒绝登机、航班长时间延误原因的损害赔偿一般规则》第13条的规定,将其纳入破产债权并在破产程序中予以赔偿。

在对待债权人先后顺序的问题上,德国《破产法》没有给予一般债权人任何优先的特权。在债务人进入破产程序后产生的债权一并计入破产债权按照破产程序予以清算并获取偿付。

(三)君主航破产案的法律适用

君主航的破产案主要适用英国《破产法》附件B1的破产管理程序。这个程序旨在通过职业破产管理人的工作重组债务人或变卖破产财产。整个程序可以暂停债权人发起的有关债务人的财产请求权诉讼或执行请求。适用这个程序的前提是破产申请人是英国或欧盟的公司。君主航的董事们采用此程序就使他们可以自行选定破产管理人来处理公司的破产事宜。在选

---

① European Commission, *State Aid: Commission Approves German Rescue Aid to Air Berlin* (2017), European Commission, https://ec.europa.eu/commission/presscorner/detail/en/IP_17_3083.

定了破产管理人以及发布了一系列程序要求的公告后,其他有关债务人的诉讼乃至破产清算程序将被暂停。这样就迫使债权人必须在破产程序中与债务人合作以达到受偿的目的。这个程序的设立有三重目的:(1)拯救债务人,以便其能继续经营;(2)寻求最好的方式帮助所有债权人实现债权,而不是像普通清算程序那样实现;(3)变现部分或全部公司资产来偿付具有优先受偿地位的债权人。破产管理人必须按排列顺序保证三个目标的实现。因此,破产管理人必须首先拯救债务人,保证其能继续经营。不过,英国仍然没有针对航空公司的专门破产法规,因此,此程序适用于所有满足该条款最低条件的所有公司。

君主航破产案最显著的特色,便是君主航在进入破产程序后立即停止了运营。这个情形出现的主要原因是它的运营执照被中止。其中止的原因来自英国民航管理局的决定:"基于英国民航局的审查,没有任何迹象显示君主航在可预期的一段时间内处在需要运营执照来完成航空运输的状态。"[①]这样的结果不仅与破产程序本身的要求有关,也与英国民航局行政管理决定有关。虽然在立法上两者之间并没有直接联系,但是在实际操作中航空公司破产程序的开启对后者行政决定的作出有重大影响。同时,英国民航局中止执照的决定对后续的破产程序的实施也有一定影响。在此决定的影响下,出售正在运营的航空公司的可能性将大为降低。由于英国《破产法》附件 B1 的破产程序并不要求债务人在进入破产程序后须停止运营,由此可见民航局中止执照的行为对债务人进入破产清算程序起到了关键作用,致使破产管理人无法实施拯救恢复计划以维持破产人的继续运营。运营执照的中止也导致君主航无法在即将到来的航季里获取航班时刻。君主航的基地机场都因其被中止运营执照便认定其不再是航空运营商,从而拒绝分配航班时刻给它。[②]

---

① UK CAA(Civil Aviation Authority), *Decision 1 – 2017 by the Civil Aviation Authority in relation to the Consumer & Markets Group (CMG)'s Proposal to revoke or suspend the Operating and Route Licences of Monarch Airlines Limited (MAIL)* 12 (2017), UK CAA (Nov. 7, 2019), https://www.caa.co.uk/uploadedFiles/CAA/Content/Standard_Content/Commercial_industry/Airlines//Decisions/Decision%202019 – 1%20Publish.pdf.

② Monarch Airlines Ltd. v. Airport Coordination Ltd., [2017]7 EWCA Civ 1.

君主航便无法通过出售正在运营的业务来获取更多的收益。破产管理人也难以实现为债权人谋取最大利益的目标。由于君主航被中止了运营,因此只能按照英国破产法的规定以公司停止运营时的状态为依据直接进入破产清算。这种清算结果导致一部分拥有优先受偿权的债权人可以优先受偿,而对于乘客基于欧盟第261/2004号规则[①]提出的赔偿请求,则被认为是无优先请求权的债权,几乎没有希望得到充分满足。英国民航局为了解决君主航的旅客返回问题,曾发布旅客返回计划并支付费用帮助因君主航破产滞留在国外的旅客返回英国。但是英国民航局并没有在后来的破产财产出售中获取任何收益,无形中其自行承担了中止君主航运营决定的成本,而这些成本本应由其股东承担。君主航破产清算产生的收益最终都由大股东和有优先受偿权的债权人分享,普通债权人则几乎没有获得偿付。

三、3起航空公司破产案法律适用的比较分析

3起在欧洲发生的航空公司破产案各国在处理方式上各有特色。在债权人保护和破产程序适用方面,意航和柏林航的相似度较高。意航的特别行政管理程序和柏林航的自我管理程序,都在一定程度上适用了一些灵活的过渡性措施以保证破产人不至于立即被进入破产清算程序。这些措施保证了航空公司可以继续运营,维护了广大旅客的权益,保证了航空公司的平稳过渡。对于正在履行的合同,意大利和德国政府采取保持合同的效力、保证合同继续履行的做法。特别是柏林航在保持飞机租赁合同继续履行的同时,还为机队找到了接管方,保证了柏林航的机队可继续运营和稳定发展,不会使机队因柏林航破产而出现极端困难的情形。意航和柏林航在破产程序中继续拥有机队并维持运营,在一定程度上也增加了航空公司的收入,使债权人的权益得到充分的保障。然而,同意航和柏林航的处理方式相反,英国航空

---

① 即《欧盟航空旅客由于航班取消、拒绝登机、航班长时间延误原因的损害赔偿一般规则》。

局根据其对君主航的财务情况的判断,作出中止其运营执照的决定。这样的结果直接导致君主航立即被要求停止一切航空运营活动,资产随即被出售或转让以清偿债务。虽然破产清算得以开展,但是处理结果则不符合英国《破产法》附件B1的立法本意。

对于基于欧盟第261/2004号规则旅客提出的赔偿请求,以及其他基于合同原理提出的未履行合同义务的违约责任请求,3起航空公司破产案中都在清算程序中将其划为无优先的债权。君主航由于被停止了运营,因此出现了“搁浅乘客”,这就导致英国民航局不得不租用其他航空公司的飞机将“搁浅乘客”接回。这些乘客也当然可以获得基于英国法律的各项损害赔偿请求权。不过,与意航和柏林航的乘客不同的是,君主航的乘客只能在破产清算程序中主张其没有优先权的赔偿请求,这并不能保证其从破产财产中获取足额的偿付。意航和柏林航都通过清算程序外的继续经营保证这些债权的实现。

对于政府干预措施,3起航空公司破产案也各具特色。意航实施了特别行政管理程序。意大利政府强力介入此案。经济发展部组建了专家组,对意航的经营进行决策和监督。这样做既有好处也有坏处。好处是有利于重整具有公共服务功能并达到一定规模的大型公司。这些公司如果被停止运营,将给意大利的公共利益带来损害。维护公共利益的需要是意大利政府通过开启此程序来管理意航破产的真正原因。此外,政府的介入也使一些相关的计划得以实施,如职工和旅客权益保护计划等。政府的介入也可以让意航破产案体现行政管理特征,保证意航破产处理的透明度以及对恶化意航财务状况责任人的问责。坏处是具有浓重的政治色彩。例如,意航的出售因意大利2018年大选而被中止,而再次启动出售则要等到新的联合政府建立后才能进行。在柏林航破产案中,德国政府的干预显得有限且存在于破产程序之外。所有的重要决定均由债务人、法庭以及债权人委员会作出。这种模式不大可能充分考虑像“搁浅乘客”这样与公司没有既定财务利益关联的赔偿请求权。虽然他们仍然是破产财产的利益相关方,但是由于其距离破产管理较远所以很难被充分考虑。柏林航的自我清算在一些程序上缺乏透明度,也难以对恶化意航财务状况责任人问责,更难以取得既保障各方债权人及股东利益又维护广大旅客的公共利益具有良好社会影响的完美破产处理结果。从柏林航的处理结果看,即使柏林航已尽力满足这些请求权,许多旅客的损害赔偿请求权也没有机会得到实现。① 英国政府和民航局在君主航破产案的第一阶段起到了很重要的作用。英国民航局突然中止其执照的直接后果是:运送滞留在外旅客返回的任务将交由英国政府来完成,其开支也由英国政府承担。不过,在随后的破产清算阶段,英国政府的干预便完全消失了。整个破产清算完全按照一般破产程序进行。

在公平市场竞争与政府救助的平衡方面,德国政府严格遵守欧盟的各项法规并按照《欧盟破产企业拯救计划指引》的要求在获取了欧盟的批准后才与柏林航签署贷款协议。德国政府对柏林航的救助对德国航空市场的竞争秩序没有造成负面影响。而意大利政府则几乎不遵守欧盟的这项规则的要求,直到其发放了贷款并作出延期还款决定后才告知欧盟。欧盟对此发出严厉警告。不过,意大利政府仍然帮助意航继续经营,其中包括但不限于直接参与其管理决策,继续延期还款或追加贷款等。意大利政府的做法在一定程度上损害了公平竞争的市场秩序,导致本应破产的意航还能持续经营,既挤占了航空资源,也排挤了其他竞争对手。这种做法扭曲了市场竞争的秩序,造成其他航空公司无法通过正常的市场竞争获取应得的市场份额,也无法建立良性循环的航空市场秩序。而处于破产程序中的意航还可以利用政府的力量继续占有市场份额并盈利,甚至还可以不断壮大以完成重整、重组等重大活动。这些做法对于其他航空公司是非常不利的。意大利政府的做法也在航空公司破产问题上建立了不好的先例,即只要有大型航空公司申请破产,则可以获取意大利政府巨大的财政支持。这无疑会导致本来就脆弱的中

---

① Rochelle Toplensky & Tobias Buck, *Lufthansa Abandons Plans to Buy Air Berlin's Niki*, Financial Times(Dec. 14, 2017), https://www.ft.com/content/150e9524-e022-11e7-a8a4-0a1e63a52f9c.

小航空公司难以生存。从破产清算到最后注销是它们的必然结局。意大利的航空市场将完全被经营不善的航空公司垄断,这无疑会削弱意大利航空市场的竞争力,恶化市场竞争秩序。君主航破产案中,英国政府几乎没有对其实施援助。英国政府只是解决了把一个已经停止运营的航空公司运送至国外的旅客送回英国的事项。这种事与其说是公司运营问题,还不如说是一个公共利益问题。如此一来,英国政府虽然实际上以运送滞留旅客回英国的方式为君主航提供了财政支持,但是却在英国破产法上没有任何依据可以主张破产债权,无异于承担了本应由君主航股东承担的公司运营风险和成本。除此之外,意大利政府与德国政府因发放了贷款,因此便可以申报破产债权并根据两国破产法处于优于普通债权受偿的地位。而英国政府实际上对君主航的大股东实施了无偿援助。

四、欧洲3起航空公司破产案的启示

欧洲3起航空公司破产案既显示了欧洲航空产业的危机,也显示了欧洲国家在应对此类破产时所采取的不同措施。意航的破产案以意大利政府启动特别行政管理程序为特征,整个破产程序由意大利政府指定的专员来主导,其行政干预的力度非常大。柏林航的破产案更多依赖法庭的推进,强调自我清算,整个程序严格按照欧盟的规则进行。虽有德国政府的贷款,但只是财务支持而非真正意义的行政干预。君主航展示了行政机关利用其权力迅速中止破产航空企业运营的结果。英国政府的干预更多是为了紧急公益的目的而非为了破产企业本身。3起航空公司的破产案在一定程度向我们昭示了航空公司破产的特殊性。完全按照一般企业破产的模式来处理航空公司破产,可能既无法实现破产财产的最大化和破产债权的最大化,也会带来一系列公共问题,造成负面社会影响。因此,欧洲3起航空公司的破产案有一定的借鉴意义。

我国的《企业破产法》规定了企业破产的一般程序。其中专章规定破产重整制度。《企业破产法》自实施以来,已有大量的企业法人特别是大型上市公司,通过和解或重整的方式获得新生。我国破产法的再建型债务清偿程序,促进了债务人的复兴。不过,针对提供公共服务类的企业如航空公司的破产,该法并没有提供有别于其他企业破产的程序。由于航空公司的破产,往往涉及上下游企业的正常生产经营秩序以及大量的旅客或货主权益的维护,因此其影响范围大于一般企业。此外,一些较大型航空公司的破产还有可能影响飞行安全,机场秩序以及航线资源分配等诸多方面。由于民航业本身具有较高的风险性,保障飞行安全,维护航班正常运行秩序等社会责任应是优于债权人权益实现的价值考量。遗憾的是,我国的首例航空公司破产案——东星航空公司的破产案却只是一次行业内的并购。[①] 民航中南管理局基于安全的考虑,在其破产程序开启前就勒令东星航空公司停飞,因此,东星航空公司的后续破产清算则几乎是按照当地政府和主要航空公司的意愿进行的一次破产资产收购。东星航空公司由于经营规模不大,市场份额也相对较小,因此其破产并没有在民航业界引起巨大反响。同时,由于该案中出现较多的当地政府的行政干预,此案也难以作为我国航空公司破产的典范。我国《民用航空法》作为行业性法规,对我国民航秩序的建立起到了关键性作用,但是由于其主要关注飞机的物权、飞行安全保障、飞行员资质认定、航空运输秩序以及地面设施的管理等内容,对于航空公司本身的准入与退出并没有进行规定,所以我国对航空公司破产问题并没有在立法和实践中予以充分的重视和考量。

鉴于我国立法与实践都鲜有涉及航空公司破产,笔者在此依据对欧洲3起航空公司破产案的考察提出以下几点建议:

第一,强化破产重整的适用,建立破产人托管制度。根据意航破产案的经验,意航在进入破产程序后,立刻由意大利政府组织的专家组开启特别行政管理。对于我国具有较大规模的航空公司破产,我们应当主要考虑该公司

---

① 房煜:《东星航空破产之谜:为何非死不可》,载新浪财经网,http://finance.sina.com.cn/chanjing/gsnews/20110602/10409936957.shtml。

的重整,以维护航空业的正常运行与社会稳定。我国可以借鉴意大利的做法,建立特殊托管制度,将破产人的原管理层与债权人隔离开,由法院或民航管理部门遴选的专家组对其进行托管。专家组的任务是维持破产人的持续经营,重整破产人的财务状况,保证破产财产不受到贬损。债权人只能通过债权人会议申报债权而不能寻求偿付。如果专家组在一定时间内帮助企业完成了重整,那么破产程序将完结。如果重整失败,则直接进入清算程序。

第二,征收破产保护基金。根据柏林航的经验,柏林航在进入破产程序后实施了自我清算,同时,德国政府为了支持其完成最后的运营,发放了贷款以帮助其渡过难关。德国政府以贷款的方式帮助破产航空公司摆脱资金困境,保证了债权人利益的实现。我国可以建立事前的破产保护基金制度,由民航管理局征收各航空公司一定的费用建立此基金。此基金专门用于航空公司进入破产程序后,帮助其完成最后运营以及在破产清算中清偿债权人。如果企业在一定年限内没有破产,这笔费用则可以按照本金加算一定利息的方式返还航空公司。

第三,不允许民航管理局在破产期间中止航空公司的运营执照。君主航破产案,反映了英国民航局根据其对君主航财务状况的判断而中止其运营后,不得不自行支付费用帮助君主航运回旅客的窘态。我国民航管理局基于安全的考虑可以限制这类航空公司的飞行数量,对其报送的飞行计划严格审查,并在必要时作现场检查,在确保完全安全的前提下逐步削减其航班数量,以便其完成“最后的航班”。

全球航空业破产潮下中国航空业的振兴之路

刘　静*

截至2020年7月24日，全球共有23家航空公司宣布破产。根据国际航空运输协会的预测，全球航空公司2020年将亏损超过843亿美元，预计到2023年或2024年，航空业才有可能恢复至新冠肺炎疫情危机前的水平。为此，各国和相关国际组织为帮助航空业摆脱破产或进入破产相关程序的困境，积极采取各类措施支持航空业发展。如美国通过航空业救助计划对各航空公司提供600亿美元的现金补助和优惠贷款；澳洲政府出台一项4.3亿美元的援助计划，向航空公司返还及取消航空燃油税、国内航路费和地区航空安全费等。

我国航空业在新冠肺炎疫情防控中发挥了独特作用，但损失也比较严重。仅在2020年第一季度，我国各航空公司就亏损了336亿元人民币，面临严峻的市场生存压力。为缓解我国航空业面临的发展困

---

* 中国政法大学国际法学院博士研究生。

境,落实习近平总书记在2020年4月17日中央政治局常委会会议上提出的“要统筹推进疫情防控和经济社会发展工作”“在常态化疫情防控中全面推进复工复产,恢复正常经济社会秩序”的要求,当前,亟须分析全球航空业破产的原因和影响,并提出振兴我国航空业发展的建议。

一、全球航空业破产潮的原因及影响

全球航空业陷入破产潮的原因,主要是各国为防止境外疫情通过国际航线输入和国内新冠肺炎疫情向外扩散,减少或关闭国际国内航线,严格控制运力、客座率、国际客运航班数量、航班起降地点和时间。旅客基于安全等因素考虑,出行需求急剧下滑,导致全球航空客运市场进入冰封期,航空公司生意惨淡。进而,航空公司在收入大幅削减、飞机大面积停飞的情况下,仍需支付飞行员和乘务人员的工资、停机费、飞机维护和保养费、航班调配费等,收入与支出严重不对等、入不敷出。

全球航空业陷入破产潮的影响有:第一,在民航业经营和产业布局层面,新冠肺炎疫情暴发以来,受航空需求锐减和各国限行政策的影响,各航空公司被迫削减运力、客运量、航班数量,飞机制造商订单枯竭,全球民航业遭受史无前例的经营压力,同时也将迎来新一轮洗牌,竞争格局将被重塑。第二,在产业链和国民经济层面,整个航空产业链为机场、空管、餐食、供油、航空制造商、航信服务和旅游代理人等提供约6.5亿个工作岗位,经济产出2.7万亿美元,占GDP总额的3.6%。航空公司破产将不可避免地引发蝴蝶效应,导致大量公民失业、航空产业链及其关联产业受损、银行等金融体系崩塌,对国民经济造成灾难性影响。第三,在合同履行和其他纠纷层面,航空公司破产将影响旅客出行,造成合同履行困难,引发违约或侵权责任。另外,各航空公司还可能与公司员工、航空器租赁商、机场、相关债权人等多个主体之间产生劳动争议、租金纠纷或债权债务纠纷。

二、我国振兴航空业发展的基本路径与方案

为有效应对全球航空业破产潮带来的风险,有序推动我国航空业复工复产,我国应从国家、航空公司和产业链3个层面救助航空业。

(一)国家层面

从机制建立、补贴扶持和国际合作3个层面应对航空业破产风险,实施具有中国特色的振兴措施。

第一,在机制建立层面,根据国务院发布的《国家突发公共事件总体应急预案》、中国民用航空局制定的《突发公共卫生事件民用航空应急控制预案》,以及国际航协发布的《突发事件应急预案》(航空承运人模板),构建疫情时期非常态化的应急治理体系,夯实重大突发公共卫生事件分级调控应对机制,针对不同类型和级别的突发公共卫生事件,对区域、社区、公司和人群进行分级调控治理;完善重大危机事件应对预警机制,细化预警信息的发布主体、方式和内容,加强风险预测、预警、预防能力;明晰各政府部门、社会组织、个人的权责划分,深化落实民航局、海关总署、外交部多部门风险联防联控的协同机制,统筹机场、车站、港口的转运和人员接驳工作,打造决策系统、信息系统、执行系统和乘客权利保障系统,提高航空业应对突发公共卫生事件预案的可操作性和可执行性。

第二,在补贴扶持层面,我国应落实有条件地向对疫情防控作出重大贡献的航空公司及其工作人员发放薪资等补贴措施,对各航空公司进行财政拨款、免征民航企业缴纳的民航发展基金、提供应急备用金、增资扩股或以减免税收、发放债券、降低贷款利率、提供担保、代替其支出航路费、起降费和服务费等较为隐蔽的方式扶持航空业发展。

第三,在国际合作层面,研判全球航空业走向,挖掘“需求点”、寻找“可靠点”、建立“合作点”,相应调整国际航班的运营数量、时间、运力等,节省不

必要的开支,增强各航空公司的风险防范能力。

(二)航空公司层面

从"求救"和"自救"两个层面寻找化解破产难题的出路,打破公司僵局。

第一,在"求救"层面,我国航空公司可参考美国西南航空公司向政府求援的做法,在满足向政府发行债券以及不裁员或降薪等申请国家救济的条件下,及时向政府及相关部门(尤其是民航局)、金融机构、国际航协、中国航协寻求救助,请求给予资金支持、税收和贷款优惠、发放债券等;寻求机场、飞机制造商、飞机租赁公司、销售代理和行业组织的支持和配合,如飞机租赁公司可部分减免或暂缓收取各航空公司的租金,建立与上下游的战略合作关系;寻求其他行业的帮助,借鉴澳航、维珍大西洋航空和超市合作,北欧航空、英航和医院合作,成都航空和阿里云合作的做法,尽快破解破产或倒闭的困局。

第二,在"自救"层面,各航空公司可从短期和长期角度出发,提高自身"免疫"能力,顺利渡过航空业的"破产潮"。

就短期而言,各航空公司应开源节流,通过对飞机售后回租或出售股权、不动产、债券等资产保持公司现金流,当市场出现复苏迹象时,把握市场规律,刺激市场需求(尤其是刺激对价格更为敏感的乘客的需求),学习厦门航空公司等发行全国无限航次套餐的做法,适当解除运输限制或发展新业务,通过调整航线网络结构、压缩人员成本(限制高管薪酬)、执飞成本最低的飞机、优化维修周期、限飞或停飞、缩小经营规模、削减债务、暂停提供优享服务等方式减少开支,在无路可走时可考虑申请破产重整。另外,各航空公司还应关注旅客、公司员工、供货商等的合理诉求,说明疫情这一不可抗力对公司造成的负面影响,及时调整和改进工作,注重发挥新闻发布会的阵地作用,加强新闻舆论引导,做好政策宣传解读,塑造良好企业形象。

长期而言,由于航空公司对间接成本的控制能力越强,公司就越容易渡过危机,因此,各航空公司应努力控制人工成本、销售费用和管理费用。除了应对财务困境外,各航空公司特别是中小航空公司还应顺应国际航空业的发展，深入研判市场需求，转变经营理念，坚持底线思维和危机意识，改善公司薪酬体系，制定员工激励机制，不断提高经营水平，提升企业形象，在聚焦主业的基础上推动公司向多元化方向发展，适度拓宽如保险、信息、维修和物业等与航空运输有一定互补性的业务，优化公司运营体系，促进公司转型。

（三）产业链层面

从弥补损失和防范危机两个层面救助产业链，避免损失扩大。

第一，在弥补损失层面，应增强与航空公司相关联的各产业链的上下游合作，及时清算债务、计算损失，并制作财产损失清单，向相关部门提出索赔。

第二，在防范危机层面，各相关企业可定期对资产进行清查、价值评估和损益认定，组织力量对未使用、剩余、闲置或因技术落后被淘汰的资产或物资进行处置和变现，防范破产危机。

飞行风险防控与争议解决

冲突地区民航飞行风险预警防控机制研究[*]

张超汉[**]　王思炜[***]

安全是航空业永恒的主题和生命线。近年来，国际局势发生巨大变化，全球经济发展不平衡，导致贫富差距进一步扩大，世界各地区不稳定因素激增，部分地区甚至出现暴动、战乱等不安全情势。尤其是近年来在乌克兰、土耳其、埃及、利比亚等国频发地区性武装冲突和内乱，这些不安全因素严重影响民航飞行安全，导致空难事故频发。特别是1983年韩国KAL007航班、2014年马航MH17航班和2020年乌克兰PS752航班等一系列航班击落事件的发生，使冲突地区民航飞行安全一再成为全球关注的焦点。

以乌克兰空难为例，2020年1月8日，从德黑兰

* 本文系教育部人文社会科学研究青年基金项目“冲突地区民航飞行风险预防机制及中国对策研究”（项目编号：19YJC820070）的研究成果。

** 法学博士、博士后，西北政法大学“长安青年学者”特聘岗教授，涉外法治研究中心副主任。

*** 西安交通大学法学院博士研究生。

飞往基辅的乌克兰客机,被伊朗军方的地对空导弹击落,机上的167名乘客和9名机组人员全部遇难。[①] 伊朗方面先是将事故归责于发动机故障,但随着事故调查机构的介入,伊朗最终承认事故为其军方的误击行为所致。此次武力攻击行为,不仅造成了机上176条无辜生命的丧失,而且还进一步加剧了国际社会的紧张局势,激化了乌克兰、加拿大与伊朗之间的国家矛盾。这一事件凸显了民航飞行事故的巨大危害性与飞行风险防控工作的紧迫性。

然而,在实践中航空运营人往往难以在航空器起飞前或飞行过程中及时获取多变、不确定的风险信息,相关国家、地区或航空公司无法精准作出应对风险的方案,甚至在面对危及飞行安全的突发事件时,航空公司也无法有效实施规避或减缓风险的措施。为了摆脱上述困境,并给航空公司获知预警信息提供便利,国际社会试图通过构建飞行风险预警防控机制,为主权国家分享管辖空域内的风险信息提供渠道。但这一机制在实施过程中仍存在约束效力不强、信息分享范围不明确等诸多法律困惑,亟待学界进一步探讨和研究。

一、冲突地区民航飞行风险预警防控机制实施的意义

国际航空运输的跨国性,决定了民航事故影响范围的广泛性与影响程度的深远性,且在实践中很难通过事后的补救措施,实现对受损权利的救济与保障。因此,国际社会应加强事前的预警防范工作,通过深化民航飞行风险预警防控机制,提前获知威胁、拟定方案,从主权国家、航空公司、公民个人等多个层面,全方位保障国际航空运输安全和维护国际航空运输秩序。

(一)有助于保障国际航空运输安全

长期以来,主权国家、武装组织等针对民用航空器发动的武力攻击行为,

① Recent Accidents, Plane Crash Info(Sept. 9, 2020), http://planecrashinfo.com/recent.htm.

给航空运输安全带来了极大的威胁与挑战。频发的空难事故,也一次次地将武力攻击民用航空器问题推向风口浪尖。

为解决航空器频繁遭受武力攻击的难题,降低航空运输事故率,保障机上人员的生命和财产安全,促进国家间关系的稳定及国际航空运输业的发展,国际社会专门构建了以国际组织为依托,多主权国家共同参与的冲突地区民航飞行事故预警机制。① 各国可在该机制项下完成风险信息的分享和交换,第一时间发现安全隐患,及时规避可能出现的飞行威胁,最大限度地降低武力攻击民用航空器所带来的飞行风险。②

实际上,民航飞行风险预警机制的实施和完善,除了可以防控武力攻击民用航空器、打击恐怖主义,保障机上及地(水)面人员的生命、财产安全外,还能在很大程度上遏制部分主权国家对他国领空的冒犯和对他国空域安全的挑衅。在乌克兰航班击落事件中,伊朗辩称,正是由于美军的空中打击警告,才使伊朗武装力量在高度戒备的状态下,对接近其国内"高度敏感"设施的乌克兰客机,错误地实施了打击行为。在国际实践中,主权国家经常会采取加强空域监管力度、排查和消除一切可疑飞行活动的方式,来应对他国的空中打击或空域安全威胁。在欠缺预警信息的情形下,行为主体很难有效识别可疑行为,因而极易受到高强度排查政策的影响,针对误入其特定空域的客运航班实施打击行为。对此,国际社会可借助民航飞行预警信息分享机制,提前获知可能威胁本国空域安全的行为信息,及时采取有针对性的回击或避险措施。这不仅能遏制他国的恶意袭击或挑衅行为,还能在相当程度上缓解紧张的空域局势,减少极端避险行为造成的误击后果。

(二)有助于缓解航空公司的防控压力

航空器运营方作为民航飞行活动的实际操作者与预警方案的直接执行

---

① 《航空业和各国政府联手解决冲突地区民航安全》,载民航资源网 2014 年 7 月 31 日,http://news.carnoc.com/list/289/289721.html。

② 《国际组织重视冲突地区飞行安全　吁发布飞行警告》,载中国新闻网,http://www.chinanews.com/gj/2014/07-24/6421936.shtml。

者,承担着风险信息的筛查、研判等职责,[①]准确的安保信息和充分的空域报告是其完成预警任务的前提和基础。但是,基于空域安全信息所具有的保密性与敏感性特征,航空公司在不依靠主权国家或国际组织信息支持的情形下,往往无法独立、全面地获取相关国家的空域信息。因此,在实践过程中,即便处于预警防控第一线,航空公司也很难掌握准确的风险信息,实施有效的避险活动。

另外,由于不确定因素攻击民航客机行为的突发性,航空公司很难及时采取规避措施。机毁人亡、巨额赔偿似乎已经成为航空器运营人不得不面对的灾难性后果。在实践中,航空公司除了需要承受由航空器坠毁带来的经济损失外,还需要作为第一顺位赔偿责任主体,与保险公司共同承担赔偿责任。[②] 在这种情形下,航空公司的运营成本与资金投入将会大大增加,很难再抽出额外的资金用于风险防控,这不利于航空公司安保能力的提升。

因此,为了缓解航空公司的防控压力,国际社会有必要进一步强化民航飞行风险预警防控机制的实施力度。一方面,通过信息的分享和交换,为航空公司防控风险提供充分、准确的预警信息,在各国政府与航空运营人磋商交流的过程中,为航空公司实施预警工作提供大量的技术支持;另一方面,通过事前预警的方式,有效降低民航事故率,减轻航空公司的赔偿压力,以便航空公司投入更多的资金用于提升预警能力、完善防控设施。

(三)有助于化解预警信息的分享困境

民航预警信息的分享通常需要大量的技术支持,仅凭单个主权国家很难搭建起全面系统的信息交换平台,且根据以往的国际实践,主权国家出于信息安全的考量,对空域风险信息的分享与交换往往持谨慎保守的态度,这极

---

① 张君周:《〈反恐怖主义法〉对中国民航安保立法的影响》,载《北京航空航天大学学报(社会科学版)》2017年第1期。

② CAAC, *Regulation on Family Assistance in Civil Aircraft Accident: Chinese Perspective*, ICAO (Aug. 8, 2019), https://www.icao.int/Meetings/HLSC2015/Documents/Presentations/Family%20Assistance-2-China.pdf.

大地限制了国际民航预警防控工作的开展。基于此,国际社会应大力推动以国际民航组织(International Civil Aviation Organization, ICAO)为基础的航空预警机制,避免由于上述问题的出现而对飞行风险防控工作造成阻碍。

为了防止由于不规范的信息传输程序与不健全的信息管理规范,造成各成员国空域信息的泄露,ICAO专门在其主导的国际航空预警机制项下制定了风险信息的监管要求,旨在为各国空域信息安全提供充分的规则保障,最大限度提升各国信息交换的积极性与自主性。此外,国际航空预警机制的实施,还能补齐以往信息分享措施在技术供给与磋商平台构建方面的短板。目前,该机制已经建立了一系列的技术支持与交流平台,能够确保主权国家和航空公司通过专门的风险预警与管理机构,针对已经获知的风险信息,采取有效的避险措施。①

二、冲突地区民航飞行风险预警防控机制的实施主体及其措施

ICAO在《飞越或邻近冲突地区的民用航空运营风险评估手册》(Risk Assessment Manual for Civil Aircraft Operations over or near Conflict Zones, Doc. 10084)中明确指出:"民用航空的运输安全随时都有可能受到军事或恐怖主义的威胁,各国政府、航空运营人以及包括空中航行服务提供方在内的利益相关者,需要密切合作,主动分享其所掌握的空域安全信息。"②其中,拥有空域主权的国家、民航管理部门、航空器运营人,以及以ICAO、国际航空运输协会(International Aviation Transport Association, IATA)为代表的专业性国际组织,被视为主要的预警信息提供主体。

---

① ICAO, *Risk Assessment Manual for Civil Aircraft Operation over or near Conflict Zones* (Doc. 10084), History and Related Work in Prograss, p. viii.

② ICAO, *Risks Posed to Civil Aviation Operations over or near Conflict Zones*, ICAO(July 5, 2019), https://www.icao.int/safety/ConflictZones/Pages/default.aspx.

(一)国际组织:预警信息分享和交换平台的主要建构主体

1. ICAO

ICAO是当下促进国际航空运输安全最专业、最具影响力的组织。1944年《芝加哥公约》第44条就明确了ICAO"确保世界范围内国际航空运输的安全和有序发展"的宗旨。维护与促进航空运输安全仍是ICAO最关注的领域之一,它也已经具备了较高的航空安保水平,特别是在构建冲突地区民航飞行风险预警防控机制方面,发挥了极其重要的协调与指导作用。ICAO认识到:"要想成功地消除民用航空的安全威胁,只能通过有关各方共同努力以及所有成员国在各国家机构与航空安保监管者之间建立起密切的工作关系方能实现。"[①]当下,ICAO在国际航空飞行风险防控领域,已经建立了一套较为完备的实施计划和监督交流机制。

(1)ICAO全球航空安全计划(Global Aviation Safety Plan, GASP)旨在维护和促进民用航空飞行安全,为区域、次区域以及国家航空安全的发展提供基本的框架和安排,其中包括国家安全方案(State Safety Programmes, SSPs)以及其他先进的安全措施实施体系。[②] 为了确保GASP的顺利实施,ICAO还专门制定了配套规则《全球航空安全计划》(Doc. 10004)。在Doc. 10004附录E《安全信息共享与使用的行为守则》中,ICAO表示:"透明度和共享安全信息是一个安全的航空运输系统的基本原则。而GASP则能够为构建一套透明、信息共享的航空运输体系提供较为充分的安排和指导。"[③]

(2)全球航空安全监督体系(Global Aviation Safety Oversight System, GASOS)的构建,旨在为诸如国家民航管理当局的安全监督机构(Safety

---

① ICAO, A39-18号决议:《国际民航组织关于航空安保持续政策的综合声明》,附录G:理事会关于在世界不同地区的多边和双边合作的行动,p. Ⅶ-15。

② *GASP Objectives*, ICAO (Jul. 2, 2019), https://www.icao.int/safety/Pages/GASP.aspx.

③ ICAO,《全球航空安全计划》(Doc. 10004),附录E:安全信息共享与使用的行为守则,4. 原则,p. App E-2。

Oversight Organizations，SOOs）、区域安全监督机构（Regional Safety Oversight Organizations，RSOOs）以及事故调查组织（Accident Investigation Organizations，AIOs）等，提供一个自愿性的评估标准和认证机制。GASOS鼓励各缔约国将部分安全监督与事故调查的职能委托给SOOs或AIOs实施，[①]这些机构定期向ICAO汇报结果，提供必需的航空飞行安全信息。值得注意的是，GASOS对各缔约国并不具有强制性，未来很难保证有足够多的国家愿意将本国的监督及调查职能委托给SOOs或AIOs。

（3）安全信息监督体系（Safety Information Monitoring System，SIMS）是以互联网为基础的安全信息体系，其作用是产生国家安全计划（SSP）以及安全管理体系（SMS）所需的数据指标。此外，SIMS还能收集和分析所有涉及民航安全的监测信息，推动国家和航空公司间的合作。[②] 参加该监督体系的主权国家将被视为SIMS安全数据的直接提供方，作为回报，这些信息提供国也可获取其他国家所提供的监测数据。但出于对数据安全的保护，只有那些被预先批准的使用者才有资格获取这些数据。目前，SIMS仍处于试行阶段，只有少数国家表示愿意参加SIMS并承诺履行项下义务。[③]

（4）全球安全监督审计计划（Universal Safety Oversight Audit Programme，USOAP）的评估对象主要是国家提供安全监督的能力，即该国是否持续且有效地实施了满足ICAO安全指导文件所要求的关键行为。截至2017年12月，USOAP的持续监督方式（CMA）已经审计了185个成员国。[④] CMA在对航空安全提供持续监测评估的同时，还能收集和整理国家、内部利益相关者

---

① ICAO，Global Aviation Safety Oversight System（GASOS）Concept of Operations，introduction，p. 4.

② *What Is the ICAO Safety Information Monitoring System（SIMS）*，ICAO（Jul. 4，2019），https://www.icao.int/safety/Pages/Safety-Information-Monitoring-Service.aspx.

③ *Participating State*，ICAO（Jul. 4，2019），https://www.icao.int/safety/Pages/Safety-Information-Monitoring-Service.aspx.

④ *Frequently Asked Questions about USOAP*，ICAO（Jul. 21，2019），https://www.icao.int/safety/CMAForum/Pages/FAQ.aspx.

和外部利益相关者等分享的安全信息。[①] 这不仅有利于保障国际民航运输安全,还能督促主权国家和航空公司提升其飞行安全标准、加强其应对风险与挑战的能力和水平。[②]

2. IATA

IATA 的前身是1919 年在海牙成立并于第二次世界大战解体的国际航空业务协会,在总结国际航空业务协会经验的基础上,于1945 年4 月16 日成立。IATA 从成立时的57 个创始成员,发展到现在,已经有约120 个国家的290 家航空公司加入该组织,这些航空公司约占全球运输总量的82%,其中不乏世界领先的客、货运航空公司。IATA 的首要宗旨是促使航空运输活动变得更加安全,[③]其认为,只有通过分析航班信息、监测每天126,000 余架航班的运行动态,及时获取潜在的威胁信号,并在其发展成为安全隐患前进行认定和提出解决的方法,才能有效降低致命事故发生率。因此,IATA 也积极投身于航空飞行风险预警防控机制的构建与实施,并在其中发挥了十分重要的作用,创建了包括全球航空数据管理(GADM)等在内的多项机制,[④]为航空飞行风险信息的监测和获取提供了平台。

(1)IATA 安全运营审计机制(IATA's Operational Safety Audit, IOSA),旨在对航空公司的运营管理和控制系统进行评估,已为IATA 节省了超过6400 项冗余审计,并将持续为IATA 成员方节省审计成本。[⑤] 当下,IOSA 的审计标准已经发展为全球性标准,除了IATA 成员方之外,还有大量非成员方注册了IOSA,截至2018 年12 月,IOSA 内的非成员方注册主体已经占到

---

① ICAO, *The USOAP Evolved Realizing the Promise of the Continuous Monitoring Approach*, ICAO Journal, Vol. 5, p. 28(2010).

② ICAO, *Evolving ICAO's Universal Safety Oversight Audit Programme: The Continuous Monitoring Approach*, ICAO Journal, Vol. 4, p. 25(2010).

③ *Safety Is Our 1 priority*, IATA(Aug. 5, 2019), https://www.iata.org/travelers/Pages/aviation-safety.aspx.

④ *What Is the Industry Doing to Improve Safety?*, IATA(Aug. 5, 2019), https://www.iata.org/travelers/Pages/aviation-safety.aspx.

⑤ *IATA Operational Safety Audit (IOSA)*, IATA(Jun. 25, 2019), https://www.iata.org/whatwedo/safety/audit/iosa/pages/index.aspx.

了32%,所有成功注册的航空公司都将通过定期审计的方式提高其航空安全保护水平。①

(2)IATA 地面运营安全审计机制(IATA's Safety Audit for Ground Operations, ISAGO),是针对地面服务提供者(GSPs)所设立的全球监督和审计机制,其与IOSA一道,共同推动航空安全审计工作的发展。ISAGO 符合全球地面服务机构审计标准,②能够在提升安全标准、减少地面事故、提供可接受的替代方案、改善管理措施和制定体系化的地面运营系统等方面发挥作用。③ 地面服务安全审计的规范化和标准化不仅对提升服务质量、维护机场安全至关重要,而且对风险的防控也能起到一定的积极作用,能够为防控机制的实施提供符合审计要求的高水平地面服务者,确保防控行为能够得到地面服务系统的有效配合。

(3)全球航空数据管理系统(Global Aviation Data Management, GADM),作为IATA的数据管理平台,汇集了不同主体所提供的各种运营信息,现阶段已经有超过470个组织、90%的IATA成员方参加并向该平台提供信息。④ IATA认为,改善航空安全不能局限于对单个航空事故经验和教训的总结,而应逐步向各航空运输产业链之间的合作及事前预防方向发展,因此,GADM的工作也主要集中于通过汇集的运营信息,分析空域环境、监测航班飞行状况等,为各航空公司提供风险预警服务。⑤ 为了促进运营信息的分享和交

---

① *IATA Operational Safety Audit (IOSA)*, IATA(Aug. 6, 2019), https://www.iata.org/whatwedo/safety/audit/iosa/pages/index.aspx.

② *IATA Safety Audit for Ground Operations (ISAGO)*, IATA(Aug. 6, 2019), https://www.iata.org/whatwedo/safety/audit/isago/pages/index.aspx.

③ *IATA Safety Audit for Ground Operations (ISAGO)*, IATA(Jun. 26, 2019), https://www.iata.org/whatwedo/safety/audit/isago/pages/index.aspx.

④ *Why Join GADM?*, IATA(Aug. 7, 2019), https://www.iata.org/services/statistics/gadm/Pages/index.aspx.

⑤ *Global Aviation Data Management (GADM)*, IATA(Aug. 7, 2019), https://www.iata.org/services/statistics/gadm/Pages/index.aspx.

换,IATA 还在 GADM 的基础上建立了包括航班数据共享[1]以及航班数据交换(FDX)等在内的多种数据交换机制,所有 GADM 项下的数据提供方都可通过该系统获取信息。相较于其他数据管理体系,建立在航空运营人层面的 GADM,能够更为高效地实现信息的交流与传播,为维护航空飞行安全发挥巨大作用。[2]

(4)安全管理系统(Safety Management System, SMS)的构建,旨在为信息的传播与监督提供制度保障,该系统项下的具体措施已经持续运行了十余年,在航空安全领域发挥着不可替代的作用。[3] 例如,该系统下的安全信息交换计划(IATA Safety Information Exchange Program)就是在 ICAO 附件 19[4]安全数据保护原则的基础上,吸收了英国商业航空安全小组(Commercial Aviation Safety Team, CAST)的经验后构建的数据交换平台,为航空公司、主权国家和其他利益相关方识别风险、设计方案等提供便利。[5] 但该计划并不具有强制效力,各主体可自愿选择参加与否。

(二)主权国家:预警信息和应对方案的主要提供主体

在民航飞行风险防控机制下,国际组织主要致力于风险信息分享平台的构建,而预警信息本身的提供目前仍以主权国家为主。ICAO 和 IATA 联合成立的应急合作小组(CCTs)以及欧盟的冲突地区高水平专门小组均明确表示:"将由主权国家通过航空信息循环系统(Aeronautical Information Circular,

---

① 航班数据连接(Flight Data Connect, FDC),允许航空公司将此项功能外包给专门的航空器数据管理机构,为航空器数据的监测(Flight Data Monitoring, FDM)以及航空器运营质量保险(Flight Operations Quality Assurance)提供全面的分析。

② *Safety Data Management and Analysis*, IATA(Jun. 26, 2019), https://www.iata.crg/whatwedo/safety/pages/safety-data.aspx.

③ *Supporting the Implementation of Safety Management System*, (Jun. 26, 2019), https://www.iata.org/whatwedo/safety/pages/safety-management.aspx.

④ 由 ICAO 安全管理小组制定的附件 19 第一次修订版于 2019 年 11 月 7 日生效,IATA 也在修订过程中发挥了重要作用。

⑤ *IATA Safety Information Exchange Program*, IATA(Aug. 7, 2019), https://www.iata.org/whatwedo/safety/pages/safety-management.aspx.

AIC)以及飞行员的通知系统(Notice to Airman, NOTAM)来提供空域安全信息,除了很小一部分风险应对措施可以由航空公司直接实施以外,绝大部分减缓措施的制定和执行仍将由主权国家负责。”另外,ICAO 第 10084 号文件也载明,“有责任提供航空交通服务(Aviation Traffic Service, ATS)的国家,基于可获知的对民航飞行安全存在或可能存在威胁的风险信息,作出是否避开飞行的决定”;“即便允许民航飞行活动在某一特定的冲突地区范围内开展,该国的军事部门、安全部门以及 ATS 单位也需与航空器保持紧密联系,时刻接收机组人员的报告,并根据实际情况及时发布警告和导航建议,决定是否采取相应的空中交通限制等措施”。① 由此可见,不论在风险信息的分享还是在应对方案的实施活动中,都应由主权国家发挥积极的协调和领导作用。

但在实践中,各国对监管权限的范围和标准的认定却存在一定的差异,即并非所有缔约国都会按照 ICAO 和 IATA 的规定,履行其信息提供与减缓措施的制定和执行义务。按照不同的监管标准,各国政府赋予本国航空公司的自主决定权也不同,除了完全自由以及全面限制这两种极端情形以外,大多数国家都倾向于采取提供建议或进行适当约束的折中模式。② 具体而言,主要有以下 4 种模式:

第一种是国家完全不进行干涉模式,是否在特定空域内开展航空运输活动由航空公司自己决定。这种模式虽然赋予了航空公司充分的自主决定权,但因欠缺主权国家的支持,在实施过程中,航空公司很难获知其他国家的空域信息,无法开展充分的航空事故应对行为。

第二种是以英、美两国为代表的全面干预模式,它们分别建立了联合恐

---

① ICAO, *Risk Assessment Manual for Civil Aircraft Operation over or near Conflict Zones* (Doc. 10084), Chapter 3: Roles of Parties Concerned and Promulgation of Information, 3.1.3, p. 3.

② ICAO, *Risk Assessment Manual for Civil Aircraft Operations over or near Conflict Zones* (Doc. 10084), Appendix C: Differences Between the Guidance Provided by State in the Risk Assessment Process, p. App C - 1.

怖主义分析中心(Joint Terrorism Analysis Centre, JTAC)和联邦航空管理局(Federal Aviation Administration, FAA),通过设立专门的机构对所获信息进行统一的分析和认定,并根据不同的风险等级分别作出“自行决定”“建议避免”“必须避免”等命令。

第三种则是以荷兰为代表的信息提供模式,荷兰的民航管理部门专门成立了飞行风险信息专家组,专家组仅需将获知的可能威胁民航飞行安全的风险信息毫不延迟地提供给航空公司,而是否取消在该区域内的飞行活动则由航空公司自行决定。

第四种则是以法国为代表的适当约束模式,在该模式下航空管理部门不仅向航空公司提供其所掌握的风险信息,还会根据风险类别提出相应的飞行建议。对于一般风险,运营方只需将这些建议作为参考;但对于特殊风险,评估机构则会根据不同的风险级别,分别作出“不得飞越”“在特定高度飞越”以及“在保持充分警惕下飞越”等具有强制约束力的决定。

可见,在不同的监管模式下,主权国家对航空活动的信息提供与政策支持力度是存在差异的,航空公司对风险信息的掌控能力也会因此有所不同。所以,不论何种模式,都必须坚持主权国家的信息分享责任与飞行活动的指导义务,确保航空公司能够最大限度地获取信息、确定方案以规避风险。

(三)航空公司:民航飞行风险应对方案的实际执行主体

尽管主权国家是冲突地区民航飞行风险应对方案的主要制定主体,但航空公司才是具体措施的实际执行者,且在实践中,往往还需要航空公司结合具体情况对避险方案进行变通和调整,并及时向民航管理部门、军事部门等进行报告和反馈。另外,冲突地区民航事故的发生,往往是由于攻击行为的突发性与致命性,航空公司对此并无过错,但在国际实践中,作为事故的受害方,航空公司却仍需承担过错方的赔偿责任。由于对公司财产、名誉的保护以及加强同航空管理部门的合作目的,航空运营方也十分愿意借助风险预警机制,通过获取预警信息、接受国家指导、开展事前评估,及时采取预防或应对措施,避免航空事故的发生。

为了便利航空公司风险防控方案的执行,ICAO 专门对航空公司的权利和义务进行了明确:航空公司有权知晓存在或潜在的可能对其航空运输安全构成威胁的风险信息,同时也有义务向其他航空公司或利益相关方分享其所掌握的信息和数据。① 但是,受到国家主权的规制和约束,航空公司只能在民航部门的授权范围内分享、接收信息以及采取防范措施。为了打破上述困局,进一步释放航空公司的自主权,ICAO 声明:任何涉及民航飞行安全的事项,航空公司都应该享有自主决定权,航空公司有权根据其所掌握的信息和实际状况,独立作出是否在该区域内开展民航飞行活动的决定;在决定继续飞行的情况下,也享有制定包括配备充足燃料、简化设备清单、确保航空器的可识别性以及选任机组人员等在内的应对方案的权利。② 因为,主权国家仅能通过所获风险信息进行基本的政策引导与初步确定避险方案,只有航空公司才有能力、有机会结合具体情况采取最为恰当的应对措施。

(四)其他利益相关方:预警防控活动的关键协调主体

1. 空中航行服务提供者(Air Navigation Service Provider, ANSP)是提供航空飞行服务的公共或私人法律实体。ICAO 认为,除了仅能通过国家合作方式实施或国家主权无法管辖的情形之外,各缔约方必须履行提供空中交通服务的义务。③ 空中交通服务提供者应定期开展风险评估,及时发现存在或可能存在的安全威胁,并根据所获知的风险信息,实施包括与军事或其他航

---

① ICAO, *Risk Assessment Manual for Civil Aircraft Operations Over or Near Conflict Zones* (Doc. 10084), Chapter 3: Role of Parties Concerned and Promulgation of Information, 3.2: Aircraft Operator, p. 3.

② ICAO, *Risk Assessment Manual for Civil Aircraft Operation Over or Near Conflict Zones* (Doc. 10084), Chapter 3: Roles of Parties Concerned and Promulgation of Information, 3.2: Aircraft Operate, p. 26 – 27.

③ ICAO, *Risk Assessment Manual for Civil Aircraft Operations Over or Near Conflict Zones* (Doc. 10084), Chapter 3: Role of Parties Concerned and Promulgation of Information, 3.3: Air Navigation Service Provider, p. 3.

空安全管理部门合作方式在内的应对措施。《芝加哥公约》附件 11 也对空中交通服务的提供作出了规定:当存在可能威胁民用航空飞行安全的活动时,空中交通服务提供者必须尽快与经营人以及军事部门进行协调,以便能够及时公布关于这些危险活动的情报。[①] 可见,空中航行服务提供者除了发现威胁、评估风险外,还致力于协调航空公司与航空管理部门之间的关系,促进预警信息的传递和分享。

2. 冲突地区民航飞行风险工作小组(Task Force on Risks to Civil Aviation arising from Conflict Zones, TFRCZ)是 ICAO 秘书处在马航 MH17 事故后,紧急召开的以长期应对冲突地区民航风险为主题的会议中成立的机构。该工作小组的任务是总结事故经验、提炼有效的应对措施,主要在提升飞行员通知系统(Notice to Airmen, NOTAM)的安全保障作用以及构建由 ICAO 主要成员国组成的信息交换项目这两个层面展开。ICAO 相信,无论在任何情形下,上述措施都能对维护乘客和机组人员的人身、财产安全提供帮助。[②] 此外,ICAO 和 IATA 还共同成立了应急合作小组(Contingency Coordination Teams, CCTs),在 CCTs 的框架下,主权国家与航空公司将通过交流与承诺的方式,共同促进民航运输安全、提升事故应对能力。[③]

值得注意的是,所有预警信息的分享主体都不需要对其提供信息的准确性和完整性负责,且预警信息的分享和交换行为均基于自愿,并不属于强制性义务,即便发生纠纷也只能通过协商的方式解决。[④] 尽管 ICAO 的这种规

---

① ICAO,附件 11:空中交通服务,第 2 章:总则,2.18:对民用航空器构成潜在危险的活动的协调。

② *ICAO Task Force Sets Out Immediate Actions Responding to Conflict Zone Risks*, ICAO (Aug. 10, 2019), https://www.icao.int/Newsroom/Pages/ICAO-Task-Force-Sets-Out-Immediate-Actions-Responding-To-Conflict-Zone-Risks.aspx.

③ Eile El Khoury, *SCM ACA Introduction: Contingency Coordination Teams (CCTs)*, ICAO (Aug. 24, 2019), https://www.icao.int/MID/Documents/2019/SCM%20ACA/PPT-1%20Contingency%20-%20Elie.pdf#sesrch=SCM%20ACA%20Introduction.

④ ICAO, *Risk Assessment Manual for Civil Aircraft Operations Over or Near Conflict Zones* (Doc. 10084), Appendix D: Examples of How Organizations or State Share Information between States, Aircraft Operators, and Service Providers for Exchange and Promulgation of Information, Article 7: Enforceability and Article 8: Disputes, p. 63-64.

制模式有利于提升各缔约国的参与积极性,但是将整个预警防控机制都建立在自愿履行的基础上,也许会给信息的分享与交换带来较大的不确定性。

三、冲突地区民航飞行风险预警防控机制实施的法律问题

(一)风险预警防控机制的约束效力有待提升

冲突地区民航飞行风险防控机制的有效实施,必须借助于大量的风险预警信息与畅通的信息交换机制。尽管 ICAO 等国际组织已经为保障民航飞行信息的分享和交流,构建了大量专门性的信息交换平台,但在主权国家及航空公司的预警信息提供方面,仍然存在很大的不确定性。因为出于对国家利益、参与主体积极性以及预警机制实施效果等方面的考量,航空运输风险信息的提供与分享,往往被界定为自愿性义务,并不具有强制性约束效力。即便为了获取风险预警信息,对各主体施加了约束性义务,在实际适用中也缺乏有效的法律支持,因为作为预警机制构建依据的 ICAO 决议与《芝加哥公约》及其附件的约束力都相对较弱,很难为信息分享义务的实际履行提供强有力的法律保障。在此情况下,预警防控机制的实际作用很容易受到国际社会的质疑,即该机制是否能够真正促进主权国家间风险预警信息的分享和交换,是否能够真正促进国际航空飞行安全。这些问题若长期存在,国际社会对维护冲突地区民航飞行安全的积极性将会大打折扣。

1. 预警防控的法律约束力度不足

现阶段,在国际航空安保领域,ICAO 扮演的角色更像是协调者而非管理者。ICAO 也曾承认:“各成员方都同意 ICAO 现阶段所发挥的联合成员方、航空公司以及联合国体系下的其他组织的重要作用,确保正确的信息能够在正确的时间到达正确的主体。”[①]因此,ICAO 似乎并不具备命令、控制各缔约

---

① ICAO, *Civil Aviation and Conflict Zones: ICAO Task Force Takes Immediate Action in the Aftermath of MH* 17, ICAO Journal, Vol. 69:3, p. 6(2014).

方的约束能力,其所制定或通过的文件也不当然具有强制效力。在国际实践中,ICAO 通过的文件和决议通常仅发挥建议作用,其本身的性质与主权国家制定的以国际条约和国际习惯为主要渊源且由国家强制力作为保障的“硬法”不同,①它们没有国家强制力作为后盾。同时,作为 ICAO 的成员国,也并不意味着必须同意并遵守 ICAO 的所有文件,不加限制地为其提供国家强制力保障。例如,ICAO 在其通过的大会决议中仅要求:“尚未成为上述航空法律文书②缔约方的国家能够在批准、接受、核准或加入之前,实行这些文书的原则”;“各成员国使用信息交流机制”;“各成员国在尊重其主权的同时开展合作及协调行动,以便一致、高效率和有效地执行标准和建议措施以及指导材料,并向公众提供清楚、及时和现有的信息”③等,并未提及如何保障实施以及如何进行监管。因此,不难看出,国际组织根据章程制定的组织决议、建议,很大程度上归属于软法的范畴。④

与 ICAO 通过的文件和决议相比,作为冲突地区民航飞行风险预警防控机制法律依据的《芝加哥公约》及其附件是否能够对缔约国发挥一定的约束作用?实际上,尽管《芝加哥公约》第 37 条赋予了 ICAO 制定国际标准的权力,但紧接着又在第 38 条中规定了“缔约国的背离标准和程序”作为第 37 条的例外,且对未遵守《芝加哥公约》标准和程序的缔约国没有附加任何限制条件和惩罚措施,这些成员国仅需将本国措施和国际标准之间的冲突和差异,在规定的时间内通知国际民用航空组织理事会即可,甚至当《芝加哥公约》确实无法在其国内适用时,该主权国家可随时通知,而不受《芝加哥公

① 徐崇利:《全球治理与跨国法律体系:硬法与软法的“中心—外围”之构造》,载《国外理论动态》2013 年第 8 期。

② ICAO 在此处所指的法律文件分别是:《关于在航空器内所犯违法行为和某些其他行为的公约》《关于制止非法劫持航空器的公约》《关于制止危害民用航空安全的非法行为的公约》《蒙特利尔公约 1988 年补充议定书》《关于在可塑炸药中添加识别剂以便侦测的公约》《制止与国际民用航空有关的非法行为的公约》《制止非法劫持航空器公约的补充议定书》《关于修订〈关于在航空器内犯罪和犯有某些其他行为的公约〉的议定书》。

③ ICAO, 第 39 届大会有效决议(Doc. 10075),A39 – 18 号决议,p. VII – 6 – VII – 10。

④ 何志鹏:《逆全球化潮流与国际软法的趋势》,载《武汉大学学报(哲学社会科学版)》2017 年第 4 期。

约》第38条通知期限的约束。《芝加哥公约》的约束效力尚且如此，根据《芝加哥公约》内容所制定的附件的约束力更是微乎其微。

2. 飞行预警机制的性质和定位不明

除了对ICAO决议与《芝加哥公约》及其附件的探讨之外，还有必要对冲突地区民航飞行风险预警防控机制本身的性质和定位进行说明。ICAO在其公布的文件中表示："基于信息的可获取性，国家需要确认冲突地区的地理位置"；"所提供的信息需要及时进行更新"。[①] 在上述文件中，ICAO并未将主权国家在民航飞行风险预警机制下的信息提供行为，界定为"必须"履行的强制性义务，而是通过"需要"一词，模糊带过。不仅如此，ICAO对各主权国家与航空公司的信息分享范围、履行要求以及监督惩戒措施等约束性内容，也未在飞行预警机制的规范文件中进行阐述。[②] 不难看出，ICAO并未赋予冲突地区民航飞行风险预警防控机制以强制性约束力，成员国仍可自主决定是否提供预警信息。以目前的机制定位来看，即便事关民航飞行安全，主权国家或航空公司也没有义务主动向预警信息平台公布或提供其所掌握的飞行风险信息。若长此以往，民航飞行预警机制的实际效力将会大大削弱。因为只有在民航飞行风险信息能够被提前获知的情况下，相关主体才能及时采取风险规避措施，否则，即便构建了预警机制，也会因信息缺失，无法对降低民航事故发生率起到实际的帮助作用。

(二) 预警信息的公布范围和适用标准有待明确

民用航空预警机制除了需要进一步提升约束效力之外，在预警信息分享范围和分享内容的认定方面，还存在认定不清晰、不明确的问题。因而，即使有缔约国愿意按照预警机制的要求提供其所掌握的空域风险信息，也很难保证分享的内容确属能够帮助国际航班规避风险的有效信息。毕竟，主权国家

---

① ICAO, *Risk Assessment Manual for Civil Aircraft Operations Over or Near Conflict Zones* (Doc. 10084), Chapter 3: Role of Parties Concerned and Promulgation of Information, 3.1.3, p.25.

② ICAO Safety Report, *Global Aviation Safety Oversight System* (GASOS), 2018, p.20.

可以在分享标准欠缺的前提下,自主决定其所公布预警信息的范围和内容。

目前,ICAO 仅对预警信息的公布范围和标准进行了概括性的说明,"除了根据法律、法庭或自愿协定的要求之外,在涉及保密信息以及其他不方便向第三方公布的内容时,缔约方可拒绝履行信息分享义务";①"通常情形下,不应该限制被公开披露的安全数据或安全信息的使用,但须虑及参与报告和分析安全数据、安全信息人员的权利和合法期望,以保护他们免受利益或名誉的不当损害"。② 除了上述文件、手册的有限规定之外,ICAO 在《芝加哥公约》附件中,依然采取了诸如"收集信息是否出于明确的安全目的""公布信息是否会妨碍继续获得这种信息"③等模糊性的表述方式,未对何为"安全目的"、何为"保密信息"等实质内容进行明确。不仅如此,ICAO 还将这些为数不多的安全信息分享标准条款分散在了不同规则、文件的不同章节中,这种无规律分布形式,不仅给各缔约方的适用和参考带来不便,还不利于发现和了解各标准之间的规范差异,甚至连 ICAO 也不得不在其公布的文件(《安全管理手册》)中提醒各缔约方,可以通过判定附件之间的优先顺序来解决条文之间的差异和适用冲突问题。正是因为 ICAO 信息分享标准的模糊性与杂乱性,主权国家在实践中很少采用 ICAO 的分享规范,而更倾向于选用国内的标准和程序进行认定。例如,澳大利亚民用航空安全局(CASA)规定,对可能危害民航飞行安全的预警信息的认定及应对方案的设计和缓解措施的执行等,遵守 CASA 的要求;④爱尔兰也表示,将依据本国国际航空管理局(IAA)设定的标准来履行信息报告的义务。ICAO 的领导地位将会在这种情

① ICAO, *Risk Assessment Manual for Civil Aircraft Operations Over or Near Conflict Zones* (Doc. 10084), Appendix D: Examples of how organizations or States share information between States, aircraft operators, and service providers for exchange and promulgation of information, Article 6: Confidentiality, App. D-7.

② ICAO, 安全管理手册(SMM),(Doc. 9859),第7章:安全数据、安全信息及相关来源的保护,7.7:公开披露,p. 7-15。

③ ICAO,附件19:安全管理,附篇B:保护来自安全数据收集和处理系统的信息的法律指导,保护原则,ATT B-2。

④ *DAS Instruction-Limitations on the use of safety information*, ICAO (July 13, 2019), https://www4.icao.int/demo/SMI/DAS.pdf.

形下大大弱化。[①]

但是,面对这种认定标准不明确、不统一的混乱局面,ICAO 非但没有及时采取措施进行规制和管理,还在其官方文件(Doc. 10084)中对此表示了支持和许可,ICAO 表示,"各国可以选择在包括航空立法在内的知情权法或任何其他类型的法律中制定豁免或例外,以防止公开披露"。[②] 实际上,出于对国家参与积极性、国家利益敏感性的考虑,的确可以赋予分享标准以一定的灵活性与宽松性,但是在基本概念的明确、原则意识的树立方面,切不可大意放松。否则,不仅不利于风险预警信息的有效分享和 ICAO 指导地位的巩固,还会被主权国家或航空公司当作拒绝履行或不合理履行信息提供义务的借口和手段。

四、国际民航飞行风险预警防控机制的完善建议

(一)提升民航飞行预警防控机制的约束效力

1. 提升 ICAO 文件和《芝加哥公约》的法律约束力

上文指出,ICAO 决议文件、《芝加哥公约》及其附件作为民航飞行风险预警防控机制的法律依据,欠缺强制执行力,很难为预警机制的实施提供有效的法律保障。对此,可尝试通过渐进的方式,逐步赋予《芝加哥公约》和 ICAO 文件以约束效力,最大限度地为风险预警机制提供法律支持。

首先,ICAO 的决议文件尽管相较于《芝加哥公约》及其附件来讲,法律效力较弱,但也并非如部分学者所说,不具备任何外部效力。在实践中,对文件投出赞成票的缔约国,除非有更令人信服的相反原因存在,否则,就需要接受该决议的约束。[③] 所以,至少对支持大会决议的缔约国来讲,在其拒绝履

---

① *State Safety Programme of Ireland*, ICAO (July 13, 2019), https://www4.icao.int/demo/SMI/Ireland.pdf.

② ICAO,安全管理手册,(Doc. 9859),第 7 章:安全数据、安全信息及相关来源的保护,p. 7 – 15。

③ ICAO, Council Working Paper C – WP/12979, Plenary Meeting, Para. 3.2.

行决议又无法提出更令人信服的相反理由时,仍需接受ICAO的谴责,承担国际道义责任。而且,根据以往的经验,除了部分国家可能会对个别条款提出保留之外,几乎所有的缔约国都会对大会决议表示支持。

其次,《芝加哥公约》及其附件实际上也并非仅能发挥"参考作用"。通过《芝加哥公约》第69条、第70条以及第54条j项可知,虽然相较于具有完全约束力的法律规范来讲,《芝加哥公约》的效力较弱,但是并不是无法产生任何法律效力的声明。① 违反《芝加哥公约》及后续衍生附件,也并不意味着不需要承担任何不利后果。即便抛开《芝加哥公约》不谈,作为ICAO的缔约国也有义务尊重和支持该组织保障航空飞行安全的目的和宗旨。事实上,在《芝加哥公约》项下,ICAO理事会可以采取通报的方式,对未履行或未充分履行义务的缔约国施加压力,或者借助其他缔约国,间接地对违约方实施制裁。例如,《芝加哥公约》第87条规定:"缔约各国承允,对于理事会认为未遵守最终裁决的缔约国的空运企业,将不准该空运企业在其空气空间内飞行。"②因此,即使目前《芝加哥公约》无法直接对各缔约国进行规制,也不会仅仅停留在建议或协调层面。但是,也不得不承认,为了平衡航空发展与国家主权间的矛盾,《芝加哥公约》制定的大量例外条款确实在很大程度上限制了公约的约束效力。因此,在明确《芝加哥公约》约束效力的同时,仍应进一步扩大《芝加哥公约》的强制力与执行力。

基于此,应从修改、更新《芝加哥公约》及其附件中不利于各缔约方履行国际民航运输安保义务以及限制公约效力的条文入手,辅之以配套规范的制定和完善,逐步提升《芝加哥公约》及其附件的约束效力,加强ICAO的协调管理权。同时,为了避免缔约各国出于对本国利益的保护,出现拒绝《芝加哥公约》修订和更新的情形,可以尝试采用设定过渡期的方式。在过渡期内,除

① See Huang Jiefang, *Aviation Safety and ICAO*, Kluwer Law International, 2009, p. 198.

② 根据《芝加哥公约》第54条第10项"理事会应向缔约国报告关于违反本公约及不执行理事会建议或决定的任何情况"的规定可知,理事会可将不按《芝加哥公约》规定或理事会决定履行本国义务的缔约国通报至其他各缔约国,并通过由其他缔约国采取限制措施的方式间接达到惩治目的。

了对诸如预警信息分享义务的履行等关键问题制定较为严格的履约机制外，针对其他问题可以采用较为宽松、灵活的实施方案。例如，在符合基本原则和标准的基础上，允许各缔约方享有较大的自由裁量权。

2. 强化冲突地区民航飞行风险预警机制下的信息分享义务

当前，ICAO和IATA项下的冲突地区民航飞行风险预警防控机制，均未将主权国家的信息分享行为界定为强制性义务。因此，即使《芝加哥公约》及其附件拥有足够的法律拘束力，若不配合修改预警信息分享机制本身的定位和标准，各缔约方在该机制下的信息分享依然会被视为自愿行为，无须受到强制性的约束。为此，国际社会应及时调整民航飞行预警防控机制的性质和定位，强化机制的执行效力。

在实际操作过程中，依然可以采用灵活、渐进的方式，逐步提升预警机制的管理作用。首先，在预警信息的分享方式层面，可以通过评估信息的风险等级和影响范围等，将信息的分享方式予以类型化。例如，按照风险级别的高低等要素，依次划分为：强制分享、建议分享以及自愿分享等，逐渐脱离原先不加区分的自愿分享模式。另外，鉴于空域飞行信息的敏感性，在强化信息分享义务初期，可以通过压缩强制分享比例、采取较为宽松的等级判定标准等方式，尽可能地维护国家主权与国家秘密，随着制度的成熟，再进一步调整。其次，在义务履行的监管层面，也可依照上文划分的分享类型，采取相应的管制措施。例如，可以根据不同风险级别分别施以制裁、通报谴责以及不进行约束等。当然，在规则的制定初期，仍可有限地采用其他缔约国实施的间接制裁手段，对不履行强制性分享义务的国家或航空公司进行惩罚。

（二）扩大民航飞行风险防控措施的执行渠道

1. 推动双边或多边风险预警信息分享、交换协议的达成

相较于国际组织文件、《芝加哥公约》及其附件，主权国家间的双边或多边协议往往具有更强的约束力和执行力，且更容易促成国家间意见的统一。因此，双边或多边风险预警信息交流协议的达成，能够在很大程度上推动国

际预警防控机制的发展。目前,国际社会上存在多种形式的交流与沟通平台,旨在帮助预警信息分享双边合作机制的建立。例如,ICAO成立了航空安全实施援助伙伴关系(Aviation Safety Implementation Assistance Partnership,ASIAP),专门为国家间的信息分享援助提供平台。① 它在《安全管理手册》中也表示:"可以在国家间双边安排的基础上建立信息共享和交流的法律框架,也可将该框架列入国家间航空运输(航空服务)协定中。"②此外,在协议的制定过程中,还可以借鉴部分国家的缔约经验,将"实施保障民航飞行安全措施"的承诺作为生效前提,约定当一方未履行或未按照要求履行承诺时,其他缔约方可采取相应的惩罚措施。如此,就能通过国家承诺的方式,进一步提升协议的约束效力。

2. 实现风险预警信息在航空公司层面的直接分享和交换

在冲突地区风险防控机制内,信息的接收和分享通常集中在国家层面,航空公司获取信息则具有相当的迟滞性。但在实践过程中,航空公司才是避险行为的操作和执行主体,信息的延迟获知,会给飞行安全带来巨大的损害或损害威胁。因此,可在不涉及敏感、保密信息的情形下,尝试在航空公司层面开展预警信息的分享和交换工作,尽可能地实现预警信息的即时获知。现阶段,为了推动预警信息在航空公司间的顺利分享,IATA专门创建了包括全球航空数据管理系统(GADM)等在内的信息服务机构,为IATA成员方以及符合条件的行业组织提供多渠道的航空运营信息数据管理服务。但是在运行过程中,由于国家主权与国家利益的束缚,航空公司的参与程度和信息分享权限通常会受到较大的限制,数据管理系统也很难显示预想的效果。因此,要想在航空公司层面有效地开展信息合作,各缔约国还需赋予本国航空公司以必要的自主决定权与信息公开权。

---

① *Aviation Safety Implementation Assistance Partnership (ASIAP)*, ICAO(July 15, 2019), https://www.icao.int/safety/ASIAP/Pages/default.aspx.

② ICAO,安全管理手册(SMM),(Doc.9859),第7章:安全数据、安全信息及相关来源的保护,7.9:安全信息的共享与交流,p.7-18。

(三)明确预警信息的公布范围和适用标准

航空安全信息与其他一般信息不同,往往涉及国家或商业秘密,各主权国家对于分享此类信息也多持保留态度。一方面,是因为随意公开空域安全信息,有可能对本国的国家与商业安全造成威胁;另一方面,则是因为国际社会尚未明确预警信息的分享范围和标准,缔约方很难对后续影响进行评估。因此,应尽快制定明确的信息公开标准,为各缔约方开展评估工作提供数据支持,提高各国预警信息的分享积极性。

1. 制定明确的预警信息分享和保护规则

ICAO在其发布的《安全管理手册》(Doc. 9859)中将航空事故信息的公开报告方式分为强制性与自愿性两种,其中强制性报告针对所有有价值的事故信息,而自愿性报告则是对潜在状况的说明。[①] 根据报告方式的不同,报告所涉信息的安全保护方式也被划定为自愿性保护与强制性保护。[②] 但是对于何为"有价值的事故信息""潜在状况的说明",以及如何开展"自愿性保护"和"强制性保护"等关键问题,仍然通过模糊的概念性描述一笔带过,未进行详细说明。另外,ICAO还将文件中未涉及的,诸如例外原则、信息报告系统的维护等重要内容的规则设定权,直接让渡给了各主权国家。这种不明确、不完整的规制现状与消极的规制态度,极大地制约了信息的公开与保护力度。预警信息的分享与保护规则亦是如此。

基于此,主权国家与国际组织应当通力合作,积极制定一套完善的民航飞行安全预警信息分享和保护标准。不可否认,在当前的国际环境中,制定一个能够被各缔约国接受、自愿受其约束的预警信息分享与保护标准存在一定的难度,但可先从较为基础、灵活、宽松的原则性规范入手,循序渐进,逐步打破目前信息分享与保护标准欠缺、保护体系混乱的尴尬局面。同时,在各

---

① ICAO,安全管理手册,(Doc. 9859),第5章:安全数据收集和处理系统,p. 5。

② 信息安全的保护方式与公开的类型相反:强制性公开将采取自愿性保护,而自愿性公开则进行强制性保护,但上述类型的匹配方式并不固定,ICAO文件中也列举了其他国家或法域所采用的不同的匹配模式。

信息分享主体满足基本要求与基础条件的前提下,可适当允许各主体结合自身的实际发展、灵活适用,最大限度地保障各主体的参与积极性。另外,还可以适度赋予ICAO、IATA等专门性国际组织以一定的裁决权,确保信息分享与保护方面的争端能够由最专业的国际组织和国际专家进行审理和判定。当然,仍须以取得各方当事人的一致同意为前提,这也与《芝加哥公约》第84条的规定相契合,只是目前第84条仅针对《芝加哥公约》及其附件的解释或适用争端。

2. 构建专门的预警信息监管机构

实践中,主权国家往往会拒绝向其认为不友好的国家提供详细的空域安全信息,因为担心这些不友好的国家会利用这些信息攻击本国或其盟国。① 实际上,这种担心并非没有道理,正如前文所述,空域安全信息通常会涉及一国的国家机密与商业机密,如不进行严格的规范和监管,很容易对国家及商业利益造成损害。因此,需要通过设立专门的风险预警信息监督审查机制,最大限度地维护缔约国的空域安全。具体而言,可以通过事前审核、效果预判的方式进行。例如,只有当申请方通过被申请方或监管机构的审查后,才能获取相应的预警信息;或者只有经过监管机构的评估认定,分享信息后所带来的不利影响远远小于不分享所造成的不利影响时,被申请方才须向申请方提供其所申请的数据信息,反之,被申请方则可拒绝提供,但须说明拒绝的原因。

另外,预警信息的分享和交换行为,应当通过诸如全球航空信息网络(GAIN)这样的专门性数据管理平台进行。② 一方面,这有利于信息安全的保护;另一方面,借助于专业的信息分享平台,也有利于预警信息的统一收集和汇总、审查监督标准的统一,实现预警信息分享和保护的公平、公正,避免出现基于政治目的而拒绝向个别申请主体提供信息的不合理或报复行为,以及由于信息分享或交换过程的不严谨所引发的信息泄露等情形。

---

① Major Brian D. Green, *Space Situational Awareness Data Sharing: Safety Tool or Security Threat*, Air Force Law Review, Vol. 75, p. 73(2016).

② Evan P. Singer, *Recent Developments in Aviation Safety: Proposals to Reduce the Fatal Accident Rate and the Debate over Data Protection*, Journal of Air Law and Commerce, Vol. 67:2, p. 517(2002).

国际民航组织的反恐职责探析*

张君周**

随着经济全球化程度的深化,民航运输在综合交通运输体系中的作用日益突出,特别是在跨区域、国度的远程运输方面。但是,民航运输一旦发生事故,常会造成巨大的人员伤亡、财产损失和社会影响甚至政治影响。正是因为其高风险性、高关注度的特质,航空器、机场一直都是遭受恐怖威胁的"高频"领域。当前民航运输的反恐已成为各国安全工作的重中之重,"尤其是'9·11'事件的发生,更使得航空安全被提到国家安全的高度"。[①] 在此过程中,国际民航组织(International Civil Aviation Organization, ICAO)始终积极行使国际组织的职责,制定公约与

---

* 本文系2019年教育部人文社会科学研究青年基金项目"冲突地区民航飞行风险预防机制及中国对策研究"(项目编号:19YJC820070)的阶段性研究成果之一。

** 法学博士,中国民航管理干部学院教授,国际民航组织安保培训中心副主任。

① 李家祥:《世界民用航空与中国民用航空的发展》,载中国民用航空局官网,http://www.caac.gov.cn/XWZX/MHYW/200906/t20090619_12358.html。

国际标准,采取措施,与各成员国一起提升民航反恐应对能力。近些年,新一轮恐怖袭击加剧,特别是2015年、2016年欧洲多国频遭恐怖袭击,机场也成为攻击目标,全球民航的反恐压力再度加重。2016年9月22日,联合国安理会针对恐怖活动专门发布了"航空安保"专题的第2309号决议(以下简称第2309号决议)。安理会作为联合国六大主要机构之一,对国际和平与安全负有主要责任,选择"航空安保"中的反恐作为决议主题,足见当前恐怖威胁确已迫在眉睫。第2309号决议中多处提到国际民航组织的职责,并鼓励其与反恐执行局、反恐委员会合作,查找航空安全的空白点和薄弱环节。① 基于该决议的要求及反恐形势的需要,国际民航组织加强了反恐措施,采取了一系列的举措。我国民航运输总量居世界第二位,创造良好的安全环境对行业乃至国家经济的发展都有重要意义。因此,有必要认真研究国际民航组织的反恐职责,分析国内民航反恐立法与实际工作的衔接,提升行业的安全水平。

一、反恐是国际民用航空组织的核心职责

1944年制定的《国际民用航空公约》(又称《芝加哥公约》)第43条、第44条提出成立"国际民用航空组织",目的在于发展国际航行的原则和技术,并促进国际航空运输的规划和发展。1947年4月4日《国际民用航空公约》生效,同年12月国际民航组织成立,总部设在加拿大蒙特利尔,全球共有7个地区总部。该组织是促进全世界国际民用航空安全和有序发展的联合国专门机构,由大会、理事会和其他必要的各国机构组成,现有193个成员国。② 当前理事会成员国家分为3类:第一类为"在航空运输方面占主要地位的国家",第二类为"对提供国际民用空中航行设施作出巨大贡献的国家",第三

① 参见联合国安理会第2309(2016)号决议,S/RES/2309(2016),第4页。

② 资料来源:载国际民航组织官网2020年3月10日,https://www.icao.int/about-icao/Pages/member-states.aspx。

类为“保障地域代表性的国家”。中国在2019年国际民航组织大会期间,再次当选为第一类理事国。[①] 3类理事会成员国涵盖了全球对航空运输业最具有影响力的国家。因此,有学者认为,该组织包括了“世界上从事任何重大级别航空活动的每一个国家”,可以将其比作“民用航空的联合国”。[②]

(一)“保障安全”的核心职责中包含了反恐要求

《国际民用航空公约》第44条在界定国际民航组织职责时,3次提到了“安全”——确保国际民航安全有序发展、满足人们安全需要与促进飞行安全。可见“保障安全”是其当仁不让的核心职责之一。随着民航运输的发展,“安全”的内涵也在逐渐丰富,除了传统飞行技术类安全之外,保护民航运输免遭非法干扰——“航空安保”——也逐步发展为与“飞行安全”并列的另一安全板块。当前,国际民航组织也把航空安保与飞行安全、环境保护等并列为优先事项,加大制定各种标准的力度,多方面采取措施。目前,该公约已有19个附件,最先制定的附件主要针对的是人员资质、空中规则、航行器、航空器运行、适航、空中交通等技术规则。防范外来风险与袭击的国际标准与措施主要体现在《附件17:航空安保》(以下简称附件17)中。该附件至今已经历了17版的修订,危害民航运输的恐怖活动是引发近期频繁修订的主要原因。因此,可以说,反恐是构成国际民航组织“保障安全”职责的重要内容。

---

① 在2019年国际民航组织大会期间,从193个成员国中选举出以下国家组成作为国际民航组织理事机构的含有36个成员的理事会。第一类“在航空运输方面占主要地位的国家”,包括:澳大利亚、巴西、加拿大、中国、法国、德国、意大利、日本、俄罗斯联邦、英国和美国。第二类“对提供国际民用空中航行设施做出巨大贡献的国家”,包括:阿根廷、哥伦比亚、埃及、芬兰、印度、墨西哥、荷兰、尼日利亚、沙特阿拉伯、新加坡、南非和西班牙。第三类“保证地域代表性的国家”,包括:哥斯达黎加、科特迪瓦、多米尼加共和国、赤道几内亚、希腊、马来西亚、巴拉圭、秘鲁、韩国、苏丹、突尼斯、阿拉伯联合酋长国、赞比亚。参见国际民航组织官网,https://www.icao.int/about-icao/Council/Pages/ZH/council-states-2019-2022.aspx。

② [美]彼得·贝罗巴巴、阿梅迪奥·奥多尼、辛西娅·巴恩哈特:《全球航空业》,赵维善译,上海交通大学出版社2010年版,第37~38页。

(二)国际民航组织始终把反恐作为工作重点

从民航发展来看,自20世纪五六十年代以来,针对航空器、机场的恐怖袭击接连不断,"9·11"恐怖事件造成的损害更是达到极致。国际民航组织在此过程中不断经历恐怖袭击的挑战,一方面,快速作出反应,通过政府邮件、电子信息等方式快速传递信息,发挥国际组织的作用,提升全球的应对举措水平;另一方面,该组织还将应对时积累的经验以及各成员国提供的有效措施提炼、固化为国际标准和措施,进而通过附件17等文件的推广,提升全球民航业的反恐应对能力。可以说,国际民航组织在其成立的70多年来,基于自身职责也出于现实的需要,始终配合联合国反恐政策,同时支持行业与各成员国落实反恐措施和要求,致力于遏制恐怖主义对民航运输的危害。

二、国际民航组织推进民航反恐立法与标准建设

国际民航组织通常被划归为"技术类国际组织",即主要处理技术性特质的事务,进而减少政治分歧,以更快、更有效地实现国家间的合作。因此,国际民航组织主要对促进民航发展的科技、管理、运行技术等方面进行"规制",避免政治上、价值观方面的评判,这与"政治性国际组织"不同。然而,由于民航运输长期以来遭受各种威胁与袭击,国际民航组织不得不在关注技术的同时,也加强对恐怖分子的谴责和制约,体现出一定的政治性。"国际民航组织在涉及武力使用(针对民航班机)以及国家安全(比如反恐公约谈判)的问题方面已经成为活跃的行为体。"①

那么,作为国际组织如何发挥反恐职责?正如有学者指出的:"国际组织一旦建立并且运行,它们往往具有独立性和自主性,而为其成员谋取利益是国际组织得以维系和发展的基础。"可见,国际组织在为成员谋取利益中获得

---

① [美]何塞·E.阿尔瓦雷斯等:《作为造法者的国际组织》,蔡从燕等译,法律出版社2011年版,第18页。

信任与权威，也为其倡导的政策、措施提供了接纳和认可的基础，进而形成全球治理机制。“在恐怖主义的全球治理中，国际组织的主要作用在于拟定涉及防范、打击恐怖主义的国际规范，成立国际反恐机构，督促和协调成员国落实相关反恐国际法律或规范等。由于这些内容构成了恐怖主义全球治理的实质内容，国际组织亦成为恐怖主义全球治理的重要主体。”[①]国际民航组织作为促进国际民航发展的联合国专门机构，在行使反恐职责时，也主要体现在专业机构、团队的建立与立法规范的建设方面：一方面，加强国际民航组织内部的“非法干扰委员会”，根据恐怖风险的提升，设立“威胁与风险工作组”“高风险货物工作组”等专业工作组；另一方面，更为重要的就是推进民航反恐公约的制定、修改以及加强反恐标准、措施的建设。

（一）推动民航反恐公约的制定

“在民用航空的初创时期，关于航空器可能会成为使用刑法的领域的看法，用威尔伯福斯勋爵的话说，完全‘似乎是荒诞的’”。[②] 然而，航空运输的薄弱点很快被不法分子发现，第一次有记录的劫机事件发生在 1930 年，几个秘鲁人劫持了泛美航空公司的一架邮政飞机。此后，劫机事件频发，解决民航犯罪相关法律问题，已到了刻不容缓的地步。1963 年 9 月 14 日，《东京公约》得以通过，用于处置发生在航空器内的违法犯罪行为，包括机上的恐怖袭击。然而，作为第一部打击危害国际航空安全非法行为的公约，《东京公约》在内容和架构上都比较简单，如对“非法劫持航空器”行为未规定任何处罚条款。正是由于该公约“对抗空中恐怖主义设计的措施存在缺陷，这一缺陷成为各国针对劫持制定一部单独公约（1970《海牙公约》）的理由之一”。[③] 劫机是早期恐怖袭击中最常见、最严重的行为方式，《海牙公约》的出台加大了

---

① 曾向红：《恐怖主义的全球治理：机制及其评估》，载《中国社会科学》2017 年第 12 期。

② ［英］彼得·马丁等修订：《肖克罗斯和博蒙特航空法》，徐克继摘译，法律出版社 1987 年版，第 208 页。

③ ［荷］I. H. Ph. 迪德里克斯－范思赫：《国际航空法》（第 9 版），［荷］帕拉罗·汶迪斯·德·莱昂修订，黄韬等译，上海交通大学出版社 2014 年版，第 320 页。

对劫机犯的追捕和惩罚力度。由于当时针对机场、航空设施设备的破坏行为也时有发生,在《海牙公约》制定过程中,《蒙特利尔公约》也同步起草并于1971年获得通过,该公约将劫机之外更多的航空犯罪行为纳入规范中。在《蒙特利尔公约》生效后不久,1972年、1973年机场候机楼又频遭恐怖袭击。国际民航组织为了打击针对国际机场的暴恐事件,1988年2月通过了《制止在用于国际民用航空的机场发生的非法暴力行为以补充1971年9月23日订于蒙特利尔的制止危害民用航空安全的非法行为的公约的议定书》(以下简称1988年《机场议定书》),将国际机场及其相关人员纳入保护的范围。

国际民航组织主持制定的这3部公约及其议定书,确立了民航反恐的基本立法体系,对于世界各国的反恐都具有举足轻重的意义,设立的很多原则也为其他公约所借鉴。"(由于这些公约)都是仿效海牙、蒙特利尔公约的模式,有的条款基本上是原文照抄,所以有些国际法学者将包括海牙、蒙特利尔在内的这些公约统称为反恐怖条约系列。"①随着恐怖袭击手段的高科技化,加之1988年12月21日恐怖分子在制造"洛克比空难"时使用"塑性炸药"造成惨重伤亡,国际民航组织随即召集会议并于1991年通过了《在可塑性炸药中添加识别剂以便探测的公约》。这些公约不仅被联合国列入反恐的国际文件序列,而且也成为各国(包括我国)反恐立法时②的重要依据。如我国《反恐怖主义法》第22条借鉴"塑性炸药"公约的规定,要求民用爆炸品添加安检示踪标识物。

(二)制定与更新民航反恐标准和措施

在《国际民用航空公约》第37条列举的11类国际标准与措施中,并没有包含航空安保。但是,随着20世纪60年代航空犯罪与恐怖袭击的增加,安保问题引起了全球民航行业的关注。1974年3月22日,国际民航组织理事

---

① 赵维田:《论三个反劫机公约》,群众出版社1985年版,第31页。

② 参见孙茂利主编:《〈中华人民共和国反恐怖主义法〉释义》,中国民主法制出版社2016年版,第38页。

会依据《国际民用航空公约》规定以及国际民航组织大会的决议，通过了有关航空安保的标准和建议措施，即附件17。该附件整合过往的经验、参考各国有效做法，为成员国制定了统一的国际标准和措施，有效弥补了短板，提升了全球航空安保水平，其早期版本主要是明确各主管当局、旅客和机组的安保职责、安保手续、国际合作、安保设施设备标准以及机场分区管理、旅客、行李安检措施等。附件17根据行业面临的风险、问题，不断地调整和发展，完善了大量有关通行管制、货运安保、人员管控以及信息建设等内容的标准和措施，已成为各国开展航空安保和民航反恐防范工作所参考的最重要的国际文件。ICAO也通过定期的安保审计，核查各国落实附件17要求的情况，及时发现反恐防范中的薄弱环节并提出改进建议。

三、ICAO反恐职责得到强化

社会公众对民航反恐最深的印象来自"9·11"恐怖袭击，实际上恐怖袭击一直都是民航运输的重大危害。有学者基于"9·11"恐怖袭击之前30年的统计数字，指出："在航空旅行期间，随机选定的美国公民每小时被恐怖分子杀害的几率，约为在其他时间里的600倍之高。"①当然，"9·11"恐怖袭击不仅对民航安全具有转折点的意义，而且也影响了全球反恐政策的发展。

（一）积极加入联合国反恐的全球治理模式

"9·11"恐怖袭击事件后，如何有效地预防和打击恐怖主义活动已成为国际社会关注的焦点问题之一。特别是恐怖活动、极端暴力等"非传统安全"领域的威胁不断加剧，并以前所未有的范围和强度对一国、地区乃至全球的发展、稳定和安全造成强烈的冲击。② 考虑到恐怖主义已成为全球性问

① [美]彼得·贝罗巴巴、阿梅迪奥·奥多尼、辛西娅·巴恩哈特：《全球航空业》，赵维善译，上海交通大学出版社2010年版，第306页。

② 杨泽伟：《国际法析论》（第4版），中国人民大学出版社2017年版，第313页。

题,且与联合国所主张的尊重人权、法治、保护平民相违背,联合国引入了全球治理的模式,加强了反恐工作机制的建设。

自 2001 年以来,联合国安理会每年都发布"恐怖主义行为对国际和平与安全的威胁"主题的相关决议,包括对具体恐怖袭击事件的回应、针对某类恐怖行为的具体措施以及反恐的综合要求。[①] 2001 ~ 2004 年,联合国反恐委员会(Counter-Terrorism Committee, UNCTC)和反恐执行局(Counter-Terrorism Executive Directorate, UNCTED)先后成立,目的是在全球层次上实现对恐怖主义的治理。2004 年 12 月,联合国"威胁、挑战和改革问题高级别小组"将恐怖行为表述为有关恐怖主义各项公约所列明的行为:"如果此种行动的目的就其性质和背景而言,在于恐吓人口或者强迫一国政府或一国际组织实施或不实施任何行为。"[②]2006 年,联合国通过了《全球反恐战略》,为其成员开展反恐行动提供了方向性的指导。

作为"9・11"恐怖袭击受害最严重的行业,ICAO 对联合国的反恐工作给予高度重视,积极地参与了联合国的多项反恐工作。如在 UNCTC 的推动下,多个国际和区域组织制定了反恐议程,ICAO 便是主要的实施主体之一;[③]"9・11"恐怖袭击后,UNCTC 提出对反恐工作薄弱的国家提供立法和行政管理方面的援助时,ICAO 积极表示愿意提供援助。此外,ICAO 还参与了"9・11"恐怖袭击后联合国成员国的反恐需求评估;目前,该组织正在利用民航的旅客信息预报(API)和旅客姓名记录(PNR)等手段,配合联合国阻止恐怖分子利用航空运输进行流窜。该组织充分发挥其在行业管理中的自身优势和特有途径,与联合国、其他国际性组织及其成员构成了治理恐怖主义的全球网络。

(二)及时修订民航反恐公约与更新国际标准、措施

对于提高行业反恐能力,国际民航组织积极落实联合国修订反恐公约的

---

① See https://www.un.org/securitycouncil/zh/content/resolutions.

② 杨泽伟:《国际法析论》(第 4 版),中国人民大学出版社 2017 年版,第 318 ~ 319 页。

③ 李金祥:《联合国反恐委员会治理模式评估》,载《国际关系学院学报》2012 年第 6 期。

要求，完善航空安保标准和措施，加强行业反恐的基础性防范措施。

1. 全面完善民航反恐公约体系

前文提到航空安保公约在国际反恐公约体系占有很大的比例。“9·11”恐怖袭击后，根据联合国的决议及国际社会的呼吁，国际民航组织启动了这些公约现代化的工作。2010 年 9 月 10 日，在北京召开的航空安保外交会议上通过了《北京公约》和《北京议定书》，[①]分别修订了《蒙特利尔公约》和《海牙公约》。2014 年 4 月 4 日《蒙特利尔议定书》[②]也得以通过。在国际民航组织的积极推动下，2018 年，《北京议定书》和《北京公约》相继生效。最新制定的《蒙特利尔议定书》也于 2020 年 1 月 1 日正式生效。3 部新国际文件的制定与生效，意味着国际航空安保公约现代化取得了重大进展。

至今为止，联合国及其他国际组织已经通过了 9 类 19 个制止恐怖行为的国际法律文书（见表 1）。其中，有关民航运输的反恐法律文书非常引人关注：一是民航类列于各类别的首位；二是法律文书数量所占比例最高（约占全部的 7/19）；三是制定的时间跨度最大，从 1963 年的《东京公约》到 2014 年最新修订的《蒙特利尔议定书》，前后相距 51 年。

表 1 联合国和其他国际组织通过的制止恐怖行为的国际法律文书

序号	类别	法律文书
1	有关民航的法律文书（此处使用公约简称）	1963 年《东京公约》
2		1970 年《海牙公约》
3		1971 年《蒙特利尔公约》
4		1988 年《机场议定书》
5		2010 年《北京公约》
6		2010 年《北京议定书》
7		2014 年《蒙特利尔议定书》

① 全称分别为《制止与国际民用航空有关的非法行为公约》（2010 年《北京公约》）和《制止非法劫持航空器公约的补充议定书》（2010 年《北京议定书》）。

② 全称为《关于修订〈关于在航空器内的犯罪和其他某些行为的公约〉的议定书》（2014 年《蒙特利尔议定书》）。

续表

序号	类别	法律文书
8	对国际人员保护的法律文书	1973 年《关于防止和惩处侵害应受国际保护人员包括外交代表的罪行的公约》
9	劫持人质	1979 年《反对劫持人质国际公约》
10	有关核材料的法律文书	1980 年《关于核材料的实物保护公约》
11		2005 年《关于核材料实物保护公约》的议定书
12	有关海事运输的法律文书	1988 年《制止危害航海安全的非法行为公约》
13		2005 年《制止危害航海安全的非法行为公约》的议定书
14		1998 年《制止危及大陆架固定平台安全非法行为议定书》
15		2005 年《制止危及大陆架固定平台安全非法行为议定书》
16	有关爆炸材料的法律文书	1991 年《关于在可塑性炸药中添加识别剂以便侦测的公约》
17	关于恐怖炸弹的法律文书	1997 年《制止恐怖主义爆炸的国际公约》
18	关于资助恐怖主义的法律文书	1999 年《制止向恐怖主义提供资助的国际公约》
19	关于核恐怖主义的法律文书	2005 年《制止核恐怖主义行为国际公约》
其他重要反恐文件	1. 联合国全球反恐战略。2006 年 9 月 8 日联合国大会一致通过该战略。 2. 阻止暴力极端行为行动计划。2016 年联合国秘书长推动的一项行动，倡导除采取基于安保的反恐措施之外，还应引入系统防范的步骤，解决促使个人极端化以及加入极端组织的深层原因。	

资料来源：参见联合国官网，https://www.un.org/counterterrorism/international-legal-instruments。

2. 基于反恐需要完善国际标准、措施

每次针对民航的恐怖袭击都会直接或间接影响附件 17 以及其他相关附件的修订。自“9·11”恐怖袭击后，附件 17 共进行了 11 次修订，涉及范围非常宽泛,包括:(1)从组织体系上,完善了国家、民航当局、机场运营以及航空器经营人等民航主体的安保职责与义务。(2)从工作机制上,引入普遍安保审计计划,全面细致地对各缔约国的民航安保防范工作进行审计、检查,查找风险点与薄弱环节,有效地加强了全球防范非法干扰行为体系的建立。(3)从人员设置上,为了防范"9·11"式袭击,增设了"机上安保员"(AirMarshal,有些国家称为空警)。(4)基于先前遭袭经验,增加了多项应对措施。例如,针对恐怖分子闯入航空器驾驶舱,增加了驾驶舱保护措施,防止未经批准人员的进入。又如,为了防止携带攻击器械、武器等危险品登机,加强了"交运行李、货物和其他物品措施"的安检措施。再如,2010~2011年,正值附件17第12次修改时,"邮包炸弹"恐怖活动发生,修订时便特别强调了全货机航班的安保、货物供应链安保,增加了"高风险货物或邮件"的定义。最新的几次修订,加强了对网络威胁的防范,要求各国提高安保措施的随机性、加强陆侧航空安保、提升防范手段即设备的更新、加强信息共享国际合作等。2020年7月30日刚生效的第17次修订,则是考虑到多起涉恐袭击与内部人员相关,因此增加了对工作人员背景审查以及加强安检及培训的新标准。① 这些国际民航安保的标准和措施重在"防范",成员国通过落实附件17的要求,提高本国民航反恐应对能力。同时,这些标准与措施也是UNCTC等专业机构进行反恐评估与治理的重要依据。②

(三)依据安理会反恐决议采取相关措施

正如学者所指出的:"航空恐怖主义既不是从'9·11'开始,也没有在'9·11'结束。"③尽管"9·11"后,国际社会与各国都大幅度提高了航空安保

---

① 相关内容,详见《国际民用航空公约》附件17(第11版)。

② 由于缺少设立评估标准的专家,UNCTC只能采用现有国际组织设立的标准。卢佩雷兹也指出,UNCTC不需要设立自己的标准,因为一些功能组织已经设立了标准。详见李金祥:《联合国反恐委员会治理模式评估》,载《国际关系学院学报》2012年第6期。

③ [美]彼得·贝罗巴巴、阿梅迪奥·奥多尼、辛西娅·巴恩哈特:《全球航空业》,赵维善译,上海交通大学出版社2010年版,第307页。

工作的投入和措施,[①]然而,国际民航面临的恐怖威胁形势仍不容乐观,特别是前几年比利时布鲁塞尔机场与土耳其伊斯坦布尔机场接连遭袭。为此,联合国安理会于2015年11月20日至12月21日,针对恐怖袭击连续发布了3份安理会决议。[②] 2016年9月22日,又发布了第2309号决议,特别提醒"恐怖团体仍然把民用航空当作一个诱人的目标,以便造成重大伤亡和经济损失,中断各国之间的互联互通"。[③]

对于国际民航组织,该决议再次指出,其核心职责是制定国际航空安保标准并监督各成员国遵守,并为需要的国家提供协助;倡议所有国家协助国际民航组织审查和调整国际标准与措施,以便有效处理恐怖分子的袭击,鼓励该组织和反恐怖主义执行局(UNCTED)合作。同时,该决议还要求召开特别会议讨论民用航空面临恐怖威胁的问题,并向安理会通报会议成果。国际民航组织立即采取了相应的落实行动与措施。通过评估全行业恐怖风险与威胁形势,修订和调整了附件17及《航空安保手册》等国际文件。同时,该组织还策划并实施了"全球航空安保计划",其目标是"帮助各国共同完成联合国理事会第2309号决议(2016)和相关的国际民航组织大会决议下的承诺"。[④]

第2309号决议通过后,国际民航组织柳芳秘书长先后与国际刑警组织秘书长、反恐怖主义执行局执行长、反恐办公室秘书长进行了会谈,就防止外国恐怖主义战斗人员(foreign terrorist fighters)旅行、边境管控、航空安保和反恐的信息共享、加强国际民航组织旅客姓名记录和预报旅客信息措施的实施,以及支持全球反恐战略等方面加强了合作。同时,国际民航组织还多次向联合国反恐怖主义委员会汇报民航领域执行相关决议的情况。此外,在近

① 如美国在"9·11"之后,随后几年中每年在航空安保措施方面花费的经费大约为60亿美元。参见[美]彼得·贝罗巴巴、阿梅迪奥·奥多尼、辛西娅·巴恩哈特:《全球航空业》,赵维善译,上海交通大学出版社2010年版,第307页。

② 参见联合国官网,https://www.un.org/securitycouncil/zh/content/resolutions-adopted-security-council-2015。

③ 参见联合国安理会第2309(2016)号决议,S/RES/2309(2016),第6段。

④ 国际民航组织:《全球航空安保计划》(2017)2.1.1。

几年举办的航空安保专题会、航空安保高级别会议、国际民航组织大会、国际刑警组织年会等活动上，国际民航组织就恐怖分子的逃亡、新型恐怖威胁（如化学、生物和放射性武器）、反恐合作支持等方面组织了研讨或汇报（国际民航组织参加的主要反恐合作会议/活动）（见表2）。

表2　国际民航组织参加的主要反恐合作会议/活动

时间	会议/活动名称	主要内容
2017年6月	ICAO秘书长与国际刑警组织秘书长双边会谈	防止外国恐怖主义战斗人员旅行问题
2018年5月	ICAO秘书长与联合国助理秘书长兼反恐怖主义执行局局长签署协议	加强和提升双方机构在边境管制、航空安保和反恐怖主义方面的合作与信息共享，并支持联合国安理会关于一致的反恐怖主义响应国际优先事项的重要决议
2018年9月	国际民航组织—欧洲航空安全机构东南亚民用航空问题论坛	谈及航空安保（含反恐）与地区增长预测之间的直接关系
2018年11月	国际民航组织第二次航空安保高级别会议（HLCAS/2）	在协调应对恐怖分子流窜和新型威胁方面取得重大进展
2018年11月	国际民航组织加入联合国全球反恐协调契约	契约确立了指导原则，旨在大幅增强联合国系统的协调和一致性，以支持成员国执行联合国全球反恐战略
2018年12月	联合国安理会反恐怖主义委员会简报会	汇报联合国安理会第2309（2016）号决议取得的成果和国际民航组织采取的相关活动，包括相关会议以及与联合国贸易和发展会议的合作协议
2018年12月	ICAO秘书长和联合国反恐办公室副秘书长签署协议	使国际航空运输、贸易和边境管理的安保更强大和更具可持续性
2019年5月	联合国总部正式启动联合国反恐怖主义旅行方案	国际民航组织支持联合国安理会第2178、2309、2368和2396号决议所规定的关于外国恐怖主义作战人员的相应优先事项方面所取得的进展及相关工作

续表

时间	会议/活动名称	主要内容
2019年9月	2019年全球航空安保专题讨论会	专题讨论爆炸装置等新型恐怖袭击手段及其检测和应对方式
2019年10月	国际刑警组织2019年大会	强调了加强成员国实施国际民航组织关于防止外国恐怖主义作战人员旅行的各项规定的重要性
2019年10月	国际民航组织大会第40届会议	落实联合国安理会第2396号决议(2017年)及使用旅客信息预报和旅客姓名记录侦测外国恐怖主义作战人员的活动

资料来源:国际民航组织官网新闻室,https://www.icao.int/Newsroom。

柳芳秘书长2018年在向联合国安理会做简报时提到:"通过与联合国其他组织的密切合作,已经改善了全球对恐怖主义威胁的应对,在各种风险缓解活动方面开展合作并在航空安保、简化手续和边境管制等领域交流了大量有用的咨询意见、信息和资源。"①国际民航组织的反恐工作及取得的成绩得到联合国及成员国的高度认可,该组织也一直被视为反恐措施落实和国际组织反恐合作的典范。

(四)根据当前防范重点调整应对措施

近些年,反恐一直是国际民航组织航空安保类会议的重要议题。从一年一度的"航空安保专家组会议"(AVSEC Panel)来看,2015~2017年3年的工作文件(含信息文件)中直接涉及恐怖活动的均在10篇以上,超过文件总数的20%,专家提交的其他文件也多与反恐有关联。特别是在国际民航组织"威胁与风险工作组"的年度工作报告中都会专门谈到恐怖活动对民航的影

① 《联合国安理会反恐怖主义委员会简报会增强了航空安保势头》,载国际民用航空组织官网2018年12月20日,https://www.icao.int/Newsroom/Pages/ZH/UN-Security-Council-Counter-Terrorism-Committee-briefing-heightens-aviation-security-momentum.aspx。

响。国际民航组织应对恐怖袭击的重点体现在3个方面：(1)防范新型恐怖袭击手段与引入反恐新技术。“简易爆炸装置”近些年持续排在民航面临威胁的首位；[①]此外，如何防范恐怖分子使用化学、生物和放射性物质以及无人机等新型技术手段危害民航，也是近些年预防的重点内容。在探讨应对措施时，国际民航组织考虑到越来越多的恐怖分子、恐怖组织拥有高科技设备与技术，因此大力鼓励各成员国开发防范此类威胁与其他新威胁的安保设施设备，为此该组织特别成立了“安保创新工作组”，以研究生物识别、视频分析、人工智能及大数据应用等新兴技术在民航安保领域的应用。(2)加强内部人员的防范。由于多起恐怖袭击涉及内部人员，国际民航组织当前特别强调对内部人员的管控，具体措施包括加强背景调查与工作人员安检要求等。(3)提升安保措施的随机性与不可预测性。正如第2309号决议所提，恐怖分子想方设法挫败或规避航空安保措施，因此提升安保措施的随机性和不可预测性可以有效防范恐怖分子踩点、预判。此外，国际民航组织还把监管的范围延伸到机场服务的外包方，要求定期核查，避免此类主体被恐怖分子利用等。

四、我国民航反恐工作与国际民航组织的对接

2019年5月7日，柳芳秘书长在联合国驻纽约总部正式启动联合国反恐怖主义旅行方案的会议上指出：“参与这一工作的每个人都必须始终认识到，只有在成员国支持我们的合作成果时，这种合作才能够行之有效。”[②]作为多次入选的一类理事国，我国一直积极支持国际民航组织的反恐职能作用。早在第2309号决议通过后不久，中国常驻联合国副代表吴海涛便在安理会民

① ICAO Aviation Security Global Risk Context Statement(2nd edition 2019),3.4 Table 1. Threat-type risk levels.

② 《国际民航组织在联合国限制外国恐怖主义作战人员流动的努力方面发挥重要作用》，载国际民用航空组织官网2018年12月29日，https://www.icao.int/Newsroom/Pages/ZH/UN-Security-Council-Counter-Terrorism-Committee-briefing-heightens-aviation-security-momentum.aspx。

航安全与反恐问题公开会上,明确了中国支持与落实安理会第2309号决议的立场以及支持加强保护民航免受恐怖袭击国际合作。① 中国作为国际民航组织成员国中的一类理事国,一直以来对国际民航组织反恐职责的行使均给予大力支持。这主要体现在两方面:一是积极参加公约、标准的修订并推行国内法与之衔接;二是工作中及时体现国际民航组织的最新反恐政策与要求。

(一)国内民航立法与反恐公约、标准的对接

如上文所述,国际民航组织主持三大航空安保公约的修订是其履行反恐职责的重要体现。对此,我国也积极参与相关公约的草案拟定并协助国际民航组织举办外交大会,通过了近些年最重要的两个民航反恐公约——《北京公约》和《北京议定书》。目前,3部新修订的国际文件均已生效,我国加入的批准手续也在推进中。依照缔约国义务,我国应当尽快将公约中新增的内容纳入国内法律体系中。《北京公约》、《北京议定书》以及《蒙特利尔议定书》主要与国内的《刑法》《治安管理处罚法》的相关规定对应。我国《刑法修正案(九)》新增了制止恐怖活动的条款,在我国《治安管理处罚法》的修订中也新增了对机场、航空器内不循规行为的规范,这些都为新公约在我国的有效实施奠定了基础。此外,我国《反恐怖主义法》第37条飞行活动管理特别条款,要求"民用航空、公安等主管部门应当按照职责分工,加强空域、航空器和飞行活动管理,严密防范针对航空器或者利用飞行活动实施的恐怖活动",对应着当前国际民航组织加强各国反恐措施以及对"9·11"式恐怖袭击防范的要求。我国《民用航空法》修订稿中也大幅度增加了"航空安保"的内容,包括职责划分、空警职责、非法干扰行为以及安保技术发展等,这些也与公约新增的航空犯罪行为种类、"机上安保员职责"等内容相衔接。

附件17涉及防范和打击恐怖活动的国际标准、措施,主要体现在国内民

---

① 《中国代表在安理会阐述中国在民航安全与反恐上立场》,载中国网,http://news1.china.com.cn/world/2017-09/28/content_41661884.htm。

航法规规章中。

1.《民用航空安全保卫条例》突出了反恐的立法目的

1997年颁布的《民用航空安全保卫条例》是我国最为重要的一部民航安保专门法规，近期处于修改中。根据最新修订稿①的内容来看，“保障民航运输免遭恐怖袭击”被确定为当下民航安保工作的核心任务。同时，该条例还新增了多项反恐基本制度，包括反恐专项经费保障制度、民航情报信息报送机制与保密制度等。这些条款与第2309号决议对各国提出的加强反恐资源支持以及附件17新近增加的信息要求、保密要求都保持了一致。该条例的对接主要体现在以下几个方面。

(1)明确背景调查的要求。根据附件9、附件17的规定，执行民航安保管制措施的人员及在无人陪同下进入安保限制区的人员，都应当进行背景调查，包括调查是否有犯罪历史。为了进一步降低“内部人员”被恐怖组织利用的风险，在附件17的第17次修订中，扩大了接受背景调查的人员范围、时间，并明确对未通过人员的处理。对此，《民用航空安全保卫条例》在立法上对该措施予以支持，同时民航局也修订了《民用航空背景调查规定》。

(2)增加货运管理的规定。原《民用航空安全保卫条例》涉及货运的规定少，罚则设定的标准也较低。2010年10月底“美国货运飞机惊现炸弹”事件发生后，在附件17的第12~14次修订中，均将货运安保作为重要对象，增加了货物流转、存放期间的防护要求、航空货物安全查验以及危险品运输等要求。同时，该条例还加大对违反者的处罚力度，增加货运违法行为的成本，为航空货物安全保卫的相关规则及措施提供立法支持。

(3)新增航空安保信息工作机制与措施。由于当前民航运输越来越依赖信息机制，在附件17的第16~17次修订中新增了信息保护、信息共享以及信息系统保护的新标准和措施。《民用航空安全保卫条例》也将这一快速发展的新领域纳入立法修订中，为情报信息在民航反恐中的应用提供法律

---

① 此处主要参考《民用航空安全保卫条例》2019年修订稿内容。

依据。

(4)完善防范恐怖袭击重点目标的职责和内容。第2309号决议要求机场等主体开展风险评估制定和实施有效措施,用以发现和阻止恐怖分子对民航的袭击。我国《反恐怖主义法》也将机场、航空公司纳入防范恐怖袭击的重点目标,规定了多项职责和工作要求。对此,《民用航空安全保卫条例》新增了相关责任主体的职责和措施规定,如机场及公共航空运输企业的反恐保障职责、货运的安全查验制度、风险评估以及加强航空器空中安全保卫的规定等。除此之外,《民用航空安全保卫条例》还就陆侧安保、通航安保、塔台、导航设施等重点部位安保以及机场、航空器内新增的违法犯罪行为进行了规范,以推进联合国安理会决议及国际民航组织新增标准、措施在我国的实施。

2. 民航安保规章对应具体领域的反恐要求

当前,涉及民航反恐的安保规章共有7部,主要针对的是安全检查、飞行中安全保卫、航空安全员、活动区交通安全管理、机场和公共运输企业的安全保卫以及出境入境航班旅客信息预报等内容。其中多部规章完成了修订,其他的均处于修订中。国际民航组织对人员通行管制、防爆检查以及空中专职反恐人员——机上安保员——的规范,在安检、飞行中安保及安全员的规章修订中得以体现。如在附件17的最新修订中提高了“通行管制”的要求,规定进入空侧、限制区的许可只能发给“有运行需求或其他合法理由进入安保限制区的人员”,并由出入口查验“授权”证明。同时,这些人员还应接受安检与适当的防爆检查,其目的是有效防范“内部人员”的威胁。这些管制与安检的要求分别体现在《民用航空安全检查规则》以及机场的相关法规规章中。

此外,国际民航组织为了提升全球反恐水平,要求各缔约国加强对行业主体的管理;同时也考虑到多起恐怖分子利用机场内部人员及业务往来人员实施破坏的案例,该组织还在附件17中加强了对“外包方”的监管。考虑到这些变化,我国当下正在修订的《民用机场安全保卫规则》细化了机场内各主体的安保职责以及机场委员会的职责和运行要求,同时增加了安保协议的规定,以加强对"外部服务提供者"的管理。

此外,"安保意识培训"、"安保措施随机性"及防范措施"脆弱性评估"、"货运安保链"、"安保设施保护"以及"信息共享"等内容的标准和措施,也在我国相关的民航安保规章(以及专门的规章)中予以规定。

(二)我国民航工作对国际民航组织反恐政策的实施

前文提到,由于当前国际恐怖形势严峻,联合国及多个国际组织出台了系列的决议或宣言,国际民航组织为了有效应对恐怖袭击,除了修订公约,完善国际标准和措施之外,还特别制订了全球航空安保计划,以加强国际民航组织、国家和各相关方的合作,提升全球的安保与反恐工作水平。该计划确定了全球航空安保工作的五大关键优先成果(five key priorities):(1)加强风险意识和响应;(2)培养安保文化和人员能力;(3)改善技术资源和创新;(4)改善监督和质量保障;(5)增加合作和支持。

当前我国民航安保工作基本实现了对国际民航组织上述政策的对接,不仅将风险评估纳入立法中,而且在勤务派遣制度、安保测试、安保审计以及额外措施的引入、陆侧风险的评定工作中,也逐步建立起风险评估机制。同时,加强培养行业内积极的安保文化,提升安保队伍的能力,提升对恐怖袭击等风险的感知、应对能力。另外,考虑到恐怖分子掌握了越来越多的高新科技,我国也加大了"安保设备和技术"的研发、推广,并在立法中明确提出要求。前文提到,为配合国际民航组织当前积极参与反恐国际合作以及加大对恐怖分子的管控合作,我国民航主管部门与公安部出入境管理局制定的《出境入境航空器载运旅客订座记录预报管理规定》对旅客及机组信息的报送提出了明确的要求,并编制了《出境入境航空器载运旅客订座记录(PNR)预报管理规定》等支持文件,积极地落实了国际民航组织大会第40届会议上对旅客信息预报和旅客姓名记录的要求。

概言之,反恐是国际民航组织"保障安全"职责的重要组成部分。当下和今后很长时间,国际民航组织都会将反恐作为持续关注的问题,我国应当保持对民航反恐的重视,研究、关注国际民航组织反恐政策与措施,及时在立法、工作机制上予以调整,认真落实相关反恐要求,共享我国反恐的经验与措施,推动行业乃至全球航空安全水平的提升。

航空仲裁之必要性及我国航空仲裁的前景

李乾贵* 吕振宝**

随着我国航空事业的日益发展，航空领域的纠纷也随之增加，而仲裁则是解决航空相关纠纷的有效途径。航空仲裁及其在中国的发展，不仅有其学理基础，而且有其现实基础，与调解、诉讼相比，它在国际航空纠纷的解决方式中也具有不可替代的优越性。加快完善航空仲裁相关配套措施，必将促进我国航空事业的发展并充分保障航空纠纷当事人的合法权益。

一、何为航空仲裁

我国从载人探索到卫星发射，从零部件的设计

* 法学博士，南京航空航天大学航空法与空间法研究所名誉所长、法律系教授、博士生导师。

** 法学博士，广西钦州仲裁委员会副秘书长兼钦州国际商事仲裁院副院长、中国仲裁法学研究会常务理事、仲裁规则研究中心高级研究员、广西仲裁协会专家委员会委员、世界仲裁中心主席。

到大飞机的自主研发,乃至航空事业在经济以及科技双重进步的机遇下取得了长足的进步,已经跻身于世界航空强国的队伍。随着我国航空事业的发展,通过什么样的途径解决航空纠纷,这也成为人们迫切关注的重点问题之一。航空纠纷解决的途径,除了传统的司法审判和行政查处之外,仲裁将会成为第三种有效的途径。关于航空仲裁问题,也逐渐引起人们的关注,并日益成为我国航空界、法学界和仲裁界探讨如何通过仲裁方式解决航空纠纷的理论与实践新课题。

目前,世界各国对于航空纠纷的处理主要有 3 种方式:司法审判、行政查处和申请仲裁。所谓司法审判,主要是指通过诉讼方式利用公权力来解决航空纠纷的方式,诉讼是一种典型的公力救济。所谓申请仲裁,就是指依靠社会民间组织向仲裁机构提出仲裁申请处理航空纠纷的方式。在这 3 种纠纷的解决方式中,仲裁凭借其灵活性、及时性以及自愿性等优势已经成为航空纠纷中最重要的解决方式之一。航空仲裁作为航空纠纷的解决方式之一,势必也会引发人们对航空仲裁及其相关问题的研究。

(一)航空仲裁的概念

作为一种非常重要和有效的纠纷解决方式,仲裁在商事领域的作用尤为显著。"仲裁"一词,从汉语词源分析,"仲"表示地位居中,"裁"表示衡量、裁决,两字组合在一起,意为立场居中的人对争议所作的裁决。所谓仲裁,即居中裁决。根据《现代汉语词典》的解释,"仲裁"就是"争议双方同意的第三者对争执事项做出决定"。[①] 一般认为,仲裁是指纠纷当事人在自愿的基础上达成协议,将纠纷提交非司法机构的第三者审理,第三者对纠纷居中评判是非,并作出对争议各方均有拘束力的裁决的一种解决纠纷的制度、活动、方法或方式。

所谓航空仲裁,则是指航空纠纷当事人根据争议发生前或争议发生后在

---

① 中国社会科学院语言研究所词典编辑室编:《现代汉语词典》(第 7 版),商务印书馆 2016 年版,第 1701 页。

自愿的基础上达成的协议，将航空纠纷提交给有一定社会威望、无直接利害关系的相关仲裁机构居中评判是非，并承认由相关仲裁机构作出的对争议各方均有拘束力的明确双方权利义务的裁决的一种制度、活动、方法或方式。

（二）航空仲裁的特征

航空仲裁，与一般的仲裁一样，也具有以下一些基本特征：

1. 自愿性

航空仲裁的自愿性是其最突出的特点。航空仲裁要以双方当事人的自愿为前提，即当事人之间的纠纷是否提交仲裁，交与谁仲裁，仲裁庭由谁组成，如何组成，以及仲裁的审理方式、开庭形式等，都是在航空纠纷当事人自愿的基础上，通过双方当事人的协商确定的。

2. 专业性

航空民商事纠纷往往涉及特殊的技术和知识领域，会遇到许多复杂的法律、经济贸易和有关的专业性问题，故由专家裁判更能体现其专业的权威性。因此，航空仲裁由具有一定专业水平和能力的专家担任仲裁员，这对航空纠纷的公正裁决有重要的保障。根据我国《仲裁法》的规定，应选择专业的仲裁机构和由航空专家组成的仲裁员进行航空仲裁，由此也成为我国航空领域进行民商事仲裁的重要特点之一。

3. 灵活性

由于仲裁能充分体现当事人的意思自治，航空仲裁中的诸多具体程序都是由航空纠纷当事人协商确定与选择的。因此，与诉讼相比，航空仲裁的程序更加灵活，也更具有弹性。

4. 保密性

航空仲裁大多是以不公开审理为原则。我国有关的仲裁法律和仲裁规则也同时规定了仲裁员及仲裁秘书人员的保密义务。因此，航空纠纷当事人的商业秘密和贸易活动不会因其仲裁活动而泄露。航空仲裁在一般情况下，都表现出极强的保密性。

5. 快捷性

仲裁实行一裁终局制,仲裁裁决一经仲裁庭作出即发生法律效力。因此,这也使得航空纠纷当事人能够迅速解决相关纠纷。

6. 经济性

航空仲裁的经济性,主要表现为:一是航空仲裁在时间上的快捷性,这使航空仲裁需要的费用相对减少;二是航空仲裁无须多审级收费,这使航空仲裁的费用往往低于诉讼费;三是航空仲裁的自愿性、保密性,通常使航空纠纷当事人之间没有激烈的对抗,且商业秘密不必公之于世,这对航空纠纷当事人今后的商业机会影响也较小。

7. 独立性

一般来说,仲裁机构都相对独立于行政机构,仲裁机构之间也无隶属关系。在航空仲裁过程中,仲裁庭能够独立进行仲裁,不受任何机关、社会团体和个人的干涉,亦不受仲裁机构的干涉,能最大限度地保证其独立性。

8. 国际性

随着现代经济的国际化,航空纠纷当事人进行跨国仲裁已屡见不鲜。包括航空仲裁案件的来源、航空纠纷当事人、航空仲裁庭的组成直至航空仲裁裁决的执行,其国际性的因素也越来越多。①

(三)航空仲裁的可能

航空仲裁的可能,是指航空当事人将其纠纷提请仲裁解决的可能性。具体而言,航空仲裁的可能,是指航空纠纷具有可仲裁性。也就是说,当航空纠纷双方当事人达成共识将其纠纷提请仲裁机构解决时,双方当事人的争议在仲裁庭可以解决的范围之内。该仲裁庭对航空纠纷案件具有管辖权,仲裁机构可以依法对该纠纷进行处理。只有当事人的航空纠纷具有可仲裁性,才可以提交仲裁机构解决。航空纠纷可仲裁性的认定,势必要求争议双方达成一

① 李乾贵、胡弘、吕振宝:《现代仲裁法学研究》,中国政法大学出版社 2018 年版,第 17 ~ 19 页。

致有效的仲裁协议,且双方当事人愿意将航空纠纷提交给有管辖权的仲裁机构解决。航空纠纷的可仲裁性、可仲裁范围,决定了哪些纠纷可以通过仲裁来解决,哪些纠纷只能通过诉讼或者其他方式解决,这同时也影响航空纠纷当事人向法院申请撤销仲裁裁决和申请承认、执行仲裁裁决的效力。由此可见,航空纠纷的可仲裁性,决定了航空纠纷以仲裁方式解决的开始,对航空仲裁双方当事人和仲裁程序乃至整个仲裁制度都具有重要意义。航空纠纷的可仲裁性,在整个航空仲裁的研究中占有基础性地位,而要厘清航空纠纷的解决方式,其最优选择就是从航空纠纷的可仲裁性开始认定。研究航空仲裁,其前提和关键就是要从最基本的航空纠纷可仲裁性着手,以探讨航空纠纷仲裁解决的最佳模式。

在世界范围内,争议事项是否具有可仲裁性并无明确统一的标准。1923年的日内瓦《仲裁条款议定书》,把仲裁事项的范围规定为"商事问题或者其他可以用仲裁方式解决的问题"。1958年联合国《承认和执行外国仲裁裁决的公约》(以下简称《纽约公约》)则在其商事保留条款中规定,缔约国可以声明"本国只对本国法律规定的无论其是否为契约关系的商事的法律关系所引起的争议适用本公约"。这一规定,排除了一定范围内的非商事性质的争议的可仲裁性,但公约本身并未对哪些争议可以通过仲裁方式解决作出具体规定。1985年《联合国贸易法委员会国际商事仲裁示范法》(以下简称《示范法》),也未能对仲裁事项的范围问题形成统一意见。最后,《示范法》只能在注释中对"商事"一词加以说明,并列举了一系列被认为是商事关系的交易事项。因此,对于争议是否具有可仲裁性,也只能由各国的法院依据本国法律或者司法实践加以确定。但是,由于各国的法律制度各不相同,每个国家决定争议事项可仲裁性的依据也各不相同,其主要取决于本国的法律和社会经济利益,这就使得各国在有关争议事项的裁决是否有效以及执行或者撤销程序等方面,势必产生诸多分歧。

在当今世界的国际商事仲裁中,随着航空产业和仲裁事业的发展,航空纠纷的可仲裁性事项也在不断扩大,如航空知识产权纠纷、航空消费者纠纷、航空侵权纠纷等特殊争议事项已经逐渐纳入航空仲裁的领域。在我国,也逐渐将相关航空纠纷事项包括航空财产权益争议、航空商事争议、航空消费争议等纳入可仲裁性的立法,需要认真研究航空特殊争议事项的可仲裁性问题。

(四)航空仲裁的标准

航空纠纷是否可以仲裁,首要的是必须厘清和判断航空纠纷可仲裁性的标准。所谓航空纠纷可仲裁性的标准,就是航空纠纷当事人提起仲裁时所必须遵守的法则和规范。笔者认为,航空纠纷可仲裁性的标准主要有以下几个方面:

第一,航空纠纷当事人之间法律地位平等。仲裁的民间性质与纠纷的可仲裁性有着内在的必然联系,前者是决定后者的重要因素之一,后者是对前者的重要体现。① 要确定可仲裁性的标准就必须先厘清仲裁民间性的要求。仲裁的民间性,不仅要求仲裁机构的民间性、仲裁程序的自主性,还要求纠纷当事人主体的平等性。所以,当事人法律地位平等成为可仲裁性的重要原则。纠纷当事人之间法律地位的平等性强调的是双方当事人关系的平等性,双方当事人之间不是服从、隶属的关系,而是处于平等的地位。双方当事人均可独立自主地表达自己的观点,提出解决纠纷的方式或者自由选择处理纠纷的方法。

第二,航空纠纷当事人就纠纷提交仲裁机构处理达成合意。从仲裁与仲裁制度的形成与发展上看,自治观念起到了关键作用。② 所以在确立可仲裁性的标准时,一定要考虑自治观念,在当事人合意的基础上,自行解决纠纷。当事人提起仲裁,其基础就是仲裁协议。所谓仲裁协议,是指双方当事人在自愿、协商、平等的基础之上将他们之间已经发生或者可能发生的争议提

---

① 谭兵主编:《中国仲裁制度的改革与完善》,人民出版社2005年版,第112~114页。

② 参见肖永平、胡永庆:《加入WTO与我国仲裁法律制度改革》,载《中国法学》2001年第2期。

交仲裁解决的书面文件,是申请仲裁的必备材料。所以,航空纠纷若具有可仲裁性,双方当事人必须就航空纠纷提交仲裁机构处理达成合意。所谓达成合意,也就是说,选择由仲裁机构解决航空纠纷必须是航空双方当事人共同的意思表示,而不是一方当事人的意思表示,这是仲裁的先决条件和必然要求。

第三,航空纠纷是基于合同关系产生的或者纠纷争议的内容具有财产性。我国《仲裁法》第 2 条规定:平等主体的公民、法人和其他组织之间发生的合同纠纷和其他财产权益纠纷,可以仲裁。这说明,航空当事人的纠纷如果要提交仲裁机构处理,就必须是基于合同关系产生的或者其争议的内容具有财产性。这是我国法律对仲裁客体的明确要求。所以,在确定航空纠纷的可仲裁性时,一定要坚持航空争议内容具有财产性这一标准,必须要与我国的立法精神相一致。

第四,航空纠纷具有可处分性。所谓航空纠纷具有可处分性,是指航空纠纷主体依法拥有对发生纠纷的民事权益的处分权。由于仲裁的民间性质,其强调了当事人自治精神。所以,航空纠纷当事人都可以对自己的合法权益进行处分,不受他人的干涉。而行政纠纷以及涉及国家利益的航空相关纠纷,由于其不能由航空纠纷当事人自由处分,只能由国家公权力处分,所以不具有可仲裁性。航空纠纷满足可处分性的前提条件,才可能具有可处分性。

二、航空仲裁之必要性

(一)航空仲裁的学理基础

航空纠纷是否具有可仲裁性,学术界还没有达成共识,主要有 4 种观点:第一种观点认为,航空纠纷往往涉及航空产权本身效力的认定、权利的归属以及对社会公共利益的保护,而这些事项显然是不能通过仲裁方式解决的,因而航空纠纷不宜通过仲裁方式解决。[①] 第二种观点认为,航空纠纷主要涉及航空纠纷当事人之间的财产权益问题,属于仲裁法所指的"其他财产权益纠纷",具有可仲裁性。[②] 第三种观点主张采用剥离法(或称二分法),即将航空纠纷涉及的事项中可由仲裁机构解决的内容和不能由仲裁机构解决的内容剥离,然而分别采取仲裁或其他方式加以解决。[③] 第四种观点认为,"应在澄清法理的基础上结合国际惯例中的通常做法,对我国《仲裁法》中有关仲裁事项范围的规定做出修正,如确定'平等主体间的一切得为和解可自由处分事项均可交付仲裁'或者'一切具有财产性质或经济利益的争议均可交付仲裁'"。[④]

这4种观点从不同角度阐释了航空纠纷是否具有可仲裁性,但是有两种观点从不同角度肯定了航空纠纷具有可仲裁性。

1."剥离法",即一分为二地看问题,将航空纠纷中具有可仲裁性的内容与不具有可仲裁性的内容区别对待,分别采用仲裁方式或者其他纠纷解决方式处理。通过这种方式,可以将涉及航空产权本身效力的认定、权利的归属、对社会公共利益保护的纠纷,以及非平等主体之间的航空纠纷有效地排除在外,便于用仲裁的方式处理其他种类的航空纠纷。

2.参照惯例与经验,即根据国际惯例和国外立法的先进经验对仲裁法的可仲裁内容进行修订,如确定"平等主体间的一切得为和解可自由处分事项均可交付仲裁",或者"一切具有财产性质或经济利益的争议均可交付仲裁"。[⑤] 从国际公约和世界各国的立法看,联合国《纽约公约》第2条规定,"非合同关系产生或可能产生的纠纷也可通过仲裁解决"。因此,航空纠纷

---

① 张洁:《对国际商事争议可仲裁范围的探讨》,载《法学杂志》2002年第2期。

② 杨荣新:《仲裁法理论与适用》,中国经济出版社1998年版,第29页。

③ 郑书前、宋新宇:《论知识产权侵权纠纷之可仲裁性》,载《河南省政法管理干部学院学报》2002年第5期。

④ 吴新明、郭锡昆:《瑕疵与补正:我国仲裁程序之架构略论》,载《仲裁与法律》2003年第5期。

⑤ 吴新明、郭锡昆:《瑕疵与补正:我国仲裁程序之架构略论》,载《仲裁与法律》2003年第5期。

亦具有可仲裁性。这就给我国修正仲裁法和调整我国可仲裁性纠纷的范围提供给了相应的法律依据。同时,这两种观点都很好地解决了可仲裁性的局限性,便于我们更好地处理航空纠纷。

(二)航空仲裁的现实基础

1. 符合节约司法资源、提高司法效率的客观要求

随着我国航空事业的发展,我国航空纠纷的数量持续增加,航空纠纷的解决不仅关系我国的经济利益,还关系我国的国防安全和国家主权。如果将解决重心放在诉讼上,我国法院需要花费大量的人力、物力以及财力在航空纠纷的解决上。这种方式不仅耗费了大量的司法资源,还不一定能顺利解决纠纷。所以,航空纠纷的可仲裁性是节约司法资源、提高司法效率的必然要求。

2. 符合仲裁国际化发展的迫切要求

随着国际间商事活动的深入发展和我国法制的日益完善,仲裁作为解决国际商事争议的一种行之有效的手段,必将在国际舞台上发挥越来越重要的作用。[①] 由于仲裁在国际社会上得到了认可与支持,这就为航空纠纷的解决提供了国际平台,对于那些跨国的航空纠纷,最便捷的方式就是通过仲裁的方式处理。我国加入相关国际组织之后,在很多方面都必须与国际接轨,其中必然包括纠纷的解决方式。在这些纠纷的解决方式中,只有仲裁具有相当大的影响力和国际效力。所以,用仲裁解决国际纠纷是仲裁国际化发展的必然趋势和迫切要求。而且,诉讼结果的落实必须依靠司法协助。如果通过仲裁机构进行裁决,得到的处理结果就带有很大的自愿性,更便于航空纠纷的解决。

3. 符合可仲裁性的相关标准

航空纠纷的可仲裁性,不仅有学理的基础,而且符合可仲裁性的相关

---

① 参见刘越山:《仲裁在国际舞台上的作用越来越大》,载《国际商报》2002年1月27日,第5版。

标准。

首先,航空纠纷当事人之间的法律地位平等。航空纠纷大多发生在商事法律关系主体之间,这决定了航空纠纷当事人的平等性。虽然航空纠纷的当事人在经济实力、信息的收集范围以及专业技术知识的获取上存在比较大的差异,但是这并不影响双方当事人的法律地位。航空纠纷双方当事人的法律地位是平等的,双方均享有平等的商事权利和承担平等的商事义务。航空纠纷当事人都受到法律的保护,都可以按照自己的意愿,与纠纷相对方平等协商解决航空纠纷。同时,法律保障航空纠纷双方当人的利益,要求仲裁机构在仲裁的时候以中立者的身份处理相应的纠纷,以保证航空纠纷当事人平等行使仲裁的权利。

其次,航空纠纷提交仲裁机构解决是航空纠纷当事人合意的结果。航空纠纷当事人在发生航空纠纷之后,可以依据自己的意愿选择相应的解决方式。航空纠纷当事人可以选择调解、和解、诉讼以及仲裁等多种方式解决航空纠纷,而此时的航空纠纷则并不一定都具有可仲裁性。但是,如果航空纠纷当事人在解决纠纷的过程中,或者是在纠纷发生之前就已经约定以仲裁的方式解决航空纠纷,并在双方当事人合意的基础上签订了仲裁协议,此时,该航空纠纷就具有了可仲裁性的相应条件,则可以由仲裁机构帮助解决其纠纷。

最后,航空纠纷具有可处分性。航空纠纷的当事人有权在法律规定的范围内处分自己的商事权利以及提起仲裁的权利。航空纠纷具有可处分性,主要体现在以下几个方面:一是航空纠纷的当事人可以自行决定采取以何种方式解决自己的纠纷;二是仲裁程序是否开始,由航空纠纷的当事人决定,只有双方当事人达成合意提起仲裁,仲裁程序才可能开始;三是航空纠纷当事人可以自行决定是否接受仲裁机构的裁决,是否向人民法院申请执行仲裁机构的裁决,等等。这些都是航空纠纷具有可处分性的具体体现,充分说明了航空纠纷具有可仲裁性。

（三）航空仲裁的优越性

航空纠纷的解决方式有很多种，最主要的有调解、诉讼以及仲裁，但对于仲裁而言，它在航空纠纷的解决方式中具有以下不可替代的优越性。

1. 仲裁较调解的优越性

调解是指双方或多方当事人就争议的实体权利、义务，在人民法院、人民调解委员会及有关组织主持下，自愿进行协商，通过教育疏导，促成各方达成协议、解决纠纷的办法。因调解的主体不同，调解有人民调解、法院调解、行政调解、仲裁调解以及律师调解等。与仲裁相比，调解制度具有以下劣势：

一是程序弱化。调解因为其自身的特点，其实施的范围较广，在诉讼、仲裁的各个阶段均可以调解，这就导致了调解制度程序的弱化。在调解过程中，由于没有程序性的限制，很容易出现法院强制调解以及法官随意调解、以调结案、以调代判等现象，不利于维护航空纠纷当事人的合法权益。同时，程序的弱化还会造成当事人的恶意调解，在浪费司法资源的同时还侵害了他人的合法权益。而仲裁的整个裁决过程的展开都有法律的明确规定，依法保障当事人双方的合法权利，在尊重当事人双方意思表示的前提下结合事实进行裁决，保障了司法公平、正义的实现。航空纠纷涉及主体较多、涉及标的金额较大、影响范围较广，这势必要求该纠纷的解决按照法定的程序进行，以保障当事人合法权益的实现。另外，航空纠纷具有很强的专业性，一般的调解人员并不具备全面的航空法律知识，调解程序的弱化不利于解决航空纠纷，而仲裁正好可以弥补调解的缺陷，促进司法公正的实现。

二是效力不同。航空纠纷的当事人在调解之后一般会签订调解协议。所谓调解协议，就是指双方当事人自愿处分其实体权利和诉讼权利的一种文书形式，是当事人之间的法律文书，是调解书的基础。① 调解协议本身并无法律效力，若一方或双方反悔，人民法院无从约束。只有当调解协议经由法

---

① 参见李克才：《浅谈民事诉讼调解协议的效力》，载中国法院网2004年2月5日，http://www.chinacourt.org/public/detail.php? id=102371。

院认定并制作调解书之后才具有相应的法律效力。而仲裁则具有"一裁终审""一裁终决"的法律效力。也就是说,仲裁裁决一旦作出,对航空纠纷双方当事人都有约束力,双方当事人都必须尊重仲裁裁决的规定并受其制约。仲裁的裁决,还是当事人申请执行的依据。如果败诉方不履行义务,胜诉方还可以向我国法院或者外国法院申请承认和执行仲裁裁决。我国于1986年加入了《纽约公约》。根据该公约的规定,我国的仲裁机构作出的仲裁裁决,可以在140多个国家得到承认和执行。① 这就充分说明,仲裁裁决具有在国外执行的效力。所以,充分运用仲裁这一纠纷解决方式,有利于航空纠纷的解决,在注重效力的同时还可使航空纠纷双方当事人的权利义务得到法律上的保障和约束,可以避免调解效力的不确定性,从而使航空纠纷当事人双方的权利与义务明朗化,并在法律的保障下得到充分落实。

2. 仲裁较诉讼的优越性

民事诉讼是我国解决纠纷的重要方式,但对于航空纠纷来说,仲裁则具有民事诉讼不可替代的明显优势。

一是灵活性。仲裁与诉讼不同,它在程序上并不像诉讼程序那样严格,当事人对于纠纷的处理具有较大的自主权,在某些程度上,纠纷当事人还可以自己制定仲裁程序。在制定仲裁程序时,很多环节可以被简化,有关文书的格式甚至裁决书的内容和形式,都可以灵活处理,包括时限乃至法律适用等方面都有很大弹性。由于航空纠纷涉及面较广,以最简单、最便捷、最有效的方式解决航空纠纷是其必然要求,而仲裁即在这方面更好地满足了航空纠纷的特殊要求,从而有利于航空纠纷的解决。

二是经济性。第一,时间上的经济性。由于仲裁程序简洁、便利,所以仲裁所耗费的时间少,仲裁程序即一裁终审,不会像诉讼那样一审、二审、再审……程序复杂,可以节省很多的时间,创造更多的价值。第二,费用上的经济性。对于大多数纠纷案件的处理,仲裁的费用一般都比诉讼程序支出的费

① 《仲裁及其法律效力》,载找法网2010年3月31日,http://china.findlaw.cn/info/zhongcai/zczs/zcxl/101346_3.html。

用要少得多。第三,解决方式上的经济性。仲裁在为纠纷当事人解决纠纷的过程中,创造了一个良好、和谐的纠纷解决环境,有利于社会的稳定和谐。航空纠纷可能会涉及跨国纠纷,甚至会涉及国家安全以及国家秘密,所以寻找最低消耗和最和谐的纠纷解决方式,是很必要的。仲裁解决机制,充分发挥了其国际性的特点,它以最少的成本更有效地解决航空纠纷,无疑是解决航空纠纷的最佳方式。

三、我国航空仲裁的前景

既然航空纠纷具有可仲裁性,且利用仲裁处理该纠纷又具有相当大的优越性,那么我国就应该采取相关的对策措施,通过落实航空纠纷可仲裁性的可行性途径,充分保障航空纠纷当事人的合法权益。

(一)航空仲裁规制

我国拥有较健全的《仲裁法》,其第 2 条将可仲裁的争议事项限定在"合同纠纷"和"其他财产权益纠纷",虽然该法条说明了仲裁法可裁决的范围,但是由于"其他财产权益纠纷"的规定不明确,而且没有相应的司法解释予以明确,从而导致可仲裁纠纷范围的模糊性,引起了不必要的争议和麻烦,以致诸如航空纠纷之类的解决在我国法律中没有明确的法律规定。

笔者认为,在我国推进航空纠纷可仲裁性立法及体系完善的同时,还需要完善具体的航空纠纷仲裁的相关配套措施。特别是在仲裁机构的人员配备、机构设置以及仲裁方式的选择上,需要针对航空纠纷的特性,具体问题具体分析。首先,应充分分析航空纠纷常发地,在航空航天技术发达的地区建立专业的航空仲裁机构,以便于有效解决航空纠纷。其次,需要培训处理航空纠纷的仲裁机构工作人员,吸收部分航空航天专家为仲裁员,使航空纠纷的解决机构专业化,便于高效、快速地解决航空纠纷。最后,需要设立航空纠纷临时仲裁庭,适当运用临时仲裁机制,设立临时的航空纠纷仲裁庭,以便灵活、及时地解决航空纠纷。

(二)航空仲裁实践

随着跨国航空事业的迅速发展,各国间的航空纠纷日益增加。为了更好地解决航空纠纷,就必须与国际接轨,借鉴国际先进经验以弥补我国航空纠纷仲裁解决方式的不足。同时,还需要充分了解我国与国际仲裁制度的区别,以便我国与其他国家进行仲裁合作与交流。

从 1958 年的《纽约公约》到 1985 年联合国的《示范法》,再到 1996 年的我国《仲裁法》,书面仲裁协议的范围不断拓展,不仅体现了科技进步尤其是通讯技术的飞速发展以及商事实践的发展,更体现了国家立法支持和发展仲裁的重要趋势。自 20 世纪 80 年代以来,世界各国对航空所引发的可仲裁性问题,均采取了越来越宽松的政策,一些国家逐渐放松了对航空纠纷可仲裁性问题的限制。

国际国内航空仲裁的不断实践,为航空纠纷的仲裁解决提供了新的发展空间。我国已经正式引入"国际航空仲裁"。2014 年 8 月 28 日,中国航空运输协会(以下简称中国航协)、国际航空运输协会(以下简称国际航协)与上海国际仲裁中心在上海共同签署《国际航空仲裁战略合作协议》,当日揭牌成立上海国际航空仲裁院。这是在全世界范围内首创仲裁国际合作模式,即成立由中外专家共同组成的"上海国际航空仲裁专家委员会"。据悉,三方将共同制订航空仲裁推广计划,共同举办国际航空仲裁推广活动。同时,国际航协、中国航协将积极向其会员推荐上海国际航空仲裁院作为航空争议解决机构。三方将共同致力于今后逐步在中国及国际航空业标准合同中,纳入上海国际航空仲裁院的争议解决条款。此举不仅提升中国航空界在国际市场的话语权,还将推动中国由航空大国向航空强国转型。

2019 年 6 月,在我国香港特别行政区根据《商业登记条例》登记成立的世界仲裁中心,作为一家常设性国际商事仲裁机构,不以营利为目的,完全独立于政府和其他公权力部门,旨在为全球范围内的仲裁者提供一个独立、公正、专业的航空等商事纠纷的争议解决平台，它通过仲裁的方式，公平、快速、经济和专业地解决契约性或非契约性商事争议，专门为航空等商事纠纷的解决提供开放包容的仲裁服务。

论我国对航空器内犯罪的刑事管辖权

——从国际法视角所作的分析*

张卫华**

我国《刑法》中对在“中华人民共和国船舶或者航空器”内犯罪的管辖权，普遍被理解为属地管辖权的一种形式，这并不符合国际法理论和实践的现实——国际法始终没有接受有关船舶或者航空器的“浮动领土”或者“飞行领土”理论。船舶的船旗国管辖权是一种具有自身独特特征的专属管辖权，航空器的登记国管辖权并不具备船旗国管辖权的专属性，它从本质上说是一种并行管辖权。我国《刑法》中有关航空器内犯罪的刑事管辖权，应当理解为包括国家航空器和民用航空器在内的登记国管辖权；而且，为了更好地维护航空运输安全，切实履行我国的国际义务，并为批准新的国际航空刑事公约做准备，我国《刑法》应当对经营人所在国管辖权和降落

* 本文系2019年教育部人文社会科学研究青年基金项目“冲突地区民航飞行风险预防机制及中国对策研究”(项目编号：19YJC820070)阶段性研究成果。

** 法学博士，中国社会科学院国际法研究所助理研究员。

地国管辖权作出规定。

一、问题的提出

我国《刑法》第6条第2款规定:“凡在中华人民共和国船舶或者航空器内犯罪的,也适用本法。”这是我国《刑法》中有关航空器内犯罪的刑事管辖权的基本规定。对于这个条款的理解,我国刑法学界有着一般的共识,普遍认为这个条款所规定的对船舶和航空器犯罪的管辖权是属地管辖权的一种,甚至认为我国船舶和航空器是我国领土的一部分。例如,高铭暄教授在其主编的《刑法学》中表示,“这里所说的船舶或航空器,既可以是军用的,也可以是民用的;既指航行途中,也指停泊状态;既指在公海或公海上空,也指在别国的领域内(在别国领域内犯罪,当然别国也有管辖权)。总之,凡在我国船舶或者航空器内犯罪的,不论船舶或者航空器在何地点,我国均有刑事管辖权”。[①] 虽然,高铭暄教授的这段论述并未直接提及这种刑事管辖权是否属于属地管辖权,但是,无论是考虑他对此种刑事管辖权的效力所主张的普遍性,只有属地管辖权才能具备,还是这段论述本身在该书中就位于“我国刑法的属地管辖权”的标题之下,都不妨碍我们推断出高铭暄教授主张我国对于本国船舶和航空器内犯罪的刑事管辖权属于属地管辖权。张明楷教授在这个问题上的观点更进一步,他明确提出,“一般认为,挂有本国国旗的船舶与航空器,属于本国领土,不管其航行或停放于何处,对于在船舶内的犯罪,都适用旗国的刑法,这便是旗国主义,是属地管辖原则的补充”。[②]

我国另一种目前普遍使用的刑法学教材“马克思主义理论研究和建设工程重点教材”《刑法学》(以下简称“马工程教材”《刑法学》)中对这个问题的论述与以上两位学者的观点似乎有所不同,它提出了所谓的“拟制领土”理

---

① 高铭暄、马克昌主编:《刑法学》(第9版),北京大学出版社、高等教育出版社2019年版,第31页。

② 张明楷:《刑法学》(第5版),法律出版社2016年版,第70~71页。

论。“马工程教材”《刑法学》认为,“船舶和航空器在国际法上被称为‘拟制领土’”,但是该教材又把船舶分为“国有船舶和公有船舶”与“私有船舶”两类,并主张,“理论上认为,国有船舶和公有船舶属于拟制领土的范围,无论是行驶还是停泊时,也无论停泊在什么地方,都属于我国的领土。私有船舶进入一国领水的,应当适用进入国的法律;在公海上行驶的,适用船旗国法律,因此,私有船舶并不属于拟制领土”;接下来,该教材对航空器并未作出类似的区分,而是主张,“无论飞机是国有、公有还是私有,均属于拟制领土”,其理由似乎是“飞机等航空器只能在所有权人的国家注册不存在挂何国国旗的问题”。①

我国刑法学者的上述观点,不仅能够得到我国《刑法》相关条款的支持,而且在国际法学者中也有类似的观点。

一方面,我国《刑法》一贯认为对船舶和航空器内犯罪的刑事管辖权属于属地管辖权。我国 1997 年《刑法》第 6 条第 1 款规定:“凡在中华人民共和国领域内犯罪的,除法律有特别规定的以外,都适用本法。”这是一个典型的属地管辖权条款;因此,该条第 2 款就有关我国船舶和航空器内犯罪刑事管辖权的规定自然亦被理解为同样属于属地管辖权的一种。事实上,我国 1979 年《刑法》就对这个问题作出了完全相同的规定。② 这里还可以提到的是,旧中国时期国民党政府制定的中华民国《刑法》在这个问题上的立场亦是明确:“本法于在‘中华民国’领域内犯罪者,适用之。在‘中华民国’领域外之‘中华民国’船舰或航空器内犯罪者,以在‘中华民国’领域内犯罪论。”可见,这种规定反映了我国对船舶和航空器内犯罪行使管辖权上的一贯立场,因此,我国刑法学者持此种观点,甚或进一步认为船舶和航空器也是我国“领域”的组成部分,属于一种特殊形式的“领土”,也就不足为奇。

另一方面,国际法学者中主张船舶属于所谓“浮动领土”的声音可以追溯至一些著名的国际法学家,而且,这种观点在航空器出现后似乎自然而然

---

① 《刑法学》编写组:《刑法学》(上册·总论),高等教育出版社 2019 年版,第 72 页。

② 参见 1979 年《刑法》第 3 条。

地就移植到了航空领域,从而把航空器称为“飞行领土”。例如,权威国际法学家奥本海认为,“与上述国家领土的真实部分不同,还有一些在一切方面或为某些目的被视为国家领土的一部分的东西。它们是领土的虚构部分,并且只在某种意义上是领土的一部分。例如,公海上以及在外国领水内的军舰及其他公有船舶,在一些方面基本上被认为是它们本国的浮动部分……此外,在公海上的商船在某些方面被认为是该船合法悬挂其国旗的那个国家的领土的浮动部分”(第172目);[①]“依据国际法的习惯规则,任何国家的军舰和其他公有船舶在公海上以及外国领水内,都应在一切方面被视为它们本国领土的浮动部分。私有船舶则只有当它们在公海上因而在原则上仍然处于船旗国排他性管辖和保护之下的时候,才被视为船旗国领土的浮动部分”(第264目)。[②] 另一位著名国际法学者阿库斯特(M. Akehurst)认为,许多有关飞机的规则是模仿有关船舶的规则而来的。

20世纪初期,船舶属于“浮动领土”的学说曾经流行一时,甚至得到了常设国际法院(Permanent Court of Justice)判例的支持。1927年常设国际法院在“荷花号”案(The Case of S. S. Lotus)[③]的判决中把“该犯罪在土耳其船舶上发生效果,也就等同于在土耳其领土上发生效果”当作一种“事实”,[④]把原本适用于一国领土的“效果原则”适用到了船舶;随后又更为明确地宣称“海

① [英]劳特派特修订:《奥本海国际法》(第8版),上卷第2分册,王铁崖等译,商务印书馆1972年版,第8~9页。

② 参见[英]劳特派特修订:《奥本海国际法》(第8版),上卷第2分册,王铁崖等译,商务印书馆1972年版,第108页。

③ “荷花号”案是一起在国际法上很有影响的案件。1926年8月2日,法国船舶“荷花号”(S. S. Lotus)与土耳其船舶“波兹库”号(S. S. Bozkourt)在爱琴海米蒂利尼以北五六海里的公海上相撞,该事故造成“波滋库”号沉没,船上8名土耳其人死亡。第二天“荷花号”在伊斯坦布尔港靠岸后,土耳其当局逮捕了碰撞发生时“荷花号”上负责瞭望的法国人德蒙(Demons)。1926年8月28日,伊斯坦布尔刑事法院驳回了德蒙所提出的土耳其没有管辖权的意见,1926年9月15日,该法院判处德蒙80天监禁并罚款22英镑。1926年10月法国和土耳其将有关该案的争端提交常设国际法院解决。1927年9月7日,常设国际法院判决土耳其胜诉,认为其行为“并未违反国际法”。在对该判决的表决中,赞同和反对该判决的法官人数相等,最后由院长投下决定性一票通过该判决。

④ *Lotus Case*, PCIJ, Series A, No. 10, 1927, p. 23.

洋自由原则的必然结果是公海上的船舶等同于船旗国的领土,船旗国可以像对其领土那样对它行使权力,但是任何其他国家都不能这样做"。[①] 基于这种将公海上船舶等同于领土的观点,法院认为,如果在公海上的一艘船舶上发生的犯罪行为,在另一艘悬挂其他国家国旗的船舶上发生效果,那么就相当于发生在两个不同国家的领土之间的犯罪,从而应当适用相同的法律原则,"因此应当得出结论,没有国际法禁止犯罪在其船舶之上发生效果的国家对违法者提起诉讼,就如同该犯罪发生在该国领土内一样"。[②]

"荷花号"案是最经常被引用的国际法案例之一。但是,该案有关公海上发生的碰撞事故的刑事管辖权的司法意见(碰撞船舶的任一船旗国都有权行使刑事管辖权)并未被常设国际法院及其继承者——国际法院——在以后的案件继续遵循。相反,这个依据客观领土原则(objective territorial principle)作出的判决在海员中引起了惊慌,从而遭到大量的批评,甚至引发了一场否定"荷花号"案判决的长期运动。[③] 事实上,此后,无论是相关国际条约、国际司法实践还是学术著作,在这个问题上都采取了与"荷花号"案判决相反的观点,在国际法上逐步确立了船旗国对公海上船舶的专属管辖权的法律规范,从而也否定了船舶或者航空器属于"浮动领土"或者"飞行领土"的各种拟制领土理论。

二、国际法并未确立有关船舶或者航空器的拟制领土理论

对"荷花号"案判决意见的反对,首先反映在1952年5月10日在布鲁塞尔签订的《统一船舶碰撞或其他航行事故中刑事管辖权方面某些规定的国际公约》(以下简称1952年《布鲁塞尔公约》)之中。1952年《布鲁塞尔公约》

---

① *Lotus Case*, PCIJ, Series A, No. 10, 1927, p. 25.

② Ibid.

③ See Peter Malanczuk ed., *Akehurst' Modern Introduction to International Law*, 7th ed., London and New York, 1997, p. 190.

规定,“在海运船舶发生碰撞或任何其他航行事故并涉及船长或船上任何其他工作人员的刑事或纪律责任时,刑事或纪律案件,仅能向发生碰撞或其他航行事故时船舶所悬旗帜国家的司法或行政机关提出”(第1条),“在前条所述情况下,除船舶所悬旗帜国家外,任何当局都不得下令扣留或扣押船舶,即使作为调查手段,也不例外”(第2条);从而推翻了常设国际法院在“荷花号”案中所根据的犯罪行为的效果地管辖权原则,承认了船旗国享有专属管辖权。

1958年联合国第一次海洋法会议通过的《公海公约》继承了1952年《布鲁塞尔公约》的立场。1958年《公海公约》第11条第1款明确规定:“船舶在公海上发生碰撞或其他航行事故致船长或船上任何其他服务人员须负刑事责任或受惩戒时,对此等人员之刑事诉讼或惩戒程序非向船旗国或此等人员隶籍国之司法或行政机关不得提起之。”联合国国际法委员会在对这个条款草案进行评述时,对“荷花号”案的判决作出了评论:“这份在法庭投票六比六的情况下,由法院院长投出关键一票而作出的该判决,遭到非常强烈的批评,并在国际海运界引发严重焦虑。1952年在布鲁塞尔召开的一次外交会议反对这份判决中的结论。本委员会赞同这次会议的决定,这些决定体现在1952年5月10日在布鲁塞尔签署的《统一船舶碰撞或其他航行事故中刑事管辖权方面某些规定的国际公约》之中。其目的是在公海上的碰撞事件中,保护船舶及其船员免遭外国法院刑事诉讼的风险,因为这种诉讼可能对国际航运构成无法容忍的干涉。”①

1982年《联合国海洋法公约》沿用了1952年《布鲁塞尔公约》和1958年《公海公约》所确立的原则。1982年《联合国海洋法公约》第97条“关于碰撞事项或任何其他航行事故的刑事管辖权”第1款规定:“遇有船舶在公海上碰撞或任何其他航行事故涉及船长或任何其他为船舶服务的人员的刑事或纪律责任时,对此种人员的任何刑事诉讼或纪律程序,仅可向船旗国或此种人

---

① *Yearbook of the International Law Commission*, 1956, Vol. Ⅱ, p. 281.

员所属国的司法或行政当局提出。"这里应当指出的是,1982年《联合国海洋法公约》第97条第1款与1958年《公海公约》第11条第1款英文本的内容完全相同,而英语是这两份公约起草时所使用的语言;中文本之所以出现差异,完全是不同时期的翻译所造成的。

由于1982年《联合国海洋法公约》的权威地位,这项原则已经被广泛接受为一般国际法原则。例如,1992年出版的《奥本海国际法》(第9版)就改变了之前版本在这个问题上的立场,不仅删除了前一版中有关船舶属于"浮动领土"的整个第172目"领土的拟制部分"和第264目"公海上船舶的领土性质",而且转而宣称"在公海上对船舶的管辖就是这样取决于它航行时所悬挂的海商旗,因为任何国家不得将其属地管辖权延伸至公海,所以管辖权不能以属地原则为基础。在刑事和行政责任方面,不论是船旗国还是有关人员的国籍国,或者同时兼具二者,其管辖权是专属的……"。[①] 这样,这本权威国际法著作就彻底放弃了船舶属于"拟制领土"的立场,不再主张公海上的船舶具有领土属性。

事实上,早在1950年,国际法委员会有关海洋法问题的特别报告员弗朗索瓦先生(Jean Pierre Adrien Francois)就曾明确指出,"大多数国家有关当局拒绝承认船舶属于领土的观念",而且他还得出结论,"因为国际法学者和海洋国家已经承认了船旗国有权将国籍赋予悬挂其国旗的船舶,所以不必再诉诸对领土属性的拟制"。[②] 一些国际法学者更为具体地指出了"拟制领土"在理论和实践上的缺陷。例如,我国著名国际法学家周鲠生先生在谈到"浮动领土"说时精辟地指出,"其实这种说法十分牵强附会,不是一般所能接受的。领土的一个特征是它本身的固定性,说什么浮动的领土,观念上就是矛

---

① [英]詹宁斯、瓦茨修订:《奥本海国际法》(第9版),王铁崖等译,第一卷第二分册,中国大百科全书出版社1998年版,第166页。

② UN Doc. A/CN.4/17, para.12, in Yb. I.L.C 1950, Vol. II (French only), quoted form *International Environmental Law Project*, *Understanding Introduction from the Sea* (2010), https://www.lclark.edu/live/files/4356 - a-guide-to-introduction-from-the-sea.

盾的”;[①]海洋法学者田中嘉文(Yoshifumi Tanaka)具体指出了船舶拟制领土理论与海洋法实践的矛盾,“船舶的领土性理论与事实相反,在某些情况下,商船从属于外国军舰的登临权,而位于沿海国内水和领海的船舶原则上从属于该沿海国的领土主权。船舶的领土性理论是过时的理论,从实践的角度看是站不住脚的”;而对于确立船旗国专属管辖的原因,田中嘉文进一步指出,“船旗国的专属管辖原则应当被看作公海自由的必然结果,是将公海置于法律之下的必然要求……考虑到公海不从属于任何国家管辖权,也不存在任何管理公海的中央当局,只能首先由船旗国来确保公海上的法律秩序”。[②]

至此,我们可以得出结论,无论是在国际法规范(包括习惯国际法和条约国际法)上,还是在国际法理论上,船舶属于拟制领土的理论都未确立;相反,很大程度上正是出于对“荷花号”案判决将船舶视为一国领土的反对,国际法(同样包括习惯法和条约法)已经确立了船旗国对公海上的船舶享有专属管辖的法律规范。我们接下来就对船旗国管辖权的性质和特征进行分析。

三、船旗国管辖权是一种独特的专属管辖权

1982 年《联合国海洋法公约》第 91 条“船舶的国籍”第 1 款规定:“每个国家应确定对船舶给予国籍、船舶在其领土内登记及船舶悬挂该国旗帜的权利的条件。船舶具有其有权悬挂的旗帜所属国家的国籍……”虽然船舶的国籍显然是对自然人国籍的一种模仿和法律上的拟制,但是它仍然有效地确立了船舶的国籍国与本国船舶之间的管辖纽带,船舶的国籍国更是通常被称为船旗国或者“旗国”,国籍国对船舶的管辖权也被称为“船旗国管辖权”或者“旗国管辖权”。一般而言,国际法所承认的国家管辖权有 4 种类型:领土管

---

① 周鲠生:《国际法》(上册),武汉大学出版社 2007 年版,第 278 页。

② Yoshifumi Tanaka, *The Law of the Sea*, 3rd edition, Cambridge University Press, 2019, p. 190.

辖权(属地管辖权)、国籍管辖权(属人管辖权)、保护管辖权和普遍管辖权。[1]船旗国对本国船舶的管辖权虽然与上述4种管辖权均有密切关系,但是又各不相同,不能被归入以上任何一种类型。

船舶作为一种交通工具,它的最大特征是可移动性,当船舶位于不同位置时,船旗国管辖权的效果各不相同。我们先来看船舶位于一国领土之内的情况。领土管辖权又叫作属地管辖权,它是指一国对其领土范围内一切人和物进行管理和支配的权利。领土管辖权是国家领土主权的最重要方面,是国家对于其领土内一切人和物行使最高权威的权力,因此,“领土性是这种管辖权的首要依据;即使另一个国家有行使管辖权的其他依据,当其行使管辖权的权利与拥有属地管辖权的国家的权利相冲突时,该另一个国家行使管辖权的权利就受到了限制”。[2] 因此,当船舶位于其本国领土内时,该国只需要行使属地管辖权,而不需要考虑它作为船旗国享有的管辖权;只有当船舶位于本国领土之外时,船旗国的管辖权方有存在的必要,因此,船旗国管辖权本质上是一种域外管辖权。

作为一种水上交通工具,位于外国领土内的船舶通常应当是在该国内水或者领海之中。虽然内水和领海都是沿海国拥有领土主权的水域,但是由于二者在国际法上的法律地位不同,船旗国管辖权的效果也不相同。根据1982年《联合国海洋法公约》第8条第1款的规定,领海基线向陆一面的水域构成国家内水的一部分。内水在法律地位上是和国家的陆地相等的,它们完全置于一国领土主权之下。[3] 因此,当一国船舶位于外国内水之中时(如停泊在外国港口内),船舶上发生的犯罪实际上发生在外国领土之内,此时船旗国对船舶的管辖权与该外国的属地管辖权发生重叠;基于属地管辖权的最高性,

---

① 参见王铁崖主编:《国际法》,法律出版社1995年版,第90~93页;邵津主编:《国际法》(第5版),北京大学出版社、高等教育出版社2014年版,第38页。

② [英]詹宁斯、瓦茨修订:《奥本海国际法》(第9版),王铁崖等译,第一卷第二分册,中国大百科全书出版社1998年版,第330页。

③ 参见[英]詹宁斯、瓦茨修订:《奥本海国际法》(第9版),王铁崖等译,第一卷第二分册,中国大百科全书出版社1998年版,第7页。

船旗国的管辖权应当从属于外国的属地管辖权。以我国《刑法》为例,此时我国法院并不能单纯依据《刑法》第6条第2款的规定行使管辖权,而应当像对待其他发生在外国领土之内的犯罪那样,依据第7条、第8条和第9条等规定,判断是否应当行使管辖权。

当一国船舶位于外国领海内时,同样处于沿海国的属地管辖权之下,但是,与在内水中不同的是,沿海国对领海的领土主权受到无害通过制度的限制。《奥本海国际法》(第9版)精辟地指出,"虽然领海是沿海国领土的一部分并因此是在该国的属地最高权之下,但是领海是对一切国家商船的无害航行开放的……每一个国家依据国际习惯法都有权要求准许其商船在平时无害通过任何其他国家的领海"。[①] 因此,沿海国一般不在通过其领海的外国船舶上行使刑事管辖权,除非:(1)罪行的后果及于沿海国;(2)罪行属于扰乱当地安宁或领海的良好秩序;(3)经船长或船旗国外交代表或领事官员请求;(4)为取缔违法贩运麻醉药品或精神调理物质所必要。[②]

当一国船舶位于公海之上,也就说是位于所有国家领土范围之外时,船旗国对其本国船舶行使专属管辖权。公海自由的核心原则是"任何国家不得有效地声称将公海的任何部分置于其主权之下",这项原则的结果是公海处于任何国家的法律秩序之外。确立船旗国对本国船舶的专属管辖权,首先是建立公海法律秩序所必需的。《奥本海国际法》(第9版)指出,"公海上的法律秩序主要是以国际法的一条规则为基础,该规则要求在公海上航行的每艘船舶具有一国的国籍,并悬挂该国的旗帜"。[③]

1982年《联合国海洋法公约》第92条"船舶的地位"第1款规定:"船舶航行应仅悬挂一国的旗帜,而且除国际条约或本公约明文规定的例外情形外,在公海上应受该国的专属管辖权……"。对此,国际海洋法法庭精辟地指

① [英]詹宁斯、瓦茨修订:《奥本海国际法》(第9版),王铁崖等译,第一卷第二分册,中国大百科全书出版社1998年版,第31页。

② 参见1982年《联合国海洋法公约》第27条第1款。

③ [英]詹宁斯、瓦茨修订:《奥本海国际法》(第9版),王铁崖等译,第一卷第二分册,中国大百科全书出版社1998年版,第163页。

出，“1982 年《联合国海洋法公约》把一艘船舶视为一个单位。……因而，船舶、船舶上的所有事物，以及与其运营相关或者具有利害关系的所有人，被视为与船旗国相联系的一个实体。这些人的国籍无关紧要”。① 这样一来，不需要所谓的“浮动领土”理论，船旗国也能建立对船舶的专属管辖权。不过，1982 年《联合国海洋法公约》中所确立的船旗国对公海上船舶的所谓“专属”管辖权，其排他性与领土管辖权相比仍有很大的差距。例如，虽然 1982 年《联合国海洋法公约》第 97 条第 1 款确立了船旗国对公海中发生的碰撞事故所引发的刑事责任的专属管辖权，但是该条款同样承认了责任人的国籍国所拥有的属人管辖权。②

更为重要的是，根据一般国际法，海洋法中并不存在禁止两个国家的法律秩序同时适用于同一空间的规则；实际上，海洋法仅仅在有限的情况下规定了专属管辖权。例如，上述第 97 条也只是在“碰撞事项或任何其他航行事故”中规定了船旗国的专属管辖权，而并未涉及公海内船舶上发生的其他普通刑事犯罪的管辖权问题。因此，在不存在国际条约规定的明确限制的情况下，具有一般承认的管辖权联系的国家依然可以对公海上外国船舶上所发生普通犯罪（如伤害）规定管辖权。例如，依据我国《刑法》第 7 条和第 8 条的规定，我国可以对公海上外国船舶上发生的普通刑事犯罪行使刑事管辖权。当然，这种管辖权无论是主动或者被动的国籍管辖权，还是保护管辖权，都不能排除船旗国的管辖权，而只能与之并行。要言之，国际法真正禁止的是国家为行使管辖权而对公海上正常航行的船舶造成不当干扰，而对具有一般承认的管辖权联系的国家在事后行使管辖权，并不特别关心。因为国际法确立船旗国对公海上船舶的专属管辖权，一方面是为了建立公海的法律秩序，另

---

① The M/V “Saiga” (No. 2) case (Saint Vincent and the Grenadines v. Guinea), Judgment, ITLOS Reports 1999, p. 48, para. 106.

② 1982 年《联合国海洋法公约》第 97 条“关于碰撞事项或任何其他航行事故的刑事管辖权”第 1 款规定：“遇有船舶在公海上碰撞或任何其他航行事故涉及船长或任何其他为船舶服务的人员的刑事或纪律责任时，对此种人员的任何刑事诉讼或纪律程序，仅可向船旗国或此种人员所属国的司法或行政当局提出。”

一方面更是为了维护公海上的航行自由。

专属经济区是1982年《联合国海洋法公约》建立的一个新的海洋区域，打破了“领海之外即公海”的传统海洋格局。根据1982年《联合国海洋法公约》第58条第1款和第2款的规定，在专属经济区内，所有国家（无论是沿海国还是内陆国）在本公约有关规定的限制下，继续享有公海上的航行和飞越的自由；而且，“第八十八至第一一五条以及其他国际法有关规则”，①只要与该公约第五部分“专属经济区”不相抵触，均适用于专属经济区。因此，我们上文中提及的第91条“船舶的国籍”、第92条“船舶的地位”，以及第97条“关于碰撞事项或任何其他航行事故的刑事管辖权”，均继续适用于专属经济区。从而，在不违背沿海国依据1982年《联合国海洋法公约》在专属经济区内享有的主权权利和管辖权的前提下，船旗国对于在外国专属经济区内航行的本国船舶，拥有与公海上相同的专属管辖权。

本部分简要叙述了内水、领海、公海和专属经济区的法律性质，并依次详细分析了船旗国对本国船舶的管辖权在上述不同水域的法律效果。这样做是为了给接下来讨论航空器的管辖权做准备，其原因有三：一是依据“上空与地面法律地位一致”的原则，在研究空气空间的法律性质之前，应当先对该空气空间所对应的地面（或者水面）的法律性质进行考察。二是航空法诞生时，海洋法已经非常成熟，因此航空法在形成和发展过程中借鉴了许多海洋法的规则；为了对航空法中原则、规则和制度开展研究，也需要追本溯源，探求它们在海洋法中的原貌。三是航空法与海洋法的历史渊源和相同特征也造成了许多误解，把航空法中原本另有内涵的法律概念，与海洋法中的对应概念相混淆，首当其冲的就是所谓的“旗国原则”。因此，为了正本清源，辨析航空法概念的真实含义，同样需要对海洋法中的相应原则进行比较研究。本文接下来就通过与船旗国管辖权的对比分析，逐步探究航空器的登记国管辖权的性质和特征。

---

① 这些条款包括了公海制度的所有实质条款，仅排除了与专属经济区制度不相容的渔业制度等内容。

四、航空器的登记国管辖权不是“旗国”管辖权

“船旗国管辖权”原本是指船舶的国籍国对本国船舶的管辖权;而航空器的国籍国对本国航空器的管辖权被称为“旗国”管辖权,这只是航空法诞生时移植海洋法对应概念和规范的众多实例之一。20世纪初航空法诞生时,海洋法已经非常成熟,加之航空法与海洋法存在诸多相通之处,所以航空法在诞生之初便借鉴了海洋法的许多内容。然而,事实表明,虽然航空器与船舶都是运输工具,但是航空运输与海上运输却存在很大区别,由此也造成了航空法与海洋法的不同。很多海洋法概念被移到航空法之后,又因为不符合航空法的实际情况,而被航空法抛弃。例如,曾经在航空法中得到承认的无害通过权,就因为不符合实际情况而很快被废除。而另外一些概念,例如航空器的国籍,虽然仍然被航空法保留,但是其内涵已经与海洋法中的对应概念有了很大区别。

一般而言,“船旗国管辖是指各国对在其领土内登记并取得该国国籍的船舶以及船上一切人和物以及发生的事件所实行的管辖权”。[①] 1982年《联合国海洋法公约》第92条“船舶的地位”第1款规定:“船舶航行应仅悬挂一国的旗帜……在公海上应受该国的专属管辖……”第94条“船旗国的义务规定”第1款规定:“每个国家应对悬挂该国旗帜的船舶有效地行使行政、技术及社会事项上的管辖和控制。”然而,从当前的国际航空公约的有关规定来看,航空器的国籍国对本国航空器的管辖权显然达不到这个标准。

1919年巴黎《关于管理航空航行的公约》(the Convention Relating to the Regulation of Aerial Navigation,以下简称1919年《巴黎航空公约》)第5条规定:“缔约国不得允许不具有任何缔约国国籍的航空器飞越其领土上空,除非经过特别或者临时授权。”这个条款显然是对海洋法中在公海上航行的船舶

---

① 魏敏主编:《海洋法》,法律出版社1987年版,第208页。

必须具有一国国籍并悬挂该国旗帜的习惯法规则的模仿。紧接着,该公约第6条规定:“航空器拥有它……在其登记簿注册登记的国家的国籍。”1944年芝加哥《国际民用航空公约》(Convention on International Civil Aviation,以下简称1944年《芝加哥公约》)第17条“航空器的国籍”规定,“航空器具有其登记的国家的国籍”;这个条款显然是对1919年《巴黎航空公约》第6条的继承。[①] 1944年《芝加哥公约》的一个重要变化是缺少了上述1919年《巴黎航空公约》中第5条的规定。

我们在上文中提到,“公海上的法律秩序主要是以国际法的一条规则为基础,该规则要求在公海上航行的每艘船舶具有一国的国籍,并悬挂该国的旗帜”;对于这项规则的意义,《奥本海国际法》(第9版)紧接着指出,“通过这种方法,船舶以及船上的人和货物都受船旗国法律的限制,并且一般地受该国的专属管辖”。[②] 1919年《巴黎航空公约》中第5条显然是对这项海洋法习惯规则的移植,然而,1944年《芝加哥公约》不仅删除了该第5条,而且也缺少类似于上述1982年《联合国海洋法公约》第91条第1款和第94条第1款的规定,这样一来,“航空器的法律地位”在1944年《芝加哥公约》缔结和生效后,仍然是一个悬而未决的问题。

正如我国航空法学前辈赵维田先生所指出的那样,“虽然巴黎航空公约与芝加哥公约都规定了航空器具有登记国的国籍……但并未对国籍的管辖含义做出正面的明确的回答”,赵维田先生认为,“这些国籍条款更多地属于把航空器作为一种可登记的财产来对待的,而不含有对机上人员与货物的法律事实与法律行为、刑事犯罪等管辖的意义”。[③] 鉴于此,国际民航组织法律委员会在1950年就开始对“航空器的法律地位”问题开展研究。

1953年,国际民航组织法律委员会成立了一个有关“航空器法律地位”

---

① 1944年《芝加哥公约》第80条明确规定该公约取代了1919年《巴黎航空公约》;第82条要求缔约国废除与该公约抵触的一切协议,并承允不再缔结此类协议。

② [英]詹宁斯、瓦茨修订:《奥本海国际法》(第9版),王铁崖等译,第一卷第二分册,中国大百科全书出版社1998年版,第163页。

③ 赵维田:《论三个反劫机公约》,群众出版社1985年版,第51页。

的分委员会。1956年9月,法律委员会“航空器法律地位”分委员会在日内瓦召开第一次会议,会议决定把研究的范围限制在刑事问题上;1958年,该分委员会起草了“国际民航组织有关航空器法律地位的公约草案”,该草案聚焦于航空器上发生的犯罪问题;1959年,国际民航组织法律委员会第十二次会议在慕尼黑召开,讨论了“航空器法律地位”分委员会在1958年会议上通过的一份报告和上述公约草案,并起草了第一份《关于航空器上发生犯罪和其他行为的公约草案》(“慕尼黑草案”),其第3条是一个有关航空器上犯罪的管辖权原则的综合性条款;①1961年,国际民航组织理事会要求法律委员会主席成立一个新的“航空器法律地位”分委员会,对1959年慕尼黑会议上从各国政府和一些国际组织收到的评论意见进行研究。1962年3月,国际民航组织法律委员会根据上述分委员会的建议,在蒙特利尔召开会议,对“慕尼黑草案”进行修订,形成了第二份草案——“蒙特利尔草案”;1962年8月,国际民航组织法律委员会在罗马召开第十四次会议,讨论了分委员会提交的有关“蒙特利尔草案”的研究报告,并通过了第三份《关于在航空器内犯罪和某些行为的公约草案》(“罗马草案”);“罗马草案”被正式提交给了1963年8月20日在日本开幕的国际航空法大会,1963年9月14日,大会通过了《关于在航空器内犯罪和某些行为的公约》(以下简称1963年《东京公约》),1963年《东京公约》正式生效。至此,航空器登记国的刑事管辖权在国际法上得到承认。

虽然1963年《东京公约》明确规定了航空器登记国对本国航空器内犯罪的刑事管辖权;但是,航空器上发生的出生、死亡、婚姻、遗嘱、缔结合同等事项的民事管辖权问题,虽然经过反复讨论,仍然尚未在国际规则中得到正式表述。② 可见,航空器的国籍国对本国航空器的管辖权,是通过国际条约逐步确立的:1944年《芝加哥公约》确立了航空器的登记国对本国航空器本身

---

① 该条第1款规定:“航空器登记国有权对航空器内的犯罪行使管辖权,这种管辖权独立于所有其他可适用的管辖权。”

② See I. H. Ph. Diederiks-Verschoor, *An Introduction to Air Law*, 9th edition, Wolters Kluwer, 2012, p. 18.

的管辖权;1963年《东京公约》确立了登记国对本国航空器内发生犯罪的刑事管辖权;而对航空器内发生的民事事项的管辖权,国际法尚未形成明确的规则。因此,航空器的登记国对本国航空器的管辖权,与船旗国对本国船舶的管辖权存在重大区别。而且,即使单纯从形式上看,航空器的登记国管辖权也不是"旗国"管辖权。

一方面,在国际航空公约中,航空器的国籍国对航空器的管辖权从未被称为"旗国"管辖权。1944年《芝加哥公约》中虽然对航空器的国籍作出了规定,但是公约文本中并未出现"国籍国"一语,更毋论"旗国"了;该公约在对应于船舶的国籍国或者船旗国的类似情形中使用的是"航空器登记国",①此后的国际航空公约均延续了这种做法。

另一方面,国际航空公约从未要求从事国际航空运输的航空器带有国旗标志。1982年《联合国海洋法公约》明确要求船舶都应具有一国国籍并悬挂该国旗帜;但是,1944年《芝加哥公约》并未要求从事国际航空运输的航空器"悬挂"或者"喷涂"一国的国旗。1944年《芝加哥公约》第20条"标志的展示"规定:"从事国际航行的每一航空器应带有适当的国籍标志和登记标志。"根据《芝加哥公约》附件7《航空器国籍和登记标志》的规定,国籍和登记标志由一组字(包括字母和数字)组成,国籍标志应当在登记标志的前面,登记标志必须是字母、数字或是两者的组合。国籍标志和登记标志必须涂在航空器上或用任何其他能保证同等耐久的方法附在航空器上。例如,我国的国籍标志是英文大写字母"B",登记标志由4位数字组成,例如"B—0000"。无论是1944年《芝加哥公约》还是其附件7《航空器国籍和登记标志》均未要求航空器带有国旗标志。而且,在国际航空运输中,除了所谓的"载旗航空公司"之外,②大多数航空公司

① 1944年《芝加哥公约》中共有10处使用了"航空器登记国"的措辞。

② 载旗航空公司(flagcarrier)是指被一国政府授权独占或者部分运营该国国际航线的航空公司,该航空公司通常会在其客机机身上喷涂本国国旗。载旗航空器是各国运营国际航线的主力航空公司,它是航空业诞生和发展的历史产物,近年来由于全球公营事业民营化的风潮使然,再加上跨国并购的情况增加,其重要性有所下降。例如,中国国际航空公司、俄罗斯航空公司、德国汉莎航空公司、英国航空公司和加拿大航空公司,都是载旗航空公司;而美国出于反垄断的考虑,没有指定载旗航空公司。

并不在航空器上喷涂国旗标志,而在航空器上喷涂“国徽”的情况,则更为罕见;因此,在国际航空法并未要求航空器“悬旗”,以及大多数航空公司的航空器也并未“悬旗”的情况下,即使单纯从外部形式上看,也不存在把航空器的国籍国视为“旗国”的“物质”基础。

总之,正如赵维田先生所指出的那样,“……依芝加哥公约规定而因在该国登记而拥有该国国籍的航空器国籍国,芝加哥公约并未赋予它对该航空器在国际航行中机上的人和事以民事或刑事管辖权。从这个意义上说,芝加哥公约的国籍原则,与海洋法上由习惯国际法形成的‘旗国原则’(船舶国籍国对悬挂其旗帜的在公海上行驶的船舶,具有专属管辖权)是两种不同的法律概念”。① 事实上,航空器登记国对本国航空器内犯罪的管辖权是一种并行管辖权。

五、航空器登记国的刑事管辖权是一种并行管辖权

与船舶的船旗国管辖权一样,航空器的登记国管辖权也是一种域外管辖权。其缘由与上文中我们对船旗国管辖权所作的分析一样:当航空器位于登记国的本国领土之内时,登记国只需行使属地管辖权;只有当航空器位于登记国领土之外时,登记国方才需要行使登记国管辖权。正如上文中所言,登记国对本国航空器内犯罪的刑事管辖权是1963年《东京公约》创立的,其诞生的最初动机是填补对航空器内犯罪的管辖权空白。1977年出版的《肖克罗斯和博蒙特航空法》一书曾经指出,在1963年《东京公约》缔结之前,航空法所遇到的“……更大的困难是由管辖权……的法律状况引起的。普通法系国家基本上只主张属地管辖权,并非总是把它们的航空器看作其领土的一部分。另外,大陆法系国家主张对它们在国外的国民的犯罪在某种程度上有管辖权,但世界上主张对本国登记的航空器内的犯罪有管辖权的国家总数不过

① 赵维田:《国际航空法》,社会科学文献出版社2000年版,第66页。

二十几国”。[①] 这样就很容易导致对公海上空犯罪的管辖权空白。例如,20世纪50年代,纽约地区法院在审理一起发生在公海上空的犯罪案件时,发现美国法院竟然对这起本国航空器内发生的、本国公民实施的、受害者也是本国公民的犯罪案件没有管辖权。[②]

1963年《东京公约》缔结和生效之后,这种不利情况有了很大改变。该公约第二章“管辖权”包括第3条和第4条两个条款,是该公约最为核心的部分,其中最为关键的是第3条,其内容如下:“1.航空器登记国有权对在该航空器内的犯罪和所犯行为行使管辖权。2.缔约国应采取必要的措施,对在该国登记的航空器内的犯罪和行为,规定其作为登记国的管辖权。3.本公约不排斥根据本国法行使刑事管辖权。”[③]

这个条款的案文非常简洁,不过已经足以实现缔结1963年《东京公约》的最初目标——填补对国际飞行中发生的犯罪的管辖空白。第3条可以分为两个部分,其中前两款为一部分,第3款为另一部分。

第1款和第2款分别规定了司法管辖和立法管辖问题。司法管辖权涉及一国法院审理具有涉外因素案件的权力。[④] 第1款使用了“有权对……行使管辖权”(is competent to exercise jurisdiction over...)的措辞,表明这个条款是所谓的“赋权规范”,即缔约国在面临具体个案时有权决定是否实际行使管辖权。这里应当提到的是,国内有些中文本把第1款翻译为“飞机登记国对飞机上发生的犯罪和其他行为有管辖权”。[⑤] 然而,把“有权对……行使管辖权”翻译为“有管辖权”可能会造成误解,导致把这个条款理解为规定了

---

① [英]彼得·马丁等修订:《肖克罗斯和博蒙特航空法》,徐克继摘译,法律出版社1987年版,第209页。

② *USA v. Cordova (and Santano)*, US District Court, Eastern District of New York, 17 March 1950; United States Aviation Reports 1 (1950); 3 Aviation Cases 17,306.

③ 王铁崖、田如萱编:《国际法资料选编》,法律出版社1982年版,第536页。

④ See Malcolm N. Shaw, *International Law*, 6th edn., Cambridge University Press, 2008, p.651.

⑤ 《国际条约集(1963~1965)》,商务印书馆1976年版,第213页。

一种强制性义务,要求缔约国必须行使管辖权。①

与第1款不同的是,第3条第2款所规定的立法管辖权是一种强制性义务。立法管辖权是指得到宪法承认的国家机构在其领土内制定具有拘束力的法律的最高权。② “应采取必要的措施确立……”(shall take such measures as may be necessary to establish...)中的“采取必要的措施确立……”是国际条约中的常用表述形式,是一种照顾各国不同的宪法规定和惯例的概括性用语。一般而言,各国“将国际条约并入一国法律体系的方法有两类:一类是一元论方法即整体纳入法,通过概括的宪法规则或习惯规则,将在国际法上对一国生效的条约全部并入该国法律体系;另一类是二元论方法,通过具体的立法或法令,将需要在国内实施的国际条约有选择地、个别地并入本国法律体系”。③ 而使用“应”(shall)字则说明这是一种强制性义务,显然是确保实现本公约消除管辖权空白的预定目标。例如,我国《刑法》第6条第2款就是一项符合1963年《东京公约》要求的规定。

第3条第3款规定:“本公约不排除以本国法行使的任何管辖权。”然而,即使本款充分表明了登记国管辖权不具备船旗国管辖权的专属性,登记国管辖权和船旗国管辖权的这种本质区别,仍然一直被许多学者忽视。例如,我国有学者在20世纪70年代末发表的一篇论文在对上述第3条第1款进行评论时,就曾明确表示,“……这就是说,飞机上的犯罪行为一般由飞机登记国行使刑事管辖权,而不论犯罪人的国籍如何和犯罪时飞机在何地”。④ 赵维田先生认为,这一方面是上述中文本对第3条第1款错误翻译所致,认为登记国对本国航空器内犯罪的管辖权是强制性的;另一方面是由于对1963年《东京公约》完全的并行管辖体制缺乏必要研究。⑤

---

① 有关这个问题的讨论,参见赵维田:《论三个反劫机公约》,群众出版社1985年版,第88~92页。

② See Malcolm N. Shaw, *International Law*, 6th edition, Cambridge University Press, 2008, p.649.

③ 赵建文:《国际条约在中国法律体系中的地位》,载《法学研究》2010年第6期。

④ 肖贤富、周叶谦:《试论刑法管辖中的几组矛盾》,载《法学研究》1979年第4期。

⑤ 赵维田:《论三个反劫机公约》,群众出版社1985年版,第25页。

1963年《东京公约》所建立的管辖权结构是一种真正的并行体制，这一点从公约草案中可以看得更为明显。国际民航组织法律委员会提交1963年东京航空法大会的“罗马草案”中，第3条第3款原本的案文是“本条款不取代一国可能已经纳入其国内法的任何刑事管辖权”。[①] 也就是说，一旦缔约国的国内法中规定了某种类型的管辖权，1963年《东京公约》意图建立的登记国管辖权将会与其并存。登记国管辖权既不会优先于任何其他管辖权，当然也不会从属于任何其他管辖权；只要属于1963年《东京公约》的适用范围，即使犯罪发生在其他国家的领土或者领空，航空器登记国仍然有权行使管辖权。

1963年《东京公约》第1条第2款规定了它的适用范围：“……本公约适用于在一个缔约国登记的任何航空器上的人在航空器内所犯的犯罪或行为，无论该航空器是在飞行中还是在公海海面上，或在不属于任何国家领土的其他地区的地面上。”根据该条款，1963年《东京公约》的适用范围可以分为两种情况：一种情况是缔约国的航空器正在飞行中；另一种情况是缔约国的航空器降落在公海海面或者任何国家领土范围之外地区的地面。对于第二种情况，航空器登记国管辖权不会与其他国家的领土管辖权相冲突。对于第一种情况所说的“飞行中”，该公约第1条第3款规定：“在本公约中，航空器从其为了起飞开走马力起到着陆滑跑完毕止，应被认为是在飞行中。”应当强调的是，该条款并未区分飞行是国内飞行还是国际飞行，只要缔约国的航空器处于飞行中，那么缔约国就可以行使登记国管辖权。当然，如果是纯粹的国内飞行，因为领土国和登记国重合，此时领土国只需行使领土管辖权。事实上，这个条款主要考虑的是一些具备国际因素的国内飞行。例如，某些国内航线会短暂地飞经其他国家的领空或者公海上空，为了填补短暂的空白，仍然需要登记国管辖权。

---

① “Draft Convention on Offences and Certain Other Acts Committed on Board Aircraft”, *International Conference on Air Law*: *Documents*, Volume II, Doc 8565 – LC/152 – 2, Tokyo, August-September 1963, p. 2.

1963年《东京公约》第二章“管辖权”的另一个条款(第4条)进一步强化了登记国管辖权的并行性特征。该条规定:“非登记国的缔约国不得为了对航空器内所犯的罪行行使其刑事管辖权而干预飞行中的航空器,但下列情况除外:一、罪行在该国领土上具有后果;二、罪行是由该国国民或在该国有永久居所的人所犯或是针对该国民或该人的;三、罪行危及该国的安全;四、罪行违反该国现行的有关航空器飞行或操作的规定或条例;五、为确保该国遵守根据某项多边国际协定所承担的任何义务而有必要行使管辖权。”①

这个条款原本的意图是仿效1958年《领海和毗连区公约》第19条第1款的规定,②用以协调航空器登记国与飞经国之间的管辖冲突。上述第19条第1款的目的是限制沿海国对无害通过其领海的其他国家的船舶行使管辖权。但是,在公约的起草过程中,反对移植和仿效领海公约的意见占了上风。经过修改后,该条款原本的引语“在其领空发生犯罪的国家,如非航空登记国或降落地国,对飞行中的航空器上发生的任何有关犯罪,不应行使管辖权,但下列情形除外:……”被修改为“非登记国的缔约国不得为了对航空器内所犯的罪行行使其刑事管辖权而干预飞行中的航空器,但下列情况除外:……”该条款目的从限制航空器飞经国行使属地管辖权,转为确保航空安全,禁止任何非登记国的缔约国任意干扰飞行中的航空器。③

这个改变,一方面,赋予了相似的规则以不同的意义,让我们看到了海洋法与航空法的重大区别;另一方面,也进一步确立了没有任何优先制的

---

① 王铁崖、田如萱编:《国际法资料选编》,法律出版社1982年版,第536页。

② 1958年《领海和毗连区公约》第19条第1款规定:“沿海国不得因外国船舶通过领海时船上发生犯罪行为而在通过领海之船上行使刑事管辖权、逮捕任何人或从事调查,但有下列情形之一者,不在此限:(a)犯罪之后果及于沿海国者;(b)犯罪行为扰乱国家和平或领海之善良秩序者;(c)经船长或船旗国领事请求地方当局予以协助者;(d)为取缔非法贩运麻醉药品确有必要者。”

③ 对于1963年《东京公约》第4条演变过程的详细论述,可参见赵维田:《论三个反劫机公约》,群众出版社1985年版,第101~108页。

并行管辖体制。赵维田先生指出,“(第4条的)案文要表达的是,任何国家(非登记国的缔约国)都不得干扰其中发生犯罪的航空器飞行安全,用以强化或突出本条保证安全的决心和意志。由于第四条性质上的改变,使得整个东京公约的管辖规则中,已经不含有任何优先因素,所以有些国家称之为‘完全(绝对)并行管辖’”。[①] 可见,1963年《东京公约》所确立的登记国管辖权不具有任何专属性,它的唯一特质在于其伴随航空器全部飞行过程,以及降落在不属于任何国家领土主权的地区的特殊情况;在这整个过程中,登记国之外的任何缔约国依据任何基础行使管辖权时,登记国管辖权都将与之并行。这里需要补充的是,对于登记国之外的缔约国依据任何其他基础行使的刑事管辖权之间是否具有先后次序的问题,1963年《东京公约》并未涉及。

六、有关刑事管辖权的国际航空法在1963年《东京公约》之后的发展

依据1963年《东京公约》第1条第1款的规定,该公约适用于“违反刑法的犯罪”,这里的“刑法”是指依据其本国法主张行使管辖权的缔约国的国内刑法。[②] 因此,1963年《东京公约》所调整的主要是盗窃、伤害等各种普通刑事犯罪,而对于严重危害航空运输安全的劫机活动,并未作出规定。该公约唯一有关“非法劫持航空器”的第11条,只是要求缔约国采取措施恢复或者维护机长对航空器的控制,并在被劫持航空器降落在该国的时候,准许旅客和机组人员尽速继续其旅行。[③] 一方面,这是因为在公约制定时

---

① 赵维田:《论三个反劫机公约》,群众出版社1985年版,第108页。

② 参见赵维田:《论三个反劫机公约》,群众出版社1985年版,第75~76页。

③ 1963年《东京公约》第11条规定:“一、航空器内有人使用暴力或者暴力威胁,非法地干扰、劫持或以其他不正当方式控制了飞行中的航空器或准备采取此类行为时,缔约国应采取一切适当措施,恢复或者维护合法机长对航空器的控制。二、如发生前款所述情况,航空器降落所在地的缔约国应准许旅客和机组成员尽速继续其旅行,并将航空器和所载货物交还给合法的所有人。”

的20世纪60年代初,劫机行为仍被认为是偶发事件,其危害性并未被人们认识,因此亦未引起各国的重视;另一方面,也是由于当时的劫机活动通常具有政治动机,有关国家通常不愿宣布其为犯罪,甚至为劫机者提供政治庇护。

20世纪60年代末劫机事件急剧飙升,[①]劫机者对无辜乘客的伤害也引起了世界人民的愤怒。在这种背景下,国际社会迅速采取行动,先后制定了1970年12月《制止非法劫持航空器公约》(以下简称1970年《海牙公约》)和1971年9月《制止危害民用航空器安全的非法行为的公约》(以下简称1971年《蒙特利尔公约》)。[②] 这两个公约是先后起草的姐妹篇,前者主要针对在空中劫持航空器的犯罪行为,后者针对的是在地面上实施的破坏航空运输安全的犯罪行为,特别是在飞机上放置定时炸弹的犯罪行为。[③]由于这种密切关系,1971年《蒙特利尔公约》的管辖权规则基本上照抄了1970年《海牙公约》的管辖权条款,因此,我们将对这两个公约的管辖权条款合并分析。

(一)1970年《海牙公约》和1971年《蒙特利尔公约》

1970年《海牙公约》第4条第1款规定:

"在下列情况下,各缔约国应采取必要措施以确立其对犯罪,以及与犯罪有联系的所称案犯以暴力侵害旅客与机组人员的任何其他行为的管辖权:(一)在该国登记的航空器上发生的犯罪;(二)机上发生犯罪的航空器在该国降落,而所称罪犯仍在机上;(三)在不带机组人员的租用航空器上发生犯罪,而承租人的主要营业地在该国,或者承租人无这类营业地而其永久居所

---

① 据统计,从1948年到1967年19年间,全世界共发生劫机事件45起,而1968年一年就突然升至30起,1969年更是高达91起。参见赵维田:《论三个反劫机公约》,群众出版社1985年版,第9~10页。

② 1970年《海牙公约》于1971年10月14日生效,目前有185个缔约国;1971年《蒙特利尔公约》于1973年1月26日生效,目前有188个缔约国。

③ 参见1970年《海牙公约》第1条和1971年《蒙特利尔公约》第1条。

在该国。”

1971 年《蒙特利尔公约》第 5 条第 1 款规定：“在下列情况下，各缔约国应采取必要措施以确立其对犯罪的管辖权：(一)在该国领域内发生犯罪；(二)对在该国登记的航空器犯罪，或在该航空器上发生犯罪；(三)机上犯罪的航空器在该国降落，而所称罪犯仍在机上；(四)对租来的不带机组人员的航空器犯罪，或在该航空器上犯罪，而承租人的主要营业地在该国，或者承租人无此类营业地而其永久居所在该国。”

这两个管辖权条款引言部分中的“犯罪”，分别是指它们各自第 1 条中规定的犯罪。由于两公约调整的犯罪不同，它们规定的管辖权也相应有所差异。1970 年《海牙公约》规定的是在“飞行中”的航空器上发生的犯罪，而 1971 年《蒙特利尔公约》规定的主要是地面犯罪，例如，在候机坪的飞机上放置炸弹，或者破坏地面航行设备。因此，与前者相比，1971 年《蒙特利尔公约》第 5 条第 1 款第 1 项中规定了犯罪行为发生的属地管辖权，而其余 3 项则与 1970 年《海牙公约》几乎相同。

这 3 项规定中分别确立登记国管辖权、降落地国管辖权和承租人主营业地国或永久居所国管辖权。登记国管辖权在 1963 年《东京公约》中已经出现，另外两种管辖权则是在 1970 年《海牙公约》和 1971 年《蒙特利尔公约》新创立的管辖权类型。对于降落地国而言，如果航空器进入降落地国，飞机上的犯罪仍在继续，那么犯罪就发生在降落地国的领空，此时只需要行使属地管辖权；如果降落地国同时是航空器登记国，那么同样只需要行使登记国管辖权。所以，降落地国管辖权存在的意义就是在不存在其他管辖权基础的情况下充当管辖权基础。

主营业地或者永久居所地原本是私法中的概念，被 1970 年《海牙公约》和 1971 年《蒙特利尔公约》借用到航空法中来，用以应对当时国际航空运输中蓬勃发展的航空器租赁(尤其是不带机组人员的租赁，即所谓“干租”或者“光机租赁”)造成的，航空器登记国与航空器实际使用人(通常是航空公司)的国籍国相分离的状况。当航空器以不带机组人员的方式租赁给其他国家的航空公司使用时,如果仍然坚持由登记国行使管辖权,则不仅需要向登记国引渡罪犯,而且需要移送大量的证据和资料,证人出庭作证也非常不方便。而且由于与航空器上发生的犯罪没有利益关系,登记国通常也不愿行使管辖权。承租人的主营业地国或者永久居所地国(通常是相关航空公司的国籍国)由于对犯罪具有实际利益,往往愿意行使管辖权,而且也方便对犯罪进行调查和审判,因此,1970 年《海牙公约》和 1971 年《蒙特利尔公约》新增了这种管辖权作为登记国管辖权的补充和完善。事实上,国际民航组织亦于 1980 年对 1944 年《芝加哥公约》进行了修订,新增了第 83 条之分条"职责和义务的转移",规定在发生租用、包用或者互换航空器的时候,登记国可以将其对航空器的职责和义务转移给航空器承租人所属的另一国,这样一来,1970 年《海牙公约》和 1971 年《蒙特利尔公约》所确立的承租人的主营业地国或者永久居所地国管辖权,就有了更加坚实的基础。

1970 年《海牙公约》第 4 条第 2 款和 1971 年《蒙特利尔公约》第 5 条第 2 款的内容非常相似,同样要求"当被指称的罪犯在缔约国领土内"的时候,如果缔约国按照本公约的有关规定将其引渡给相关国家,那么该缔约国"应同样采取必要措施以确立管辖权",这就是所谓的"或引渡或起诉"条款。这个条款至少有三重意义:一是将本公约所调整的犯罪规定为可引渡的犯罪,禁止将劫机犯罪等危害国际民用航空安全的犯罪当作政治犯罪而为犯罪人提供庇护;二是对于将引渡条约作为引渡前提的缔约国来说,可以将这个条款作为引渡的法律依据;三是它为拒绝引渡案犯的国家提供了行使刑事管辖权的依据,这种管辖权就是通常所说的"普遍管辖权"。

1970 年《海牙公约》第 4 条第 3 款和 1971 年《蒙特利尔公约》第 5 条第 3 款同样规定:"本公约不排除根据本国法律行使的任何刑事管辖权。"因此,这两个公约所规定的管辖权条款均具有"并行管辖权"的特征。

(二)2010年《北京议定书》和《北京公约》

为了应对"9·11"事件后民用航空运输面临的种种新威胁,2010年8月30日至9月10日,国际民用航空组织在北京举行"国际航空法会议"(航空保安外交会议),会议通过了《制止与国际民用航空有关的非法行为公约》(以下简称2010年《北京公约》)和《制止非法劫持航空器公约的补充议定书》(以下简称2010年《北京议定书》),目前均已生效。① 2010年《北京议定书》是对1970年《海牙公约》的修订;2010年《北京公约》取代了1971年《蒙特利尔公约》。这两份同时起草的国际文件的管辖权条款非常相似,只是根据所规定犯罪的不同而作出了相应调整。

2010年《北京议定书》第7条(经2010年《北京议定书》修正的《海牙公约》第4条第1款)增加了两项管辖权:一项是"(一)罪行是在该国领土内实施的";另一项是"(五)罪行是由该国国民实施的"。增加第一项属地管辖权是因为原本1970年《海牙公约》起草时所设想的劫机行为都是在飞行中的航空器上发生的,为此该公约还专门对什么是"飞行中"进行定义;然而随着科学技术的进步,人们发现劫机行为也可以从机舱外对飞行中的航空器实施。例如,从地面通过技术手段远程控制航空器的驾驶系统;或者通过地面的地空导弹系统或者空中的战斗机锁定民用航空器,强迫其改变预定航向。而要求缔约国对本国国民实施的犯罪确立管辖权(主动的国籍管辖权),则是考虑到劫机犯罪大多是有组织的、共谋或商定犯罪。在起草1970年《海牙公约》的时代,各国考虑的主要是制裁空中的劫机分子,而后来发现很多时候策划劫机的主要罪犯经常并不亲自实施劫机行为,因此,为了加强对劫机犯罪的打击和制裁,2010年《北京议定书》要求各国对本国国民实施的劫机犯罪确立管辖权。

与2010年《北京议定书》一样,新制定的2010年《北京公约》在其有

---

① 2010年《北京议定书》于2018年1月1日生效;2010年《北京公约》于2018年7月1日生效。

关管辖权的第8条第1款增加了一项规定:“(五)罪行是由该国国民实施的”。由于1971年《蒙特利尔公约》原本就比1970年《海牙公约》多了一项属地管辖权,因此,在2010年《北京议定书》增加了属地管辖权之后,经2010年《北京议定书》修正的《海牙公约》就与2010年《北京公约》拥有了同样多的管辖条款类型:属地管辖权、登记国管辖权、降落地国管辖权、承租人主营业地国或永久居所国管辖权和主动的属人管辖权。[①] 另外还有一处相同的是,2010年的修订为两公约分别增加了相同的两项任择管辖权。

经2010年《北京议定书》修正的《海牙公约》第4条第2款和2010年《北京公约》第8条第2款规定:“二、各当事国也可就下列情况而对任何此种罪行确立其管辖权:(一)罪行是针对该国国民实施的;(二)罪行是由其惯常居所在该国领土内的无国籍人实施的。”

这两项任择管辖权都是属人管辖权的扩大。第一项通常被称作被动的属人管辖权或者被动的国籍管辖权,我国《刑法》将其视为保护管辖的范围;第二项是在不具备国籍联系的情况下将惯常居所作为管辖权基础,同样可以视为属人管辖权的一种。与此同时,经2010年《北京议定书》修正的《海牙公约》第4条第3款、第4款和2010年《北京公约》第8条第3款、第4款分别保留了原有的“或引渡或起诉”原则和“并行管辖权原则”。这样一来,两公约项下的管辖权体系就变得非常丰富。对此,有航空法学者表示,“尽管在司法实践中,上述几种管辖权可能会存在相互冲突的情况,但是,从避免恐怖行为实施者逃避惩罚的角度来看,如此规定的目的在于使罪犯无处逃遁,具有更大的积极意义”。[②]

---

① 参见经2010年《北京议定书》修正的《海牙公约》第4条第1款、2010年《北京公约》第8条第1款。

② 黄解放、刘贺:《北京公约和北京议定书浅析》,载《中国国际法年刊》2010年卷,世界知识出版社2011年版,第76页。

(三)2014年《蒙特利尔议定书》

2014年3月26日至4月4日,国际民航组织在蒙特利尔主持召开国际航空法会议,审议修订1963年《东京公约》,会议通过了《关于修订〈关于在航空器内的犯罪和其他某些行为的公约〉的议定书》(以下简称2014年《蒙特利尔议定书》)。[①] 修订1963年《东京公约》的最初动因是为了加强对所谓的"不守规矩的或者引起混乱的"(unruly/disruptive)旅客的惩处措施,2014年《蒙特利尔议定书》在这个方面的一个很大进步就是对1963年《东京公约》的管辖权条款作出了重要补充和完善。

一方面,2014年《蒙特利尔议定书》在1963年《东京公约》已经确立的登记国管辖权的基础上,进一步确立了降落地国管辖权和经营人所在国管辖权。经2014年《蒙特利尔议定书》修订的《东京公约》第3条第1项之二规定:"(一)作为降落地国,某项犯罪或行为是在该国领土内降落的航空器上所犯,且嫌犯仍在机上;(二)作为经营人所在国,某项犯罪或行为是在不带机组租给承租人的航空器上所犯,该承租人的主要营业地在该国,或者假如该承租人没有此种营业地,其永久居所在该国。"

这两项管辖权在1970年《海牙公约》和1971年《蒙特利尔公约》之中已经存在,2014年《蒙特利尔议定书》将其用于航空器上发生的普通犯罪和行为,将有助于遏制航空器上"不守规矩的或者引起混乱的"(unruly/disruptive)旅客日益增长的趋势。

另一方面,这两项管辖权与登记国管辖权一样,在立法上是强制性的。也就是说,缔约国应当在其国内法中对这两类管辖权作出规定。对此,经2014年《蒙特利尔议定书》修订的《东京公约》第3条第2项之二规定:"各缔约国还应采取必要措施,对以下情况下在航空器上犯下的罪行确立其管辖权:(一)作为降落地国,当有以下情况时:1.某项犯罪是在其前一起飞地点

① 2014年《蒙特利尔议定书》于2020年1月1日生效。

或下一个预备降落地点在其领土内的航空器上所犯,而随后航空器在其领土内降落且嫌犯仍在机上;和2.航空器或机上人员或财产的安全或机上的良好秩序和纪律受到危害;(二)作为经营人所在国,某项犯罪是在不带机组租给承租人的航空器上所犯,该承租人的主要营业地在该国,或者假如该承租人没有此种营业地,其永久居所在该国。"

此外,2014年《蒙特利尔议定书》还要求"在作为降落地国行使其管辖权时,国家应考虑相关的犯罪或行为是否构成经营人所在国的犯罪",①这相当于承认了经营人所在国管辖权相比降落地国管辖权具有某种程度的优先效力。由于新增这两项管辖权之后,缔约国之间发生冲突的可能性大大增加,因此2014年《蒙特利尔议定书》新增了协调管辖权积极冲突的条款。经2014年《蒙特利尔议定书》修订的《东京公约》第3条之二规定:"如果根据第3条行使管辖权的缔约国被告知或获悉一个或多个其他缔约国正在对相同的犯罪或行为进行调查、起诉或司法程序,该缔约国应酌情与其他缔约国进行协商,以期协调其行动……"

七、对我国《刑法》中有关航空器内犯罪管辖权的解释和完善

在上述各项国际航空刑事条约中,我国已经是1963年《东京公约》、1970年《海牙公约》和1971年《蒙特利尔公约》的缔约国;此外还签署了2010年《北京议定书》、2010年《北京公约》和2014年《蒙特利尔议定书》,但是尚未批准这3个文件。因此,前3个公约对我国具有法律约束力;后3个文件虽然暂时没有约束力,但是考虑到我国正在为批准它们做准备,亦应当据以着手对国内法(尤其是《刑法》)作出相应修改和完善。

---

① 参见经2014年《蒙特利尔议定书》修订的《东京公约》第3条第2项之三。

(一)我国《刑法》第6条第2款中未区分国家航空器和民用航空器

在对我国《刑法》第6条第2款进行解释时,首先就需要对什么是"中华人民共和国航空器"进行解释。此时,很容易就能得出这个概念的外延既包括民用航空器又包括国家航空器的结论。因为该条款的用语已经非常明白,我们通过基本的文理解释(文义解释)就能够理解,并不存在通过"论理解释"的方法,将其限缩为民用航空器的空间,所以我们只能正当地将其解释为既包括民用航空器又包括国家航空器。但是我们必须强调的是,区分国家航空器和民用航空器是国际航空法的一项原则。1944年《芝加哥公约》第3条"国家航空器和民用航空器"第1款规定,"本公约仅适用于民用航空器,不适用于国家航空器";而对于国家航空器的范围,该条第2款规定:"用于军事、海关和警察部门的航空器,应认定为国家航空器。"1944年《芝加哥公约》是国际航空法的基础,因此,这项原则也在国际航空刑事公约中得到贯彻。

1963年《东京公约》第1条第4款规定,"本公约不适用于供军事、海关或警察用的航空器";1970年《海牙公约》第2条第2款和1971年《蒙特利尔公约》第4条第1款对此有完全相同的规定。经2010年《北京议定书》修正的《海牙公约》第3条第2款和2010年《北京公约》第5条第1款分别继续保留了1970年《海牙公约》和1971年《蒙特利尔公约》的相关规定;经2014年《蒙特利尔议定书》修订的《东京公约》第1条第4款同样保留了1963年《东京公约》相应条款的内容。此外,调整航空运输承运人责任"华沙公约—蒙特利尔公约"体系更是只涉及民用航空器。[①] 所以说,整个国际航空公约体系就是关于民用航空器(或者民用航空运输活动)的国际法规范,而并不涉及军用飞机等国家航空器。因此,通过国际航空公约确立的航空器的国籍制

---

① 这里指的是以1929年10月12日《统一国际航空运输某些规则的公约》(《华沙公约》)为基础的华沙责任体系,以及取代该体系的1999年5月28日《统一国际航空运输某些规则的公约》(《蒙特利尔公约》)。

度,以及与此密切相关的登记国管辖权制度同样只涉及民用航空器,而与国家航空器无关。此时,我们就遇到了一个问题:我国《刑法》第 6 条所规定的航空器的概念,似乎与国际法中的航空器概念不相协调。其实,这只是一个误解。

现有的国际航空法的公约体系主要是关于民用航空运输的法律体系,这一点无疑是正确的,但这并不是说,国际法中只有关于民用航空器的法律规范,也并不是认为航空器的国籍制度,或者说登记国管辖权不能适用于国家航空器,而只是说国际法中并未出现有关国家航空器(或者所有航空器)的国际航空条约。事实上,国际法中仍然存在有关包括国家航空器在内的所有航空器的法律规范,这些规范有的已经形成了条约规范,有的还是习惯法规范,这其中就有许多关于航空器管辖权的法律规范。

许多有关航空法的国际法规范,统一适用于所有航空器。例如,有关空气空间的法律地位的国际法规范,就统一适用于飞经某一空气空间的所有航空器。又如,1982 年《联合国海洋法公约》中许多条款中所使用的"飞机"的概念,[①]均指称包括国家航空器和民用航空器在内的所有航空器,该公约只有个别条款在与"军舰"并列时特别使用了"军用飞机"的概念。[②] 更为重要的是,1982 年《联合国海洋法公约》第 4 条第 5 款中使用了"享有主权豁免的船舶的船旗国或飞机的登记国"的措辞,表明与船舶的"船旗国"被用来指称"享有主权豁免的船舶"的国籍国一样,飞机的"登记国"也能够指称"享有主权豁免的航空器"(国家航空器)的国籍国。

国际法中之所以并未形成有关国家航空器的专门性条约,从根本上说是因为现实中没有这个需要。这是因为:一方面,正如上文中曾经提到的那样,船旗国管辖权或者登记国管辖权本质上均是一种域外管辖权,而国家航空器不像军舰或者其他政府船舶那样,能够长年累月地在公海上航行,因此国家

① 1982 年《联合国海洋法公约》中的"飞机"与 1944 年《芝加哥公约》及其他国际航空公约中的"航空器"英文都是"aircraft",中译本的区别只是翻译造成的。

② 例如,1982 年《联合国海洋法公约》第 111 条第 5 款规定:"紧追权只可由军舰、军用飞机或其他有清楚标志可以识别的为政府服务并经授权紧追的船舶或飞机行使。"

航空器所引发的国际法律问题较少,因此,国际社会并未感到有制定相关国际条约的必要。另一方面,正如我们上文中所言,有关航空器(尤其是军用飞机等国家航空器)的一些基本法律问题已经被海洋法等国际法部门所包括,能够满足国际社会对航空法的一般需要;即使各国偶尔遇到国际法对国家航空器没有具体规定的情况,临时借用海洋法中有关军舰或者政府船舶的相应规范,也基本能解决问题。从而,国际法中之所以未能出现类似于“船旗国”管辖权那样的,对适用于所有航空器的“登记国”管辖权作出规定的国际法规范,只是国际航空法的自身发展过程的自然结果,这里并不存在逻辑上的或者法律上的障碍。所以,将国家航空器的所属国家也称为“登记国”,或者,将国家航空器与民用航空器一并纳入“登记国”管辖权的客体范畴,无论在逻辑上还是在法律上都是适当的。因此,将我国《刑法》第 6 条第 2 款所规定的对我国航空器内犯罪的管辖权,理解为一种包括国家航空器和民用航空器的登记国管辖权,是顺理成章的。

(二)我国《刑法》第 6 条第 2 款是登记国管辖权

本文开篇就曾经提及,我国刑法学界普遍认为《刑法》第 6 条第 2 款中“凡在中华人民共和国船舶或者航空器内犯罪的,也适用本法”,属于属地管辖权的一种。考虑到这种观点所获得的普遍支持,本文用了很大篇幅,从国际法的角度对这种观点进行了批评。我们得出的结论有三:一是国际法中并未确立船舶或者航空器属于“浮动领土”或者“飞行领土”的法律规范,而且,这种理论上的拟制与国际法的实践相违背;二是船旗国管辖权是一种既不同于领土管辖权也不同于国籍管辖权的自成一体的管辖权;三是航空器登记国管辖权与船舶的船旗国管辖权是两种不同的管辖权,登记国管辖权是由以 1944 年《芝加哥公约》为基础的一系列国际航空公约所确立的新型管辖权。

我国《刑法》第 6 条第 2 款中的“中华人民共和国……航空器”,包括了国家航空器和民用航空器。依据 1944 年《芝加哥公约》第 3 条第 2 款,我国的国家航空器是指我国军事、海关和警察部门的航空器;我国的民用航空器指的是依照《民用航空法》等相关法律规章在我国进行国籍登记,具有我国国籍的航空器。我国《民用航空法》第6条第1款规定,“经中华人民共和国国务院民用航空主管部门依法进行国籍登记的民用航空器,具有中华人民共和国国籍……”完全符合1944年《芝加哥公约》第17条“航空器的国籍”的规定。① 从实际情况看,航空器内犯罪绝大多数发生在民用航空器内,国家航空器内发生犯罪的比例非常小,发生在我国领土之外的可能性更是微乎其微。因此,国际航空法发展出了关于民用航空器内犯罪的详细规则,而关于国家航空器则并未形成这个方面的专门规则。

对于民用航空器而言,明确我国《刑法》所规定的对我国航空器内犯罪的管辖权属于登记国管辖权,具有重要的实践意义。虽然航空器登记国管辖权是一种能够与所有其他类型管辖权始终“并行”的管辖权,但是它的适用仍然是有限制的。例如,1963年《东京公约》第1条第3款规定:“在本公约中,航空器从其为了起飞开足马力到着陆滑跑完毕止,应当被认为是在飞行中。”因此,如果航空器处于“飞行中”状态,即使位于其他国家的领空或者机场的跑道上,航空器登记国对于此时航空器内发生的犯罪仍然享有登记国管辖权;但是,如果航空器处于“飞行中”之前或者之后的状态,例如,乘客登机时或者乘客下机时,此时航空器内发生犯罪,那么航空器登记国就不享有登记国管辖权,此时发生的犯罪应当被视为纯粹发生于航空器所在国家领土内的犯罪。

反之,如果我们把航空器视为“领土”,那么就会得出不同的结论。这是因为,只要我们把航空器视为一种拟制“领土”,那么就会得出航空器的国籍国享有的管辖权具有“属地”性质的结论,从而认为该国对航空器上发生的一切事物始终享有管辖权。这种结论不仅违背了相关国际航空公约,亦与国

① 1944年《芝加哥公约》第17条“航空器的国籍”规定:“航空器具有其登记的国家的国籍。”

际航空运输中的实践不相符。

这里还应当提到的是，并非所有国际航空刑事公约所规定的适用范围都是“飞行中”。根据所调整犯罪类型的不同，各条约所规定的“范围”也不同。除了我们上文中提到的1963年《东京公约》之外，1970年《海牙公约》同样使用了“飞行中”的概念，但是该公约所指的“飞行中”的范围更大。① 1971年《蒙特利尔公约》使用了与1970年《海牙公约》相同的“飞行中”的概念，②而且针对该公约所调整的部分罪名，另外创造了“使用中”的概念。③ 2010年《北京议定书》和2010年《北京公约》则分别继续了1970年《海牙公约》和1971年《蒙特利尔公约》中的相应做法；④而2014年《蒙特利尔公约》也放弃了1963年《东京公约》中使用的“飞行中”的概念，转而采用了“使用中”的概念。⑤

对于国家航空器而言，明确我国对其享有登记国管辖权同样具有重要意义。首先，有助于从逻辑上建立适用于我国《刑法》的统一的航空器管辖权概念。其次，当国家航空器位于公海上空时，登记国管辖权能够发挥类似于船旗国管辖权的功能，产生一种绝对豁免的效果。1982年《联合国海洋法公约》第95条和第96条分别规定了军舰和政府船舶在公海上享有的完全豁免权；⑥虽然该公约并未对军用飞机或其他国家航空器在公海上空享有类似豁

① 1970年《海牙公约》第3条第1款规定：“在本公约中，航空器从装载完毕、机舱外部各门均已关闭时起，直至打开任一机舱门以便卸载时止，应被认为是飞行中。航空器迫降时，在主管当局接管对该航空器及其所载人员和财产的责任前，应被认为仍在飞行中。”

② 参见1971年《蒙特利尔公约》第2条第1款。

③ 1971年《蒙特利尔公约》第2条2款规定：“从地面人员或机组为某一特定飞行而对航空器进行飞行前的准备时起，直到降落后二十四小时止，该航空器应被认为是在使用中；在任何情况下，使用的期间应包括本条第1款所规定的航空器是在飞行中的整个时间。”

④ 参见经2010年《北京议定书》修订的《海牙公约》第3条第1款；2010年《北京公约》第2条第1款、第2款。

⑤ 参见经2014年《蒙特利尔议定书》修订的《东京公约》第1条第3款第1项。

⑥ 1982年《联合国海洋法公约》第95条“公海上军舰的豁免权”规定：“军舰在公海上有不受船旗国以外任何其他国家管辖的完全豁免权。”第96条“专用于政府非商业性服务的船舶的豁免权”规定：“由一国所有或经营并专用于政府非商业性服务的船舶，在公海上应有不受船旗国以外任何其他国家管辖的完全豁免权。”

免权作出规定,但是我们从军舰和政府船舶与军用飞机和其他国家航空器所具有的相同的主权属性中,可以很容易地推断出包括军用飞机和其他国家航空器应当享有与军舰和政府船舶相同的豁免。最后,当国家航空器位于其他国家的领土或者领海上空时,同样享有绝对的豁免权。当然,这种进入应当是合法的,即应当得到领土国的同意。[①] 由于航空器不享有领海上空的无害通过权,因此,外国航空器在一国陆地领土和领海上空飞行或降落在该国机场时,均从属于该国的属地管辖权。与民用航空器不同的是,此时国家航空器享有管辖权豁免权,尤其是军用飞机的豁免,更是具有绝对性质。这种豁免权来自国家航空器的主权属性,其根据是"国家主权平等"原则以及由此而产生的"平等者之间无统治权"的规则。[②] 无论是所谓的船舶或者航空器的"浮动领土"或者"飞行领土"理论,还是使馆馆舍被认为是派遣国领土一部分的"治外法权"理论,都因为不仅在理论上存在逻辑矛盾,而且不符合国际实践而被废弃。[③]

因此,我们在上文中提到的"马工程教材"《刑法学》认为,"国有船舶和公有船舶属于我国领土,而私有船舶不属于拟制领土",这种区分并无任何依据,国际海洋法从未对船舶的船旗国管辖权作出这样的区分。而且,该教材认为,所有航空器均属于拟制领土的理由更是站不住脚。一方面,虽然航空器"不存在挂何国国旗的问题",但是航空器仍然必须有国籍,仍然需要注册登记,单纯在形式上是否挂旗的事实本身并无实质影响;不过,国际航空运输实践中确实有所谓的"悬旗航空公司"在航空器上喷涂国旗。另一方面,该教材所主张的"飞机等航空器只能在所有权人的国家注册"亦非事实。例如,我国《民用航空法》第 7 条第 2 款规定:"自境外租赁的民用航空器,承租

---

① 1944 年《芝加哥公约》第 3 条第 3 款规定:"一缔约国的国家航空器,未经特别协定或其他方式的许可并遵照其协定,不得在另一缔约国领土上空飞行,或在此领土上降落。"

② 参见[英]詹宁斯、瓦茨修订:《奥本海国际法》(第 9 版),王铁崖等译,第一卷第一分册,中国大百科全书出版社 1995 年版,第 277 ~ 280 页。

③ 参见[英]詹宁斯、瓦茨修订:《奥本海国际法》(第 9 版),王铁崖等译,第一卷第二分册,中国大百科全书出版社 1998 年版,第 493 页。

人符合前款规定,该民用航空器的机组人员由承租人配备的,可以申请登记中华人民共和国国籍,但是必须先予注销该民用航空器原国籍登记。"所以,"马工程教材"《国际法》认为"无论飞机是国有、公有还是私有,均属于拟制领土"的观点,在国际法上找不到任何依据。

事实上,不仅对民用航空器内犯罪的管辖权已经被国际条约确立,即使是国家航空器内犯罪的管辖权问题,亦可依据"国家主权豁免"理论来解决,均无须借助所谓的"虚拟领土"理论。

(三)我国《刑法》应当对经营人所在国管辖权和降落地国管辖权作出规定

前面两点对《刑法》第 6 条第 2 款的分析都是围绕登记国管辖权,也就是对我国航空器内犯罪的管辖权进行的。此外,按照《刑法》第 6 条第 1 款规定的属地管辖权、第 7 条规定的属人管辖权、第 8 条规定的保护管辖权,以及第 9 条规定的普遍管辖权,我国亦可在条件适当的时候对外国航空器内发生的犯罪行使管辖权。无论是登记国管辖权,还是属地管辖权、属人管辖权、保护管辖权和普遍管辖权,都在国际航空刑事公约中得到规定,我国《刑法》对它们作出规定,有助于我国履行依据国际航空刑事公约承担的国际义务。但是,对照各项国际刑事航空公约就会发现,我国《刑法》尚未对经营人所在国管辖权和降落地国管辖权作出规定。

1. 经营人所在国管辖权是对登记国管辖权的必要补充

我们在上文中已经提到,航空器的国际租赁越来越普遍,已经成为国际航空运输业中一股不可忽视的潮流,[①]同时造成了航空器的登记国与航空器实际运营者的国籍国相分离的状况,正是为了应对这种状况,各国在国际航空公约中创造了经营人所在国的管辖权。这种管辖权最早出现在 1970 年

---

① 例如,世界最大的航空器租赁服务企业"通用电气资本航空服务公司"(General Electric Capital Aviation Services, GECAS)拥有1700 架左右的飞机,为来自全球75 个国家的260 多家顾客提供航空器租赁和融资服务;See https://www. gecas. com/en/common/docs/GECAS_FactSheet. pdf.

《海牙公约》和1971年《蒙特利尔公约》之中,后来又被2010年《北京议定书》、2010年《北京公约》,以及2014年《蒙特利尔公约》继承。所不同的是,前4个公约将其称为"承租人主营业地国或永久居所国管辖权",而2014年《蒙特利尔公约》使用了更为精练的语言,将其称为"经营人所在国管辖权"。

我国已经批准了1970年《海牙公约》和1971年《蒙特利尔公约》,应当履行根据这两个公约承担的国际义务。依据1970年《海牙公约》第4条第1款第3项和1971年《蒙特利尔公约》第5条第1款第5项的规定,如果这两个公约项下的罪行发生在租来不带机组的航空器之内,或者是针对该航空器实施的,而承租人的主要营业地在我国,或者承租人没有这种营业地而其永久居所在我国,那么我国法律(《刑法》)应当确立管辖权,这是我国依据这两项公约所承担的国际义务。

由于1970年《海牙公约》和1971年《蒙特利尔公约》项下的罪行都是国际罪行,属于普遍管辖权的范畴,而且我国《刑法》亦已将上述两公约所规定的罪行规定为犯罪,①因此,我国能够依据《刑法》第9条所规定的普遍管辖权,实现对上述两公约项下犯罪的管辖和追诉。考虑到国际法的原则是"……各国对于它们自己如何在国内履行它们的方式是自由的",②"国际法要求国家善意履行国际义务,但是对于国家采取什么方式和措施履行国际义务则在所不问";③这似乎规定了普遍管辖权就等同于履行了我国的国际义务,但是情况并非如此。

一方面,根据1970年《海牙公约》第4条第1款和1971年《蒙特利尔公约》第5条第1款的规定,各国"应采取必要措施"确立包括承租人主营业地国或永久居所国管辖权。这里所要求的在国内法上确立"立法管辖权"的义

① 参见我国《刑法》第115条"爆炸罪"、第116条"破坏交通工具罪"、第117条"破坏交通设施罪"、第119条"破坏交通工具罪"和"破坏交通设施罪"、第121条"劫持航空器罪"和第123条"暴力危及飞行安全罪"。

② [英]詹宁斯、瓦茨修订:《奥本海国际法》(第9版),王铁崖等译,第一卷第二分册,中国大百科全书出版社1998年版,第46页。

③ 白桂梅:《国际法》(第3版),北京大学出版社2015年版,第113页。

务,是一种强制性义务,各国应当履行。缔约国通过其他管辖权能够实现对有关罪行的追诉,并不能代替上述义务的履行。另一方面,普遍管辖权的对象是侵犯国际社会共同利益的国际犯罪,适用于一国对具体犯罪行为不具备任何其他管辖基础的场合;而承租人主营业地国或永久居所国管辖权与登记国管辖权非常类似,这种管辖权在航空器租赁的情况下能够发挥登记国管辖权的作用;在航空器光机租赁的情况下,经营人所在国与发生犯罪的航空器有着密切联系,往往有动力也有便利行使管辖权。

值得注意的是,无论是 1970 年《海牙公约》和 1971 年《蒙特利尔公约》,还是 2010 年《北京议定书》和 2010 年《北京公约》,所调整的都是劫持航空器、使用危险物质攻击航空器,以及将使用中的航空器当作攻击武器等严重的国际罪行,这些罪行都属于普遍管辖权的适用范围,我国即使未规定承租人主营业地国或永久居所国管辖权,仍然可以通过普遍管辖权实现对犯罪的管辖和追诉,但是这种替代并不适用于 2014 年《蒙特利尔议定书》。

承租人主营业地国或永久居所国管辖权在 2014 年《蒙特利尔议定书》中被称为“经营人所在国管辖权”,这份议定书是对 1963 年《东京公约》的现代化。2014 年《蒙特利尔议定书》和 1963 年《东京公约》所调整的“犯罪和行为”,是指“违反刑法的犯罪”,以及“可能或确实危害航空器或其所载人员或财产的安全,或危害航空器上的良好秩序和纪律的行为,无论此种行为是否构成犯罪”;前者是指违反各国刑法的各种普通刑事犯罪,后者是指不论依照缔约国的国内刑法是否构成犯罪,发生在航空器上就破坏了机上良好秩序的行为,二者均非普遍管辖权的适用范围,正是由于这个原因,这两份国际公约并未要求缔约国对公约项下犯罪和行为确立普遍管辖权。因此,2014 年《蒙特利尔议定书》的缔约国只有通过在国内法(刑法)中确立经营人所在国管辖权,才能履行依据该公约承担的国际义务,并进而实现对公约项下犯罪和行为的管辖和追诉。

最后还应当强调的是,2014 年《蒙特利尔议定书》增加经营人所在国管辖权,并非仅仅为 1963 年《东京公约》补充一种刑事管辖权,其更重要的意义在于在航空器租赁(光机租赁)的场合,用航空器“经营人所在国”代替航空器登记国承担对航空器飞行安全的主要职责。例如,2014 年《蒙特利尔议定书》第 2 条规定,“当经营人所在国与登记国不是同一国家时,公约第 4 条、第 5 条和第 13 条中所用‘登记国’一词应被视为经营人所在国”;而该第 4 条、第 5 条和第 13 条所规定的正是航空器登记国对飞行中的航空器进行干预的权力,以及登记国协助航空器机长行使治安权力的相关问题。这种修订与 1944 年《芝加哥公约》增加第 83 条之分条“职责和义务的转移”保持了一致,应当被视为 1963 年《东京公约》顺应国际航空运输的现实所作的一种调整。

2. 降落地国管辖权是 1963 年《东京公约》现代化的重要成果

虽然,1963 年《东京公约》在有关“机长的权力”的部分中已经使用了“降落所在地的缔约国”的措辞,①但是,降落地国管辖权的概念最早同样是出现在稍后的 1970 年《海牙公约》和 1971 年《蒙特利尔公约》之中,后来又分别被 2010 年《北京议定书》和《北京公约》继承。如同经营人所在地国管辖权一样,我国《刑法》中亦未对降落地国管辖权作出规定,这与我国依据 1970 年《海牙公约》和 1971 年《蒙特利尔公约》承担的国际义务并不相符,其理由亦与上文中讨论经营人所在国管辖权时所论述的相同,不再赘述。需要强调的是,降落地国管辖权在 2014 年《蒙特利尔议定书》中具有自身的特点。

对比 1970 年《海牙公约》和 1971 年《蒙特利尔公约》,以及 2010 年《北京议定书》和 2010 年《北京公约》中所规定的降落地国管辖权,2014 年《蒙特利尔议定书》中的降落地国管辖权除了与前 4 个公约一样,要求发生犯罪的“航空器在该国降落时被指称的罪犯仍在该航空器内”之外,还有两个条件:一是该航空器的前一起飞点或者下一个预备降落地点在该国领土内;二是航空器或机上人员或财产的安全或机上良好秩序和纪律受到危害。增加这两个方面的限制条件主要是出于以下两个方面的考虑:

一方面,对于 1963 年《东京公约》所调整的各国刑法规定的普通刑事犯

① 参见 1963 年《东京公约》第 9 条、第 11 条。

罪,以及扰乱机上秩序的行为,缔约国并不愿意承担过于广泛的管辖义务。1970年《海牙公约》和1971年《蒙特利尔公约》所规定的降落地国管辖权,除了要求发生犯罪的航空器降落在缔约国领土内,而且罪犯仍在机上之外,并无其他条件,几乎等同于一项“小号的”普遍管辖权,用于国际罪行尚属适宜,但是用于普通刑事犯罪则显然过于宽泛,缔约国并不愿意承担审判与自己毫无关涉的案件的义务。

另一方面,从旅客方面考虑,由于各国刑法区别较大,在一国并不违法的行为在另一国可能就是犯罪,如果不加限制地规定降落地国管辖权,则可能把旅客置身于他所不能预料的境地,这样对旅客并不公平。因此,2014年《蒙特利尔议定书》在规定降落地国管辖权时,既对其飞行路线作出了限制,又要求这种犯罪或行为应当对航空安全造成了威胁。

八、结论和展望

世界上第一条定期航线就是1919年2月开通的巴黎与伦敦之间的航线,并由此推动了航空法的诞生;因此,航空法从诞生之初就具有天然的国际性。我们在对航空法问题进行分析的时候,应当牢记这个特征。一国对本国航空器所享有的登记国管辖权,从本质上说,是一种域外管辖权,而只有符合国际法的域外管辖权,才能得到其他国家的承认。我国《刑法》规定了对“中华人民共和国……航空器”内犯罪的管辖权,但是这种管辖和追诉的实现,通常需要其他国家的配合。例如,引渡罪犯、勘验现场、向证人调取证人证言或其他证据等,均需要相关国家的配合;包括国际航空刑事条约在内的各种相关国际条约和协定就是实现这种合作的法律工具。因此,我们不仅要放弃各种关于一国船舶和航空器属于其“浮动领土”或者“飞行领土”的错误观念,而且要清楚地认识到航空器的登记国管辖权与船舶的船旗国管辖权是两种不同类型的管辖权。只有这样,我们才能正确地认知航空器的登记国管辖权的自身特征,才能正确地解释和适用我国《刑法》中有关航空器内犯罪的各项条款。

我国是航空大国,当前正面临复杂的国际形势和严峻的国际国内反恐形势,确保民用航空安全对我国有重要的意义。我国一向重视国际合作对维护民用航空安全的重要性,不仅在改革开放之后迅速成为1963年《东京公约》、1970年《海牙公约》和1971年《蒙特利尔公约》的缔约国,还于2010年协助国际民航组织在北京组织召开了"国际航空法会议"(航空保安外交会议),为2010年《北京议定书》和2010年《北京公约》的起草和通过作出了积极贡献。

我国一贯支持国际民航组织为维护民用航空器安全所做的各项工作。2010年《北京议定书》和2010年《北京公约》通过后,我国航空业界就一直在推动尽速批准这两个以"北京"命名的国际公约。尤其是2017年,眼见这两份公约生效在即,我国航空业界以及在国际民航组织工作的中国籍官员,都非常希望中国作为第22位批准这两份公约的国家,从而宣布它们正式生效,并为此做了大量工作,但是非常遗憾,这个目标未能实现。当前,不仅2010年《北京议定书》和《北京公约》已经生效,而且稍后缔结的2014年《蒙特利尔议定书》亦已生效。

这3个新的国际航空刑事公约在国际公约中属于一种特殊的类型,它们并不是缔约国之间相互交换权利和义务(如1982年《联合国海洋法公约》就是沿海国和海洋大国、海洋国家和内陆国家之间相互交换权利和义务的产物),而是为了国际民用航空安全这个各国共同利益而建立起来的一套国际制度。因此,我国即使马上批准亦能从中受益,而无须等待其他国家的批准。当然,仓促批准一项国际条约也是不可取的,批准之前应当做好各种国内的衔接工作。

我国在批准上述3个公约之前,亦需要在国内法上做好准备,其中最主要的就是对我国《刑法》作出修改和完善。一方面,应当将有关国际条约新增的罪名纳入我国《刑法》;另一方面,就是应当对该条约中的管辖权条款作出规定。只规定实体罪名而忽视管辖权条款,将会破坏公约的完整性,可能会在实践中导致未能预料的矛盾或者漏洞。对照我国《刑法》和上述3个新的国际航空刑事公约,我国应当对经营人所在国管辖权和降落地国管辖权作出规定,这样不仅能够顺应国际航空运输业的现实和发展潮流,而且能够构建更为完备的管辖权体系,实现我国《刑法》的功能和目标。

民用航空器留置权司法第一案评析

彭先伟*

一、引　　言

2019年4月15日,广州市中级人民法院召开新闻发布会,发布《广州法院涉外民商事审判白皮书(2008～2018)》,并同时公布了涉外民商事审判十大典型案例。其中,在"白云机场公司诉通用电气航空公司、天穹航空公司等航空器留置权纠纷案"中,广州市中级人民法院认定白云机场可以对东星航空公司从第三方租赁的飞机行使留置权,理由是航空器属于可以留置的对象,而且留置权人对案涉飞机进行留置时并不负有对留置标的物所有权人是否为债务人本人进行审查的义务。广州市中级人民法院特别强调,本案为我国民用航空器留置权司法第一案,案件标的巨大,涉及白云机场公司诸多航空业知名企业,对广州地区机场和航空业的运营秩序具有重

* 大连海事大学法学院博士研究生,北京德恒律师事务所合伙人,北京市律师协会海商海事专业委员会副主任。

大影响,且国际及国内亦均没有可供参考的案例,意义重大。①

综观本案判决书内容可以看出,法院用了很大篇幅论证飞机是否为可以留置的对象。对此,笔者认为:首先,虽然飞机在某些方面按照不动产进行管理,但飞机属于动产这应该没有太多的问题;其次,虽然我国《民用航空法》没有规定航空器留置权,但也没有明确排除。如果从这两个角度进行简单的分析,答案几乎显而易见,似乎这一案例和普通的留置权案例相比并无太多特别之处。

但通过对比分析可以看出,我国1992年通过的《海商法》规定了船舶留置权和船舶优先权,而在《海商法》之后通过的《民用航空法》(1995)则只规定了航空器优先权,并无航空器留置权之规定。而且,《民用航空法》在2009年、2015年、2016年、2017年、2018年进行了5次密集修订,在这期间很多权威学者一直在呼吁《民用航空法》应该加入航空器留置权的相关规定。例如,在2016年8月31日召开的《民用航空法(修订征求意见稿)》专家研讨会暨中国法学会2016年第25期立法专家咨询会上,中国法学会任海泉副会长还特别提及了民用航空器留置权问题。② 但截至目前,《民用航空法》也没有加入航空器留置权之规定。对于飞机和船舶这两种极为类似的特殊动产,《民用航空法》却没有规定航空器留置权。

进一步讲,航空器的留置权问题,可能在涉及的以下几个方面需要深入研究:第一,航空器是否属于可以留置的对象,即法律上是否承认航空器留置权?对此,还需要研究的相关问题有:(1)我国所称的航空器留置权,在国际公约语境下是否存在这一相应的概念;(2)如果存在,国际公约是否承认航空器留置权;(3)我国既是《国际承认航空器权利公约》(以下简称《日内瓦公约》),又是《移动设备国际利益公约》及《移动设备国际利益公约关于航空器

---

① 《广州法院涉外民商事审判白皮书(2008~2018)》第44页。该案判决书文号为(2009)穗中法民四初字第27号。

② 参见常务理事王建文参加中国法学会《民用航空法(修订征求意见稿)》专家咨询会,载中国商法网2016年9月6日,http://www.commerciallaw.com.cn/index.php/home/news/info/id/111.html。

设备特定问题的议定书》(合称《开普敦公约》)的缔约国,对于公约之间可能存在冲突的地方,该如何正确适用。第二,如果法律上承认航空器留置权,其构成要件是什么。这一问题,又包括以下几个小问题:(1)可以产生航空器留置权的合同类型有哪些,合同类型是否要有所限制,或者是否准许所有类型的合同都可以产生留置权。例如,机场和航空公司签订的《航空服务保障协议》等航空服务合同是否属于可以产生留置权的合同。就航空器维修而言,是否所有类型的维修都可以产生留置权。(2)可否留置非债务人所有的航空器。实务中,航空公司使用的飞机有些是自有的,有些则可能是租赁来的。如果飞机是航空公司从第三方租赁的,对于这种第三方所有的飞机,是否可以留置。(3)留置权的牵连关系问题。例如,关于机队留置权,①即机场主张留置某架飞机以清偿航空公司整个机队欠付的费用,这种主张是否符合留置权的牵连关系原则。尤其是,航空公司机队的飞机可能是从不同的出租人处租赁而来的,例如,航空公司租入了A、B两架飞机。那么,留置甲出租人出租给航空公司的A飞机,以清偿乙出租人出租给航空公司的B飞机所附带的债务,是否具有法律依据。(4)留置权的消极要件问题,即如何理解我国《担保法》(已失效)司法解释②规定的"留置权不得与其承担的义务或者合同的特殊约定相抵触"。第三,航空器留置权的优先顺位问题,即航空器留置权和航空器抵押权、优先权相比,顺位如何安排。考虑篇幅问题,本文在此先分析第一个问题。

① 机队留置权(fleet-wide liens),也有翻译为机队优先权(fleet-wide liens)。意思是说,可能由于机队内其他飞机存在未清偿的支付义务,导致这架飞机也受到影响。一个比较极端的例子是:一家航空公司破产后,当时只有一架飞机停留在欧盟境内,而欧洲航空安全组织发现这家公司还存在没有支付的费用(相当于欧洲航路费),那么欧洲航空安全组织要求这一架飞机的出租人承担整个机队的费用,否则就不能收回飞机。参见《浅谈飞机租赁公司的风控管理》,载品略网2019年11月23日,https://view.inews.qq.com/a/20170506A00ULU00?refer=share_recomnews。

② 该司法解释已被《最高人民法院关于适用〈中华人民共和国民法典〉有关担保制度的解释》取代。

二、"民用航空器留置权司法第一案"案情简介

(一)事实概要

在该案中,原告白云机场公司诉称,2007年9月至2009年3月15日,原告为被告通用电气商业航空服务有限公司(以下简称通用航空服务公司)、天穹航空贸易第一有限公司(以下简称天穹航空第一公司)、天穹航空贸易第二有限公司(以下简称天穹航空第二公司)、天穹航空贸易第三有限公司(以下简称天穹航空第三公司)等公司拥有的飞机提供了机务维修等服务,被告拖欠原告机务维修费、起降费、夜航附加费、停场费、旅客服务费、安检费、运输服务费、过站基本费、上机服务费、配餐费、登机桥费、桥载设备等费用合计44,099,436.92元。2009年3月15日,原告将滞留在原告机场的飞机号为B-6229、出厂编号为MSN2762的A319飞机进行了留置。原告请求法院依法判令,确认原告对停放于原告机场的飞机号为B-6229、出厂编号为MSN2762的A319飞机享有留置权,对该飞机留置合法。

被告通用航空服务公司等辩称:原告在本案中所主张债权的实际债务人是东星航空公司,原告无权要求其承担还款责任;原告明知东星航空公司对B-6229飞机无处分权,仍扣留该飞机用于担保东星航空公司拖欠的债务,该扣留行为与其承担的义务相抵触,与《开普敦公约》的精神相违背,构成非法扣留。因此,原告无权扣留该飞机。

被告天穹航空第一公司辩称,其只是其中两架飞机的所有权人,即使计算费用,其也只是承担B-6163、B-6229两架飞机的费用。B-6230飞机最早属于其所有,但其已经在2008年3月28日转让给了案外人,也就是说,2008年3月28日之后,其不再是B-6230飞机的所有人,之后发生的费用与其无关。现原告要求其对8架飞机产生的全部费用承担债务责任,缺乏事实和法律依据。

广州市中级人民法院经审理查明:天穹航空第一公司是编号为B-6163、

B－6229、B－6230 3架飞机的所有权人;天穹航空第二公司是编号为B－6336、B－6337、B－6350 3架飞机的所有权人;天穹航空第三公司是编号为B－6390、B－6391两架飞机的所有权人。上述3家公司均是由通用航空服务公司在爱尔兰共和国全资设立的子公司。通用航空服务公司与东星航空公司签订了《飞机租赁通用条款协议》,天穹航空第一公司等与东星航空公司分别签订了《单架飞机租赁协议》,把上述8架飞机出租给东星航空公司运营。2007年9月至2009年3月,东星航空公司与原告及其关联公司分别签订了《航空服务保障协议》《地面保障和服务代理合同》《桥载设备使用协议》《航线维修协议》《柜台租赁协议》《配餐服务协议》《头等舱服务协议》等一系列服务合同。合同签订后,原告及其关联企业依约为上述8架飞机提供了相应服务,但东星航空公司未能按时支付由此产生的费用合计人民币44,099,436.92元。此外,2009年3月10日,东星航空公司因不履行到期债务,被债权人通用航空服务公司、天穹航空第一公司向武汉市中级人民法院申请破产清算。

(二)法院裁判观点

法院就该案归纳了几个争议焦点,其中就留置权问题,法院认可了原告的诉请,判决留置行为合法,理由是:

第一,关于原告的留置行为的法律依据。对于因债务人未履行债务,债权人是否有权对债务人所租赁的航空器进行留置的问题,《开普敦公约》未予以明确规定。我国加入该公约时声明,《开普敦公约》不影响国家或国家实体、政府间组织或者其他公共服务的私人提供者依照中华人民共和国法律扣留或者扣押标的物。从上述声明内容可知,在我国领土范围内,债权人基于航空器产生的债权,可以扣押或者扣留债务人占有的航空器。

第二,关于留置权是否适用于非债务人所有的财产。根据《民法通则》《担保法》《民用航空法》,民用航空器完全可以成为留置权的客体。《民法通则》第89条对留置标的物规定为"对方的财产",《物权法》第230条、《担保法》第82条则规定为“债务人的动产”,均没有规定留置标的物必须是“债务人所有的财产”。通常,债权人在占有留置物时只需由债务人提供标的物即可,债权人不负有对标的物所有权进行审查的义务。因而,债权人占有的留置物既有可能属于债务人所有,也有可能不属于债务人所有。针对这种情况,如果在债权人行使留置权时要求留置物必须为债务人所有,这显然是对债权人的苛求,也有悖于民法的公平原则。依据公平原则,既然债权人在占有留置物时不以其属于债务人所有为限,则债务人提供的留置物,不管其是否属于债务人所有,只要债务人在一定期限内不履行其义务,债权人就有权对其提供的留置物予以留置。

第三,关于留置权的牵连关系问题。原告及其关联企业与东星航空公司签订了一系列航空服务合同,原告及其关联企业依约为东星航空公司营运的包括B-6229飞机在内的8架飞机提供了维修、停机等机场服务而产生了相关服务费用,双方由此建立了航空服务合同关系。后债务履行期届满,东星航空公司被破产清算未能履行债务,双方产生了债权债务关系。此时,作为债权人的原告及其关联企业对停放在该机场接受航空服务的B-6229飞机进行留置,表明其对留置物的占有与其债权的发生之间具有相互牵连的关系,而非无故进行留置。

三、航空器留置权法律依据以及对法院判决的评析

对法院的判决进行解读,第一个需要解决的问题是,航空器是否属于留置权的客体,或者我国法律(以及相关国际公约)是否承认航空器留置权。对此,广州市中级人民法院认为:“对于因债务人未履行债务,债权人是否有权对债务人所租赁的航空器进行留置的问题,《移动设备国际利益公约》及《移动设备国际利益公约关于航空设备特定问题的议定书》均未予以明确规定。我国对上述公约第39条第1款(a)项作出如下声明:依照中华人民共和国法律优先于有担保的债权人的全部非约定权利或者利益无须登记即可优

先于已经登记的国际利益,包括但不限于……产生于该民用航空器被抵押、质押或留置之前的税款……在国内法方面,我国法律是允许对航空器进行留置的。尽管《民用航空法》为规范对民用航空器的管理,参照不动产登记制度对民用航空器作出了国籍登记等规定,但这并不代表民用航空器即是不动产,就其本质属性而言,航空器仍然属于动产。因此,民用航空器完全可以成为留置权的客体。"对于广州市中级人民法院这一判断,有必要从国际公约和国内法两个角度来分析。

(一)国际公约下的航空器物权相关国际权利问题概述

准确理解航空器留置权问题,有必要从航空器的相关国际权利这一大的法律背景入手。早在20世纪最后的二三十年中,以航空航天设备为代表的高价值移动设备的国际融资需求日益强烈。由于航天器昂贵,民航企业引进航空器和其他设备普遍要采用一定的融资形式,如租赁、以航空器(或设备)为抵押物的贷款、保留航空器(或设备)所有权的买卖等。在诸如此类的融资交易中,航空器的所有权或抵押权等由融资债权人(如飞机租赁公司、银行)持有,航空器事实上起担保融资债务的作用;航空器的占有使用权由融资债务人(航空公司)持有,以实现对航空器的使用。由于融资债权人不能通过占有来表征其持有的航空器物权,因此就需要以登记这种公开、权威的方式来表征。只有这样,融资债权人以航空器物权(所有权或抵押权等)形式体现的"担保利益"(security interest)才能得以保证,航空企业才能获得资金支持以引进航空器设备。[①] 鉴于航空器频繁的跨境流动特点,航空器营运中可能在不同的国家产生权利负担。因此,就航空器融资债权人而言,其最为关心的问题莫过于:其一,在某一国家登记的航空器物权在另一国家是否会得到承认;其二,经过登记的航空器物权,其和无法或者不便于体现在登记簿上的权利,如航空器优先权、留置权之间的关系。

---

① 于丹:《中国民用航空器物权登记制度:成就、问题与完善》,载《北京理工大学学报(社会科学版)》2014年第2期。

尽管到20世纪末,大部分国家的立法都已经确立了旨在实现以上目标的动产担保法律制度,但是在担保的种类、权益的内容、优先顺位、执行与救济方式等问题上存在很大差别。而且,有些国家对动产的法律适用还可能分别采取不同的法律,例如,对动产物权的设立、公示,不同权利的优先顺位,以及强制执行等[1]适用不同的法律。跨境动产物权法律的复杂性和难以预测的问题,导致融资人对能否收回其投资心存疑虑,继而导致融资活动减少或者融资成本提升,这无疑对整个航空行业都不利。因此,20世纪末,制定一部保护债权人对高价值移动设备担保权益的统一实体法公约的工作被提上了日程。[2]

1948年6月19日,《国际承认航空器权利公约》在日内瓦通过,因此又被称为《日内瓦公约》。《日内瓦公约》主要涉及航空器所有权,通过购买并占有行为取得航空器的权利,根据租赁期限为6个月以上的租赁占有航空器的权利,以及为担保偿付债务而协议设定的航空器抵押权、质权和类似权利等。[3]《日内瓦公约》体系下,能得到国际承认的权利(包括上述优先权)必须登记,如果权利未经登记,其将得不到承认,也不会优先于经过登记的权利。

总体上讲,《日内瓦公约》主要考虑的立法场景是,一旦债务人(如航空公司)违约或者破产,航空器权利人(航空器融资债权人)取回(repossession)航空器时尽量不承担航空器上可能的权利负担,如债务人还没有支付的航空器维修费、机场停靠费等。航空器维修费、机场停靠费等债务可能会产生留置权,继而会导致航空器权利人取回航空器时,不得不花钱去清偿这些债务。可想而知,这些债务越多,航空器权利人收回其投资的风险也就越大。因此,可以理解的是,《日内瓦公约》希望经过登记的航空器权利人的权利尽量优先,而航空器上的权利负担越少越好,这样便于航空器权利人能以尽量少的成本取回,从而鼓励投资人去投资建造和出租航空器。因此,限制排在航空

---

① Aviation Working Group, *Cape Town Convention Manual* (July 10,2014), https://www.pillsburylaw.com/images/content/8/9/v2/894/CapeTownConventionManual.pdf.

② 于丹:《〈开普敦公约〉体制下的国际利益研究》,载《当代法学》2011年第2期。

③ 参见《日内瓦公约》第1条。

器权利人之前的权利(包括航空器优先权和留置权),就成为当然的选择。实际上,在起草《日内瓦公约》过程之中,曾有提议要给予政府公共债务有关债权的优先的权利,如与航空器营运有关的税费优先受偿,但该提议最终被放弃,原因是这种优先可能会导致对航空器权利人权利的损害。①《日内瓦公约》通过后,英国决定不加入,原因是在英国法律下,机场费用(airport charges)以及航路费(air navigation fees)即使没有登记,也优先于登记的权利。但由于《日内瓦公约》对此不予支持,英国没有批准《日内瓦公约》。② 有学者认为,《日内瓦公约》恰恰没有承认航空器留置权,其不承认航空器留置权的目的就是减少能优先于航空器抵押权等担保权利人受偿的债权。③ 因此,笔者认为,对航空器留置权问题,《日内瓦公约》整体上是持否定态度的。

《日内瓦公约》的诞生,在航空器物权跨境保护方面起到了积极的作用,很大程度上促进了航空业的发展。但是,由于很难调和英美法系和大陆法系在跨境动产物权方面的法律冲突,《日内瓦公约》最终沦为一个"法律选择公约"(choice of law treaty),其将航空器物权的法律适用问题指向了"航空器进行国籍登记的缔约国在设定该权利时的法律"。但是冲突规范本身不足以确定航空器物权的内容与效力,只有与准据法结合才能真正发挥作用。如果准据法国家欠缺相应的航空器物权制度,航空器担保权益权利人的利益还是处于不确定的状态。《日内瓦公约》的这种缺陷,显然不足以适应航空融资业的需求,而这些问题又反过来导致该公约在实践中的应用很少。④ 随着经济的发展,《日内瓦公约》逐渐老旧,航空业亟须新的公约来调整各方新的利益格局。

---

① G. Nathan Calkins Jr., *Creation and International Recognition of Title and Security Rights in Aircraft*, Journal of Air Law and Commerce, Vol. 15, p. 169 – 171. (1948).

② Niclas von Planta, *The Aircraft Protocol to the Cape Town Convention on Aircraft Financing a Civil Lawyers Perspective*, (master's thesis, McGill University, 2009), p. 35.

③ 彭国元:《航空器留置权适用范围探究》,载《南京航空航天大学学报(社会科学版)》2014 年第 1 期。

④ Donal Hanley, *The relationship between the Geneva and Cape Town Conventions*, Cape Town Convention Journal, Vol. 4, p. 103 – 113(2015).

(二)《开普敦公约》及其所规定的“非约定权利或利益”

与《日内瓦公约》一样,《开普敦公约》的核心目标之一也是保护经过登记的,并与航空器担保协议、所有权保留协议或租赁协议等相关的,通过合同约定设定的权利,尽量减少可能会减损航空器权利人权利的可能性。因此,《开普敦公约》同样也要面临《日内瓦公约》类似的问题,即如何处理经过登记公示的权利和难以或者不便公示的航空器优先权、留置权等权利之间的关系。对此,在《开普敦公约》起草时,设置了5种方案。第一种方案:公约规定的权利效力高于缔约国当地的优先权(local priorities)。第二种方案:在加入公约时,缔约国必须声明相关优先权利清单,且该清单不得改变或者增加。第三种方案:在加入公约时,缔约国必须声明相关优先权利清单;而且,其后如果有变化,对航空器融资人没有追溯力。换句话讲,这种做法主要在于保护航空器融资债权人不受因法律环境变化而带来的不利影响。第四种方案:在加入公约时,缔约国只需要声明其可能享有优先权的债权,而且可以不时地改变。第五种方案:一切权利以公约为准,完全不承认当地的优先权。[①]

经过研究,《开普敦公约》创设了非约定权利或利益(non-consensual right or interest)这一概念。《开普敦公约》第1条S项将其定义为:“为确保义务,包括对国家、国家实体或政府间组织或私人组织的义务得以履行而由根据第39条作出声明的缔约国的法律赋予的权利或利益(a right or interest conferred under the law of a Contracting State... to secure the performance of an obligation)。”第39条关于“无须登记即具有优先权的权利”规定:“1.缔约国可以于任何时候,在向议定书保存机关交存的声明中一般地或具体地声明:(a)非约定权利或利益的类别(适用第40条者除外)。依其本国法律,这些权利或利益优先于标的物上与已登记的国际利益持有人的利益等同的利

① UNIDROIT 1995 - Study LXXII - Doc. 16, Study Group for the Preparation of Uniform Rules on International Interests in Mobile Equipment: Sub-Committee for the Preparation of a First Draft. Memorandum prepared jointly by Airbus Industrie and the Boeing Company on behalf of an aviation working group-May 1995, p. 21.

益,而且优先于已登记的国际利益,而不论其是否处于破产程序中。(b)本公约不影响国家或国家实体、政府间组织或其他公共服务的私人提供者依照该国法律扣留或扣押标的物,以向此种实体、组织或提供者支付与使用该标的物或另一标的物的服务直接有关的欠款的权利。"

对此,首先需要说明的是,如航空法专家格雷厄姆·麦克贝(Graham McBain)在其所著的《航空器优先权和扣留权利》(*Aircraft Liens and Detention Rights*)一书中,通过分析世界上80多个国家的法律后所指出的,大多数国家都有占有留置权(possessory lien)或者留置权(right of retention)的概念。考虑两大法系在这个术语上的巨大差异,①《开普敦公约》起草过程中,起草者并没有使用英美法系常见的right of lien这个词,也没有使用大陆法系的right of retention这个词,②而是使用了non-consensual right or interest这一表述。关于这里所谓的非约定权利或利益,比较常见的是与航空器维修人相关的修理费,以及与航空器营运税费等相关的留置权/优先权。在我国法律中,抵押权、质权等为意定担保物权,而留置权等则为法定担保物权。《开普敦公约》关于非约定权利或利益的定义,其落脚点在于"确保义务履行"(secure the performance of an obligation),其实质也是一种担保物权,类似于我国的法定担保物权。

在上述5种选择方案中,最初《开普敦公约》想要沿用《日内瓦公约》的模式,尽量排除非约定权利或利益(留置权等法定担保物权)。但随着利益

---

① 关于优先权和留置权的概念问题,当初我国在引进这一概念(lien)时对如何翻译此概念也产生了分歧。后来立法机关将移转占有型海事留置权译成了船舶留置权,将不移转占有型海事留置权译成了船舶优先权。参见孙新强、秦伟:《论"优先权"的危害性——以船舶优先权为中心》,载《法学论坛》2010年第1期。《日内瓦公约》在表述优先权的时候,并未使用lien这个概念,而是用了"priority right"一词。从某种意义上讲,我国语境下的航空器优先权和留置权都可以用"priority right"来描述。

② 例如,在*The Draft Civil Code of the People's Republic of China*一书之中(该书为梁慧星先生主持的民法典草案的英文翻译稿,由中国社科院法学研究所翻译),留置权即被翻译为right of retention。See Liang Huixing, The Draft Civil Code of the People's Republic of China: English Translation (Prepared by the Legislative Research Group of Chinese Academy of Social Sciences), Martinus Nijhoff Publishers(2010), p. 161.

的博弈进展，公约起草者也意识到无论航空器融资人的利益多么强大，也不可能超越所有其他相关行业，如机场、修理厂等，公约不可能对其他人的利益忽略不计。为此，《开普敦公约》允许缔约国就此作出声明以保留。[①] 继而，各国可以根据自己的情况，选择声明的内容。如果缔约国认为吸引低成本航空器融资的商业目标是本国当前阶段迫切需要实现的，则可以选择采用公约体系提供的一系列较高的债权人保护标准，反之亦然。例如，阿富汗、安哥拉等国对此就声明，这里的留置权或者优先权仅适用于航空器修理人对航空器的修理增加了航空器的价值之情形（liens in favor of repairers of an object in their possession to the extent of service performed on and value added to that object.），[②]对一般的维护性修理并不适用。在声明机制下，各国对航空器权利人的保护水平并不完全相同，所以各自从该体制中获得的实际收益也并非完全相同。融资人如果认为缔约国的声明对其不利，可以要求借款人提供第三方保证（如银行保函），或者提高融资利息等，[③]反之亦然。例如，在《开普敦公约》于2006年3月1日生效前夕，2006年2月27日美国进出口银行（The Export-Import Bank of the United States）发布了一项声明，其中指出：自2003年以来，其对来自开普敦体系缔约国的美国产商用飞机购买方调低1/3的风险预付费（exposure fee），条件是该缔约国声明适用公约和议定书的指定条款，这种优惠将持续到2006年9月。美国进出口银行还表示，因为加入公约，埃塞俄比亚、巴基斯坦、巴拿马、阿曼，以及塞内加尔等国已经享受了这一优惠所带来的好处。[④]

---

① Roy Goode, *Security Interests in Mobile Equipment: Lawmaking Lessons From the Cape Town Convention*, Adelaide Law Review, Vol.35, p.65(2014).

② 《阿富汗、安哥拉、巴林等的声明》, unidroit (Sept. 10,2020), https://www.unidroit.org/depositary-2001capetown? id=438。

③ 例如，在我国直到2000年左右，几乎所有航空器租赁活动也都是和银行担保相伴的。1995~1997年，中国航空公司的外部融资数额达到447.754亿美元，占同期中国外债总数的3.79%，这一比例与同期参与调查的37个国家相比为最高。参见于丹：《航空器租赁的法律保护机制研究》，吉林大学2012年博士学位论文，第139页。

④ 《美国进出口银行该声明》, exim (Feb. 27,2006), https://www.exim.gov/news/cape-town-treaty-cross-border-financing-aircraft-helicopters-and-aircraft-engines-takes-effect。

(三)《民用航空法》视野下的航空器留置权问题及其分析

从立法历史背景角度讲,如1995年6月23日在第八届全国人民代表大会常务委员会第十四次会议上,时任中国民用航空总局局长陈光毅所做的《关于〈中华人民共和国民用航空法(草案)〉的说明》所介绍的:“我国尚未批准或者加入,但是其内容合理,且与我国现行政策不抵触的公约,如《1948年关于国际承认对航空器的权利的公约》《1961年补充华沙公约的瓜达拉哈拉公约》等。草案吸收了这类公约的内容,有助于健全、完善我国民用航空法律制度,有利于我国民用航空事业与国际接轨。”①因此,鉴于我国民用航空法关于航空器物权是通过借鉴《日内瓦公约》的内容而来,以及《日内瓦公约》对航空器留置权排斥的态度,就不难理解为何《民用航空法》(1995)没有对此作出规定。对此,据有学者介绍,在原《民用航空法(草案)》中曾规定了航空器留置权,但立法者考虑强调留置权会严重影响航空器的使用效益,妨碍民航事业的发展,因此在最后的报审稿中将这一规定删除。② 因此,关于航空器留置权问题,从《民用航空法》(1995)和《日内瓦公约》的角度讲,其法律依据可能并不充分。

但是,值得注意的是,由中国民用航空局、国务院法制办、全国人大常委会法工委参与《民用航空法》立法起草的相关人士编撰的《民用航空法释义》一书指出:“我国《民用航空法》没有对民用航空器留置权作出专门规定,并不等于我国民用航空活动实践中不存在民用航空器留置权问题……《民法通则》《担保法》……是民用航空器留置权成立并应遵循的法律规范……在我国民用航空活动实践中,可能产生留置权的情况主要包括保管费费用请求权、维修航空器产生的维修费用请求权……随着我国改革开放和民用航空事业的发展,我国逐步形成了自己的民用航空器维修基地。可以预想,国外航

---

① 《关于〈中华人民共和国民用航空法(草案)〉的说明》,载中国人大网,http://www.npc.gov.cn/wxzl/gongbao/1995-06/23/content_1481317.htm。

② 郝秀辉:《航空器权利研究》,载《中国民航学院学报》2005年第1期。

空器今后在我国进行维修的会更多,因民用航空器维修费用而产生纠纷是难免的……依照我国现行有关留置权的法律规定,民用航空器维修企业为航空公司维修民用航空器,只要航空公司不按期支付维修费用,该维修企业即有权留置该维修的民用航空器。”同时,在该书中,作者还特别强调:“国际上许多国家的习惯做法对此是有限制的。例如,在英国,民用航空器维修企业行使民用航空器留置权,仅限于对民用航空器作了改进性维修。恢复性维修,不产生民用航空器留置权。原因在于改进性维修通常具有较高的技术要求,民用航空器的技术性能得以改善和提高,维修企业付出的代价较高。维修企业有必要通过行使留置权来保证相应对价的履行。相比较而言,恢复性维修是对民用航空器进行日常保养维护所必需的,几乎每天都要进行,其目的在于保证民用航空器的持续适航性,并不旨在提高性能、改进结构,花费也较小。如果因此留置航空器,不利于民用航空运输畅通,也有损民用航空器留置权法律制度的严肃性。”①从《民用航空法释义》一书的上述内容来看,似乎立法者在起草法律时并未排斥航空器留置权,只是觉得可能就维修费用请求权而言,应该有所限制,只能适用于改进性维修,而不适用于恢复性维修。

2008年10月28日,第十一届全国人民代表大会常务委员会第五次会议通过了《全国人民代表大会常务委员会关于批准〈开普敦公约〉的决定》,其中就《开普敦公约》第39条第1款(a)的声明为:“依照中华人民共和国法律优先于有担保的债权人的全部非约定权利或者利益无须登记即可优先于已经登记的国际利益,包括但不限于破产费用和共益债务请求权,职工工资,产生于该民用航空器被抵押、质押或留置之前的税款,援救该民用航空器的报酬请求权,保管维护该民用航空器的必需费用请求权等。”②

有观点认为,虽然全国人大常委会的声明没有直接明确规定航空器是否可以留置,以及在何种情况下可以留置,但鉴于全国人大常委会明确使用了

① 曹三明、夏兴华主编:《民用航空法释义》,辽宁教育出版社1996年版,第54~56页。

② 参见中国人大网,http://www.npc.gov.cn/wxzl/gongbao/2008-12/25/content_1467466.htm。

“留置”的书面表述,将留置作为动产担保方式之一与质押、抵押并列,当然可以由此推断立法机关间接承认航空器可以被依法留置。[①] 但值得注意的是,全国人大常委会声明英文版的措辞是“lien of the civil aircraft”,[②]问题在于,这里“lien of the civil aircraft”到底指的是航空器优先权,还是航空器留置权,还值得进一步研究。而且,在我国民用航空局官方翻译的英文版《民用航空法》中,民用航空器优先权被翻译为“civil aircraft liens”。[③] 关于《民用航空法》(1995)第 18 条“民用航空器优先权,是指债权人依照本法第十九条规定,向民用航空器所有人、承租人提出赔偿请求,对产生该赔偿请求的民用航空器具有优先受偿的权利”,中国民用航空总局官方的英文翻译为:“A civil aircraft lien is the right of the claimant, subject to the provisions of Article 19 of this law, to take priority in compensation against the owner and lessee of the civil aircraft with respect to the civil aircraft which gave rise to the said claim.”可见,从民航总局翻译来看,lien 是指优先权,而不是留置权。因此,全国人大常委会该声明的英文版所使用的 lien,似乎对应的是《民用航空法》规定的优先权,而不是留置权。从这个角度讲,将全国人大常委会的声明作为解释我国承认了航空器留置权的依据,似乎说理也不是很充分。而且,在全国人大常委会发布该声明之后,《民用航空法》进行了 5 次修订,都没有将航空器留置权加进去。仅凭全国人大常委会声明中只字片语地提及“留置”二字,而且这二字的中英文版可能还存在不一致的地方,继而认为我国法律承认航空器留置权,未免失之过简。

笔者认为,如有学者指出的,与《日内瓦公约》“认可”(recognize)航空器国际权利不同,《开普敦公约》的核心是统一(uniformity),实际上是通过公约

---

① 彭国元:《航空器留置权法律问题研究》,武汉大学 2013 年博士学位论文,第 31 页。

② 载中国人大网,https://www. unidroit. org/overview-principles - 2010/141 - instruments/security-interests/cape-town-convention-mobile-equipment - 2001/depositary/declarations-by-article/438-article - 39 - 1 - declarations-deposited-under-the-cape-town-convention-on-international-interests-in-mobile-equipment。

③ 中国民用航空总局编:《中华人民共和国民用航空法》(英文版),法律出版社 1996 年版,第 11 页。

的形式创设航空器国际权利。[①] 对此,罗伊·古德(Roy Goode)教授在其关于《开普敦公约》的官方释义中亦指出:《开普敦公约》的核心目的是创设一种新的、独特的(sui generis)的移动设备国际权利体系,该权利体系非源于国内法,也不依据国内法,其通过"国际登记"的方式,赋予移动设备国际权利拥有者对所涉移动设备的权利。[②] 因此,对航空器国际权利(包括其中涉及的优先权、留置权、抵押权)的理解,不宜简单地从国内法律的角度来理解。而且,就算是从国内法律角度进行分析,从《民用航空法》的立法体系来看,其只规定了航空器所有权、占有权、优先权、抵押权等权利类型而避开航空器留置权,应该是有意为之。[③]

四、结　　语

中国民用航空器物权制度,在很大程度上受国际立法的影响,是高度借鉴《日内瓦公约》的结果。借鉴《日内瓦公约》而来的中国航空器物权登记制度,一方面保证了中国法律制度与国际接轨性,另一方面不可避免地相对独立于国内基本物权法律制度。[④] 作为涉及国际利益的航空器物权问题,航空器上相关物权问题独立于依国内法所产生的物权,既非源于国内法,也不依赖于国内法。[⑤] 正如《开普敦公约》第5条规定的,在解释本公约时,应当虑及公约序言中阐明的宗旨、公约的国际性质以及促进公约在适用上的统一性和可预见性的需要。因此,不宜简单地从国内物权法、担保法的角度来解释

---

① Donal Hanley, *The Relationship between the Geneva and Cape Town Conventions*, Cape Town Convention Journal, Vol. 4, p. 103 – 113(2015).

② Roy Goode, *Convention on International Interests in Mobile Equipment and Protocol Thereto on Matters Specific to Aircraft Objects*: *Official Commentary* (3rd edition, UNIDROIT 2013), para. 2. 42.

③ 参见王锡柱:《航空器留置权研究》,中国民航大学2016年硕士学位论文,第42页。

④ 参见于丹:《中国民用航空器物权登记制度:成就、问题与完善》,载《北京理工大学学报(社会科学版)》2014年第2期。

⑤ 参见高圣平:《中国融资租赁法制:权利再造与制度重塑——以〈开普敦公约〉及相关议定书为参照》,载《中国人民大学学报》2014年第1期。

航空器的留置权问题。

从经济的角度讲,航空器国际公约可以看作飞机制造商、融资银行与各国及其他航空相关产业利益的博弈结果。航空运输活动不甚发达的国家,飞机制造商、融资银行话语权大,这些国家可能不得不有意尽量不承认航空器留置权等。随着航空运输行业的整体发展,立法者必须兼顾各相关利益主体间的利益平衡,通过承认航空器留置权以有效保护航空器维修者、机场以及空中航行服务提供者的合法权益也就成了国际趋势。①

就广州市中级人民法院的判决而言,从公约立法背景的角度来看,《开普敦公约》是准许各国声明非约定权利或利益(non-consensual right or interest)的,承认航空器留置权并不违背《开普敦公约》的精神。只是,关于航空器留置权问题,我国全国人大常委会的声明语焉不详,而且《民用航空法》对此一直付之阙如,难免会造成理解上的争议,导致法律适用混乱和冲突。对此,笔者认为,有必要在《民用航空法》中进一步细化航空器留置权的法律适用问题,以减少这方面的争议,为航空器权利人以及机场、航空器修理厂等提供更为明确的法律指引。

---

① 参见彭国元:《航空器留置权法律问题研究》,武汉大学2013年博士学位论文,第32页。

航空运输与反垄断法

国际航空运输中的非补偿性损害赔偿限制条款评析

——以1929年《华沙公约》与1999年《蒙特利尔公约》文本为中心

王锡柱*

1999年《蒙特利尔公约》第29条规定,不得判给惩罚性、惩戒性或者任何其他非补偿性的损害赔偿,这一条款可理解为非补偿性损害赔偿限制条款。该条款严格遵循《蒙特利尔公约》中的恢复性赔偿原则,平衡了旅客权益保障与国际航空运输有序发展之间的关系。但是,国际航空运输业在实践中的快速发展对该条款的严格适用性造成了冲击。为回应现实,可在适用中对该条款进行限缩解释,将精神损害排除在外,适当考虑旅客时间损失与机会损失,进而寻找替代制度实现非补偿性损害赔偿的功能,明确必要的例外规则,并在时机成熟时对条款进行重构。

* 中国民航大学法学院讲师。

一、国际航空运输非补偿性损害赔偿限制条款之演进历程

国际航空运输非补偿性损害赔偿限制条款,是指在国际航空运输公约中存在的限制旅客及利害关系人提出惩罚性、惩戒性或者其他非补偿性损害赔偿诉求,同时限制司法机关在判决中支持此类诉求的条款。国际航空运输非补偿性损害赔偿限制条款有时隐含在公约文本中,有时则是被公约文本直接规定,在前一种形式下,这一条款需通过对公约文本词汇、语句解释或者体系解释得出。早期国际航空运输公约一直未明文规定这一条款,其演进经历了从隐含规定到明确规定的过程,最终在1999年的《蒙特利尔公约》的文本中得到明确呈现。

航空活动国际性的一个重要表现,就在于每个客运航班上通常载有不同国籍的旅客,在管辖法院与适用法律上会引起复杂的法律冲突,制定一部国际统一的航空民事责任法典势在必行。因而,在人类航空活动的"幼年时期"就已拟定了《统一国际航空运输某些规则的公约》,通称1929年《华沙公约》。[①] 1929年《华沙公约》是国际航空运输领域最早订立的公约,对客运责任、货运责任与延误责任进行了规定,构建了国际航空运输责任的初步框架,为国际航空运输责任体制的后续发展奠定了基础,意义重大。但是,1929年《华沙公约》只是在文本中规定了限额责任,并未明文规定非补偿性损害赔偿限制条款。非补偿性损害赔偿条款是通过对1929年《华沙公约》的条文和追求目的的分析所得出的结论。[②]

1929年《华沙公约》中的非补偿性损害赔偿条款可以从以下几个方面理解:其一,就条文而言,1929年《华沙公约》第17~19条分别就旅客人身损害、行李与货物损失、延误损失进行了规定,在用语选择与表述中,承运人应

---

① 参见赵维田:《国际航空法》,社会科学文献出版社2000年版,第198~199页。

② 董玉鹏:《国际航空运输法律适用研究》,浙江大学出版社2012年版,第118页。

负的责任限定为各类损害形式所“产生的损失”,因此其条文中实际指涉的是在航空运输中已经产生的实际损失,对于未造成的损失,不承担责任,即无损失则无责任。其二,就公约条文的完整体系解释而言,文本不仅在条文中采取了“产生的损失”的表述,还明文规定了限额责任,而且更进一步,在限额责任的基础上还明确了责任的减免事由,整个体系致力于将承运人责任保持在可接受水平。所以,从体系解释的角度,非补偿性损害赔偿限制条款存在于1929年《华沙公约》体系中。其三,就立法目的而言,由于1929年《华沙公约》订立于航空业发展的初期,那时航空运输业发展孱弱,国际航空运输业更是如此,公约的订立将推动国际航空运输业的发展作为重要目标之一,倾向于避免对初期的国际航空运输业中的承运人施加过重的负担,非补偿性损害赔偿自然是应极力避免的制度。其四,各国多在司法实践中遵从非补偿性损害赔偿限制条款。在学术探讨中,大多数学者认为,只能判处补偿性损害赔偿。在司法实践中,惩罚性损害赔偿申诉通常会被拒绝。① 例如,在“哈帕拉尼诉印度航空公司”一案中,联邦地区法院认为,1929年《华沙公约》只在第17~19条创设了承运人责任条款,每一条都将赔偿限制在补偿性的范围之内。②

因此,1929年《华沙公约》并未就非补偿性损害赔偿限制条款进行规定,这一条款是在解释论上得出的。实际上,1929年的华沙会议并未探讨惩罚性损害赔偿的相关议题。③ 1929年《华沙公约》订立后,航空业发展迅速,国际运输中亦出现了诸多新议题,为了保持华沙公约的持续适用性,国际民航组织起草了多份与其相关的议定书,这些议定书主要针对航空承运人的责任提出,但是与1929年《华沙公约》保持一致的是,各议定书继续搁置了非补偿

① 参见赵云:《民用航空延误涉及的法律问题探究》,载《北京航空航天大学学报(社会科学版)》2009年第1期。

② Harpalani v. Air India, Inc., 622 F. Supp. 69 (N.D. Ill. 1985).

③ *IATA General Conditions* (*Passengers*), German Journal of Air & Space Law, ZLW, p. 214 - 232(1971). 转引自赵云:《民用航空延误涉及的法律问题探究》,载《北京航空航天大学学报(社会科学版)》2009年第1期。

性损害赔偿的相关议题,既未对其进行进一步的明确规定,也未对这一条款进行明确排除。各国依旧在公约框架内借助判例保持这一条款的生命力,然而,由于缺乏具体规则,在适用中不可避免地存在模糊性,也有国家试图在某些情况下摆脱公约的限制,适用国内的惩罚性赔偿规则。例如,美国便在相关的案例中采取过非补偿性损害赔偿的判决,在"希尔诉美国航空公司"案中,联邦地区法院认为,1929 年《华沙公约》并未预先排除有意的侵权之诉,在对公约审查之后认定惩罚性赔偿之诉可以根据公约提起。①

非补偿性损害赔偿限制条款一直通过隐含的方式存在,通过判例的方式延续与发展,时而有不和谐的音符出现,试图避开公约框架对承运人进行惩罚。然而,在 1929 年《华沙公约》订立 70 年后,这一情形发生了转变,其标志是 1999 年《蒙特利尔公约》的出现。在 1999 年《蒙特利尔公约》中,鉴于各国在惩罚性赔偿问题上达成的共识,公约改变了在一些敏感问题上含糊规定的暧昧态度,将禁止惩罚性赔偿明确写入条款。② 从此,国际航空运输中的非补偿性损害赔偿条款被明确规定下来,从隐含条款转变为公约文本中明确规定的条款,进而成为国际航空运输责任体系中的一个明确组成部分。1999 年《蒙特利尔公约》延续了 1929 年《华沙公约》的诸多规则,但是改变了国际航空运输中的归责原则,大幅提高了承运人的责任限额,提升了对旅客权益的保障水平,公约开始从保障初生的国际航空运输业转向平衡承运人与旅客权益,并适当向旅客权益保障倾斜。但是,与旅客权益保障密切相关的非补偿性损害赔偿限制条款并未被明确排除,相反,其被明文规定下来,成为国际航空运输公约的组成部分。1999 年《蒙特利尔公约》在 1929 年《华沙公约》第 24 条规定之后,增加了一句,作为 1999 年《蒙特利尔公约》第 29 条的后半段,构成了公约中非补偿性损害赔偿限制条款的具体文本,其具体规定为:"在旅客、行李和货物运输中,有关损害赔偿的诉讼,不论其根

---

① Hill v. United Airlines 550 F. Supp. (DC. Kan. 1982).

② 韩冰:《国际航空旅客运输承运人责任制度研究》,华东政法大学 2008 年博士学位论文,第 102 页。

据如何,是根据本公约、根据合同、根据侵权,还是根据其他任何理由,只能依照本公约规定的条件和责任限额提起,但是不妨碍确定谁有权提起诉讼以及他们各自的权利。在任何此类诉讼中,均不得判给惩罚性、惩戒性或者任何其他非补偿性的损害赔偿。”从此,国际航空运输非补偿性损害赔偿限制条款从隐含状态转变为公约文本的明确规定。

二、国际航空运输非补偿性损害赔偿限制条款正当性证成

在强化旅客权益保障的历史趋势下,1999 年《蒙特利尔公约》非但未明文排除非补偿性损害赔偿限制条款,反而在文本中明文规定,这并非倒退。国际航空运输非补偿性赔偿限制条款被明文规定于 1999 年《蒙特利尔公约》中的原因在于,各缔约国对于这一条款存在的必要性达成了共识,为条款的生效提供了程序上的支持。然而,其得以达成一致并被明确规定于文本的实质原因在于,这一条款符合公约制定的时代背景与国际航空运输业发展的趋势,具有内在的合理性。在更深层次上,条款在文本中得到明示的原因,需从公约本身所追求的目的与非补偿性损害赔偿的适用领域及条件两个层面进行考察,这两个层面又可进一步细分。

在公约本身所追求的目的层面,条款得以延续并持续存在的理由可细分为 3 个方面:一是贯彻 1999 年《蒙特利尔公约》序言中的恢复性补偿原则;二是与承运人承担的双梯度责任进行配套,平衡承运人与旅客利益;三是避免非补偿性损害赔偿对航空业后发国家造成毁灭性打击。具体言之,第一个原因源于公约文本中的序言,意在对国际航空运输公约序言中公约订立原则进行贯彻。1999 年《蒙特利尔公约》在序言中提出,在恢复性赔偿原则的基础上提供公平赔偿,确保国际航空运输消费者的利益。非补偿性损害赔偿限制条款正是对公约采纳“恢复原状”(restitution)与“矫正正义”(corrective justice)之立法理念的贯彻,损害赔偿的目的在于使蒙受损失的消费者尽可

能恢复到损害发生前的状态,并不在于惩戒或责罚承运人。[①] 第二个原因是公约起草者为平衡承运人与旅客利益,在公约规定承运人归责原则与双梯度责任的同时采取的保护承运人利益的措施。1929 年《华沙公约》中的承运人归责原则与责任限额使其无法顺应国际航空业的发展潮流,接续其在国际航空运输业地位的 1999 年《蒙特利尔公约》不仅采取了双梯度赔偿原则,还大幅提高了第一梯度赔偿限额,并将第一梯度的归责原则设定为严格责任,而在第二梯度的责任中,不再设定赔偿限额,同时将证明责任施加于承运人,只有承运人证明事故与自身完全无关时才不承担第二梯度的责任。因此,在整个公约责任体系中,本着补偿损失的原则,1999 年《蒙特利尔公约》已经尽力对旅客的损害进行赔偿,承运人的证明责任负担与赔偿额度负担远超 1929 年《华沙公约》,在此种条件下,若不明确排除非补偿性损害赔偿,国际航空运输业的发展秩序将会受到冲击。第三个原因是避免发达国家通过司法手段对他国航空公司进行限制,损害发展中国家国际航空运输产业的发展。国际公约必须协调不同的利益,但是这种利益并不限于承运人与旅客之间的利益,还涉及不同国家的航空运输利益。在国际航空运输中,各个国家之间发展并不平衡,公约采取了全面赔偿的原则,若在此基础上再向前一步,可能导致有的国家对于其他国家的航空公司采取惩罚性赔偿,给发展中国家的航空业造成严重损害。每位航空旅客遭受的损害赔偿动辄数百万,若再施加惩罚性损害赔偿,对承运人的打击将是毁灭性的,若承运人所在国经济落后,可能对本国航空业造成毁灭性打击,因此,应对惩罚性损害赔偿进行限制。

除公约本身的原因外,非补偿性损害赔偿适用领域及条件的限定性也是其难以在国际航空运输中普遍适用的原因;换言之,国际航空运输的损害赔偿与非补偿性损害赔偿所适用领域的特点及适用要件常常难以匹配。在具体的适用条件层面上,国际航空运输中的损害赔偿要素与非补偿性损害赔偿的主观与客观要件似乎并不相悖,非补偿性损害赔偿适用中的主观过错以及

① 参见郑派:《国际航空旅客运输承运人责任研究》,华东政法大学 2015 年博士学位论文,第 50 页。

损害行为、损害后果、因果关系都可以在国际航空运输中得到匹配。承运人及其代理人主观上可能存在过错,客观上也满足承运人及其代理人进行了不良行为,不良行为造成了损害后果,行为与后果之间存在法律上认定的因果关系。但是,并非满足此类构成要件就可适用非补偿性损害赔偿,其原因在于损害赔偿的适用还有一个隐含前提,即只有满足特定条件的领域才能够适用此类损害赔偿,但是,国际航空运输领域与此类条件并不是高度相符的。

具体而言,非补偿性损害赔偿适用的领域一般具备如下特征:一是在主体层面,行为主体相对于利益受损者享有巨大优势,能够担负非补偿性损害赔偿;二是在主观因素上,行为主体一般具有明显的恶意,且行为极为恶劣,具备可责备性与可惩罚性;三是在损害因果关系的证明上往往极为困难,受制于当前技术与信息不对称等原因,即使花费巨大的成本也未必能够得到证明;四是起诉主体的数量远远少于实际上被行为主体影响的数量,行为主体存在极大的逃避责任的可能性。以上几个方面往往同时具备才可适用惩罚性损害赔偿责任。在国际航空运输中,航空承运人可能同时满足主体条件和主观要件,但是无法满足第三个与第四个条件,即因果关系证明要件和起诉比例要件。就因果关系证明而言,国际航空运输中对承运人采取严格的责任限制,旅客仅需证明自己遭受了损失,而其他证明责任由承运人承担,所以不存在因果关系的证明难题。就起诉比例而言,国际航空运输中承运人对旅客造成的损失往往是可及时发现并辨明的,损害后果几乎不存在延后性与可隐瞒性,旅客基本上会提起诉讼请求赔偿,承运人逃避责任的可能性极低。因此,国际航空运输领域较难符合因果关系的证明难度,承运人也难以逃避责任,因此,限制非补偿性损害赔偿具有正当性。

三、国际航空运输非补偿性损害赔偿限制条款的适用及争议

国际航空运输的非补偿性损害赔偿限制条款已经被明文规定在 1999 年

《蒙特利尔公约》的正式文本中,且1999年《蒙特利尔公约》已经生效。[①] 随之而来的是条款的适用问题,一方面是条款适用范围、条件及其特点的明确,另一方面则是条约在适用中所产生的争议,两者都是公约的适用中应当予以关注的问题。条款的适用范围、条件、特点本应严格依据公约文本及其体系展开,但是,文本在适用于具体案件时,往往需要对文本进行阐释,所以在具体适用中通常对于"非补偿性损害"的界定产生争议,同时,对于这一限制条款是否可突破也存在不同意见。

(一)国际航空运输非补偿性损害赔偿限制条款之适用

国际运输非补偿性损害赔偿限制条款作为1999年《蒙特利尔公约》的组成部分,对其适用不仅要从条文本身进行分析,还需要将其置于1999年《蒙特利尔公约》乃至国际航空运输公约、国际航空公约的体系中进行理解。条款的适用主要包括适用的范围,适用的条件以及适用的特点3个方面的问题。

条款适用的范围需要从3个方面展开:第一,公约仅适用于航空运输领域,非航空运输领域并不受此条款的约束。第二,公约适用的是国际航空运输领域,其需要依照1999年《蒙特利尔公约》中规定的"国际航空运输"适用,而不适用于单纯的国内航空运输。在这个意义上,当购买了国际运输服务时,就应受到1999年《蒙特利尔公约》术语的规制,这与购买国内运输服务是不同的,国内运输并不适用于该公约条款。[②] 第三,即使属于国际航空运输,公约也并非必然得到适用,条约的约束力仅及于1999年《蒙特利尔公约》的缔约国,未加入这一公约的国家并不属于公约的约束范围,条约中的条款自然不适用。

条款的适用需要满足如下3个条件:一是期间条件,即损失是在航空器运输期间造成的,具体的期间按照1999年《蒙特利尔公约》第17~19条的规

① 《蒙特利尔公约》2003年达到30个批准国的生效条件。

② [荷] I. H. Ph. 迪德里克斯-范思赫:《国际航空法》(第9版),黄韬等译,上海交通大学出版社2014年版,第181页。

则认定。在此，以第 17 条的规定为例进行说明，若所诉称的伤害发生在上下航空器过程中，公约优先适用；反之，则并非如此。[①] 二是客体限定，即仅限于对旅客、行李、货物本身及其延误造成的损害适用，对于航空器驾驶员等机组人员与机组人员携带的物品并不适用。三是主体条件，仅限于国际航空承运人责任和代理人责任，对于其他主体造成的损失并不适用。例如，由于航空器所产生的产品责任问题并不适用，地面第三人对航空器恶意打击造成的损害赔偿也不适用。因此，国际航空运输中的非补偿性损害赔偿限制条款的构成要件需从主体、客体和期间进行解读，适用要件缺一不可。

此外，这一条款在适用中具有自身的特点，这种适用特点可以分为两个方面：一是强制适用性，二是优先适用性。强制适用性与 1999 年《蒙特利尔公约》第 29 条前半段紧密相关，其严格限定：无论何种诉由，都应当依照该公约规定的条件和限额提起诉讼。这是指在国际航空运输中，旅客在提起诉讼时，无论诉由为何，只要符合本公约规定的国际航空运输，都只能依照本公约的条件和额度进行，包括第一梯度的无过错责任和第二梯度的责任额度，同时还包括旅客人身、行李的限额，也包括此处应当遵循的非补偿性损害赔偿禁止性条款。优先适用性，是指公约规定的内容在国内法与其他国际航空运输公约中也有规定时，应当优先适用 1999 年《蒙特利尔公约》中的规定，这在公约的第 55 条得到了确认，因此，非补偿性损害赔偿限制条款也具有优先适用性。而且，当存在 1999 年《蒙特利尔公约》第 1 条第 3 款规定[②]之情形下的在国内履行的国际航空运输时，1999 年《蒙特利尔公约》的优先适用依然不受影响。[③] 不过，在适用中需要正确厘定适用范围、适用条件和适用特点之间的关系，只有在特定的适用范围中且满足了构成要件时，包括非补偿性损

---

① 参见[美]乔治·汤普金斯：《从美国法院实践看国际航空运输责任规则的适用与发展：从 1929 年〈华沙公约〉到 1999 年〈蒙特利尔公约〉》，本书译委会译，法律出版社 2014 年版，第 176 页。

② 具体规定为：运输合同各方认为几个连续的承运人履行的运输是一项单一的业务活动的，无论其形式是以一个合同订立还是一系列合同订立，就本公约而言，都应当视为一项不可分割的运输，并不仅因其中一个合同或者一系列合同完全在同一国领土内履行而丧失其国际性质。

③ 郑派：《国际航空旅客运输承运人责任研究》，华东政法大学 2015 年博士学位论文，第 39 页。

害赔偿限制条款等公约内容才具有相应的强制适用性与优先适用性。

(二)国际航空运输非补偿性损害赔偿限制条款之争议

非补偿性损害赔偿限制条款虽已被明确规定,适用的范围、条件、特点得到相应的明确,但是其在适用于现实问题时,不可避免地存在模糊性,在适用中存在一些争议。现存及未来可能存在的争议主要表现为两个大的类别,其中,第一类是对于“非补偿性损害”范围的解读,第二类是对于条款的变更性问题的争议,其中第一类别下的争议主要分为两个方面:其一,非补偿性损害赔偿是否包含精神损害等难以通过金钱计量的损害类型问题;其二,非补偿性损害赔偿是否涵盖了时间成本、机会成本及可期待利益。第二类别下的争议同样主要体现在两个方面:其一,承运人的主观恶意是否构成非补偿性损害赔偿限制条款适用的例外;其二,当事人可否根据 1999 年《蒙特利尔公约》第 27 条的“合同自由”原则修改非补偿性损害赔偿限制条款。

在“非补偿性损害”范围界定层面上,精神损害赔偿问题一直是争议较大的议题,且至今仍未有明确定论。从公约文本来看,在国际航空运输公约订立的早期,多数学者倾向于排除精神损害赔偿。从 1929 年《华沙公约》和 1999 年《蒙特利尔公约》两份公约文本来看,“精神损害”似乎被划归到“非补偿性损害”的范畴中。1929 年缔约各方将促进新生民用航空事业发展作为主要目的,且在用语中采用了“身体损害”的表述。因而,从 1929 年《华沙公约》立法者的本意来看,承运人的责任仅限于人身仅指身体损害。① 1997 年国际民航组织法律委员会第 13 次会议通过的公约草案本欲消除对此问题的争议,将精神损害明确列入条文,但在最后的大会上,这一方案没有被采纳。1999 年《蒙特利尔公约》最终放弃了明确界定精神损害赔偿的努力,仍然保留了“身体伤害”的表述。② 所以,公约本身并未将“精神损害”认定为可

① 参见董玉鹏:《国际航空运输法律适用研究》,浙江大学出版社 2012 年版,第 117 页。

② 参见韩冰:《国际航空旅客运输承运人责任制度研究》,华东政法大学 2008 年博士学位论文,第 41 页。

赔偿范围,公约要求按照公约条件和限额赔偿,同时又明确了非补偿性损害赔偿限制条款。有学者以1999年《蒙特利尔公约》第29条的规定为根据,认为航空运输中的索赔只能在受到直接伤害和损失的情况下申请,而不能就单纯的精神伤害索赔。① 在"弗洛伊德诉东方航空公司"(Floyd v. Eastern Airlines)案中,纽约第11巡回上诉法院指出纯粹的精神损害可获赔偿,最高法院却在否定了精神或者心理的伤害属于"身体损害"范围。② 2000年,苏格兰高等上诉法院却认为,"身体损害"没有排除对心理损伤的恢复性损害赔偿请求权,并认为"任何其他的身体伤害涵盖并影响到个人所有损害的种类,当然包含心理创伤在内"。③ 纽约南区联邦法院也曾认为应将所列举的伤害种类进行从宽解释,尽可能把一切种类伤害纳入其中,并包含精神或者心理伤害。④ 由于公约文本未明确规定精神损害的具体规则,而精神损害赔偿又具有认定困难、计量困难的特征,对其赔偿始终未达成一致。在经历多次讨论之后,精神损害还没有被接受为一个可赔付的独立事由,当伴随着身体或物质上的损害时,对于"精神损害"是否给予赔偿必须按个例处理了。⑤ 随着航空运输中旅客权益保障的发展,现在各成员国基本达成的共识是:对于因身体伤害造成的精神损害进行赔偿;单纯的精神损害不予赔偿。然而,司法实践中也有判例认为,区分单纯精神损害与伴随身体损害而产生的精神损害,而后根据这个标准来确定是否给予赔偿的做法并无必要。⑥ 在公约明确规定前,各成员国往往在公约第17条的"人身损害"和第29条的"非补偿性损害"之间进行抉择,导致了争议的延续。

---

① Marsala N. Tompkins Jr., *The 1999 Montreal Convention: Alive, Well and Growing*, Air and Space Law, Vol. 34:6, p. 421-426(2009).

② 参见872 F.2d 1462 (11th Cir. 1989)。

③ [荷] I. H. Ph. 迪德里克斯-范思赫:《国际航空法》(第9版),黄韬等译,上海交通大学出版社2014年版,第188~189页。

④ 参见赵维田:《国际航空法》,社会科学文献出版社2000年版,第328页。

⑤ 参见[荷] I. H. Ph. 迪德里克斯-范思赫:《国际航空法》(第9版),黄韬等译,上海交通大学出版社2014年版,第187~188页。

⑥ 参见陈宇:《国际航空运输中的损害赔偿》,载《北京航空航天大学学报(社会科学版)》2008年第2期。

非补偿性损害赔偿限制中另一个紧密相关的问题是,基于公平责任对时间成本、机会成本以及可期待利益损失进行的补偿,在这方面,冲突表现最为明显的是欧盟的航班延误补偿规则与非补偿性损害赔偿的关系。欧盟的261/2004条例对航班延误采取了严格的赔偿措施,但是欧盟的赔偿措施中,赔偿的方式并不是按照旅客所证明的实际损失进行赔偿,而是按照航程距离和延误的时间给出确定的赔偿额度。有学者指出,欧盟及其成员国也是1999年《蒙特利尔公约》的缔约国,公约第29条规定惩罚性或示范性或其他非补偿性损失不可追回,适用1999年《蒙特利尔公约》的地方,其对于延误的规定应作为唯一的规定。① 甚至有学者提出,欧盟法院的解释实践还违反了公约第29条关于禁止判予非补偿性损害赔偿金的公约规则,并直接构成对公约设定之赔偿责任限额的无视。② 然而,欧洲法院在这个问题上强调该条例下的损害补偿是针对延误带来的时间损失,它是实际发生的损失,具有补偿性质,与《蒙特利尔公约》第29条后半段并不相悖。③ 法院的解释与判决并未平息争论,时间成本、机会成本,甚至可期待利益的损失是否可以作为可赔偿性损失,进而排除国际航空运输中的非补偿性损害赔偿限制条款的适用依旧是一个未得到充分解决的问题。

在公约中,除了对于非补偿性损害范围的争议之外,非补偿性损害赔偿限制条款是否能够利用例外规则进行突破也是可讨论的重要议题。非补偿性损害赔偿往往是对于行为人主观恶意的惩罚,国际航空运输中承运人及其代理人亦可能存在此类主观状态,在其符合主观条件时,是否应对其进行非补偿性损害赔偿限制进行例外规定成为难以回避的问题。从现有的公约体系和文本表述来看,公约并未将承运人的主观故意作为突破的正当性理由,

① Haanappel, P. P., *Compensation for Denied Boarding, Flight Delays and Cancellations Revisited*, German Journal of Air and Space Law, Vol. 62:1, p. 49(2013).

② See Sonja Radoševic, *CJEU's Decision in Nelson and Others in Light of the Exclusivity of the Montréal Convention*, Air and Space Law, Vol. 38:2, p. 95 – 110(2013).

③ 陈诗麒:《欧盟关于航班延误赔偿问题的司法实践及启示》,载《北京航空航天大学学报(社会科学版)》2013年第4期。

而且谨守补偿性损害赔偿的原则。根据现行的普遍解释,在1999年《蒙特利尔公约》中,任何情况下惩罚性损害赔偿都是不可赔偿的,即使损害源于1999年《蒙特利尔公约》第30条第3款的"故意不当行为"。[①] 从现在的规定来看,承运人的主观状态仅是其限额责任突破的理由,并不构成对于非补偿性损害赔偿限制条款的突破理由。这是现行公约规定中存在的争议问题最小的一个方面,也在各国司法判决中得到一致遵循。不过,随着国际航空运输业的发展,这可能成为未来争议的问题。

在承运人及其代理人的主观状态之外,还存在一条可能对非补偿性损害赔偿限制条款构成挑战的路径,即借助于《蒙特利尔公约》第27条规定的合同自由原则对限制条款进行修改。1999年《蒙特利尔公约》第27条承认了合同自由原则,其规定:"本公约不妨碍承运人拒绝订立任何运输合同、放弃根据本公约能够获得的任何抗辩理由或者制定同本公约规定不相抵触的条件。"1999年《蒙特利尔公约》第27条赋予的合同自由原则可称为"第27条内容",该条允许承运人拒绝签订合同,放弃抗辩,以及制定和1999年《蒙特利尔公约》不相冲突的合同条款。[②] 但是,合同自由原则极易被忽略,以致其是否可以作为突破限制条款的原因至今未被提及,而且其也并不必然可以突破限制。其原因在于1999年《蒙特利尔公约》第29条属于排他性适用条款,对损害赔偿的适用条件与额度进行了限定,同时,该公约第49条规定了强制适用条款,明确运输合同的任何条款和在损失发生以前达成的所有特别协议,其当事人借以违反本公约规则的,无论是选择所适用的法律还是变更有关管辖权的规则,均属无效。对于1999年《蒙特利尔公约》第29条后半段中,国际航空运输合同非补偿性损害赔偿限制条款是否可借助于合同自由原则进行突破,需从体系解释上着手。从体系解释角度而言,更应该将这一条款认定为可以通过合同自由原则进行突破的条款。其一,从第49条的内容

① 参见[美]乔治·汤普金斯:《从美国法院实践看国际航空运输责任规则的适用与发展:从1929年〈华沙公约〉到1999年〈蒙特利尔公约〉》,本书译委会译,法律出版社2014年版,第270页。

② 董玉鹏:《国际航空运输法律适用研究》,浙江大学出版社2012年版,第55页。

来看,其限定的是"适用法律"与"管辖权"的规定,"适用法律"指的是适用的准据法,而"管辖权"指的是享有管辖权的法院,两者都未涵盖第29条后半段中的责任范围与额度。其二,合同自由原则在公约的第25条和第27条都得到了规定,尽管公约第29条明确了条件和限额,但是第25条却规定了承运人可以提高限额或者直接将责任设定为无限额责任,而第29条后半段实际上是对于赔偿范围和额度的规定,因此应将其认定为可修改事项。其三,公约第27条中的"放弃根据本公约能够获得的任何抗辩理由或者制定同本公约规定不相抵触的条件",需要明确的是,第29条后半段属于抗辩事由还是公约条件,很明显,此条属于公约的抗辩事由而非条件,是对于自身权利的放弃,而非对条件的增加,而任何事由皆可放弃,所以惩罚性损害赔偿责任也可放弃。但是,1999年《蒙特利尔公约》第29条后半段约束的是司法者,并采取的是"在任何此类诉讼中,均不得判给……"的表述,那么约定之后是否可以适用呢,答案应倾向于肯定,因为即使公约规定了按条件与限额提起,也并未影响承运人提高限额或者设置无限额责任,因此,应当认定,若承运人约定了限额,在现实中又不赔偿的,可判定强制履行。但是要极力避免第三方,尤其是更为强势的一方。例如,国家提出相应的要求,使其在违背真实意思的情形下作出相应的规定。但是,如果是完全自愿的,承运人完全可以作出相应的承诺,而公约也并无理由对此予以禁止。

四、国际民航运输非补偿性损害赔偿限制条款之完善路径

1999年《蒙特利尔公约》在促进国际航空运输责任赔偿体系的合理化方面具有积极意义,①其中的非补偿性损害赔偿限制条款的存续也有其正当性。但是,条款在对具体案件进行回应时又存在某些模糊或者不足之处,需

① 董玉鹏:《国际航空运输法律适用研究》,浙江大学出版社2012年版,第144页。

在未来进一步改善。

鉴于此，国际民航运输非补偿性损害赔偿限制条款未来需在以下方面进行完善：一是对非补偿性损害进行限缩解释，承认精神损害赔偿等实际存在却又不易计量的损失，同时依据公平原则，对时间成本、机会成本等损失进行适当性补偿；二是寻找执行非补偿性损害赔偿制度的替代制度，通过完善配套制度或者替代制度实现这一制度所承担的职能；三是在时机成熟时对这一条款进行适当修改，在将非补偿性损害赔偿限制作为原则的基础上，增加必要的例外规则。

首先，在现行有效的公约文本及其体系中，对"非补偿性损害"采取限缩解释的方法，将实际产生但难以证明、不易计量的损害排除在"非补偿性损害"范围之外。这一限缩解释的路径主要有两种：一种是通过判例进行限缩解释，另一种是通过类型化，在文本中明确将特定的损害类型排除在非补偿性损害之外。在现阶段，可以通过判例法的方式进行整理；在后期，则通过对判例进行梳理，对于各种损害进行类型化分析，在公约修改或者议定书，或者新制定的公约中明确相应的损害属于可赔偿损害。在对损害进行类型化时，可主要分为两大类型：第一类为明知其存在却难以证明的损害，这类损害主要以精神损害赔偿为代表，无论此类精神损害是身体损害附带的精神损害，还是单纯的精神损害，都应当纳入。原因在于，医学的发展已经证明了精神损害是确实存在的，无论是否具有身体上的损害，精神损害都可能存在。因身体损害而造成的精神损害，所受也是实实在在之痛苦，故无"非补偿性"可言。① 法国在司法判决中，德国、奥地利、瑞士和日本的学界都认为，身体损害也包括纯精神上的损害，只要该损害是"直接而确定"的，均可要求补偿性赔偿。② 第二类为并未造成利益的直接损失，但是造成了其他间接损失，例如，时间成本、机会成本，以及可期待利益。对于以上两类损失的赔偿采取不

---

① 董玉鹏：《国际航空运输法律适用研究》，复旦大学 2012 年博士学位论文，第 118 页。

② 韩冰：《国际航空旅客运输承运人责任制度研究》，华东政法大学 2008 年博士学位论文，第 97 页。

同的认定方式,前者需从补偿的角度进行,但是精神损害必须有相应的证据支撑;对于后者损失的补偿需从公平原则进行审视,如欧盟的261/2004条例采取的补偿方式。欧洲法院也明确,所有航班延误的旅客都会遭受时间上的损失,因此有可能通过一种标准化的措施来弥补损失。① 但是,此类赔偿额度需要适当限制,不宜过高。

其次,在国际航空制度框架内思考非补偿性损害赔偿制度的替代制度。从目前来看,1999年《蒙特利尔公约》主要调整的是国际私法领域的制度,且在序言中规定了恢复性补偿的原则,补偿规则仅仅围绕这一原则展开。适用1999年《蒙特利尔公约》提起的航空运输诉讼中,只要其性质上是惩罚性的,都将被禁止适用。② 在这一背景下,再在1999年《蒙特利尔公约》的框架内建立替代性制度似乎存在冲击公约体系性的可能性。从功能角度上看,惩罚性赔偿主要是针对那些具有不法性和道德上的应受谴责性的行为而适用的,就是要对恶意的不法行为实施惩罚。③ 在公约规定了对旅客进行充分赔偿后,其功能也倾向于对恶意承运人进行惩罚,而这一功能可以通过其他路径进行。除了1999年《蒙特利尔公约》外,尚存在以《芝加哥公约》及其附件为代表的国际航空活动管理法律体系,以1963年《东京公约》为代表的国际航空刑法体系等,在国际航空运输之外,替代性的制度可在包括航空活动管理和航空刑法在内的整个国际航空公约的框架中寻找。在承运人进行危害性极大的航空运输活动,其主观上存在过错,造成了严重后果时,可尝试建立特定承运人的飞行活动限制制度。例如,禁止其再在特定的国际航线中飞行,甚至取消其国际运输资格。另外,也可将国际航空运输中故意载客从事恐怖

---

① Judgment in Joined Cases C-581/10 and C-629/10, Nelson v. Deutsche Lufthansa AG (C-581/10) and TUI Travel plc. and others v. Civil Aviation Authority (C-629/10), 23 October 2012, see Andrew Harrington, *EC 261/2004 and European Commission Reform: A Long and Winding Road to Clarification*, German Journal of Air and Space Law, Vol. 62:4, p. 620-647 (2013).

② 参见郑派:《国际航空旅客运输承运人责任研究》,华东政法大学2015年博士学位论文,第102页。

③ 参见王利明:《惩罚性赔偿研究》,载《中国社会科学》2000年第4期。

行为的活动纳入航空刑法的管理体制中，在国际刑罚层面对其进行处罚。

最后，随着国际航空运输业的发展，在时机成熟时可对非补偿性损害赔偿限制条款进行必要的修订，在坚持这一条款所贯彻的原则的同时，允许对故意实施危害旅客利益的承运人及其代理人进行非补偿性损害赔偿，但是要严格限定适用的条件，也要在非补偿性损害赔偿额度上采取限制措施。从国际航空运输的发展来看，国际航空运输非补偿性损害赔偿限制条款经历了从隐含到明示的过程，并获得了普遍的认可，具有内在的合理性，不宜轻易改动，而且其改动将与公约的目的相违背。但是，同时也应看到，国际航空公约与国际形势及国际航空发展水平、国际经济水平紧密相连。航空业初期订立的1929年《华沙公约》的归责原则与限额在20世纪末期被突破，在后期的发展中，很可能出现在特殊情形下允许非补偿性损害赔偿的条款。当然，对限制条款的突破必须作为例外而存在，而且其适用必须满足严格的条件，且可以惩罚性赔偿的限度进行限制。限制的方式可以采取倍数的计算方式，也可以是具体数额的限定方式，还可以采取上述两者结合的方式。例如，亚拉巴马州（Alabama）的法律规定"惩罚性赔偿金不能够超过原告实际损失的3倍或50万美元"。[1] 此外，限制非补偿性损害赔偿额度时，也可通过特别提款权的方式进行折算，从而与1999年《蒙特利尔公约》相衔接。

---

① ［美］文森特·R. 约翰逊：《惩罚性赔偿、中国侵权责任法与美国经验》，邓辉译，载《法治研究》2018年第4期。

双梯度责任制下的人身损害赔偿探究

杨希成*

一、双梯度责任原则的演进及现实意义

（一）双梯度责任原则的演进

1929年在波兰华沙制定，1933年2月13日生效的《华沙公约》是国际航空法中的一项基本公约，在承运人所承担的人身损害赔偿方面，《华沙公约》采取过错推定原则。在该原则下，举证责任倒置，承运人负有举证的义务，即承运人只要证明，乘客的人身损害是由乘客本身的过失或者其他错误行为或者不作为行为引起的，那么乘客就应该对自己负责。相应地，承运人也就在承担的过失或者不作为导致损害的责任限度内，全部或者部分免除赔偿责任。只有在承运人无法举证时，才承担乘客损害赔偿责任。由于《华沙公约》诞生于国际航空旅客运输业刚刚兴起之时，其责任制度更加倾向于保护承运人的利益。

---

* 西北政法大学国际法学院2019级硕士研究生，国家市场监督管理总局职员。

尽管它被视为国际私法领域最成功的国际公约之一,但随着时间的推移和社会的变革,公约鲜明的时代特征逐渐演变成其制度上的缺陷。在随后70年的修订历程中,由于国际社会政治经济日新月异,各国之间的利益冲突、发展差距和立场分歧加剧,以《华沙公约》为核心的华沙体系逐渐形成。①

《华沙公约》的责任限额长期不变,赔偿额度一直保持原来的数额,而各国的经济都在不断发展,这就造成了长期不变的责任限额以及对受害人的赔偿额与各国的经济发展出现了一定的脱节。很显然,这不符合国际航空法的发展要求。② 根据《华沙公约》的规定,承运人承担举证责任,那么只要能证明对旅客的损害是由于不可抗力、第三人过错,以及旅客自身的过失等原因导致的,就可以全部免除或者相应免除承运人的赔偿责任。旅客作为航空领域里的消费者,本身就在信息等方面与承运人处于极其不对等的地位,属于非常弱势的一方。旅客在受到伤害后,常常很难从专业化的角度去查明该损害是属于不可抗力还是第三人原因导致的。但是承运人具有掌握该领域相关信息的优势,在一定程度上更容易去举证和搜集可以免除或者部分免除自己责任的证据。从这一点上来讲,乘客在举证方面是非常弱势的一方。

基于上述《华沙公约》产生的问题,以美国为首的发达国家开始在世界航空领域频频发难。因为美国生活水平相较于当时同时期的很多国家来说,处于较高的水平,经济发展也较快,美国就认为在航空领域的侵权行为对美国籍的旅客的赔偿额度较低。美国侵权行为的赔偿额远高于其他国家,由此推出美国对《华沙公约》的赔偿责任限额非常不满。当时,美国的法院和代理航空领域侵权案件的代理律师们甚至偏激地认为,《华沙公约》规定的8300美元的赔偿限额是"一种不符合时代要求的、不公平的"责任制度,认为

① 在国际航空私法领域属于华沙责任体制的国际法律文件包括:1929年《统一国际航空运输某些规则的公约》、1955年海牙《修订统一国际航空运输某些规则的议定书》、1961年瓜达拉哈拉《统一非缔约承运人承担国际航空运输的某些规则以补充华沙公约的公约》、1971年《经海牙议定书修订华沙公约的马拉议定书》以及1975年修订《华沙公约》的4个《蒙特利尔议定书》。

② 赵维田:《国际航空法》,社会科学文献出版社2000年版,第273页。

《华沙公约》是"航空公司"的保护伞。[①] 有的美国法院的法官在审理相关案件时,非常偏激地宣称《华沙公约》规定的责任限额是"违反公共秩序"的,甚至认为《华沙公约》是"违反宪法"的。

航空技术高速发展,避免和减少航空事故发生的能力极大提高;航空领域的保险制度的发展可以说是突飞猛进,有了较为完善的保险制度。总之,航空领域的这些变化使得航空公司独自承担损害赔偿责任的能力较之以前,大大提高了。

(二)双梯度责任原则在国际航空领域的现实意义

双梯度责任原则,可以说是在发达国家和发展中国家激烈的角逐下的产物,进一步促进了国家航空领域的繁荣与发展。根据《蒙特利尔公约》项下的双梯度责任原则的规定,第一梯度内,承运人承担严格的责任原则。换言之,承运人在该梯度内几乎没有免责的可能性,只要有旅客在上下机的过程中遭受损害,造成了旅客死亡或者身体伤害等事故,承运人就要承担责任,当然,旅客的损害赔偿主张是在不超过10万特别提款权的情况下。由此可见,旅客对于承运人来说,不再处于弱势地位,按照该制度,在航空公司为被告的诉讼中,旅客只需要提供受到伤害的事实即可。航空公司除了承担第一梯度的赔偿责任以外,对于第二梯度的责任,也承担着很重的举证责任。因此,双梯度责任原则极大改变了航空客运领域乘客的弱势地位。

以双梯度责任制度代替单一的推定过失原则,是国际航空旅客运输规则科学化的必然要求。从人身损害赔偿领域的归责原则的发展历程来看,归责原则的发展与社会的变革有着密切的关联。最早各国采取的都是过错责任原则,但是随着工业革命带来的种种变化,如工业事故和交通事故大幅度增长,各国开始寻求新的归责原则来弥补过错责任原则的僵化这一缺陷。经过部分国家的实践,推定过失责任原则登上了历史舞台。该原则最大的特征是

---

① 赵维田:《国际航空法》,社会科学文献出版社2000年版,第275页。

免除了被侵权一方的举证责任,将举证不利的后果转移给了侵权一方,这从平衡双方利益的角度来看是科学的。因此,过失推定原则成为华沙体系的核心制度。

随着20世纪人类社会的快速发展,民法所调整的范围在广度和深度上都较以往有了显著的扩展,各国在处理纠纷的过程中又逐渐确立了严格责任原则,用来维护相对弱势一方的合法利益。航空运输事故是生产力发展和技术进步过程中难以避免的代价,既然不能用禁止飞行这样极端的方法来保障旅客的权益,那么对承运人施加严格责任就比推定过失责任原则显得更加人本化。此外,给严格责任设置一个赔偿数额的上限也是十分必要的,这样就降低了承运人在面对旅客一方的索赔时承担巨额赔偿金的可能性,使得制度更加公平可行。

总之,从华沙体系到《蒙特利尔公约》的出台,国际航空旅客运输的承运人责任制度始终是发达国家和发展中国家、英美法系和大陆法系、旅客和航空公司所争论的焦点,贯穿了几乎整个20世纪。双梯度责任制度以其现代化和科学化的制度特性调和了各方的矛盾,平息了纷争,为国际航空旅客运输规则的统一化提供了极佳的助力。①

二、双梯度责任制的学理分析

《蒙特利尔公约》项下的双梯度责任原则,就是将航空运输领域里承运人的赔偿责任划分为两个梯度。

第一梯度,就是在10万特别提款权以内的损害赔偿,对承运人采取的是严格责任原则,在该严格责任内,《蒙特利尔公约》第17条作了明确的表述。根据该表述,我们可以推理得知,乘客在航空器上下机的过程中,不管处于哪个阶段,只要旅客的身体遭受伤害,甚至死亡,承运人都应该承担赔偿责任,

---

① 虽然《危地马拉议定书》没有生效,但其中的很多规则都被1999年《蒙特利尔公约》吸纳。

但是该损害是由于乘客自身的健康状况所导致的除外。[①] 比如说,乘客突发心脏疾病等,在这样的情况下,承运人可以免除责任。除此之外,承运人都要承担赔偿责任。这就是第一梯度内承运人承担的损害赔偿责任。

而在第二梯度内,承运人需要承担的人身损害赔偿采取的是"推定过失责任",也就是承运人需要证明旅客的损害和自己没有因果关系,该损害不是由于自己或者由自己雇佣的代理人所致。抑或该损害是承运人自己的过失或者第三人导致的。例如,航空公司的工作人员为旅客提供了汤食,将汤放在了小桌板上便离开,随后旅客不慎将汤洒在了孩子的身上。在这起事故当中,损失完全是由旅客自身造成的,则航空公司不需要承担赔偿责任。[②] 凡此种种情形下,承运人将不会承担第二梯度内的损害赔偿责任。从学理上分析,首先,乘客在航空运输或者上下机的过程中所遭受的损害,承运人主观上尽到了善意、谨慎合理的义务,或者对该损害的发生尽到了一切必要措施,航空运输也符合一切安全规范。其次,在客观上承运人也一切按照规定在承担运输义务,并没有违反相关规定,进行不当的操作,同时尽到了避免损害之发生的一切必要措施。最后,从因果关系上说,乘客所遭受的损害与承运人之间的行为并不具有因果关系,乘客的损失并不是承运人的过失或过错所致,因此在第二梯度内的损害赔偿责任将不会由承运人承担;反之,承运人如果无法举证从主观、客观行为、违法、因果关系、损害后果这几个方面证明自己没有过错的话,就要承担损害赔偿责任。《蒙特利尔公约》下的损害赔偿责任原则很好地处理了航空客运领域的承运人和旅客之间的地位问题,也兼顾了各国经济发展情况、各国国民的生活水平状况。

---

① 王雅静:《国际航空旅客运输承运人责任相关法律问题探讨》,四川大学2007年硕士学位论文,第16页。

② [荷]迪德里克斯·弗斯修尔:《国际航空法》(第9版),黄韬等译,上海交通大学出版社2014年版,第183页。

三、双梯度赔偿责任制下的承运人赔偿责任

(一)航空承运人责任的限额

由于《华沙公约》中规定的责任限额太低,因此一直被各国争论,以美国为首的发达国家一直指责《华沙公约》是航空公司的“保护伞”。很显然,美国这样做还是出于本国利益的考虑,认为《华沙公约》的责任限额无法满足本国的人身损害赔偿的额度,要求提高承运人的损害赔偿额度,但是美国提出来的设想——把责任限额提高到10万美元是非常不符合航空领域的实际情况的。因此,出现了“农夫补贴国王”的说法。①

无论是《华沙公约》还是《蒙特利尔公约》,都是全球性的公约,所要构建的是一种全球性的国际航空体系,这个航空体系首先要征得世界各国的认可和支持,这也是国际法上所要求的“法律确信”原则的体现。因此,不管构建该条约还是体系,都要体现世界各国的共同意志;为了兼顾世界各国的意志,《蒙特利尔公约》项下的“双梯度”赔偿责任原则应运而生,其中在有关责任限额方面是对原“华沙体系”责任限额的继承和创新。双梯度责任原则将原先的8300美元的提款权提高到了16,600美元,这一改变是顺应世界各国的要求的,无疑是在国家航空赔偿领域中更加灵活地结合世界各国具体的经济赔偿状况。正如赵维田先生在其《国际航空法》一书中所说的那样,“实行责任限制,就必须在世界范围内实行一个统一的具体的限额,不然会脱离实际,行不通”②,如果单纯机械地制定规定,统一硬性的赔偿标准,针对各国都参与其中的国际性航空运输业显然是不适宜的。而《蒙特利尔公约》的责任限额却很好地解决了这一问题。在《蒙特利尔公约》第21条的规定中,不仅把承运人要承担的责任分为两个梯度,而且与此相配套,在不同的梯度下采取不同的归责原则,那么这也就意味着赔偿限额上也更加灵活,这便使发达国

① 赵维田:《国际航空法》,社会科学文献出版社2000年版,第276页。

② 同上书,第275页。

家和发展中国家有关人身损害的赔偿责任限额争论暂时停止了。而原先的“华沙体系”项下的“一刀切”的8300美元的责任限额就显得非常刻板;它不具有双梯度赔偿责任限额的“动态灵活性”,无法及时反映世界各国的国民经济发展状况。

(二)承运人的举证责任

在“华沙体系”下的承运人所承担的是“过错推定责任”,同时规定了举证责任倒置,也就是由承担损害赔偿义务的航空公司承担证明责任,当然,这样做的好处是对航空领域的消费者来说的,他们处于举证困难的境地。正如曾世雄先生在其《损害赔偿法原理》一书中所描述的那样,“举证责任对于赔偿权利人而言是一种重荷,赔偿权利人常有因举证困难而致无法获得赔偿”①,尽管《华沙公约》将举证责任给了承运人,但是采取的过错推定责任将意味着,只要承运人可以证明旅客所受到的人身损害不是由承运人自己或者是承运人所雇佣者的过错或者过失导致的,而是由旅客自己或者第三人导致的,那么承运人将不会对旅客的损害赔偿承担责任。一旦承运人举出了免责事由证据,受害者如果想要承运人担责,必须向法庭提交反证。由此,对人身受到损害的旅客来说,依然是非常重的负荷,加上在航空领域,旅客作为消费者,本来就处于弱势地位。所以,航空运输中双方当事人依然处于非常激烈的“举证角逐”中,这对于受害人的索赔来说,是相对不利的。

但是双梯度责任下的第一梯度采取的是严格责任制度,即只要旅客能够证明该人身损害是在承运人的航空器上或者上下航空器的过程中所遭受的,就可以向承运人索赔,至于该损害是不是第三人导致的,承运人是不是具有过错等情况一概不问。因此,对于遭受人身损害的旅客来说,索赔难度并不大,不存在举证的高负荷问题。同时,双梯度责任制下还规定了“先行赔付”的规定,该原则的根据是《蒙特利尔公约》第28条,只要旅客的人身受到损

① 曾世雄:《损害赔偿法原理》,中国政法大学出版社2001年版,第301页。

害，承运人就应该根据国内法对相关赔偿问题的规定，向有权索赔的自然人支付赔偿金，以助旅客脱离非常窘迫的境地，并且《蒙特利尔公约》还对此进行了特别的规定，那就是即使承运人先行赔付了受害者人损害赔偿金，也将不会造成国内法上的"自认"问题，不会构成对损害的责任承担的自认问题，并且支付的赔偿金可以从后续支付的数额中予以抵销。①

双梯度责任原则下的第二梯度虽然采取了"华沙公约"体系下的过错推定责任，但是承运人依然承担着很重的举证责任，这对于乘客来说也是非常有利的。

四、双梯度责任制对我国国内航空运输赔偿责任的影响

国际立法要适应时代发展的需要，在承运人责任制度上实行"双梯度责任制度"就是极好的例子。《蒙特利尔公约》还对责任限额设置了调整机制，将这一度导致《华沙公约》分崩离析的矛盾置于公约内解决，防止各国以此为由各行其道，从客观上使得双梯度责任制度更加科学、适用性更强。而我国目前的相关立法从总体来看依然保留着华沙体系的痕迹，对《蒙特利尔公约》的吸纳严重不足，双梯度责任制度未能出现在我国国内立法当中。

（一）我国民航领域的现行立法

我国1996年生效的《民用航空法》中有关国际航空旅客运输的规则主要借鉴吸收了1929年《华沙公约》亦即华沙体系中生效的全部正式国际条约的立法特点，即采用了承运人推定过失责任原则并规定了固定的责任限额。②

---

① 王瀚、孙玉超：《航空运输承运人责任制度的发展与创新》，载《上海政法学院学报》2006年第1期。

② 《民用航空法》第129条第1款规定，国际航空运输承运人的赔偿责任限额为每名旅客16600计算单位。第132条规定："经证明，航空运输中的损失是由于承运人或者其受雇人、代理人的故意或者明知可能造成损失而轻率地作为或者不作为造成的，承运人无权援用本法第一百二十八条、第一百二十九条有关赔偿责任限制的规定……"

2005年,我国正式成为《蒙特利尔公约》当事国,意味着双梯度责任制度在中国国际航空运输领域正式生效。可以说,适用双梯度责任制度不仅标志着我国航空法新时代的到来,同时也昭示着我国航空企业的日渐成熟和社会总体经济水平的稳步提升。《蒙特利尔公约》对我国生效后,我国现行的航空旅客责任制度与公约实行的双梯度责任制度之间不可避免地不协调、不一致。如我国《民用航空法》规定的"国际运输"与《蒙特利尔公约》的规定不一致,①前者规定的"国际运输"的范围比后者更广。例如,从我国飞往某一个并非《蒙特利尔公约》当事国的航班属于我国《民用航空法》规定的"国际运输",但不同于《蒙特利尔公约》的规定,一旦发生旅客运输纠纷,旅客无法得到双梯度责任制度的保护,这明显是不公平的。因此,及时修改国内立法,加快中国民航法治与国际航空运输责任法治接轨的步伐,成为我国航空法理论界和民航实务部门共同关注的问题。

同时,应该设立"先行支付"制度,一旦在航空器上或者上下航空器的过程中,乘客遭受损害,国内的承运人应该先行支付有索赔权的自然人一定的赔偿金,然后再从后续的赔偿额度内抵销。② 设立这项制度是非常有必要的,毕竟一旦受到损害,通常受损害旅客及其家人都将处于一个非常"窘迫"的境地,所以设立先行支付制度,不管是对受害人经济上还是精神上,都有一定的缓解作用。

除了上述制度以外,国内的民航业还应当适当根据国内经济发展状况,适当提高赔偿责任限额,毕竟当今国内的经济处在一个日新月异的飞速发展

---

① 《民用航空法》第107条第2款规定:"本法所称国际航空运输,是指根据当事人订立的航空运输合同,无论运输有无间断或者有无转运,运输的出发地点、目的地点或者约定的经停地点之一不在中华人民共和国境内的运输。"《蒙特利尔公约》第1条第2款规定:"就本公约而言,'国际运输'系指根据当事人的约定,不论在运输中有无间断或者转运,其出发地点和目的地点是在两个当事国的领土内,或者在一个当事国的领土内,而在另一国的领土内有一个约定的经停地点的任何运输,即使该国为非当事国。就本公约而言,在一个当事国的领土内两个地点之间的运输,而在另一国的领土内没有约定的经停地点的,不是国际运输。"

② 王瀚、孙玉超:《航空运输承运人责任制度的发展与创新》,载《上海政法学院学报》2006年第1期。

阶段,国内的民航业也应该顺势而为。这不得不重申把“双梯度责任原则”引入国内民航业的必要性。同时还应该设置相应的“责任限额”的调查机制,毕竟国内的经济发展处于动态的发展状态。所以,有关国内民航业的立法应该也处于一个动态中,设置一定的调查期限,不断调整责任限额,从而更好地保护航空客运领域双方当事人的利益。

(二)《蒙特利尔公约》在我国的适用

根据现行立法,我国已经加入的公约的条文效力优先于国内立法。[①] 此外,国内学者也认为,国际航空私法条约在国内有强制适用的效力。[②] 根据《蒙特利尔公约》的规定,当事国不能对公约作出保留,但可以提出两种公约不予适用的特殊情形。[③] 也就是说,当该公约的规定与我国《民用航空法》等民事法律的规定不同时,除了公约上述规定的两种情况外,均应以公约为准,不存在适用我国国内法的可能。

我国对于1995年《民用航空法》中有关承运人责任制度的条文始终没有进行适时的修改,诚然,我国法院在审理国际航空旅客运输案件时可以直接依据公约的双梯度责任原则作出判决,但这一现象与我国航空运输业蓬勃发展的前景极不匹配。无论是《蒙特利尔公约》作出的改革贡献,还是我国航空公司在实践中的做法,均预示着双梯度责任制度终将被我国《民用航空法》采纳吸收,这将是我国航空法成文法立法的又一进步。

---

① 《民法典》第142条第2款、第3款规定:“中华人民共和国缔结或者参加的国际条约同中华人民共和国的民事法律有不同规定的,适用国际条约的规定,但中华人民共和国声明保留的条款除外。中华人民共和国法律和中华人民共和国缔结或者参加的国际条约没有规定的,可以适用国际惯例。”

② 参见董念清:《论国际航空私法条约适用的强制性》,载《中国法学》2020年第1期。

③ 《蒙特利尔公约》第57条规定:“对本公约不得保留,但是当事国可以在任何时候向保存人提交通知,声明本公约不适用于:(一)由当事国就其作为主权国家的职能和责任为非商业目的而直接办理和运营的国际航空运输;以及/或者(二)使用在该当事国登记的或者为该当事国所租赁的、其全部运力已为其军事当局或者以该当局的名义所保留的航空器,为该当局办理的人员、货物和行李运输。”

五、结　　语

从最初的1929年《华沙公约》签署,到后来"华沙体系"的构建,意味着国际民航业初具雏形,刚刚起步的国际民航业,不管是航空公司的实力还是科学技术水平等方面,都还刚刚起步,很多中小航空公司无法承担巨额的损害赔偿,为了促进航空业的进一步发展,1929年《华沙公约》规定了过错推定的赔偿责任原则,目的主要还是把航空领域的风险规定由航空运输领域的双方当事人共同承担。但是随着航空业的不断发展,原先的航空领域的"华沙体系"已经越来越不适应各国的航空诉求。在这样的情况下,针对航空领域的人身损害赔偿问题,1999年签署生效的《蒙特利尔公约》规定了"双梯度责任原则",双梯度责任原则更好地适应了现代国际航空领域的发展需求,其实这一过程也是一个"摸着石头过河"的过程。

反观我国民用航空领域,也是同样的道理。我国民航业起步较晚,刚刚起步时,航空领域并没有多少先进的经验可以借鉴,不管经济层面还是科学技术层面,力量都较弱,国民的生活水平也不高。在这种情况下,我国的民用航空业诞生。经过几十年的发展,我国的经济水平以及各方面都取得了突飞猛进的发展,所以我们应该适当修改国内民航立法,采纳"双梯度责任原则"的灵活性,促使我国民航业进一步发展。

论《国际航班过境协定》与双边航空运输协定的适用关系*

周　昊**　师钰然***

1944年《国际航班过境协定》(以下简称《过境协定》)和各国之间缔结的包含过境权规则的双边航空运输协定(以下简称双边协定)是规制定期国际航班过境权的主要国际法依据。由于《国际民用航空公约》第6条未能构建统一的定期航班过境权规则,以及国家嗣后实践和原缔约意愿产生分歧,双边协定和《过境协定》对过境权的规制产生差异。对差异成因及其具体表现的分析显示,二者在规则适用中同时存在融合互补关系和矛盾冲突关系。规则不冲突时《过境协定》可与双边协定并存适用;规则冲突时,《过境协定》和双边协定规则符合"同一实质事项"要求、存在"可归纳的特定关系",故二者构成"一

* 本文系国家社会科学基金项目"全球空间安全治理视域下临近空间飞行法律规制研究"(项目编号:21BFX212)的阶段性研究成果。

** 荷兰莱顿大学航空法与空间法专业2021级高阶法学硕士研究生。

*** 荷兰莱顿大学航空法与空间法专业2021级博士候选人。

般规则”和“特别规则”的关系,应适用“特别法优于一般法”原则,优先适用双边协定过境权规则。此外,《过境协定》在双边协定过境权规则需要解释和规则缺漏时补充适用。

一、问题的提出

定期国际航班的“过境权”,是国家之间旨在给予他国航空公司飞越本国领空执飞定期航班的空中航行权利。① 国际航空法中的过境权包含“第一航权”和“第二航权”:“第一航权”是一国航空器不降停飞越另一国领土的权利;“第二航权”是一国的航空器在另一国领土内进行加油或维修等“技术性降停”的权利。② “第一航权”和“第二航权”中都不包含旅客和货物运输业务,涉及旅客、货物和邮件商业载运权的航权属于“业务权”(traffic rights)。③ 国家交换定期国际航班过境权的途径主要有两种:一是加入《过境协定》;④ 二是签订双边协定。⑤ 此两种条约规则独立并行且不具有适用上的排他性。因此,当某一过境权争端由于当事国的缔约行为而需同时适用《过境协定》和双边协定过境权规则时,应当适用何种过境权规则便成为一个需要解决的条约适用问题。首先,《过境协定》和大部分双边协定中都不包含可用以确定条约优先适用顺位的“条约冲突规范”,导致《过境协定》和双边协定过境权规则的适用关系尚不明确。其次,《过境协定》和双边协定过境权规则的实体内容存在差异,可能引发法律适用后果上的冲突。与此同时,选择某一规则适用时并不必然违反另一规则,即《过境协定》和双边协定过境权规则

---

① See Chia Jui Cheng, ed., *Studies in International Air Law: Selected Works of Bin Cheng*, Brill Nijhoff, 2018, p. 58.

② Ibid., p. 85.

③ See Benjamyn I. Scott & Andrea Trimachi, *Fundamentals of International Aviation Law and Policy*, Routledge, 2020, p. 94.

④ 参见《过境协定》,1945 年 1 月 30 日生效,ICAO Doc. 7500,第 1 条第(1)款。

⑤ See Lee Jae Woon, *Revisiting Freedom of Over flight in International Air Law: Minimum Multilateralism in International Air Transport*, Air & Space Law, Vol. 38: 4 & 5, p. 361 (2013).

无法一概同时适用或一概择一适用,使《过境协定》和双边协定过境权规则的解释与适用存在困难——这也是当前“国际法碎片化”问题的一个实例。最后,明确《过境协定》和双边协定过境权规则的关系——尤其是产生矛盾冲突时两者的适用顺位——有助于当事国明确条约权利义务之具体内容和在发生争端时应当适用的条约规则,进而助力于化解过境权规则差异可能引发的争议。

二、《过境协定》与双边协定过境权规则存在差异

(一)《芝加哥公约》未能完全统一定期国际航班的过境权规则

1944 年《国际民用航空公约》(以下简称《芝加哥公约》)①第 6 条规定,“除非经一缔约国特准或其他许可并遵照此项特准或许可的条件,任何定期国际航班不得在该国领土上空飞行或进入该国领土”。该条标题“定期航班”(scheduled air services)将其调整范围与第 5 条“不定期飞行的权利”(right of non-scheduled flight)相区分。② 但是公约并未定义何为“定期”,何为“不定期”。根据 1952 年国际民航组织(International Civil Aviation Organization, ICAO)理事会决议,“定期航班”需满足:(1)飞越一个以上国家之领空,使用航空器开展向公众开放的营利性的乘客、邮件及货物运输;(2)在相同的两个或更多地点之间依照公布的固定时间表开展系列航空运输或者没有时间表但开展航班频率达到可以构成固定系列的航空运输。③由于不定期飞行过境权不在《过境协定》的规制范围内,本文不作分析。

由于 1944 年芝加哥国际民航大会就定期航班规制模式未能达成一致意

---

① See Convention on International Civil Aviation (Chicago Convention), (entered into force 4 April 1947), 15 U. N. T. S. 295.

② Ibid., Article 5; see I. H. Ph. Diederiks-Verschoor & Pablo Mendes de Leon, *An Introduction to Air Law*, 9th edition, Kluwer Law International, 2012, p. 15 - 16.

③ ICAO Council, *Definition of Scheduled Air Service*, ICAO Doc. 7278 - C/841, (1952).

见,[①]《芝加哥公约》第 6 条未对定期航班过境权交换作出统一安排,仅规定缔约国需要得到其他缔约国的"特准"并"遵照特准的条件"方可享有定期航班运营权,并未说明"特准"的形式。[②] 起草委员会为此制定了折中方案,分别起草了两项不同的国际条约:一项通过多边条约交换过境权和业务权,另一项仅通过多边条约交换过境权而将业务权保留给国家间另行磋商。这就是同时交换过境权和 3 种业务权的《国际航空运输协定》(以下简称《运输协定》)和只交换过境权的《过境协定》,[③]即国家可以通过两项不同的多边条约获得"特准"。[④] 而在嗣后的实践中,国家实践又发展出第三种可以构成"特准"的形式——双边航空运输协定。

(二)国家嗣后实践与缔约时的国家意愿出现分歧

1944 年芝加哥国际民航大会的"最终动议"(final act)倡议缔约国加入大会起草的《运输协定》和《过境协定》,并"避免与他国缔结排他性授予过境权或商业载运权利的协议"。[⑤] 但是"最终动议"中仍包含了大会起草的,用以指导缔约国缔结交换过境权和业务权的《临时航线协议标准格式》(Standard Form of Agreement for Provisional Air Routes)。[⑥] 可见《芝加哥公约》缔约时,各国虽然希望通过《运输协定》和《过境协定》"一揽子"解决过

---

① See P. P. C. Haanappel, *Bilateral Air Transport Agreements*: 1913 – 1980, Maryland Journal of International Law, Vol. 5: 2, p. 243(1980).

② See Chicago Convention, Article 6; Pablo Mendes de Leon & Niall Buissing, eds., *Behind and Beyond the Chicago Convention*: *The Evolution of Aerial Sovereignty*, Wolters Kluwer, 2019, p. 30.

③ See International Air Service Transport Agreement (entered into force 8 February 1945).

④ See David J. Yang, *The New Dimension of The Fifth Freedom-The Conflict of Interest Between Asian and American Airlines*, Air & Space Law, Vol. 20: 6, p. 322(1995); see also Jan Wouters & Bruno Demeyere, *Overflight*, Oxford Public International Law-Max Plank Encyclopedias of International Law, (Jul., 2008), http://opil.ouplaw.com, para. 15.

⑤ The Department of State, *Proceedings of the International Civil Aviation Conference*, Vol. 1, United States Government Printing Office, 1948, p. 127 – 129; see Michael Milde, *International Air Law and ICAO*, 3rd edition, Eleven International Publishing, 2016, p. 116.

⑥ See P. P. C. Haanappel, *Bilateral Air Transport Agreements*: 1913 – 1980, Maryland Journal of International Law, Vol. 5:2, p. 245(1980).

境权和业务权交换问题,但也留下双边协定作为备用手段,因此双边航空运输协定也属于“特准”的范畴。

1944 年后的国家实践证明了多边运输权交换模式的失败:《运输协定》仅有 11 个国家加入,[①]而《过境协定》虽然有 133 个国家加入,[②]但缔约国中并不包含一些幅员广阔的国家,如加拿大、中国、印度尼西亚和俄罗斯都不是《过境协定》的缔约国。[③] 可见《过境协定》无法在所有国家之间“一揽子”交换过境权。[④] 实践中,国家也普遍选择双边协定解决业务权交换问题。[⑤] 由于《运输协定》一直未能生效,国家嗣后实践与缔约时国家意愿的分歧,最终使《过境协定》和双边协定并存适用,并演化形成了差异化的过境权规则。

(三)《过境协定》与双边协定过境权规则差异的具体体现

在《过境协定》和双边协定项下,国家通过指定本国符合条约要求的航空公司并授予其运营许可(operating authorization)以行使过境权。[⑥]

首先,在设定条件的类别上,双边协定分别规定了航空公司取得条约项下“指定航空公司”(designated airline)地位以获得运营许可的条件和当事国

---

① See ICAO, *Current Lists of Parties to Multilateral Air Law Treaties*, ICAO Treaties Collections (Feb. 25, 2020), https://www.icao.int/secretariat/legal/List%20of%20Parties/Transport_EN.pdf.

② Ibid.

③ See Michael Milde, *International Air Law and ICAO*, 3rd edition, Eleven International Publishing, 2016, p.112.

④ See Benjamyn I. Scott & Andrea Trimachi, *Fundamentals of International Aviation Law and Policy*, Routledge, 2020, p.102; see also Chia Jui Cheng, ed., *Studies in International Air Law: Selected Works of Bin Cheng*, Brill Nijhoff, 2018, p.101.

⑤ See H. A. Wassenbergh, *Post-war International Civil Aviation Policy and the Law of the Air*, 2nd edition, Martinus Nijhoff, 1962, p.17; see also Chia Jui Cheng, ed., *Studies in International Air Law: Selected Works of Bin Cheng*, Brill Nijhoff, 2018, p.101.

⑥ See Brain F. Havel & Gabriel S. Sanchez, *The Principles and Practice of International Aviation Law*, Cambridge University Press, 2014, p.69; see also P. P. C. Haanappel, *Bilateral Air Transport Agreements: 1913 - 1980*, Maryland Journal of International Law, Vol. 5:2, p.245 (1980).

撤销运营许可的条件。[①] 例如,2007 年美国与欧盟之间缔结的《航空运输协定》(以下简称《天空开放协定》)第 4 条和第 5 条分别规定了“取得授权”条件和“撤销授权”条件。[②] 2010 年中国和东盟缔结的双边协定的第 3 条和第 4 条也分别规定了“取得运营许可”和“撤销运营许可”适用的不同条件。[③] 与之相对,《过境协定》仅在第 1 条第 5 节设定了撤销许可的条件,即缔约国可以在“对另一缔约国指定航空公司的主要所有权和有效管理权属于该缔约国国民存有疑义,或对该指定航空公司遵守其飞经国家的法律,或不履行本协定所规定的义务”时,撤销运营许可,而并未规定运营许可的授予条件。

其次,在设定条件的内容上,双边协定包含约定航空器适航证和各种许可证效力的“航空安全”(aviation safety)条款,以及约定双方采取措施预防和惩罚针对航空器犯罪的“航空安保”(aviation security)条款,二者都可作为撤销运营许可的依据。有的双边协定还包含一些特别条款,例如,1946 年美国与澳大利亚缔结的双边协定和 1980 年中国与美国缔结的双边协定,都要求指定航空公司满足当事国民用航空管理机构“通常适用于国际航空运输的法律规章和其他条件”。[④] 相比之下,《过境协定》没有规定这些条件,仅在第 1 条第 2 节规定《过境协定》项下权利的行使须符合《芝加哥公约》。

最后,双边协定将过境权和业务权一起列入“权利授予”(grant of rights)条款,[⑤]使适用于业务权的规则同样适用于过境权。例如,2005 年中国与加

---

① See Brain F. Havel & Gabriel S. Sanchez, *The Principles and Practice of International Aviation Law*, Cambridge University Press, 2014, p.100 – 101.

② 参见《航空运输协定》(《天空开放协定》),2008 年 3 月 30 日生效,OJ L134/50,第 4 条、第 5 条。

③ 参见《中华人民共和国政府和东南亚国家联盟各成员国政府航空运输协定》,2010 年 11 月 12 日签署,第 3 条、第 4 条。

④ See Air Transport Services Agreement between the United States of America and Australia, (entered into force 3 December, 1946), T. I. A. S. No. 1576, Article 3(b); see also Agreement between the Government of the People's Republic of China and the Government of the United States of America Relating to Civil Air Transport, (entered into force 17 September, 1980) Article 3(3).

⑤ See Brain F. Havel & Gabriel S. Sanchez, *The Principles and Practice of International Aviation Law*, Cambridge University Press, 2014, p.76.

拿大缔结的双边协定第 2 条以及《天空开放协定》第 3 条均采用了此种模式。① 此外,加拿大为业务权谈判退出《过境协定》②和西伯利亚航班过境权案③等实践,也表明部分国家希望过境权能和业务权一样产生商业利益。④ 可见,在双边协定项下,国家将过境权和业务权视作同等重要的权利,适用同类调整模式,而《过境协定》仅为交换过境权制定。

三、《过境协定》与双边协定过境权规则存在不同的适用关系

根据 1969 年《维也纳条约法公约》第 26 条,各国有义务善意履行对其生效的国际条约。⑤ 当需要同时适用的条约规则之间存在差异时,要保证法律适用后果不发生冲突,必须确定条约规则之间存在何种适用关系。《过境协定》和双边协定过境权规则之间存在两类适用关系:一是融合互补的适用关系,二是矛盾冲突的适用关系。

(一)二者存在融合互补的适用关系

一方面,《过境协定》和双边协定过境权规则存在可以互相融合的条约规则,允许并存适用。例如,在"实质所有权和有效控制权"规则的内容上,《过境协定》规定:"每一缔约国如对另一缔约国的空运企业的实质所有权和有效控制权属于该缔约国国民存有疑义……时,保留扣发或撤销其

---

① 参见《中华人民共和国政府和加拿大政府民用航空运输协定》(2005 年 9 月 9 日生效)第 2 条;《天空开放协定》第 3 条。

② See Michael Milde, *International Air Law and ICAO*, 3rd edition, Eleven International Publishing, 2016, p. 112.

③ See Johannes Baur, *EU-Russia Aviation Relations and the Issue of Siberian Overflights*, Air & Space Law, Vol. 35:3, p. 228(2010).

④ See Chia Jui Cheng, ed., *Studies in International Air Law: Selected Works of Bin Cheng*, Brill Nijhoff, 2018, p. 53.

⑤ See Vienna Convention on the Law of Treaties (VCLT) (entered into force 27 January 1980), 1155 U. N. T. S. 331, Article 26.

证书或许可证的权利”。《天空开放协定》规定,“任一当事方可以在指定航空公司的实质所有权和有效控制权不属于另一当事方国民……时,撤销指定航空公司的运营许可”。二者措辞一致,产生相同的法律后果。又如,在有关机场使用规费的规则上,《过境协定》第1条第4节第2款规定,缔约国可以向使用机场以及其他相关设施的航空公司收取“公平合理”的使用规费。《天空开放协定》第12条第1款同样规定“公平合理”作为使用机场及相关设施规费的标准。二者用语一致,法律适用后果相同,可以并存适用。

另一方面,《过境协定》和双边协定过境权规则也存在互补的条约规则,同样允许并存适用。例如,在有关机场使用规费的规则上,《过境协定》第1条第4节第2款规定,对过境航班收取“使用机场及其他设备时征收或准予征收公平合理的费用”。《天空开放协定》第12条第2款规定,使用规费可以在机场设施损耗的基础上予以合理减扣,并要求收取规费的机场设施应当提供经济高效的服务。而《过境协定》中并无此种规则,二者可以互补适用。又如,在同样处理双边协定和多边协定关系的1992年“希思罗机场规费仲裁案”(Heathrow Airport User Charges Case)中,仲裁庭说明互补规则可以并存适用。该案同时涉及《芝加哥公约》第15条第2款和英美之间缔结的双边协定(以下简称百慕大Ⅱ式协定)第10条第2款的规定。仲裁庭认为,《芝加哥公约》第15条第2款和百慕大Ⅱ式协定第10条第2款[①]仅在适用对象上有所区别,鉴于规则的内涵一致,属于互补规则,应当同时适用。[②] 这一原理也同样适用于双边协定过境权规则和《过境协定》。

① See Agreement between the Government of the United Kingdom of Great Britain and Northern Ireland and the Government of the United States of America concerning Air Services (entered into force 23 July 1977), Article 10(2).

② See *United States-United Kingdom Arbitration concerning Heathrow Airport User Charges* (United States v. United Kingdom), R. I. A. A., Vol. 24, p. 264.

(二)二者存在矛盾冲突的适用关系

条约规则的冲突可划分为两种类型:一是由于规则内容互斥(incompatible)而导致的冲突,具体表现为:并存适用两种规则时必有其一被违反。[①] 二是由于规则内容存在差异而导致冲突,具体表现为:并存适用两种规则时,适用情形可能允许并存适用或产生法律冲突。

《过境协定》和双边协定过境权规则之间不存在规则内容互斥的冲突,但存在规则内容差异导致的冲突。例如,《过境协定》第1条第5节规定,缔约国可以在"指定航空公司不遵守飞经国法律"时撤销运营许可。而《天空开放协定》第5条第1款第(c)项和第7条规定,缔约国可以在指定航空公司违反"有关从事国际航行的航空器进入或离开其领土或关于此种航空器在其领土内操作或航行的法律和规章"时撤销运营许可。

一方面,这两项规则要求指定航空公司遵守的法律范畴存在重合情形:"有关从事国际航行的航空器进入或离开其领土或关于此种航空器在其领土内操作或航行的法律和规章"是"飞经国国内法"的一部分,因而并存适用不会必然违反其中某项规则,不属于规则内容互斥的冲突。另一方面,"飞经国国内法"的范畴和"有关从事国际航行的航空器进入或离开其领土或关于此种航空器在其领土内操作或航行的法律和规章"的范畴存在差异:前者可以包含飞经国的整个国内法体系,而后者只能包含一类有关特定事项的国内法。倘若指定航空公司违反了飞经国国内法当中无关"航空器进入或离开其领土或关于此种航空器在其领土内操作或航行的法律和规章",《过境协定》和《天空开放协定》就会发生法律冲突,这属于规则内容存在差异导致冲突的情形。

---

① See Nele Matz-Lück, *Conflicts between Treaties*, Oxford Public International Law-Max Plank Encyclopedias of International Law (Dec. 12, 2010), http://opil.ouplaw.com, paras. 5 - 6.

(三)适用关系差异引发法律后果的不确定性

《过境协定》和双边协定过境权规则会因适用情形不同而产生“允许并存适用”和“发生法律冲突”两种情况,直接关系到当事国是否享有撤销运营许可的权利。例如,针对指定航空公司的“实质所有权和有效控制权”,《过境协定》中没有详细说明。而《天空开放协定》第5条第1款第(a)项和第(b)项列举了可以构成实质所有权和有效控制权的具体内容,“是否由本国国民控制”、“是否在本国有主要营业地”以及“是否持有本国执照”。一方面,假定“指定航空公司并非由另一缔约国国民控制”这一法律事实,此时适用《过境协定》和《天空开放协定》能取得一致的法律后果——另一缔约国有权撤销该指定航空公司的运营许可,因此二者可以并存适用;另一方面,假定“指定航空公司并非在另一缔约国有主要营业地”这一法律事实,此时适用《过境协定》和《天空开放协定》就会发生法律冲突——《过境协定》仅规定“并非由另一缔约国国民控制”为“实质所有权和有效控制权存疑”可以撤销运营许可的情形,不包括“指定航空公司并非在另一缔约国有主要营业地”的情形。而《天空开放协定》规定“在本国有主要营业地”属于“实质所有权和有效控制权存疑”——可以撤销运营许可的情形,如此产生了冲突的法律后果。

又如,针对“航空安全”和“航空安保”条款,《过境协定》中没有相关规定,而《天空开放协定》第8条和第9条进行了详细规定,并说明可以在指定航空公司违反这两项条款中任意一项时撤销其运营许可。若“航空安保”条款被违反,依据《过境协定》缔约国不享有撤销航空公司运营许可的权利,但缔约国可以依据《天空开放协定》的“航空安保”条款撤销航空公司的运营许可。此时适用《过境协定》和《天空开放协定》就形成了法律冲突。可见,以《天空开放协定》为代表的双边协定过境权规则在包含《过境协定》条件的基础上扩充了条件的类别和内容。在特定法律事实——被双边协定过境权规则规定而未被《过境协定》规定的法律事实发生时,适用《过境协定》和双边协定过境权规则的法律后果可能产生差异。这些情形均需要适用条约解释规则,以化解可能产生的法律适用冲突。

四、适用"特别法优于一般法"原则 解决过境权规则的适用冲突

(一)《过境协定》和双边协定规则处理"同一实质事项"

不同条约规则的调整内容指向"同一实质事项"(same substantive matter),才可能引起法律适用上的冲突。杰拉德·菲茨莫里斯爵士(Sir G. Fitzmaurice)认为,构成"同一实质事项"的标准是条约规则处理"同一法律争议"。① 国际法委员会(International Law Commission, ILC)在其2006年报告——《国际法的碎片化:国际法的多样化和扩展引起的困难》(以下简称《国际法的碎片化》)中指出,不同规则都规制"组成同一法律争议的事实要素",②即可构成有关"同一实质事项"。判断不同条约规则是否有关"同一实质事项"应从两方面考察:一是特定情形下,这些条约规则是否对当事国都是有效而应当适用的;二是同时适用,是否以同一法律事实出现为条件。《过境协定》与双边协定过境权规则存在冲突的规则属于"同一实质事项"。举例来说,一方面,《过境协定》和双边协定项下有关"实质所有权和有效控制权"的条款在争议发生时对当事国都具有拘束力,需要同时适用;另一方面,二者的同时适用是由于发生了涉及"实质所有权和有效控制权"的"同一"法律事实,从而同时"触发"《过境协定》和双边协定项下的相关条款。

(二)《过境协定》和双边协定规则之间存在"可归纳的特定关系"

《过境协定》项下的过境权规则可以按规定内容划分为5类:一是过境权

---

① Sir G. Fitzmaurice, *The Law and Procedure of the International Court of Justice* 1951 - 4: *Treaty Interpretation and Other Treaty Points*, British Year Book of International Law, Vol. 33, p. 236(1957).

② ILC, *Report of the International Law Commission on the Work of its* 58th *Session* (1 May - 9 June and 3 July - 11 August), UN Doc. A/61/10, p. 178, foot note 971.

交换;[①]二是商业服务和机场设施使用规费;[②]三是航线和机场的指定;[③]四是撤销运营许可的条件;[④]五是与《芝加哥公约》的关系。[⑤] 以当代最具代表性的双边航空运输协定——2007 年《天空开放协定》为例,通过与《过境协定》对比,可以发现,二者在这五方面均存在可归纳特定关系。

在过境权交换方面,《天空开放协定》第 3 条"权利授予"规定了过境权的权利内容,与《过境协定》没有差异。虽然《过境协定》在第 1 条第 1 节第 2 款额外规定了关于军用机场和战时补给线的"但书",[⑥]但考虑到《过境协定》缔结时第二次世界大战尚未结束,此项"但书"规定有很强的战时背景,在当代的和平环境中极少能够适用。

在商业服务和机场设施使用规费方面,《过境协定》第 1 条第 3 节规定,飞经国可以要求,在本国境内进行非商业经停的另一缔约国之航空公司提供合理的"商业服务"(commercial services)。第 1 条第 4 节第 2 款规定,飞经国可以对航班在使用机场及其他设施时征收"公平合理"的费用,费用应不高于其本国航空器在从事同样国际航班时使用此项机场及设施所缴纳的费用。《过境协定》对于机场设施使用规费的要求体现了"国民待遇"原则,也就是对本国航空器和他国航空器提供非歧视的待遇。[⑦] 尽管《天空开放协定》中没有关于非商业经停"商业服务"的相关条款,第 12 条第 1 款却规定了当事国有权向另一当事国的航空公司收取使用机场设施的规费必须"公平合理,

---

① 参见《过境协定》第 1 条第 1 节。

② 同上文件,第 1 条第 3 节、第 1 条第 4 节第 2 款。

③ 同上文件,第 1 条第 4 节第 1 款。

④ 同上文件,第 1 条第 5 节。

⑤ 同上文件,第 1 条第 2 节。

⑥ 同上文件,第 1 条第 1 节第 2 款:"本节所规定的权利不适用于对定期国际航班禁止使用的军用机场。在战争或军事占领地区及战时通往此项地区的补给路线上,此项权利的行使须经军事主管当局的核准。"

⑦ See Chicago Convention, Article 15; see also Raúl Emilio Vinuesa, *National Treatment*, Oxford Public International Law-Max Plank Encyclopedias of International Law, (Apr. 22, 2011), http://opil. ouplaw. com, para. 9; see also Ruwantissa Abeyratne, *Regulation of Air Transport: The Slumbering Sentinels*, Springer, 2014, p. 110;由于《过境协定》第 1 条第 4 节第 2 款关于规费的规定与《芝加哥公约》第 15 条规定的措辞一致,因此参考了针对《芝加哥公约》第 15 条的评注。

禁止歧视”,并且向另一当事国航空公司收取规费的条件“不得低于给予其他任何航空公司的最优惠条件”。这一条款除包含《过境协定》当中的“公平合理”和“禁止歧视”原则之外,在收取规费条件上体现了“最惠国待遇”原则。因为“其他任何航空公司”既可涵盖收取规费国家自己的航空公司,也能涵盖第三国的航空公司。可见,《天空开放协定》在机场设施使用规费方面的规则,在包含《过境协定》规则的基础上扩充了要求的内容,可归纳得出《天空开放协定》细化和补充了《过境协定》。

在航线和机场的指定方面,《过境协定》仅在第4条第1节第1款规定了缔约国享有指定航线和机场的权利,而《天空开放协定》在第3条第1款第(c)项详细规定了当事国指定航空公司运营的路线模式,澄清了当事国如何行使《过境协定》项下给予的指定航线和机场的权利。可见,《天空开放协定》在《过境协定》的基础上对过境权行使作出了具体安排。

在撤销指定航空公司运营许可的条件方面,《过境协定》在第1条第5节规定,当事国可在两种情况下撤销授予指定航空公司的运营许可:一是指定航空公司不满足“实质所有权和有效控制权”条件;二是指定航空公司违反飞经国的法律或者《过境协定》项下义务。[①] 而《天空开放协定》第5条规定的可以撤销指定航空公司运营许可的情形有6种,除了《过境协定》中规定的2种情形以外,还包含:(1)指定航空公司的主要营业地不在缔约国境内;(2)指定航空公司未获得缔约国政府的运营许可;(3)指定航空公司违反协定项下“航空安全”条款;(4)指定航空公司违反协定项下“航空安保”条款。可见,当事国在《天空开放协定》中通过扩展运营许可撤销条件的方式对《过境协定》的规定进行了补充和细化。

在与《芝加哥公约》的关系方面,《过境协定》还要求缔约国在行使过境权时遵守《芝加哥公约》。[②]《天空开放协定》的序言当中提及《芝加哥公

① 参见《过境协定》第1条第5节。

② 同上文件,第1条第2节。

约》,可见,遵守《芝加哥公约》是《天空开放协定》的目的和宗旨,①而《天空开放协定》的具体规则澄清了当事国要如何遵守《芝加哥公约》。②

概言之,《天空开放协定》和《过境协定》在过境权交换、商业服务和机场设施使用规费、航线和机场的指定、撤销运营许可的条件以及条约项下权利义务与《芝加哥公约》的关系这五方面存在可归纳的特定关系。《天空开放协定》细化和澄清了《过境协定》项下的规则,为当事国如何具体行使《过境协定》中规定的各项权利提供指引。《天空开放协定》对全球其他地区的双边协定具有引领作用,是未来更加开放的双边协定的典例。③ 在欧盟与其他国家的双边协定谈判中,东南亚国家联盟(Association of Southeast Asian Nations, ASEAN)"单一航空市场计划"以及2010年拉丁美洲的区域性多边协定中,都体现了2007年《开放天空协定》对全球双边协定的影响力,④其与《过境协定》之间的关系能够代表现代双边协定与《过境协定》之间的关系。

(三)《过境协定》和双边协定规则构成"一般规则"和"特别规则"关系

"特别法优于一般法"(*lex specialis derogat legi generali*)原则源于罗马法,虽然这项原则最常见于各国国内法,⑤但同时它也是一项重要的国际法规则。常设国际法院(Permanent Court of International Justice, PCIJ)在1925年"马弗罗马蒂斯－巴勒斯坦租借权"案⑥和国际法院(International Court of

---

① See *Case concerning rights of nationals of the United Statesof America in Morocco*, Judgment of August 27th, 1952: I. C. J. Reports 1952, p. 176, 196; see also Pablo Mendes de Leon & Niall Buissing, eds., *Behind and Beyond the Chicago Convention: The Evolution of Aerial Sovereignty*, Wolters Kluwer, 2019, p. 265.

② See Pablo Mendes de Leon & Niall Buissing, eds., *Behind and Beyond the Chicago Convention: The Evolution of Aerial Sovereignty*, Wolters Kluwer, 2019, p. 266.

③ See Benjamyn I. Scott & Andrea Trimachi, *Fundamentals of International Aviation Law and Policy*, Routledge, 2020, p. 104.

④ Ibid., p. 105.

⑤ See Anja Lindroos, *Addressing Norm Conflicts in a Fragmented Legal System: The Doctrine of Lex Specialis*, Nordic Journal of Internationl Law, Vol. 74: 1, p. 35(2005).

⑥ See *Mavrommatis Palestine Concessions* (Greece v. The Great Britain), P. C. I. J. Reports Series A, No. 2, p. 29.

Justice, ICJ)在 1969 年"北海大陆架"案(North Sea Continental Shelf)[①]及 1986 年"尼加拉瓜军事和准军事行动"案(Military and Paramilitary Activities in and against Nicaragua)[②]等五起案件的判决中,均认可并适用了"特别法优于一般法"原则。"特别法优于一般法"原则被用以确定条约的优先适用顺位,[③]要求条约规则之间存在"一般规则"(general rules)和"特别规则"(special rules)的关系。法谚"特别法优于一般法"本身并未说明何为"一般规则",何为"特别规则"。根据安妮娅·林德卢斯(Anja Lindroos)教授为国际法委员会所开展的研究,"一般规则"与"特别规则"的关系存在两种形态:其一,适用一般规则与特别规则的法律后果互斥,特别规则排除一般规则的适用;其二,适用一般规则和特别规则的法律后果不互斥,特别规则补充或澄清一般规则的适用。[④] 国际法委员会在《国际法的碎片化》报告中将这两种形态总结为:"特别规则能够用以具体适用、澄清、更新、修改以及排除一般规则的适用。"[⑤]两种形态分别在 1929 年"克莱努 - 德国州"仲裁案(Colleanu v. German State Arbitration)和国际法院 1997 年"盖巴斯科夫 - 拉基玛洛大坝"案(Gabčikovo-Nagymaros Project)中有所体现。[⑥] 除了能够融合互补的条约规则之外,《过境协定》和双边协定过境权规则呈现"双边协定过境权规则细化和澄清《过境协定》项下的规则"的关系,并且双边协定过境权规则指导当事国行使《过境协定》项下的权利和义务,构成"一般规则"和"特别规

---

① See *North Sea Continental Shelf*, Judgment, I. C. J. Reports 1969, p. 3, 42.

② See *Military and Paramilitary Activities in und against Nicaragua* (Nicaragua v. United States of America), I. C. J. Reports, 1986, p. 14, para. 274.

③ See Nele Matz-Lück, *Conflicts between Treaties*, Oxford Public International Law-Max Plank Encyclopedias of International Law (Dec. 12, 2010), http://opil. ouplaw. com, para. 24.

④ See Anja Lindroos, *Addressing Norm Conflicts in a Fragmented Legal System: The Doctrine of Lex Specialis*, Nordic Journal of Internationl Law, Vol. 74:1, p. 45 – 47(2005).

⑤ ILC, *Report of the International Law Commission on the Work of its 58th Session*(1 May – 9 June and 3 July – 11 August), UN Doc. A/61/10, para. 251(a)(8).

⑥ See *Gabčikovo-Nagymaros Project* (Hungary v. Slovakia), I. C. J. Reports, 1997, p. 7, para. 132; see also Sir Hersch Lauterpacht, *Annual Digest of Public International Law Cases*: 1929 – 1930, Vol. 5, Longmans Green and Company, 1935, p. 440.

则”的关系,其中《过境协定》为“一般规则”,双边协定过境权规则为“特别规则”。

(四)适用“特别法优于一般法”原则的法律后果与评价

在一般规则和特别规则的法律后果不互斥且特别规则补充或澄清一般规则的适用时,特别规则优先于一般规则适用,但一般规则仍然可以在特定条件下解释特别规则的适用。① 这种法律后果不解除当事国的任何义务,但特别规则有优先适用权,一般规则只在限定的两种情况下适用:特别规则需要一般规则解释的情形和特别规则规定缺漏的情形。② 在1987年“AMOCO金融集团—伊朗”仲裁案(AMOCO International Finance Corporation v. Iran)中,仲裁庭指出:“双边条约作为特别规则应当优先于作为一般规则的习惯国际法适用,但一般国际法仍然是可以适用的规则。它能够填补规则缺漏、帮助解释特别规则以及指导特别规则适用。”③

适用“特别法优于一般法”原则的法律后果,与通常情形下法律规则并存适用的法律后果存在差异。首先,适用“特别法优于一般法”原则会导致规则之间存在优先适用关系,即特别规则优先于一般规则适用。而在并存适用关系中,规则之间适用顺位平等,不存在优先适用关系。其次,适用“特别法优于一般法”原则,仅允许一般规则在上述两种限定情形下补充适用,一般规则的适用情形受到限制。而在并存适用关系中,规则的适用情形是相同的,不存在限制。最后,“特别法优于一般法”原则,只允许“一般规则补充和解释特别规则”的“单向”补充适用;仅仅在特别规则需要补充时,适用部分

---

① See *Gabčikovo-Nagymaros Project* (Hungary v. Slovakia), I. C. J. Reports, 1997, p. 7, para. 132; see also ILC, *Report of the International Law Commission on the Work of its 58th Session*, (1 May - 9 June and 3 July - 11 August), UN Doc. A/61/10, para. 251(b)(9).

② See ILC, *Report of the International Law Commission on the Work of its 58th Session*, (1 May - 9 June and 3 July - 11 August), UN Doc. A/61/10, para. 251(c)(15)(16).

③ *AMOCO International Finance Corporation v. Iran* (Amoco International Finance Corporation v. The Government of Islamic Republic of Iran), Case No. 56, 14 July 1987, Iran-United States Claims Tribunal, Iran-US CTR 1987 - 11 Vol. 15, p. 222.

一般规则协助解释,其他情形下当事国仅需满足特别规则项下的义务即可。而在并存适用关系中,规则之间互相补充和解释,属于"双向"的补充适用,当事国需要满足所有规则项下的义务。在1925年"马弗罗马蒂斯-巴勒斯坦租借权"案的判决中,常设国际法院在认定法院的管辖权时存在两项可适用的条约:一项具体规定了接受常设国际法院管辖的程序和行政事项;另一项原则性地规定了法院的管辖权。法院最终认为前者作为特别规则优先适用,但在特别规则需要解释和补充时仍然需要作为一般规则的后者适用。[①]法院并没有简单地认为两项条约并存适用,而是具体地分析条约当中的规则内容,根据条约之间特别规则和一般规则的关系明确了优先适用顺位,并指出了一般规则在有限情形下对特别规则的"单向"补充解释作用。

除了能够融合补充适用的规则以外,《过境协定》和双边协定过境权规则的关系是"双边协定过境权规则细化和澄清《过境协定》规则",因而适用"特别法优于一般法"原则的法律后果是双边协定过境权规则优先于《过境协定》适用,但当事国在《过境协定》和双边协定过境权规则项下的义务都不解除。由于双边协定过境权规则优先适用,当事国仅需满足双边协定过境权规则的义务,但在双边协定过境权规则需要进一步解释或存在规则缺漏时,《过境协定》补充适用,此时当事国需要同时满足《过境协定》和双边协定过境权规则的条约义务。《过境协定》和双边协定过境权规则的补充适用关系只能是"《过境协定》补充双边协定过境权规则适用",而非相互补充;否则,将形成并存适用关系,导致规则间存在的矛盾冲突无法解决。

此外,适用"特别法优于一般法"原则符合《维也纳条约法公约》第41条(仅在若干当事国间修改多边条约之协定)的规定。该条旨在规制多边条约框架下,部分当事国通过另立协定的方式修改这些当事国之间多边条约的适用,[②]但仅限于以下两种情形:多边条约明示允许作此种修改的情形;多边条

① See *Mavrommatis Palestine Concessions case* (Greece v. The Great Britain), 30 August 1924, PCIJ, P. C. I. J. Reports 1924 Series A. No. 2 p. 29.

② See VCLT, Article 41; see also Oliver Dörr & Kirstn Schmalenbach, eds., *Vienna Convention on the Law of Treaties: A Commentary*, Springer, 2012, p. 719.

约没有禁止此种修改,并且部分当事国的有限修改不影响其他当事国在多边条约下的权利义务,且不会损抑与贯彻多边条约目的和宗旨密切相关的规定。第二种情形的3项条件必须同时满足。[①] 就《过境协定》和双边协定过境权规则来说,首先,由于适用"特别法优于一般法"原则,双边协定过境权规则确实构成修改《过境协定》条约规则。《维也纳条约法公约》第41条应当适用。其次,《过境协定》并没有明示允许也没有禁止部分当事国修改条约规则。这属于《维也纳条约法公约》第41条项下的第二种情形。再次,双边协定的效力仅拘束当事国双方,内含过境权规则也仅在双边范围内有效,不会影响《过境协定》其他缔约国的权利和义务。最后,双边协定过境权规则并没有更改《过境协定》项下的与条约目的和宗旨有关的重要规则,而仅仅是在《过境协定》规则的基础上进行了明晰和细化。适用"特别法优于一般法"原则符合《维也纳条约法公约》第41条。

五、结　　语

《过境协定》和双边协定作为规制定期航班过境权的两大主要模式,二者存在的规则差异和适用关系模糊问题对当事国明确条约义务带来负面影响,亦不利于发生争端时准确适用条约规则。《芝加哥公约》第6条对定期国际航班的"许可式"规定,为双边协定过境权规则和《过境协定》的内容差异埋下伏笔,国家嗣后之实践与缔约时国家意愿的分歧则导致规则差异成为现实。这些规则差异可能影响,双边协定项下指定航空公司取得和运用运营许可的评价标准,产生不同的法律后果。《过境协定》和双边协定过境权规则在适用中存在融合互补和矛盾冲突两类关系。针对前者,《过境协定》和双边协定过境权规则可以并存适用;针对后者,需适用条约解释规则确定优先适用顺位。鉴于双边协定和《过境协定》规则符合"同一实质事项"要求,规

① See Oliver Dörr & Kirstn Schmalenbach, eds., *Vienna Convention on the Law of Treaties: A Commentary*, Springer, 2012, p. 724.

则之间存在“可归纳的特定关系”，且双边协定过境权规则细化和澄清《过境协定》规则，二者构成“特别规则”和“一般规则”关系，应当适用国际法中的“特别法优于一般法”原则，使双边协定过境权规则优先于《过境协定》适用。《过境协定》仅在双边协定过境权规则需要进一步解释和规则缺漏时“单向”补充适用。这一法律后果也符合《维也纳条约法公约》第 41 条的规定。未来的双边协定过境权规则宜使用明确的“冲突法”式规则，确定《过境协定》和双边协定的适用关系，并基于此建立统一的法律解释。这有助于降低条约解释和适用的难度，也有助于推进各国在《芝加哥公约》框架下顺利开展过境权交换与使用。

反垄断法视域下国际航线联营“相关市场”的界定*

高乐鑫**

在跨境航空运输服务贸易领域，国际航线联营是晚近诞生的新型商业合作模式。航空公司在特定跨境航线合作，联合与协调航线网络布局、联合定价与销售、共享收益或利润等。但是国际航线联营是航空公司间的契约型联营，并不存在独立的联营公司或企业等制度结构。① 国际航线联营已经演变为跨境航空运输领域的新型服务贸易模式，对整个服务贸易产生重要影响。国际航线联营协议往往被视为减少或消除竞争的潜在垄断协议，因此不可避免地面临反垄断法的规制。无论是美国、新加坡和澳大利亚等国的事前反垄断豁免授权，还是欧盟的事后的反垄断调查，“相关市场”（relevant markets or

* 本文受山东大学基本科研业务费资助项目（2020GN004）资助。

** 法学博士，山东大学法学院助理研究员，博士后流动站研究人员。

① Mifsud Paul V., *Metal Neutrality and the Nation-Bound Airline Industry*, Air and Space Law, Vol. 36, p. 117 – 130(2011).

relevant market)作为反垄断法规范国际航线联营的重要概念和工具,已在实践中发挥重要作用。在当前的国际社会,尚未成功形塑统一的“相关市场”适用规则,相关国家和地区的做法亦各有差异。本文立基于国际航线联营反垄断实践经验,归纳和分析各地“相关市场”的实际做法,探讨“相关市场”的法律界定。

一、国际航线联营“相关市场”的反垄断法定位

经济合作与发展组织曾指出:“任何类型的竞争分析的出发点都是‘相关市场’的界定。”①“相关市场”,是指经营者在一定时期内就特定产品或服务进行竞争的产品或服务范围和地域范围。② 国际航线联营在“相关市场”对消费者和竞争对手产生最重要的影响,自然可能衍生反垄断问题。③ 2007年,美国和欧盟间航空运输协定附件2《关于航空运输业竞争问题的合作》第2条,专门提及界定“相关市场”对推动实现美欧一致监管的重要地位。一般而言,以“相关市场”为标准的反垄断审查主要集中于产品领域,以有形产品为标的进行分析更为直观形象和便于操作,而相应的反垄断法律法规亦基本契合产品特性,造成相关服务的长期失衡与不对称。根据航空运输业服务贸易的行业特性,国际航线联营涉及的“相关市场”限于服务领域,不牵扯任何产品元素。然而,产品领域的“相关市场”对国际航线联营的影响深刻而具体。欧盟委员会借用1997年《为执行共同体竞争法关于相关市场界定的委员会通知》中对“产品”的规定来解释“相关市场”,④参与国际航线联营的航空公司联合向新加坡竞争委员会申请反垄断豁免,也时常以“产品”

① 李彬:《竞争法的基本范畴研究》,知识产权出版社2011年版,第55页。

② 参见周昀:《反垄断法新论》(修订版),中国政法大学出版社2016年版,第118页。

③ Laer Hsrjanto and Rutger Jan Toe, *Kick-starting Cross-border Alliances: Approval and Clearance; the Past, the Present and the Future*, Air and Space Law, Vol. 32:4/5, p. 287 - 325 (2007).

④ See Commission Decision—BA/AA/IB, July 14, 2010, Case COMP/39.596.

(product)称谓来定义"相关市场",[①]欧盟委员会和新加坡竞争委员会偶尔以"产品"定性航空旅客运输服务,[②]足以显示服务领域"相关市场"的困境。国际航线联营是当前最为高级和最受欢迎的商业合作形式,以"相关市场"分析其反垄断问题,应充分呈现跨境航空运输的特性。服务毕竟不同于产品,在反垄断法律法规不加区别地统一适用产品和服务的背景下,从国际航线联营的反垄断实践考察对应的"相关市场",则成为必由之路和关键所在。

对"相关市场"的反垄断执法实践,相关国家和地区的做法并不一致。鉴于"相关市场"在反垄断法律体系中的重要地位,参与联营的航空公司往往事先进行自我评估,认为其国际航线联营不会在任何"相关市场"减少竞争,反而会提升竞争和增加消费者的选择,继而向相关主管机关申请反垄断豁免。[③] 在美国,根据1978年《航空公司放松管制法》第30条,美国运输部承担航空公司的合并审查以及对航空公司有关商业行为授予反垄断豁免的职能,但是,在1989年航空公司的合并审查职能被划归美国司法部后,美国运输部仅保留对航空公司某些特定商业行为给予反垄断豁免的职能。[④] 因此,美国运输部可以授予符合法定要求的国际航线联营反垄断豁免,但是美国司法部仅可以在审查过程中提出参考建议。正如美国司法部在2001年"美国航空案"中的建议,即航空业的"相关市场"是"城市对"间的运输。[⑤]

---

① See Notice of Decision issued by the Commission—Notification for Decision by Qantas Airways and British Airways of their Restated Joint Services Agreement, February 13, 2007, CCS 400/002/06.

② See Commission Decision—BA/AA/IB, July 14, 2010, Case COMP/39. 596; see Grounds of Decision issued by the Competition Commission of Singapore—Application for Decision by Deutsche Lufthansa AG and Singapore Airlines Limited, December 12, 2016, CCS 400/001/16.

③ See Delta Air Lines and Aerovias de Mexico Joint Application for Approval of and Antitrust Immunity for Alliance Agreements, March 31, 2015, DOT-OST-2015-0070; see Virgin Atlantic Airways, Delta Air Lines, Societe Air France, KLM and Alitalia Joint Application for Approval of and Antitrust Immunity for Alliance Agreements, April 8, 2013, DOT-OST-2013-0068; see Qantas and American Airlines—Application for Revocation and Substitution of Authorisations, June 10, 2015, A91502-A91503.

④ 参见祁欢:《公共服务业反垄断豁免法律制度研究》,知识产权出版社2013年版,第97页。

⑤ See DOJ Comments, December 17, 2001, DOT-OST-2001-11029.

依此建议,“相关市场”的范围较为有限,不能涵盖“航线网络”和“国家对”等重要的竞争性评估内容,只能局限于“城市对”审查。美国运输部并未完全采纳司法部的建议,在反垄断豁免审查的相似案件中甚至可能对“相关市场”的界定完全冲突对立,或引用司法部的建议,经由国际航线联营的“城市对”审查专门界定“相关市场”,①或在“城市对”审查中提及以“相关市场”分析机票实质涨价等竞争问题,②或弱化甚或回避“相关市场”术语,将“相关市场”的实质内容融入整体的竞争性评估,③或扩大“相关市场”的适用范围,从“城市对”扩展至“国际航线网络”和“国家对”等层级。④ 在欧盟,参阅其委员会对航空公司合并和联营案件的反垄断执法案件,传统上以“起点/终点”的“城市对”方式为基础定义定期客运航空运输服务的相关市场,⑤进而在区分高端旅客和非高端旅客、比较直飞航班和经停航班、评估机场的可替代性等方面详尽界定“相关市场”。⑥ 在新加坡,“相关市场”的范围较为宽泛,涵盖专门的“起点/终点”航线、直接和间接航线的独立市场、其他运输方式的替代性以及有无独立的商务和旅游市场等内容。欧盟委员会和新加坡竞争委员会均以专门章节界定国际航线联营的“相关市场”。⑦ 在澳大利亚,澳大利亚竞争与消费者委员会以“相关领域”(relevant areas)而不是“相关市场”审查国际航线联营,其实“相关领域”类似于“相关市场”,其本身就是基于市场(market)的竞争性分析。参与国际航线联营的航空公司亦可能在反垄断豁免的联合申请书中预先澄清“其联营不可能在任何‘相关市场’产生减少

---

① See Order 2010 - 2 - 8, December 17, 2001, DOT-OST - 2008 - 0252.

② See Order 2013 - 8 - 21, August 30, 2013, DOT-OST - 2013 - 0068.

③ See 2016 - 11 - 2 Order to Show Cause, November 4, 2016, DOT-OST - 2015 - 0070.

④ See Order 2016 - 11 - 16, November 18, 2016, DOT-OST - 2015 - 0129.

⑤ [德]沃纳·德夫曼、赫伯特·鲍姆、斯蒂芬·奥尔巴克、萨沙·阿尔伯斯:《航空公司战略管理》,于剑等译,中国民航出版社2008年版,第22页。

⑥ See Air France/KLM/Alitalia/Delta, Commission Decision, December 5, 2015, Case AT. 39964.

⑦ See Grounds of Decision issued by the Competition Commission of Singapore—Application for Decision by Deutsche Lufthansa AG and Singapore Airlines Limited, December 12, 2016, CCS 400/001/16.

竞争的效应”。[①] 正如澳大利亚竞争与消费者委员会所言,国际航线联营可涉及客运和货运,而客运领域的“相关竞争领域”是国际航空客运服务,进而通过区域国际航空客运服务、国内航空客运服务、国际航空运输规模和旅客等因素分析“相关领域”。[②]

自始至终,界定“相关市场”是竞争法最艰巨的任务。[③] 鉴于各国国内反垄断法律体系和实践的差异,国际航线联营的“相关市场”亦各不相同,无论是概念、内容还是适用,均有不同层级和程度的差别。识别国际航线联营的竞争对手以及评估替代性和转换成本,需要精确界定“相关市场”。[④] 即使无力实现国际航线联营“相关市场”的统一适用,也仍有必要研究“相关市场”的界定,需要结合各国对国际航线联营反垄断审查的案例,从中寻找“相关市场”的共性和个性,对共性问题重点分析,对个性问题突出重点,并注重比较各国的做法,力求全面和严谨界定“相关市场”,如此方能掌握国际航线联营在运输市场的垄断问题,便于航空公司及时采取措施获得反垄断豁免授权,或在反垄断执法过程中顺利过关。

二、国际航线联营“相关市场”界定的基本路径

界定“相关市场”首先应当立基于国际航线联营本体,毕竟国际航线联营是航空公司间在特定的跨境航线开展的商业合作,航空公司既可在某条或某几条航线联营,亦可在其跨大西洋、跨太平洋或跨北美洲等区域的全部航线联营。跨境航线的合作深度和高度自然成为影响国际航空运输市场竞争

---

① See Application for Authorisation—Singapore Airlines and Lufthansa, June 20, 2016, A91542 & A91543.

② See Determination, November 18, 2016, A91542 & A91543; see Determination, August 14, 2015, A91475, A91476, A91477 & A91478.

③ Miller Russell, *International Airline Alliances*, Air and Space Law, Vol. 23:3, p. 125 - 132(1998).

④ Taborda Ashley, *Airline Alliances: Justifying the Bureau's Intervention*, Air and Space Law, Vol. 41:6, p. 475 - 501(2016).

力的关键指标。国际航线联营本就是航空公司在不同数量的微观具体的跨境航线(如纽约—墨西哥城)的高标准商业合作,联营主体亦要在其《联营协议》中明确规定航线名称,即使是几家航空公司达成共识在某区域全部航线开展联营,亦应明确列举,以便有据可查。一般而言,只有达成确切具体的联营协议才能向各国主管机关申请反垄断豁免,欧盟委员会等事后反垄断调查亦是针对具体的国际航线联营,否则会要求补充材料甚或直接予以否决。

“城市对”航线,又称“出发地/目的地”航线或“出发地/目的地”城市对航线,亦有新加坡等国家偶尔称其为“机场对”航线,无论其称谓如何变化,其核心内容均呈现为具体跨境航线的国际市场。“城市对”航线是界定国际航线联营“相关市场”的基本路径。① 国际航线联营可涵盖旅客和货物运输,托运人亦是根据“城市对”程式发送货物,然而,航空货运的“相关市场”与旅客有所不同,原因有很多,其中包括:(1)货物(易腐货物除外)的时间敏感度较低;(2)运输不便(如中途停留的次数和在机场长时间逗留)不是重要的考虑因素;(3)多式联运(如航空运输与卡车运输、火车运输和船舶运输相结合)发展良好。航空货运的“相关市场”比客运的“相关市场”更宽泛,各种替代方式可以替代连接出发地至目的地的每条单独航线。② 因此,货运国际航线联营的“相关市场”往往难以界定,研究重点自然应立足于客运领域。航空业的“相关市场”,又称航线市场,由出发地到目的地(两者可以是机场或城市)之间的定期航空客运服务组成。在美国运输部的反垄断审查中,跨大西洋航线由“城市对”界定,未固化出发地点,而终点必须在美国或欧盟。③ 欧盟委员会根据其反垄断调查并遵循1997年《为执行共同体竞争法关于相

① Tan Alan Khee-Jin, *Antitrust Immunity for Trans-Pacific Airline Alliances Agreements: Singapore and China as Beyond Markets*, Air and Space Law, Vol. 38: 4/5, p. 275 - 296(2013).

② Lee Jae Woon, *The U. S. 's New Divide-and-Conquer Strategy in Northeast Asia*, Issues in Aviation Law and Policy, Vol. 14:1, p. 83 - 102(2014).

③ Gillespie William and Oliver M. Richard, *Antitrust Immunity Grants to Joint Venture Agreements: Evidence from International Airline Alliances*, Antitrust Law Journal, Vol. 78: 2, p. 443 - 470(2012).

关市场界定的委员会通知》的原则,以“出发地/目的地”的“城市对”方式界定定期航空客运服务的“相关市场”,美国和新加坡的反垄断机构亦有认同。[①] 此市场定义对应于需求方的观点,就“城市对”而言,需求是特定的,旅客一般会考虑从出发地城市到目的地城市的所有可能的替代方案,但是通常不认为可以替代不同的“城市对”,即便是 A“城市对”的旅行价格大幅增加,消费者亦通常不会考虑用 B“城市对”来代替,因为旅客通常希望从特定出发地前往特定的目的地,若任意替换,则违背旅客的选择倾向和扰乱出行安排。[②] 此外,以“城市对”界定相关市场也符合企业客户对航空运输服务需求的特点,调查显示,虽然部分企业客户(如大型跨国公司)特别重视航空公司航线网络的地理覆盖范围,但企业客户对航空运输服务的需求也依赖特定的“城市对”并受其约束,因为企业客户员工的需求仍然围绕的是从此地点到彼地点(城市对)的运输,而具体乘坐飞机的是企业的员工,在同航空公司磋商商业合同时,大多数企业自然选择参与针对特定航线的折扣谈判。由此可知,“城市对”仍然是界定“相关市场”的基本路径,包含对企业客户而言。[③]

鉴于“城市对”的不可替代性和重要应用性,相关国家和地区的反垄断机构在审查国际航线联营案件时,往往将每条“城市对”航线都视为一个单独的市场。换言之,联营航线的出发地和目的地的每种联合行为都构成一个单独的市场。在 2016 年汉莎航空与新加坡航空联营案中,两家航空公司认为,评估拟议的国际航线联营应聚焦在至少一方开展直飞运输的“城市对”,即收益共享航线,力求削减“相关市场”的空间;但是新加坡竞争委员会与其

---

① See Commission Decision—BA/AA/IB, July 14, 2010, Case COMP/39.596; see 2010 – 2 – 8 Show Cause Order, February 13, 2010, DOT-OST – 2002 – 13861; see Grounds of Decision issued by the Competition Commission of Singapore—Application for Decision by Deutsche Lufthansa AG and Singapore Airlines Limited, December 12, 2016, CCS 400/001/16.

② See 2010 – 2 – 8 Show Cause Order, February 13, 2010, DOT-OST – 2002 – 13861.

③ See Commission Decision BA/AA/IB, July 14, 2010, Case COMP/39.596; see Continental/United/Lufthansa/Air Canada, Commission Decision, May 23, 2013, Case COMP/AT.39595; see Air France/KLM/Alitalia/Delta, Commission Decision, December 5, 2015, Case AT.39964.

意见相左，认为评估的重点还应包括拟议国际航线联营涉及的间接航线（相关的间接航线），两者统称“相关市场”。① 参与国际航线联营的航空公司，自然应当慎重考虑合作的跨境航线的数量和市场份额等客观因素，因为反垄断机构的审查是对逐条航线依次有序进行，而不是混合审查所有的合作航线，在任何单一航线的“相关市场”均可能产生实质减少或消除竞争的法律问题。其中，国际航线联营重叠航线的“相关市场”往往成为反垄断审查的重中之重，因为各航空公司本在同一航线相互竞争，参与联营后则在此航线展开合作，自然可能出现消除竞争或市场集中等垄断问题。一般来说，重叠航线可分为三类：直达—直达、直达—中转、中转—中转；在考虑竞争影响时，一般根据个案进行分析。②

全球航空业立基于航线网络，在枢纽机场集结运输是目前运营昂贵远程飞机的唯一经济方式。在任何特定“城市对”的航线网络中，通常有几种可用路径和服务。旅客可能更喜爱并且愿意支付更多的费用以获取优质型服务而不是经济型服务，或直飞而不是经停航班，或位于城市中心机场而不是同城其他机场的服务，或航空而不是铁路等其他运输方式的服务。若航空公司能在同一“城市对”区别上述服务并分别定价，则此类服务可构成独立的“相关市场”。③ 因此，有必要在“城市对”航线的基础上进一步探讨国际航线联营“相关市场”的次级碎片化现象。

三、国际航线联营“相关市场”界定的衍生范式

在“城市对”的基础上狭义地界定“相关市场”，需要区别同一航线的运

---

① See Grounds of Decision issued by the Competition Commission of Singapore—*Application for Decision by Deutsche Lufthansa AG and Singapore Airlines Limited*, December 12, 2016, CCS 400/001/16.

② 参见中国民用航空局政策法规司、航空安全技术中心编著：《航空运输业反垄断典型案例解析》，中国民航出版社2008年版，第178页。

③ See DOJ Comments, December 17, 2001, DOT-OST-2001-11029.

输服务,考察相关国家和地区的反垄断执法实践。运输服务包括旅客类型和航班类型,①首先分为休闲或商务旅客,然后再分为直飞或中转旅客,这样“相关市场”就会相应缩小,亦涵盖相互替代的机场和其他运输方式,原本单一“城市对”航线只产生一个“相关市场”,在区分类别界定后则可能衍生出多个“相关市场”,呈现次级碎片化现象。

(一)高端旅客和非高端旅客市场

就旅客类型而言,在跨境航线上,限制经济舱、头等舱及商务舱之间的服务质量存在很大差异,不同的服务吸引不同的旅客群体,以满足不同的旅行需求。至少头等舱和商务舱的服务与限制经济舱有不同的市场,若价格是旅客选择航空公司和航班的首要考虑因素,则限制经济舱更受青睐。相反,若旅客选择航空公司和航班需要综合考虑旅行舒适度、机票灵活性、频繁的直飞航班的可用性、有吸引力的航班时刻表和价格等因素,头等舱、商务舱和灵活经济舱则更受欢迎。② 参与国际航线联营的航空公司、绝大多数企业客户和旅行社都同意,根据旅行需求和偏好,可以区分旅客类型。为了更好地反映在长途航班提供的各类舒适服务的水平和挑选出愿意支付更高的价格购买高端舒适舱机票的旅客,应当区分为高端旅客和非高端旅客市场,又称为商务旅行和休闲旅行市场。③ 基于商业目的出行的“高端”旅客,具有明显的灵活性和更高的服务质量要求,并倾向于为灵活性和舒适程度支付更高的价格;基于休闲和访友等目的旅行的“非高端”客户,不具备灵活性,通常不愿

---

① See Notice of Decision issued by the Commission, *Notification for Decision by Qantas Airways and British Airways of their Restated Joint Services Agreement*, February 13, 2007, CCS 400/002/06.

② Rabinovici Itai, *The Application of EU Competition Rules in the Transport Sector*, Journal of European Competition Law and Practice, Vol. 8:(4), p. 271 - 279(2017).

③ Mohan Manu, *Ray of Hope for Airline Alliances: Consideration of Out of Market Efficiencies by the European Commission*, Air and Space Law, Vol. 39:(2), p. 155 - 162(2014).

意支付更高的价格以换取更高的服务质量。[①] 欧盟委员会根据市场调查期间收集的数据,认同高端旅客和非高端旅客属于不同的市场,或至少指出高端市场和非高端市场的区别仍然是相关的。例如,首先是头等舱、商务舱和灵活经济舱,而对非高端旅客市场,仅会考虑限制经济舱的预订,并分别有针对性地实施竞争性评估和计算各自的市场份额。[②]

(二)直飞航班与经停航班市场

国际航线联营经常涉及直飞航班和经停航班的问题,直飞航班和经停航班是否处于同一“相关市场”,往往成为各方聚焦和博弈的重点。不可否认,在某些案件中,“相关市场”仅涵盖直飞航班,如在2008年英国航空、美国航空和西班牙航空联营案中,美国司法部向运输部提出建议,认为本案美国和欧洲之间的直飞航班是“相关市场”。为支持其论证,司法部引用了自己的实证研究结果,表明经营不经停航线的航空公司数量对票价有重大影响,并且某些不经停航线服务的票价较经停服务的票价更高;司法部还在假定直飞航班比中转航班能转化更大市场份额的基础上,引用航空业规划航线和运力的标准做法;司法部最后指出,许多企业区分直飞和中转旅行,除非票价有显著差异,通常要求其员工预订直飞机票,其观点得到美国运输部的认同。[③] 但是,该案是有其特殊性的,欧盟委员会在2009年启动对上述3家航空公司联营的反垄断调查并在2010年作出决定,如其所言,欧盟委员会认同在该案中调查的跨大西洋航线,相比竞争性的直飞航班,经停航班是远程替代方式,但是经停航班对竞争的限制程度因航线而异,在逐条航线评估后,认为该案涉及的所有跨境航线,拟议联营消除了直飞航班的竞争对手,并因此限制直

---

① See Continental/United/Lufthansa/Air Canada, Commission Decision, May 23, 2013, Case COMP/ AT. 39595; see Air France/KLM/Alitalia/Delta, Commission Decision, December 5, 2015, Case AT. 39964.

② Ibid.

③ See 2010 - 2 - 8 Show Cause Order, February 13, 2010, DOT-OST - 2002 - 13861.

飞航班竞争对手之间的竞争,而经停航班不足以充分约束和限制。[①] 因此,该案的"相关市场"仅限于直飞航班的原因在于相关航线经停航班的替代效应微乎其微。但是,在某些跨大西洋或跨太平洋的长途国际航线,经停航班(尤其是只经停一次的航班)往往在满足一定条件下可以成为直飞航班的替代方式,若经停航班可替代长途直飞航班,自然对竞争问题产生影响,两者也处于同一"相关市场",分析具体直飞航线的竞争性问题自然应当融入相应的经停航班。[②] 参与联营的航空公司一般愿意认同经停航班的替代可行性,因为可以减轻联营造成削减竞争的压力。[③] 实际上,直飞航班限制经停航班得到广泛认同。企业客户选择直飞航班或经停航班,似乎在一定程度上取决于经停航班是否由缔约/首选航空公司提供,但是企业客户中仍有 1/3 以上(37%)的受访者认为,经停航班可以替代直飞航班,尽管同直飞航班相比,经停航班的吸引力随额外旅行时间的增加而相应减少。在旅行社层面,21%的高端旅客受访者和 75% 的非高端旅客受访者认为,直飞航班和经停航班是可替代的。国际航线联营的竞争对手普遍表示,在长途航线,经停航班对直飞航班施加一定的竞争压力。[④] 经停航班对竞争的限制程度因航线而异,应当逐条航线评估竞争性经停航班对国际航线联营的确切影响。即使经停航班会导致旅行时间的延长与停留不便,一般不如直飞航班有吸引力,但这些缺陷可以通过诸如价格等抵销因素而得到缓解。对直飞航班的替代效用立竿见影,星空联盟的美国大陆航空、美国联合航空、德国汉莎航空和加拿大航空建构A + +国际航线联营,在联营的直飞航线上,即使天合联盟和寰宇一家的航空公司的经停航班仅吸引有限数量的中转旅客,但若是参与联营的

---

① See Commission Decision—BA/AA/IB, July 14, 2010, Case COMP/39.596.

② Lee Jae Woon, *The U. S. 's New Divide-and-Conquer Strategy in Northeast Asia*, Issues in Aviation Law and Policy, Vol. 14:1, p. 83 – 102(2014).

③ Bilotkach Volodymyr and Kai Hüschelrath, *Antitrust Immunity for Airline Alliances*, Journal of Competition Law and Economics, Vol. 7:2, p. 335 – 380(2011).

④ See Air France/KLM/Alitalia/Delta, Commission Decision, December 5, 2015, Case AT. 39964; see Continental/United/Lufthansa/Air Canada, Commission Decision, May 23, 2013, Case COMP/ AT. 39595.

航空公司提供竞争性较差的直飞服务或单方面提高票价，那么天合联盟和寰宇一家则有可轻松增加在航线市场上的份额。① 经停航班对直飞航班的竞争约束亦分层级，例如在到达或离开伦敦的许多航线，因地理位置的差异，在美国枢纽机场提供的经停服务对直飞航班的限制比欧盟严格，因为从伦敦到欧洲大陆经停后再飞往美国需要原路返回并增加旅行时间。②

经停航班替代直飞航班的水平，在很大程度上取决于直飞航班的持续时间。一般而言，持续时间越长，经停航班对直飞航班造成竞争限制的可能性越大，而旅行时间的增长幅度或比例对考虑经停航班的替代性，往往是最有效的。长途直飞航班一般是指飞行时间6小时以上的航班，欧盟委员会认为，经停航班在某些条件下构成竞争性替代方案，特别是满足了以下条件：(1)作为在计算机订座系统中"城市对"的中转航班销售；(2)每天运营；(3)只会有限地增加旅行时间(最多150分钟)。③ 欧盟委员会确立的"6小时和150分钟"基准被参与国际航线联营的航空公司广泛地直接或转化适用。在2016年新加坡航空和汉莎航空联营案中，因地理位置相距甚远，其合作直飞航班的持续时间在720分钟至750分钟，已经超过6小时，相应经停航班增加的旅行时间自然也远超150分钟，为摆脱本案经停航班无法与直飞航班处于同一"相关市场"的困境，两家航空公司创造性地解读欧盟委员会的意见，认为将150分钟作为6小时长途航班的一部分来考虑是重要的，实际上意味着增加了42%(150分钟除以6小时约等于42%)的旅行时间。换言之，两家航空公司将欧盟委员会确立的替换基准由"最多150分钟转运时间"修改为"最多增加42%的总旅程时间"。新加坡竞争委员会在审查本案后认为，即使欧盟委员会没有明确声明，若直飞航班的持续飞行时间超过6小时，旅客亦可容忍经停航班相对较长的转运时间，这实际上是认可替换基准的变换，由此

① See Air France/KLM/Alitalia/Delta, Commission Decision, December 5, 2015, Case AT. 39964.

② See Commission Decision—BA/AA/IB, July 14, 2010, Case COMP/39.596.

③ See Air France/KLM/Alitalia/Delta, Commission Decision, December 5, 2015, Case AT. 39964.

联营各方直飞航班的实际飞行时间的42%,将转化为327分钟至344分钟的转运时间。在本案中,若使用150分钟而不是42%的替代基准,则只有少数竞争对手的经停一次航班被纳入“相关市场”。① 因此,为推进竞争性评估,在特定案例中界定“相关市场”涵盖经停航班是适当的,这一方面,是因为国际航线联营涉及经停航班的运输服务;另一方面,在于经停航班对直飞航班的竞争拘束效力,况且经停航班的替代程度和竞争紧密度都将在日后评估实际市场份额趋势和/或价格差异中显现。②

(三)替代机场市场

当前世界范围内的跨境航线,往往以城市和机场确定。在跨境航线的一端,若航空客运服务由一个城市的数个机场提供,为了界定“相关市场”,那么必须评估这些机场的可替代性问题。同时在需求方和供应方评估机场的替代性,是确定“相关市场”范围的关键考虑因素。实际上,若机场在目的地的特定服务区域范围内,往/返两个或多个机场的航班可能属于同一“相关市场”。同城机场运输服务的同质化水平和程度深刻影响着相互替代的质量和概率,机场的航班班次数量、航班时刻表、连通性和整体质量越接近,不同机场的航班就越有可能相互替代。对于国际航线联营协议涵盖的长途和中途航空运输,更有理由将同城的多个机场视为替代方式,因为地面旅行时间只占很少的总旅行时间。③ 纽约肯尼迪机场和纽瓦克机场,巴黎戴高乐机场和奥利机场,均可成为相互替代的机场,彼此自然属于同一“相关市场”,对国际航线联营涉及其一机场航班的竞争性评估,必须纳入另一机场的类似或相关航班予以分析。除维珍航空等极少数航空公司坚持以单一机场为标准确

---

① See Grounds of Decision issued by the Competition Commission of Singapore—Application for Decision by Deutsche Lufthansa AG and Singapore Airlines Limited, December 12, 2016, CCS 400/001/16.

② Ibid.

③ Notice of Decision issued by Competition Commission of Singapore—Application for Decision by United Airlines, Inc., Continental Airlines, Inc. and All Nippon Airways Co. July 4, 2011, CCS 400/001/11.

定更狭义的“相关市场”外，纽约和巴黎各自同城机场能够相互替代的观点得到企业客户、旅行社、参与联营的航空公司以及国际航线联营竞争对手的认同。欧盟委员会长期坚持认为，没有任何明显迹象表明在纽瓦克自由国际机场和肯尼迪国际机场向旅客提供运输服务存在跨大西洋的独立市场。机场能够实现相互替代，亦是因为满足了下列要素：(1)主要国际航空公司在两个机场均不经停地飞往同一区域的城市；(2)从两个机场出发到相同目的地的机票价格类似；(3)两个机场位于同一运输服务区域或运输服务区域明显重叠；(4)两个机场有同类的使用设施；(5)两个机场没有特定的运营限制，多家航空公司分别入驻；(6)欧盟委员会、美国运输部和美国司法部等反垄断主管机关一直认为两个机场是可以替代的。①

然而，同城机场相互替代并不是必然现象，如伦敦有五大机场，分别是希思罗机场、盖特威克机场、伦敦城市机场、斯坦斯特德机场和卢顿机场，国际航线联营涉及的机场一般是希思罗机场，但是无论是从需求侧还是供应侧分析，希思罗机场和伦敦的其他四大机场均不能实现相互替代，自然就不属于同一“相关市场”。在寰宇一家现行的跨大西洋国际航线联营，即使参与国际航线联营的航空公司赞成更广泛地定义“相关市场”，反对希思罗机场的独立市场地位，但是未得到美国运输部和欧盟委员会的支持，它们认定“相关市场”包含“美国—伦敦希思罗机场”航线为时间敏感型旅客提供的直飞服务，并单独评估竞争状况。② 希思罗机场之所以不被其他机场尤其是具有类似业务的盖特威克机场替代，而构成独立的“相关市场”，主要原因在于：(1)因希思罗机场的位置和服务模式，商务旅客强烈希望使用希思罗机场而不是伦敦的其他国际机场。维珍航空表示，尤其是时间敏感型旅客，基于多

---

① See Commission Decision BA/AA/IB, July 14, 2010, Case COMP/39. 596; see Continental/United/Lufthansa/Air Canada, Commission Decision, May 23, 2013, Case COMP/AT. 39595; see Air France/KLM/Alitalia/Delta, Commission Decision, December 5, 2015, Case AT. 39964.

② See 2010 - 2 - 8 Show Cause Order, February 13, 2010, DOT-OST - 2002 - 13861; see Commission Decision—BA/AA/IB, July 14, 2010, Case COMP/39. 596.

种原因不会考虑将从盖特威克机场运营的航班视为希思罗机场航班的替代品。希思罗机场最吸引时间敏感型旅客的是其方便的时刻表、更多的航班班次和航班中转机会。若旅客在希思罗机场错过航班,则赶上晚些时候航班的概率非常大,而在伦敦的其他四个机场,错过航班可能意味着通宵等待或前往希思罗机场寻求乘坐替代航班。希思罗机场是一个独立的市场,由于其枢纽地位和地面基础设施,更适合推出长途航班服务。(2)商务旅客选择希思罗机场的偏好非常强大,许多旅客愿意支付更多费用选择从希思罗机场出发的中转航班,而不选择从盖特威克机场出发的直飞航班。高端旅客会不由自主地选择希思罗机场,而在从盖特威克机场起飞的业务中,大多数与希思罗机场竞争的尝试都未能成功。① (3)美国和欧盟间的航空运输协定生效后,进入希思罗机场的法律壁垒业已消除,许多航空公司将其跨大西洋的服务从盖特威克机场转至希思罗机场。美国航空、美国大陆航空、达美航空、美国西北航空(已被达美航空并购)、全美航空(已被美国航空并购)和英国航空都已将盖特威克机场的跨大西洋服务"转移"至希思罗机场。对于那些在希思罗机场没有航班时刻的美国籍航空公司,则需要投入大量的前期投资购买航班时刻才能迁移。迁移至希思罗机场,排除其他有运力的机场,这强烈表明希思罗机场是一个独特而独立的市场,对于商务旅客更具吸引力,对航空公司而言更有利可图,尽管需要大量的前期投资。②

(四)其他运输形式的替代市场

一般而言,国际航线联营聚焦航空公司的长途和中途国际航线,其他交通工具,特别是火车、长途汽车和渡轮,因不具备航空运输的速度和便利,故一般不能成为航空运输的替代方式,自然不能同国际航线联营处于同一"相

① 中国民用航空局运输司、中国民航大学编著:《航空运输市场管理政策与法规——美国部分》(下),中国民航出版社2009年版,第898页。

② See 2010 - 2 - 8 Show Cause Order, February 13, 2010, DOT-OST - 2002 - 13861.

关市场”。[①] 然而,在一定条件下,欧盟委员会已经开始考虑其他交通方式(如公路、铁路或海上运输)如何成为同航班竞争的替代方式。其他运输方式是否能够产生替代效应取决于多种因素,比如整体旅行时间、运输频率和支出费用。[②] 在新加坡航空和汉莎航空联营案中,两家航空公司认为,欧盟的考虑似乎与直飞航班有关,但是原则上,也应适用相同因素考虑铁路运输对经停航班的替代问题,特别是对23个相关的经停航班的目的地。对经停航班可替代性的评估,需要对时间敏感度、价格敏感度和运输班次进行定性评估,若干经停航班的目的地相对靠近枢纽机场,并直接连通铁路,这有助于铁路运输成为经停航班的可替代方式,并且在相当程度上不会导致旅程持续时间的显著增加。从枢纽机场出发的经停航班,其中有8个目的地通过铁路运输反倒较为便捷,此外,有20个实例表明,改变运输方式的比仅乘坐飞机便宜得多,在这其中,从枢纽机场前往巴塞尔、科隆—波恩、林茨、萨尔茨堡、因斯布鲁克、腓特烈港和罗斯托克—拉格,用铁路替代经停航班速度快且成本低。对于希望通过经停航班到达最终目的地的若干旅客,若铁路运输可成为潜在可行的替代方式,自然会在相当程度上限制经停航班。[③] 新加坡航空和汉莎航空实际上是意图导入铁路运输至其经停航班的“相关市场”,从而分散潜在的实质减损竞争的巨大压力,然而,跨运输方式结构界定“相关市场”的做法未得到反垄断机关的认同。诚如新加坡竞争委员会所言,鉴于直飞航班的长途性质,不可能有其他运输方式替代航空旅行,鉴于其对联营航线的竞争性问题作出的结论,无须评估铁路运输是否替代

---

① Notice of Decision issued by Competition Commission of Singapore—Application for Decision by United Airlines, Inc., Continental Airlines, Inc. and All Nippon Airways Co. July 4, 2011, CCS 400/001/11.

② See Grounds of Decision issued by the Competition Commission of Singapore—Application for Decision by Deutsche Lufthansa AG and Singapore Airlines Limited, December 12, 2016, CCS 400/001/16.

③ Ibid.

经停航班。①

四、国际航线联营“相关市场”界定的新趋向

(一)虚级化

随着国际航线联营的纵深发展,欧盟、美国和新加坡的反垄断机关在部分具体个案中尝试虚级化处理“相关市场”的界定。反垄断机关依旧选择明确区分旅客类型、航班类型、替代机场甚或其他运输方式,在各个部分亦认同以次级碎片化模式狭义界定“相关市场”的重要性,但是亦同时表明在“本案”没有必要予以界分,选择复归传统的“城市对”航线。施行虚级化的关键因素在于竞争性评估不会产生实质性差异。换言之,复归“城市对”界定路径足以明确清晰地界定国际航线联营涉及跨境航线的“相关市场”,自然无须继续分割单一航线的“相关市场”。此外,虚级化亦有技术因素的考虑,以高端旅客和非高端旅客为例,越来越多不同类型旅客之间的区别,其旅行目的,以及表现的旅行特征已不再明显,旅客间的界限变得越来越模糊,特别是在国际航线联营中涉及的长途航班,与过去相比,旅客的选择受到许多因素的影响,比如价格、机票灵活性、航班时刻表、机场候机室的可用性、有效登机手续、机上服务质量、座位间距、座位舒适度和常旅客计划。两个所谓不同市场间的确切界限是开放式的而非闭锁式的,实际上有效确定准确和可用的信息以区分商业和休闲旅游者非常困难,因为航空公司的各类旅行不能精准地反映旅行目的或时间敏感度。因此,区分高端旅客和非高端旅客市场几乎是没有意义的、不适当的或不可能的,并且无论是在高端市场还是非高端市场

---

① See Grounds of Decision issued by the Competition Commission of Singapore—Application for Decision by Deutsche Lufthansa AG and Singapore Airlines Limited, December 12, 2016, CCS 400/001/16.

适用高级经济舱还是完全灵活经济舱，竞争性评估都不会有实质性差异。①即使虚级化尚未得到一致认同，反垄断机关亦在相当多的个案中承认并继续采用次级碎片化模式狭义界定“相关市场”的方式，但也仍能在一定程度反映界定“相关市场”的新趋向。

（二）扩大化

国际航线联营的竞争性评估往往包罗万象，涉及众多与竞争相关的法律问题。以传统“城市对”为基点确定“相关市场”的模式难以涵盖竞争性评估的全部内容，在美国除了“城市对”反垄断审查外，尚有航线网络、“国家对”和航班时刻等多重考虑内容，在新加坡，还存在“伤害理论”、“国内竞争影响”和“反事实”等竞争评估内容。为解决“相关市场”和竞争性评估的冲突困境，传统上有两种做法，一种以新加坡和部分美国的案例为代表，区别“相关市场”和航线网络、“国家对”、国内竞争因素等其他内容，分别进行竞争性评估，从而将“相关市场”限制在“城市对”层面；另一种以欧盟新近案例最为典型，对于国际航线联营涉及航线网络等影响竞争的重要现实因素，变相融入“相关市场”的“城市对”界定模式。欧盟委员会在审查天合联盟和星空联盟的两大联营案中均指出，评估联营各方的合作对每个单独“城市对”的竞争影响，以及在适当情形评估联营所达致的效率，都应考虑所谓的“航线网络效应”，特别是在考虑因此类航线网络引发的准入壁垒时。② 两种做法虽有差异，但是对“相关市场”的界定都未超出“城市对”的基本范畴。③ 然而，美国运输部并未像新加坡竞争委员会一样在全部的国际航线联营反垄断案件

---

① See Grounds of Decision issued by the Competition Commission of Singapore—Application for Decision by Deutsche Lufthansa AG and Singapore Airlines Limited, December 12, 2016, CCS 400/001/16; See Commission Decision—BA/AA/IB, July 14, 2010, Case COMP/39.596.

② See Continental/United/Lufthansa/Air Canada, Commission Decision, May 23, 2013, Case COMP/ AT.39595; See Air France/KLM/Alitalia/Delta, Commission Decision, December 5, 2015, Case AT.39964.

③ Goeteyn Geert, *Issues Raised by the US Department of Transportation's Decision in the Skyteam Case: A Comparative Analysis*, Air and Space Law, Vol.31:4/5, p.291 – 308(2006).

中适用一致标准,而是在众多案件中选择扩大化界定“相关市场”,逐步纳入“城市对”之外其他的竞争性评估因素,颠覆了传统的“城市对”航线界定结构。

美国运输部对国际航线联营“相关市场”的扩大化界定逐步从默示走向明示。在默示阶段,诚如2007年天合联盟Ⅱ和2008年星空联盟案,[①]两大联盟的核心业务均在于国际航线联营,在竞争性评估的开篇之处提及“相关市场”。例如,“在这种情况下,克莱顿法案要求考虑联盟协议是否有可能实质减少竞争并促进行使市场支配力。也就是说,允许联合申请人在任何‘相关市场’,以收取超竞争力的价格或将服务或质量降至竞争水平以下来获利”,对承接的航线网络、区域市场、“国家对”、“城市对”和国内影响等具体内容的竞争性评估中,虽未再提“相关市场”,在“城市对”层面的分析亦是如此,而是在实质上将“相关市场”融入上述竞争性评估的全部内容,进而作出国际航线联营是否实质减少任何“相关市场”市场竞争的决定。[②] 在2015年达美航空和墨西哥航空联营案中,默示做法再度得到美国运输部的认同和适用。[③] 在明示阶段,诚如在2015年美国航空和澳洲航空联营案中,美国运输部在竞争性评估开篇指出,拟议联营协议是否与公共利益相抵触,需要确定其是否将实质减少或消除竞争,并使航空公司能够在“相关市场”上发挥市场支配力,对相关竞争性市场在以下3个层面评估修订联营协议对竞争的影响:(1)在广泛的航线网络层面;(2)在“国家对”层面;(3)在“城市对”层面。

---

① 2007年,天合联盟的法国航空、荷兰皇家航空、意大利航空、达美航空、美国西北航空、捷克航空开展商业合作联盟,简称“天合联盟Ⅱ”,向美国运输部申请批准和反垄断豁免授权,其核心在于法国航空、荷兰皇家航空、达美航空和美国西北航空四家航空公司进行国际航线联营(4 - way JV)。2008年,星空联盟的美国大陆航空、美国联合航空、德国汉莎航空、加拿大航空、奥地利航空、英伦航空、波兰航空、北欧航空、瑞士航空和葡萄牙航空开展商业合作联盟,向美国运输部申请批准和反垄断豁免授权,其核心在于美国大陆航空、美国联合航空、德国汉莎航空、加拿大航空四家航空公司进行国际航线联营,这与欧盟委员会单独对星空联盟上述四家航空公司的国际航线联营反垄断审查保持一致和对应。

② See 2008 - 4 - 17 Show Cause Order, April 9, 2008, DOT-OST - 2007 - 28644; See 2009 - 4 - 5 Show Cause Order, April 7, 2009, DOT-OST - 2008 - 0234; See 2009 - 7 - 10 Final Order, July 10, 2009, DOT-OST - 2008 - 0234.

③ See 2016 - 11 - 2 Order to Show Cause, November 4, 2016, DOT-OST - 2015 - 0070.

美国运输部的观点已经相当明确,对“相关市场”的界定早已突破传统“城市对”路径,而是覆盖竞争性评估的多数乃至全部内容。各层面的具体评估,又分别点明和分析界定“相关市场”。在航线网络层面,美国运输部在审查了联营协议的地理范围、市场的竞争结构、运输市场的独特运营挑战以及这些因素对运输流量和竞争的影响后认为,拟议联营的核心在于连接美国与澳大利亚和新西兰,只有少数旅客在大洋洲中转前往其他国家或地区,从而确定美国—大洋洲市场为航线网络层面的“相关市场”。在“国家对”层面,分别分析了美国—澳大利亚和美国—新西兰市场后,美国运输部认为,拟议联营对美国和澳大利亚之间的旅客和货物运输产生的影响最大,因为其同时涵盖澳大利亚和美国最大的航空公司,并明确指出美国—新西兰市场是“国家对”层面的另一“相关市场”。在“城市对”层面,美国运输部的审查最为翔实,澳洲航空占据美国大陆和澳大利亚之间所有“城市对”市场的最大份额,高达70%,超过其他所有航空公司联合后市场份额的一半,并且澳洲航空在申请联营的洛杉矶和悉尼之间的重叠路线上的运输份额最大。这些因素导致澳洲航空单独控制澳大利亚几乎50%的市场份额,拟议联营可能造成市场集中程度的增加。根据竞争政策原则,联合申请人将共同控制美国和澳大利亚之间高达60%的直飞运力,这是相当大的比例。美国运输部初步认定,拟议联营不可能在“城市对”级别促进竞争,事实上可能会减少竞争,澳洲航空在如此众多的“相关市场”上的集中程度业已无与伦比。[①] 由此可见,明示与默示“扩大化”界定“相关市场”在实质上没有任何区别,只是默示方式有“擦边球”之嫌,在名义上漠视而非跨越“城市对”路径,明示“扩大化”是最新的界定类型,直接戳破并颠覆传统方式,但尚未取代默示做法。美国扩大化界定“相关市场”的做法即使尚未形成新型模式和路径,但是默示“扩大化”的做法得到越来越多航空公司的认同。美国运输部对国际航线联营的反垄断审查亦越来越广泛适用,明示“扩大化”的做法因诞生较晚而未普及,但是

① See 2016 - 11 - 16 Order to Show Cause, November 18, 2016, DOT-OST - 2015 - 0129.

不排除演变为未来美国界定“相关市场”的主流方式,加之美国在国际航线联营反垄断审查领域的全球影响力和领军地位,亦不排除美国做法影响世界范围内“相关市场”的界定模式。因此,对“扩大化”界定“相关市场”的各类做法应予重视。

五、结　　语

“相关市场”作为国际反垄断法的关键概念和工具业已在国际航线联营领域普遍适用,相关国家和地区对“相关市场”的理解尚存差距,对应的反垄断执法实践亦非一致。然而,仍可从反垄断执法实践中寻求界定“相关市场”的共性和个性。国际航线联营是基于跨境航线的高水平商业合作行为,“城市对”航线是界定“相关市场”的起点和基本路径,在同一航线若能对运输服务作出合理区分,就可界定“相关市场”。然而,传统界定“相关市场”的方式亦有局限性,不能涵盖美国和新加坡等国家竞争性评估的全部内容,美国已率先打破传统的“城市对”界定结构,选择扩大化界定“相关市场”,以力求与对国际航线联营的竞争性评估无缝接轨。随着国际航线联营反垄断法规制实践的深入发展,界定“相关市场”的实践分歧非但未弥合,反而呈现越来越清晰的多样化趋势,参与国际航线联营的航空公司应当注意区分国别考察反垄断法律体系。

The Chicago Convention in Relation to EU Regulation 2019/712 on Safeguarding Competition in Air Transport and the Potential Impact on Third-country Airlines

Niall Buissing *

In the early days of the civil aviation, national sovereignty of the air and State involvement in national carriers were inextricably linked with the provision of air services. While sovereignty remains a key concept in global aviation, the trend towards more viable commercial air transport and subsequent increase in competition between carriers, prompted privatization of airlines and further liberalization of the air transport market in some parts of the world.

The European Union (EU) is one such example

* Director & Academic Coordinator of the International Institute of Air and Space Law (IIASL), Leiden University, the Netherlands.

and its pursuit of an international "level playing field" for air transport follows its own stringent regulatory framework on subsidization and State aid. The EU has made attempts to protect the European aviation industry from competition-related practices made by airlines not bound by the same regime.

This paper assesses the legal basis of these attempts and whether third-country airlines can be affected by such actions against subsidization and State aid.

1. The Regulation of Competition under the Chicago Convention

The Chicago Convention on International Civil Aviation (1944), hereinafter the "Convention" or "the Chicago Convention", is widely regarded as the constitution of international civil aviation and primarily addresses safety and security. These main focus areas of the Chicago Convention are not surprising considering the time of its conclusion in 1919. Following the end of the Second World War, States were reluctant to set impediments to the sovereign use of their national airspace and thus concentrated on rules, including restrictions, which were deemed necessary for the operation of cross-border flights. As a result, the Convention's emphasis is on safety and security provisions, such as but not limited to prohibited areas,① aircraft registration,② navigation services③ and certificate of airworthiness. ④

At that time in 1944, no agreement on economic regulation of international air transport was reached. One exception is found in Article 15 of the

① Chicago Convention, Article 8.
② Chicago Convention, Article 17.
③ Chicago Convention, Article 28.
④ Chicago Convention, Article 31.

Convention, following which international airports and charges for access thereto are to be "open under uniform conditions to the aircraft of all the other contracting States".

This paper seeks to examine conditions imposed on air carriers designated under air service agreements, mostly bilateral air service agreements (ASAs), to maintain a competitive level playing field, with special reference to the subsidization of airlines. In accordance with Article 6 of the Convention States must manage the playing field between air carriers, pursuant to the terms of such agreements. These terms pertain, among others, to the designation of airlines and routes, nationality requirements, grants of rights for market access, access to airports, taxation, operational activities. ①

However, the primary focus of this paper concerns an element which is only touched upon in the Chicago Convention, namely subsidization of airlines by the designating State under the mentioned air service agreements. Unexpectedly, the Convention contains a number of provisions which are directly or indirectly linked to this subject. The first is found in the Preamble of the Convention:

Therefore, the undersigned governments having agreed [...] that international air transport services may be established on the basis of **equality of opportunity** and operated soundly and economically (emphasis added).

The text of the Preamble is not legally binding, but a similar provision is found in Article 44, describing the aims and objectives of the International Civil Aviation Organization (hereinafter "ICAO") to foster the development of international air transport, so as to ensure "that every contracting State has a fair opportunity to operate international airlines". ②More specifically with regards to competition in air transport, the same provision also lists under e) the prevention

① See Air Service Agreement between China and the United States.

② Chicago Convention, Article 44(f).

of "economic waste caused by unreasonable competition". The final provision relevant to the subject of this paper pertains to one of the mandatory functions of the ICAO Council, namely the task to:

i) Request, collect, examine and publish information relating to the advancement of air navigation and the operation of international air services, **including information about the costs of operation to airlines from public funds**. ①(emphasis added)

Within the context of a global level playing field for air transport, it is safe to say that neither contracting States nor ICAO have not implemented one of the before mentioned provisions in legal documents.

It would, however, be unjust to give the appearance that ICAO has put no effort in the debate on fair competition, but all of its policy and guidance material on the subject remains just that: recommendations and guidance, which are not legally binding. ②Meanwhile, the development of a set of core principles on fair competition in international air transport is still in progress, but a global consensus on the definition of a level playing field is unlikely to be achieved. ③

It seems to me that both the wording of said provisions, as well as their legal status, are not strong enough to be put to practice, that is, to enforce the objective of achieving a level playing field among air carriers as referred to above. Indeed, what is the breadth of sound and economical operation of air transport services and when does it lead to economic waste? The further use of vague terms such as "unreasonable competition", have contributed to the non-application of these provisions at a global level to this day. The last part of

① Chicago Convention. Article 54(i).

② See Policy and Guidance Material on the Economic Regulation of International Air Transport (Doc 9587), ICAO, Fourth Edition 2017.

③ ICAO Working Paper-Fair Competition in International Air Transport, ATC onf/6 – WP/4, 4 December 2012.

Article 44(i) forms an exception in that it is more precise and will be significant when studying certain aspects of subsidization of designated airlines.

2. Fair Competition in Air Services Agreements

While, as stated above, fair and equal competition cannot be enforced directly through provisions in the Chicago Convention, following Article 6 of this convention States can manage the playing field between designated air carriers via air services agreements. Depending on the level of liberalization of the air transport markets of the Contracting States concluding an air service agreement, clauses on competition in such agreements range variably.① In traditional bilateral air services agreements, airline cooperation is not only favoured but it may also be mandated, thus restricting or eliminating competition between the designated air carriers from the two sides and not allowing the players from actually playing.②More liberal agreements pursue a "fair and equal opportunity to compete".

There is no global understanding of "fair competition" and each jurisdiction has its own interpretation of what fair competition encompasses. For instance, does it or does it not include regulation of subsidies or State aid? Even fair competition clauses in fully liberalised air service agreements contain no express prohibition on subsidies of airlines and the formulation of such clauses is not precise enough to be used to regulate or counteract subsidization of designated airlines. Obviously, States could enter into consultations and negotiations to reach an agreement on how competition between the designated air carriers from

① Template Air Service Agreement, ICAO.

② M. Tretheway & R. Andriulaitis, *What Do We Mean by a Level Playing Field in International Aviation*? (Discussion Paper No. 2015 - 06, International Transport Forum 2015), p. 17.

the two sides should be managed, for instance, on the basis of the aforementioned "fair and equal opportunity to compete" clause, and how to deal with State aid. However, most States are reluctant to do so because they prefer to keep subsidies as a trade or policy instrument.

Remarkably, the European Union (hereinafter the "EU") is one of the very few jurisdictions in the world regulating State aid and subsidies. Absent of a global consensus on fair competition and in the pursuit of an even level playing field in air transport, compelled the EU to enact its own regulation to be applied extra-territorially. The next part of this paper examines the EU regime more closely.

3. The European Union State Aid Regime

The EU's aim to safeguard equal and fair competition internationally derives from the very competitive environment the EU aviation sector finds itself in today, not the least from competition from airlines originating outside its territory. To understand why some of this competition is considered "unfair" it is necessary to briefly examine the key principles that define the EU's internal level playing field with regards to State aid and subsidization. Article 107(1) on the Treaty on the Function of the European Union (TFEU) maintains a wide definition of State aid, being:

Any aid granted by a Member State or through State resources in any form whatsoever which distorts or threatens to distort competition by favouring certain undertakings.

The aviation sector is subject to this provision,① and State aid and

---

① Commission Communication, O. J. C350/05 [1994], paras. 14 - 16.

subsidization are therefore in principle not allowed unless strict exemptions apply. For instance, a distinction is made between the operational subsidization of air routes under so-called Public Service Obligations or Services of General Economic Interest① and other aids granted by and in the capacity of the State.② These exemptions allow States to subsidise or fund air services, otherwise not provided by air carriers, but vital for the social or economic development of the region which the airport serves.③

These provisions on State aid and other rules on subsidization in the air transport market set by the EU have no effect on States not being members of the EU and their airlines. In contrast, rules on competition to undertakings in the air transport sector also apply to the anti-competitive practices between EU airlines and those of third countries.④ However, there are relatively few cases on the enforcement of these competition law provisions in the airline sector,⑤ and even less within the ambit of this paper insofar as they required enforceability against third-country airlines.

In this regard, the repealed EU Regulation 868/2004 and its replacement EU Regulation 2019/712 are of particular interest because they are directed solely at protection against subsidisation and unfair practices from countries not members of the EU. Hereby, the EU, indirectly, seeks to expand the EU State aid disciplines by conditioning third-country State spending to their airlines. The next part of this paper will examine to what extent these third-country airlines are affected by this.

---

① Decision2012/21/EU of 20 December 2011, O. J. L7 [2012], p. 3 – 10, rec. 24.

② Article 107(2) TFEU.

③ See Case C – 280/00, *Altmark and Regierungspräsidium Magdeburg* [2003], ECLI: EU: C: 2003: 415, paras. 89 – 93.

④ Council Regulation (EC) No. 411/2004, O. J. L68 [2004], p. 1 – 2, Art. 3.

⑤ J. Balfour, *Airline Competition* [*OECD Expert Paper*, DAF/COMP(2014)22], p. 4.

4. Safeguarding Competition vis-à-vis Third-country Airlines

Regulation 868 of 2004 was the EU's first attempt to take regulatory measures to protect "against subsidization and unfair pricing practices of air services from countries not members of the European Community". The rules of this Regulation were never applied, among others due to factors that can be attributed to the Regulation itself; the limited scope of the Regulation, procedural shortcomings and the provision of evidence. The title of the new EU Regulation 2019/712 repealing Regulation 868 addresses "safeguarding competition in air transport" more broadly, but while some of the shortcomings of the repealed Regulation have been addressed, others remain problematic.

First, there must, of course, be evidence of a practice distorting competition. According to the new Regulation, the Commission "shall seek all the information it considers to be necessary in order to conduct the investigation"① and "may carry out investigations in the territory of a third country②."

While the possibility of such investigation is "subject to the consent of the third-country entities concerned and in the absence of an objection by those third countries③," more realistically one can wonder why such a country would consider cooperating to an investigation that can potentially label their behaviour as "unfair" under this Regulation, let alone aiding its enforcement? Even more so when as a consequence thereof the Regulation allows for measures to be

---

① EU Regulation 2019/712, Art 5(4).

② EU Regulation 2019/712, Art 5(8).

③ EU Regulation 2019/712, Rec. 16.

imposed on non-Community carriers.

Second, no regard is given to legality of such measures, especially in cases where third countries do not recognize the EU as a party to the ASA between the two States concerned. ①Nonetheless, even in ASAs where the EU is a party to, the ASA in question should provide for the intervention itself and subsequent measures that can be taken, yet this is not the-legal-reality.

This last point is key and highlights a more external factor of the non-application of the repealed Regulation 868 and the likely faith of the new Regulation 2019/712. ② Despite the EU's efforts, the compatibility of the Regulations with international rules is questionable, insofar that Article 6 of the Chicago Convention indirectly dictates that States must manage the playing field between air carriers pursuant to authorization and the terms of agreements, where currently ASAs do not address subsidies or even implicitly allow them through the combined effect of practices and lack of regulations limiting or forbidding them.

Without express provisions in the ASA dealing with subsidization or State aid and allowing parties to take measures to attack or counteract subsidies of the other contracting party to their designated airlines, third-countries do not have to recognize the EU's competence to impose such measures. In theory, it is not excluded that the EU will impose, or at least try to impose, measures nonetheless, but the probability of repercussions on any given level will certainly warrant caution when put to practice.

---

① For instance: China, Russia and India.

② Air Transport Conference (ATC) 6, Working Paper 4 at 4.4 (2013).

5. Conclusion

In 1944, the States' reluctance to limit the sovereign use of national airspace, explains the Chicago Convention to predominantly include safety and security provisions. No agreement on economic regulation of international air transport was reached, let alone rules to regulate competition. Unexpectedly, the Convention contains a number of provisions which touch upon this subject when it mentions "*equality of opportunity*" to compete, a "*fair opportunity to operate*" international airlines and when a reference is made to "*unreasonable competition*". However, there is no global understanding of what "fair competition" is. Different jurisdictions have divergent ideas on competition and whether or not subsidization and State aid to airlines should be considered fair on unreasonable. ICAO continues to study this subject but it is very uncertain if and when global understanding will be reached.

The European Union has a stringent regulatory framework on subsidization and State aid, only allowing said involvement under very specific conditions. This has created an uneven level playing field between carriers based within the EU's territory and those of third countries. In an attempt to protect its own aviation industry, the EU unilaterally imposed measures against subsidization and unfair pricing practices of third-country carriers, most recently by EU Reg. 2019/712. Notwithstanding the internal hurdles relating to the Regulations provisions on, for instance, collection of evidence and collaboration of the other State, the imposition of measure externally seems incompatible with the regime of the Chicago Convention.

The principle provision here is Article 6 of the Chicago Convention, indirectly dictating that States must manage the playing field between air carriers pursuant to authorisations, which are laid down in ASAs. Thus, the legality of measures imposed on third-country airlines should be derived from the agreement between States. Currently, the EU is not party to ASA with some of the major aviation countries in the world, and even where the EU is party, ASAs do not address subsidies or State aid explicitly, with the exception of the EU-Canada (2009) and EU-Qatar (2018) agreements. It remains to be seen whether the new Regulation will not forgo the same faith as its predecessor, but in case of application the EU will have a legally interesting case to argue.

航空法实务热点研判

通用航空地方立法相关问题研究

车　彤[*]　曾　星[**]

作为民航业发展的两翼之一的通用航空，在我国长期以来都处于较为低迷的状态。近年来，无论是中央还是地方，都出台了不少促进通用航空发展的相关政策和法规。以2018年为例，交通运输部以2018年第30号至第40号令颁布了一批规章的修改决定，分别为关于《民用航空人员体检合格证管理规则》《民用航空企业及机场联合重组改制管理规定》《民用机场建设管理规定》《民用机场运行安全管理规定》《维修和改装一般规则》《公共航空运输企业航空安全保卫规则》《通用航空经营许可管理规定》《民用航空器驾驶员合格审定规则》《民用航空器驾驶员学校合格审定规则》《小型航空器商业运输运营人运行合格审定规则》《一般运行和飞行规则》的修改决定，均自2019年1月1日起施行。与此同时，地方通用航空立法工作也进入探索阶段，根据《四川省第十

---

* 中国民用航空飞行学院法律事务室主任，教授。

** 中国民用航空飞行学院法律事务室助理。

三届人大常委会立法规划》的规定,《四川省通用航空条例》(此后修改为《四川省通用航空促进条例》)被列入第一类项目,当然,要做好通用航空地方立法,还有很多工作要做,笔者认为首先要解决以下三个问题。

一、通用航空地方立法的必然性和紧迫性

当前,我国通用航空法律体系主要包括法律、行政法规以及民航规章3个层面,其中,在法律方面,尽管2018年12月新修改的《民用航空法》中第十章第145～150条涉及通用航空部分,与修改前从条文数量以及所处的章节上看并没有发生变化,而这6条涉及通用航空部分的内容本身较为笼统;从调整通用航空的行政法规来看,主要包括《通用航空飞行管制条例》、《国务院关于通用航空管理的暂行规定》以及《通用航空飞行任务审批与管理规定》;有关通用航空的民航规章则较多,共有30多部,主要涉及通用航空管理和安全运行方面,具体包括四大类,即通用航空经济管理、通用航空运行审定、专业机构审定以及专业人员执照、资质审定。由此可见,我国通用航空立法位阶较低,行政法规以及民航规章层面上的通用航空管理范围较为有限,缺乏较高层次立法,不利于通用航空的发展。即便是2012年7月8日出台的《国务院关于促进民航业发展的若干意见》和2016年5月13日出台的《国务院办公厅关于促进通用航空业发展的若干意见》,也只是在政策层面上提出对通用航空发展利好的条款,还没有在立法层面上解决影响通用航空发展的"瓶颈"障碍问题。由于我国地域辽阔,各地发展通用航空有着自身不同的特点,推进通用航空地方立法工作,从而促进当地通用航空发展就具有更加实际的必然性和紧迫性。

(一)通用航空地方立法有助于规范当地通用航空发展秩序

我国通用航空近年来发展势头较为迅猛,在首届公务与通用航空高峰论坛上,民航局运输司有关负责人指出,2018年我国有126座通用机场获得颁

证,是历年颁证总和的 1.7 倍;全行业新增通航企业 58 家,总数达到 423 家;完成飞行 94.1 万小时,同比增长 12.4%;无人机经营性飞行活动达 37 万小时。截至 2019 年 10 月 12 日,颁证通用机场的数量增加到 239 个,同时,民航局加大"放管服"的改革力度,四川省低空空域协同管理试点首批空域公布、首都机场公务机机位密集停放模式正式试运行、全球首架湾流 G550 医疗救援飞机交付北京"999"急救中心、全国首例直升机跨省转运捐献器官完成、中国航油在雄安注册成立。① 以西南地区为例,2018 年西南地区的通用航空企业增加到 49 家,完成固定投资 132 亿元。② 当然,通用航空发展存在的问题和障碍仍然需要加大力度进行解决,其中包括空域的有效使用不足、专业人员储备短缺、通用机场等硬件设施严重不足等问题。这些问题长期存在,影响我国通用航空的健康发展,导致通用航空政策尽管热度大,资金投入大,但通用航空产业亏损严重的局面还没有得到根本扭转。从 2017 年 14 家新三板挂牌通用航空公司发布的年报来看,营业收入过亿元的有 3 家,7 家企业报告期内处于亏损状态,8 家企业总资产过亿元。③ 公布的 2018 年半年报的这 14 家新三板挂牌通用航空公司盈利状况仍然不太乐观,其中营业收入过亿元的公司有 2 家,即金汇通航和首航直升机,另外 7 家企业报告期内亏损。除了从事航空医疗救援的金汇通航净利润过亿元以外,其他盈利的通航企业净利润普遍在几百万元水平,未挂牌的中小通航企业经营状况更加不乐观,造成亏损的主要原因包括通用航空投资周期长、回报周期长,经营成本难以下降,尚未形成稳定的、规模化的销售。④ 除此之外,各地发展通用航空规划性不强,缺乏全盘考虑;多点开花、重复建设等也是造成通用航空企业经营

---

① 《我国通用航空呈现加快发展势头》,载新华网,http://www.xinhuanet.com/air/2019-01/30/c_1124064451.htm。

② 《民航局七大管理局晒出 2018 成绩单、2019 新部署》,载通航资源网 2019 年 1 月 20 日,http://news.carnoc.com/list/478/478709.html。

③ 《14 家新三板挂牌通航企公布 2017 年年报》,载通航资源网 2018 年 5 月 8 日,http://news.carnoc.com/list/445/445343.html。

④ 《政策松绑带动通用航空投资改善　企业仍难走出亏损》,载中国金融信息网,http://stock.xinhua08.com/a/20190125/1795007.shtml。

状况不佳的重要原因。

(二)通用航空地方立法有助于改善当地通用航空企业的营商环境

通用航空企业的营商环境,是指企业在开设、经营、开展贸易活动、纳税、关闭及执行合同等方面遵循的政策法规所需的时间和成本等条件。优化营商环境是目前通用航空发展的重点、热点、难点问题,对于贯彻新发展理念、建设民航强国,对于培育通航业经济发展新动能、构建开放型经济新体制、提高开放型经济发展水平、实现高质量发展,都具有重要意义。打造良好的营商环境是建设现代化通用航空产业体系、促进高质量发展的重要基础,也是政府提供公共服务的重要内容。近年来,为了改善通用航空企业营商环境,民航局出台的政策相当密集,通用航空基础建设的发展也较为迅速,企业投资力度明显加大,因此,除了民航局加大推进"放管服"的力度,做好放管结合、以放为主、分类管理以外,就有必要再通过通用航空地方立法方式进一步改善当地通用航空企业的营商环境。事实上,近年来,各地也采取了不少积极措施改善通用航空企业的营商环境。以四川省为例,在 2018 年获得低空空域协同管理试点之后,在 2019 年又提出要从军民融合的角度,巩固低空空域协同管理试点成果。因此,从地方立法层面,出台地方性法规,强化改善通用航空企业在当地的营商环境就具有更为重要的意义。

(三)通用航空地方立法有助于完善现行通用航空法律体系

随着通用航空业的发展,通用航空法律体系更需要不断健全和完善。从目前的通用航空法律体系来看,一方面,通用航空没有一部单独的法律法规,而是依附于民航法律体系之中,并且所占的权重仍然未能达到与运输航空同为"一翼"的水平;另一方面,通用航空的相关法规和规章主要侧重于技术层面,尚未提升到高层次立法的阶段。与此同时,通用航空地方立法更是处于空白状态。加强地方立法,不仅有助于当地通用航空发展,也有利于完善现行通用航空法律体系。

二、通用航空地方立法的基本原则和主要内容

通用航空是指使用民用航空器从事公共航空运输以外的民用航空活动，涉及面相当广，而通用航空业则是以通用航空飞行活动为核心，涵盖通用航空器的研发制造、市场运营、综合保障以及延伸服务等全产业链的战略性新兴产业体系。通用航空无论是行业立法，还是地方立法都涉及较广的范围，为此，需要进一步明确立法的基本原则和主要内容。

（一）通用航空地方立法的基本原则

如何做好通用航空地方立法？通用航空地方立法，一方面，要符合上位法的要求，不能与上位法发生冲突；另一方面，要符合当地通用航空发展的要求。因此，通用航空地方立法应当体现如下4个基本原则：

1. 法制统一原则

地方立法就是由地方立法机关根据法律授权制定适用于本地区的地方法规。显然，地方立法带有一定的地方特色，但这种带有地方特色的立法基本原则不能同上位法发生冲突；也就是说，要在不同宪法、法律、行政法规相抵触的前提下制定地方性法规。这里所称的“不相抵触”，一是指地方性法规不得同宪法、法律、行政法规的具体条文发生直接冲突；二是指地方立法的基本精神和基本原则不得同宪法、法律、行政法规的基本精神和基本原则相背离。在这样的前提条件下，地方立法机关制定的地方性法规才符合地方立法精神。

2. 协调发展原则

地方立法之所以有必要，是因为我国地域辽阔，各地在落实法律法规和规章方面存在一定的地域差异。而仅仅根据法律法规和规章难以解决所有应当由立法解决的问题，这就需要将这些问题通过地方性法规的方式加以解决。此外，允许地方立法还能够激发地方的积极性，有利于促进地方通用航

空产业的有序发展。

3.适度超前原则

近年来,各地对于发展通用航空,并将通用航空产业作为新的利润增长点具有较高的热情,但囿于通用航空法规体制以及空域的限制,我国通用航空与发达国家相比仍然存在较大差距。按照民航资深专家李晓津教授的分析,我国通用航空发展存在"三不",即"上不了天",因为低空空域被限制;"下落不了地",因为通航机场严重不足;"中间吃不上饭",即市场需求带来的经济收入不足以支撑通航业的发展。其中,最根本的原因就是通用航空参照运输航空进行管理,束缚了通用航空的发展。根据2019年3月25日民航局召开的通用航空发展工作专题会的精神,民航局正加快完善通用航空法规体系建设,推进通用航空法规体系重构,消除制约通用航空发展的政策性问题,为通用航空发展全面松绑。这里面也包括在监管体系上有更多的基于安全发展基础上的适度超前措施,目的就是为通用航空发展创造良好环境,推动通用航空真正"热起来、飞起来"。

4.安全发展原则

《国务院办公厅关于促进通用航空业发展的若干意见》中明确指出,"安全第一,创新驱动"是通用航空业发展的一项重要基本原则。通过"建立跨部门、跨领域的通用航空联合监管机制,形成全过程、可追溯的安全监管体系",强化全程安全监管。

(二)通用航空地方立法的主要内容

通用航空地方立法涉及通用法律法规和规章在地方的有效落地落实,既有较强的专业性,同时又与整个地方经济的发展规划相联系,为此,在制定地方立法条文时,既要有通用航空特色的专业条款,又要有体现促进通用航空服务地方发展的通用条款。

1.总则部分

通用航空地方立法首先要体现立法的宗旨、目的、适用范围、基本原则,这部分的内容应该置于总则部分条文之中。

2. 通用航空规划部分

《国务院关于促进民航业发展的若干意见》明确指出，要大力发展通用航空，到2020年，通用航空实现规模化发展，飞行总量达200万小时，年均增长19%。而在《国务院办公厅关于促进通用航空业发展的若干意见》中更是明确提出，到2020年，通用航空器达到5000架以上，年飞行量200万小时以上，培育一批具有市场竞争力的通用航空企业。但由于种种原因，截至2021年3月30日，我国通用航空器的数量为4164架，首次超过航空器的数量。通用航空器研发制造水平和自动化率有较大提升，国产通用航空器在通用航空机队中的比例明显提高。通用航空业经济规模超过1万亿元，初步形成安全、有序、协调的发展格局。为了对标上述两个意见的精神，就有必要通过立法方式推动四川省通用航空产业发展。建立通用航空保障专项资金，帮助加快通航产业园区基础设施和公共服务平台建设，健全和完善通用航空飞行管理、服务、网络体系，引导鼓励通航培训、通航旅游等消费市场形成规模。

3. 通用航空机场管理与服务部分

根据《国务院办公厅关于促进通用航空业发展的若干意见》，到2020年，全国建成500个以上通用机场，基本实现地级以上城市拥有通用机场或者兼顾通用航空服务的运输机场，覆盖农产品主产区、主要林区、50%以上的5A级旅游景区。截至2021年3月30日，全国已建成532个通用航空机场。对标国务院这一意见精神，一方面，需要协调国家发展改革委、中国民航局等有关部门，将四川省通用机场调整纳入《全国民用运输机场布局规划》；另一方面，需要通过地方立法，明确通用航空机场的管理与服务相关条款。

4. 通用航空保障与服务部分

地方立法不是对上位法的简单重复与抄袭，应当在立足于地方实际情况的基础上，充分发挥其对于地方通用航空发展的引领作用。为此，有必要在通用航空地方立法中将保障与服务作为其中一个重要部分，结合地方实际，明确地方立法中需要保障与服务的具体内容。

三、通用航空地方立法存在的问题及发展趋势

从国家立法层面来看,通用航空相关法律法规本身较少,现有通用航空法律法规的立法渊源包括国际法和国内法,国际法主要是《国际民用航空公约》附件六中有关国际通用航空的内容,在这一部分中明确"有些国际民用航空运行可以由经验和技术水平低于商业民用航空人员的机组执行。某些通用航空航空器上安装的设备可能不能达到商业运输航空器上安装设备的标准。通用航空的运行标准不是十分严格,它的运行比商业航空运输享有更大的自由程度。"国内法则包括《民用航空法》及其他相关通用航空法规和规章。

通用航空上位法的相对缺失以及当前通用航空的较大发展空间,使通用航空地方立法有着更大的发展空间和较强的必然性,但通过分析当前国内通用航空地方立法,可以看到,仍然存在不少问题。一是通用航空地方立法较少。尽管近年来不少地方将通用航空作为新的经济增长点,从政策、资金和场地等方面给予大力支持,但能够从地方立法层面上为通用航空提供更大推动力的还不多,目前尚未有一部完整的通用航空地方立法,只是在通用航空发展较快的江苏省和重庆市制定的民用航空地方立法的相关章节中有一个章节予以体现,例如,《江苏省民用航空条例》第五章涉及通用航空部分,在这一部分中将有关通用航空规划管理、通用机场建设、通用航空服务等综合在其中;《重庆市民用航空条例》第三章涉及通用航空部分,同样也是将有关通用航空规划管理、通用机场建设、通用航空服务等作了相应规定。四川省作为通用航空大省,也力求在通用航空立法方面走在全国前列,已经将通用航空立法列入2019年立法计划之中,于2020年8月经四川省第十三届人大常委会第二十次会议第二次审议通过,尚待第三次审议。如果获得审议通过,届时四川省将成为通用航空地方立法第一省。制定地方立法,有助于促进通用航空的相关政策有效落实,提高可操作性,也能够更好保障通用航空

安全健康发展,但目前通用航空地方立法偏少,也说明各地对于从地方立法层面推动通用航空的认识还不够。二是通用航空地方立法水平还有待进一步提高。从现有的一些省市的通用航空地方立法来看,由于受制于上位法中相关规定的缺失,地方立法的制定要么就是对某些法规和规章的重复引用,缺乏地方特色;要么就是可操作性不够,难以在通用航空发展中发挥作用,解决实际问题。

当前,通用航空地方立法存在的问题,恰恰也反映了这一立法将会有更大的空间和潜力。随着通用航空业作为新兴产业的地位进一步提升,通用航空地方立法空间和水平也将有更大的提升。我们至少要在以下几个方面努力:一是充分发挥地方立法在服务地方通用航空发展中的作用。我国幅员辽阔,各地发展通用航空的条件差异较大,为此,既要重视推进通用航空这一新兴产业纵深发展,也要避免各地发展过程中的重复投资、重复建设、过度同质化的倾向。为此,有必要通过地方立法的方式,明确地方事权。二是提升地方立法在通用航空法规体系重构中的补充完善作用。民航局出台《关于推进通用航空法规体系重构工作的通知》,旨在明确通用航空整体政策走向、立法思路和制度设计需要遵循的基本原则和具体要求,也就是对属于民航局管理的中央事权部分加以明确,即按照"两个框架"(通航业务框架和通航法规框架)要求,统一立法和政策制定工作,梳理现有涉及通航的政策性文件和法规。通过梳理,可以明确地方立法的范围和发挥的作用。三是既要做到与《宪法》、法律和行政法规不相抵触,又要做到不能超越地方立法主体的职权范围,更好地发挥地方立法在推进通用航空发展中的作用。

综上所述,结合当前通用航空发展的形势需要,通用航空地方立法有进一步加强和完善的趋势。做好通用航空地方立法,关键在于既要符合《立法法》以及通用航空上位法等相关法律规定,又要适应所在地的实际情况,切实解决在地方立法过程中存在的问题,提高地方立法的质量和水平。

WTO框架下我国民用航空出口信贷合规性分析*

胡建发** 鲁鉴威***

随着我国民用飞机产业的快速发展，民用航空（以下简称民航）出口信贷的需求也大幅增加。航空业是资本密集型产业，其在民用飞机制造、销售和运营等各个环节，都有巨大的融资需求。航空融资周期长、收益慢、风险高等特点，以及民航出口对一国经济和工业发展所具有的巨大推动意义，都使其对政府出口信贷措施的依赖性加大。然而，由于我国官方出口信贷体系尚不成熟，现实中我国出口商品屡次受到欧美国家发起的反补贴调查，其中就包括因出口信贷措施不合理而遭受调查的情况。基于此，本文将以WTO框架下《补贴与反补贴措施协议》(Agreement on Subsidies and Countervailing Measures，以下简称《SCM协议》)以及经济合作与发展组织

---

* 本文受陕西省社科基金项目“军民融合背景下陕西省航空航天产业发展立法保障研究”（项目号:2018F083）资助。

** 西北工业大学马克思主义学院副教授，硕士研究生导师。

*** 西北工业大学人文与经法学院硕士研究生。

(Organization for Economic Co-operation and Development, OECD,又称经合组织)《官方支持的出口信贷行动指南的安排》(以下称《君子协议》)为主要法律文本,分析在我国现行国家规制下,如何合理采取出口信贷措施,使出口信贷既能够促进民航出口,又能够避免民航出口违反《SCM 协议》,从而最大限度防范我国民航出口信贷业务潜在的法律风险。

一、WTO 框架下对出口信贷的法律规制

(一)《SCM 协议》中的出口信贷

在《SCM 协议》中,补贴被定义为:"如果有政府或公共机构提供的财政资助或收入或价格支持,并且因此给予了利益,则可认定存在补贴。"①从定义来看,构成补贴的条件有三个:一是提供补贴的主体必须是政府或公共机构;二是提供补贴的方式必须是财政资助或收入或价格支持;三是补贴的接受者用补贴获取了利益。

《SCM 协议》将补贴分为禁止性补贴(Prohibitive Subsidy)、可诉补贴(Actionable Subsidy)和不可诉补贴(Unactionable Subsidy)3 类。所谓"禁止性补贴",是指"成员方不得授予或维持第 1 款所述的补贴"。② 根据《SCM 协议》第 3 条第 1 款的规定,禁止性补贴是指出口补贴和进口补贴,在《SCM 协议》的禁止性补贴中不包括农产品补贴。《SCM 协议》附件一中的示例性出口补贴清单详细列出了禁止出口补贴的清单,包括应禁止的 12 种出口补贴。所谓"可诉补贴",是指成员方根据自己的政治和经济发展需要,在一定范围内对生产者或销售者进行的补贴。可诉补贴不被禁止,但是如果此类补贴在实施过程中对其他成员国造成了不利影响(adverse effect),伤害了其他各方,其他成员可以向有关方面提出上诉并采取反补贴措施。《SCM 协议》第三部分对此内容进行了规定,例如"不利影响"的构成、"严重违反"情况和

---

① 参见《SCM 协议》第 1 条。

② 参见《SCM 协议》第 3 条。

相关补救措施。根据《SCM 协议》对专向性补贴和非专向性补贴的分类,以上两种补贴都属于专项性补贴,应当受到《SCM 协议》的约束。“不可诉补贴”主要属于非专项性补贴,不受《SCM 协议》的约束。所谓“不可诉补贴”,是指成员方政府为鼓励研究活动、落后地区、保护环境而采取的补贴措施和其他的非专向性的补贴。由于此类补贴对国际贸易产生的影响较小,不构成对贸易制度的破坏,所以《SCM 协议》规定了成员方不可采取反补贴措施来应对此类补贴。

根据《SCM 协议》第 3.1 条,所有属于附件一所列范围的补贴都是《SCM 协议》禁止的出口补贴。附件一《出口补贴示例清单》规定了成员国通常在实践中采用的出口补贴,包括 12 个项目,其中(j)项和(k)项有关信贷支出类别,是官方的出口信贷措施法规。(j)项限制了出口信用担保和保险,而(k)项存在许多争议。这里重点分析(k)项,该项分为两款。

第 1 款规定了出口信贷构成禁止补贴的情况。具体内容为:“政府(或政府控制的专门机构和/或政府授权的特殊机构)授予的出口信贷,其利率低于政府使用资金实际支付的利率。当政府从国际资本市场获得与出口信贷货币相同的资金,并且还款期限和其他信贷条件相同时支付,或者政府将全部或部分产生的成本支付给出口商或金融机构只要获得的费用可用来保证获得出口信贷的实质优势,此信贷便可判定为禁止性补贴。”①

“政府(或政府控制的专门机构和/或政府授权的特殊机构)授予的出口信贷”一词实际上是指出口信贷,字面意思是:提供被禁止的出口信贷的主体是政府、政府控制或授权的机构;提供的方式是,官方机构直接以低于成本利率的信用利率提供信贷,或直接从非官方机构提供信贷,但官方机构间接为出口信贷支付费用,从而使接收者间接地获得了官方的实质性好处。

第 2 款规定了一个特殊的例外情况,“但是,如果成员是正式的出口信贷国际承诺的参与者,并且自 1979 年 1 月 1 日起,该协议的至少 12 个创始成员

① 《SCM 协议》附件一《出口补贴例示清单》(k)项。

参加了国际承诺,或者如果某个成员实际执行了相关承诺中的利率条款,则与这些条款相符的出口信用额惯例不应视为本协议禁止的出口补贴”。① 根据第 1 款的一般规定提出了特殊豁免。实际上,《君子协议》与该款所指的“国际承诺”是一致的,而现行的《君子协议》也是唯一的符合该款的国际承诺。

根据第 2 款的含义,例外可以分为两种:第一种是 WTO 成员参加《君子协议》或《君子协议》的后续承诺,然后根据《君子协议》提供出口信贷协议允许存在并且不构成禁止的补贴;第二种是一个成员国没有参加《君子协议》和其后续承诺,但是它提供的出口信贷的根据实际上是《君子协议》。如果实施,则此类出口信贷不构成禁止性补贴。此段中的例外规定,即使出口信贷在之前的条款中是被定义为禁止的补贴,只要符合标准,也是允许的,并且该标准指的是《君子协议》,因此有必要简要介绍《君子协议》所规定的官方出口信贷措施。

(二)《君子协议》中的官方出口信贷

20 世纪 70 年代,出口信贷部门陷入了恶性竞争的困境:无法提供出口信贷使国内出口商在国际市场上处于劣势,信贷补贴的增多加剧了财政负担。结果,一些发达国家开始在这方面寻求合作。1978 年 2 月,经合组织成员国达成了“官方支持的出口信贷安排”,其规定就是《君子协议》,该协议已于当年 4 月生效。

那么,这份协议究竟是软法还是国际惯例?从没有约束力这一点来看,它是一项软法;从实际遵守和每个国家遵守的意图来看,它又是一项国际惯例。尽管它不具有法律约束力,但参加国在实践中有意识地遵守该协议,不参加的国家也有许多有关该协议的公约,这实际上使其成为一种国际惯例。但是,无论《君子协议》的性质如何,它都已成为《SCM 协议》的例外。《君子

① 《SCM 协议》附件一《出口补贴例示清单》(k)项。

协议》影响了世贸组织体系下世贸组织成员的义务。

在内容上,《君子协议》为官方出口信贷提供了基本框架,以确保其有序使用。根据《君子协议》,这一规定适用于由政府或代表政府提供的所有偿还期在2年或2年以上的货物和/或服务出口(包括融资租赁)的官方支持,但不适用于农产品和军事装备的出口贸易。官方支持可以是出口信贷担保或保险、官方融资支持(包括直接信贷/融资和再融资,或利率支持),或这两种方法的任意组合。出口信贷融资条款是《君子协议》的主要内容。根据《君子协议》,一国的固定利率贷款的官方融资支持的利率应该是商业的参考利率(Commercial Interest Reference Rates,CIRRs)。

《君子协议》把商业参考利率作为最低利率。CIRRs的计算方法是在以下所述的两个基准利率上增加100个基点的利差:(1)不超过5年(包括5年)的还款期限的信贷,将采用3年期政府债券收益率;对于超过5年至不超过8.5年(包括8.5年)的信贷,适用5年期政府债券收益率;如果还款期超过8.5年,则适用7年期政府债券收益率。(2)对于各种还款期的信贷,适用5年期政府债券收益率。①

《君子协议》经过多次修订,最终将CIRRs确定为最低利率。它的优势在于:参与国选择特定的货币融资,需要使用货币的CIRRs,当本国货币利率很高时,参与国可以使用特定的外币贷款;可以根据需要为非参与国家的货币建立CIRRs;基准利率可以通过事先通知和协商进行更改。②

简言之,《君子协议》规定了参加者的出口信贷机构在提供出口信贷时必须满足的要求,并且允许参加国在其事先通知其他参加者的情况下采取特殊支持。如果一个参与者告知他愿意接受特殊支持,只要其通知的提案匹配,该措施就不会被视为违反《君子协议》。

---

① 参见马荣花:《〈补贴与反补贴措施协定〉与出口信贷》,对外经济贸易大学2006年硕士学位论文,第19页。

② 参见欧阳琳:《官方出口信贷措施与WTO合规性研究》,西南政法大学2014年硕士学位论文,第15页。

(三)WTO 框架下禁止性补贴之判定与官方出口信贷

在 WTO 框架下,一国的官方出口信贷是否会被认定为禁止性补贴,主要的判定依据有以下 4 点。

(1)出口信贷的提供者。一般来说,一国的官方出口信贷通常是由一个国家的进出口银行或其他专门的金融机构来提供,但是进出口银行和其他专门金融机构明显不属于"政府"的界定,因此关键是要判断它们是否属于"公共机构"。而《SCM 协议》没有对"公共机构"进行明确的界定。关于一个实体是否为"公共机构"的判断,存在不同的标准,而不同的标准有不同的结论。有的将实体的成立基础和目的作为标准。[①] 以此为标准,如果提供出口信贷的官方信贷机构的主要出资者和控制者是政府、政策目的性很强,官方出口信贷机构(ECA)则很容易被认定为公共机构。有的将组织的运作方法作为标准。[②] 目前,ECA 基本上是以商业方式运作,而不是纯粹的政府管理模式,因此,以机构的运营模式为标准,ECA 很难被认定为公共机构。

(2)财政援助。出口信贷包括向出口商提供贷款,担保或利率补贴,那么财政援助是一种什么样的方法? 实际上,在乌拉圭回合谈判中,什么是财政援助是一个非常有争议的问题。欧盟认为,财政援助的基本特征是政府将财政资源转移给私营企业。如果有经济援助,总会有公共支出。因此,应基于是否存在政府成本或公共账户支出。

(3)授予利益。如果补助金提供者(政府)是利益的计算主体,在判断利润时就要通过分析政府是否支付成本和公共支出成本。如果补助金让政府支付了一定的成本,或者政府动用了自身的公共支出的话,那么被判定为授予利益就是无法避免的。世界范围内,欧盟同意以政府为利益主体计算利益。欧盟认为,没有政府支出的补助金不属于反补助法规的范围。美国的观

---

① WTO Dispute: Korea-Measures Affecting Trade in Commercial Vessels, WT/DS273R, para. 7.32.

② Ibid., para. 7.37.

点认为,接受补助金的人应该成为关注的对象。《SCM 协议》最终采纳了美国的观点,不过《SCM 协议》最后没有对授予利益这一术语进行具体的解释。按照国际惯例的通常做法,有人通过字面意思对这一术语进行了解释;所谓"获取利益",是指利益需求者通过政府提供的援助获得优惠条件或利益。①

(4)出口业绩,协议中提到的出口业绩包括法律层面和事实层面。② 如果强制性规定明确表明满足一定的出口绩效,可以获得出口信贷,或者虽然没有明确的措辞,但明确规定了出口条件,则可以视为合法的出口补贴。

二、WTO 框架下我国民航官方出口信贷机构的合规性

根据《SCM 协议》第 1 条和附件一(k)项,出口信贷提供者的性质是确定是否有禁止性补贴的关键因素。因此,有必要就我国民航的出口信贷机构进行特别分析。

(一)我国民航官方出口信贷机构的现状及问题分析

我国民航的出口信贷机构是中国进出口银行。该银行成立于 1994 年,是国务院领导的政策性银行。其主要业务范围包括出口信贷,该项业务包括买方出口信贷和卖方出口信贷。其中,买方出口信贷是指中国进出口银行为促进我国产品、技术和服务的出口而向海外借款人提供的本外币贷款。卖方出口信贷是指为了推动我国的出口,中国进出口银行向我国出口企业提供的中长期融资便利,其可以分为船舶出口卖方信贷、设备出口卖方信贷、高科技产品出口卖方信贷、一般机电产品出口卖方信贷、农产品出口卖方信贷、文化产品和服务出口卖方信贷。

中国进出口银行至少在法律上存在两个问题:一是法律基础弱。中国进

① 参见高璇子:《WTO 框架下的出口信贷补贴问题研究》,对外经济贸易大学 2013 年硕士学位论文,第 13 页。

② 参见《SCM 协议》第 3.1(a)条。

出口银行是依据《国务院关于组建进出口银行的通知》和《中国进出口银行章程》建立的。这两个法律文件的效力相对较低,对特定业务的指导性也很有限,因此在进出口银行的特定业务运作过程中容易造成诸如权力和责任不一致、监管不明确以及效率低下等弊端。这给我国的进出口银行业务和内部监督造成了严重障碍,不利于实现其促进出口的目标,也与其他国家的出口信贷机构的现行做法不符。二是法律功能不明。中国进出口银行究竟是定义为政策性银行还是定义为公共机构,这是个具有争议性的话题。如果定位为"以政策为导向",则应着重于弥补商业运营中的市场缺陷,履行更多的公共服务职能,着重于政府有效分配和使用资金,并最大程度保护国内出口商的利益。如果定位为"金融机构",则应按照"商业原则"运作,充分考虑自身的盈利能力,在融资渠道上尽可能摆脱对政府的依赖,并依靠自己的能力实现独立运作。两种定位对进出口银行的发展模式有着本质的影响作用。如果无法很好地定位中国进出口银行,就很容易导致金融资源的分散化和对出口的支持薄弱,这将增加出口信贷业务的经营风险,并最终损害国家金融秩序的稳定性。

(二)我国民航官方出口信贷机构合规性的改革建议

首先,应尽快制定《中国进出口银行法》及配套法规,从法律上明确界定进出口银行的性质、职能范围、业务领域和操作程序,为包括出口信贷在内的业务发展提供准确的法律依据。

建立像进出口银行这样的官方出口信贷机构的本意,是为了弥补商业信贷机构在应对风险方面的缺陷,所以官方出口信贷机构更多起到的是资金资源的宏观调配作用。但是,随着世界经济的不断发展,传统市场失灵或政治风险对出口信贷机构的影响已经减弱,越来越多的私人金融机构开始从事出口信贷业务。在市场竞争中,许多国家的出口信贷机构也跟随这一趋势,开始采用以市场为基础的定价模式,故将其视为准市场的实体。

鉴于以市场为导向的转型可能需要时间,目前可以通过拆分账户管理和母子公司的运营模式,来联结政策性出口信贷和商业性出口信贷。这两种模式各有优缺点:拆分账户管理模式可以节省组织的资金配置,但后续的约束和监督难度加大;母子公司或集团公司可以更好地确保彼此业务的独立性并有助于对其进行监督,但是,这样的组织架构需要动用更多的人力和财力资源。鉴于两种业务的适合级别不同,将以上两种模式差异化地运用到进出口信贷业务中,可以减少潜在的国际法律风险。

其次,出口信贷机构应加强与出口保险公司的合作。我国目前对出口信贷支持的发展主要是在狭义的出口信贷意义上,在许多发达国家的出口信贷业务中,出口信贷保险和出口信贷担保的占比越来越大。出口信贷和保险、担保的结合可以减少直接贷款的资本占用,减轻进出口银行的融资压力,并以较低的风险执行国家产业政策和外贸政策。

最后,出口信贷机构还应加强与其他商业金融机构的合作,充分利用自身的资金优势和市场话语权,在商业金融机构平时无力承担或不愿冒险的领域给予更多的支持,开展更多的业务。

三、WTO 框架下我国民航出口信贷措施的合规性

中国进出口银行的很多数据较难获得,这使很多研究无法用具体的贷款数据进行分析。因此,这里仅讨论 WTO 框架下我国民航出口信贷制度的遵守情况,而不涉及具体的民航出口信贷业务的合规性问题。

(一)我国民航出口信贷措施的合规性分析

根据“巴西民用航空器案”专家组的意见,应主要分析进出口银行遵循的法规是否存在“强制性”地要求进出口银行以违反 WTO 协议的方式开展业务。以下将从《SCM 协议》第 1 条和第 3.1 条以及《SCM 协议》附件一(k)项等两条路径展开分析。

1. 基于《SCM 协议》第 1 条和第 3.1 条的分析

分析考虑的方面主要为"财政支持"、"利益"和"出口绩效"。

首先,从财政角度看,作为政策性金融机构的中国进出口银行需要执行国家产业和金融政策。《中国进出口银行财务管理实施办法》第 5 条规定,中国进出口银行的资本包括资本金在内的国有资本、盈余公积金和资本公积金。① 结合协议中第 1 条内容,可以看出中国进出口银行满足了第 1 条规定的政府财务援助条件。

其次,主要看出口信贷机构在提供出口信贷时是否给予利益。在出口信贷层面上,利益的获取很大程度取决于与市场标准利率的差值,即信贷接受者是否可以获得比一般金融市场上可获得的商业贷款更优惠的条件。当卖方出口信贷以人民币支付时,按照《中国人民银行关于上调金融机构人民币贷款基准利率的通知》附件 3 中的优惠贷款利率表的规定实行《金融机构金融存贷款基准利率》。② 在该表中,中国进出口银行提供给船舶、成套设备和高科技产品以及低技术产品和一般产品的卖方信贷的利率分别为 2.95%、3.76% 和 4.48%。可以看到卖方出口信贷的利率远低于市场标准,单凭《SCM 协议》很容易被视为满足给予利益条件。所以,这就通常需要根据 OECD 的 CIRRs 将卖方用外币支付的信贷额与国际市场上可用的信贷利率进行比较。由于由进出口银行提供的以外币支付的出口信贷的利率是未知的,信息不透明,因此在实践中,很可能对进出口银行不利。

最后,要看出口信贷是不是根据出口业绩提供的。《中国进出口银行出口卖方信贷试行办法》要求,出口商品在中国制造部分符合我国出口原产地规则的有关规定。③《中国进出口银行出口买方信贷管理办法》第 5 条要求

① 《中国进出口银行财务管理实施办法》,载正保法律教育网 2019 年 12 月 2 日,http://www.chinalawedu.com/falvfagui/fg22016/42621.shtml。

② 参见秦绪谦:《SCM 协议下中国官方出口信贷合规性研究》,对外经济贸易大学 2016 年硕士学位论文,第 25 页。

③ 《中国进出口银行出口卖方信贷试行办法(修订稿)》,载正保法律教育网 2019 年 12 月 2 日,http://www.chinalawedu.com/falvfagui/fg22016/39178.shtml。

出口货物的中国成分不低于50%。[1] 这些规定很可能在第3.1条中被确定为"授予与预期出口有关的利益的法律要求",[2]构成禁止性补贴。

2. 基于附件一(k)项的分析

起诉方可以绕过《SCM协议》第1条和第3条,直接声称被起诉的措施违反了《SCM协议》的规定,构成基于附件一(k)项的禁止性补贴。但是,通过分析不难发现,(k)项规定的确定标准与第1条和第3条没有实质性差异。

根据(k)项第1款,上诉方仍然需要证明被诉方存在政府或受政府控制和/或受政府授权的专门机构;被诉方出口信贷的利率低于实际应付利率或借款利率,或者低于取得信贷的成本。根据以往案例的专家小组和上诉机构的意见,证明这些与证明协议第1条的有关内容没有本质上的不同。

因此,本文对(k)项的分析着眼于如何使用出口信贷才可以不被认定为禁止性补贴。如上所述,(k)项中的国际承诺实际上是指《君子协议》,并且由于我国不是经合组织的成员,因此,这取决于我国是否执行了《君子协议》中的利率条款。《君子协议》第22条规定,对固定利率贷款的官方融资支持应使用CIRRs作为最低利率。因此使用5年期政府债券收益率加100个基点作为人民币CIRRs。对此,可以举例说明如下:

2015年10月的5年期国债收益率为1.903%,则相应得到该月的人民币CIRRs为2.903%,查询得到当期市场贷款利率为4.9%;2007年12月的5年期国债收益率为3.353%,则当时的CIRRs为4.353%,查询得到当期市场贷款利率为7.82%。也就是说,如果一个产品的出口信贷利率为3.5%,则在2015年尽管该出口信贷利率低于同期市场利率,但是因其高于同期CIRRs,所以仍然符合《君子协议》的规定,就不会被认定为禁止性补贴;而同样的利率放到2007年12月,则会因为其低于CIRRs而很容易被判定为禁止性补贴。

为此,尽管5年以上市场利率数据连续性不强,但是仍然可以根据2002

① 《中国进出口银行出口买方信贷管理办法》,载正保法律教育网2019年12月2日,http://www.chinalawedu.com/falvfagui/fg22016/39061.shtml。

② 《补贴与反补贴措施协议》(1994)第3.1条。

年 2 月至 2015 年 10 月的有关数据,经过换算,大致画出该时期 CIRRs 与 5 年以上市场利率曲线(见图 1)。也就是说,只要出口信贷利率介于 CIRRs 和市场利率之间,即图 1 中两条曲线之间,就能使出口企业既受惠又能避免违反 WTO 的反补贴协议。

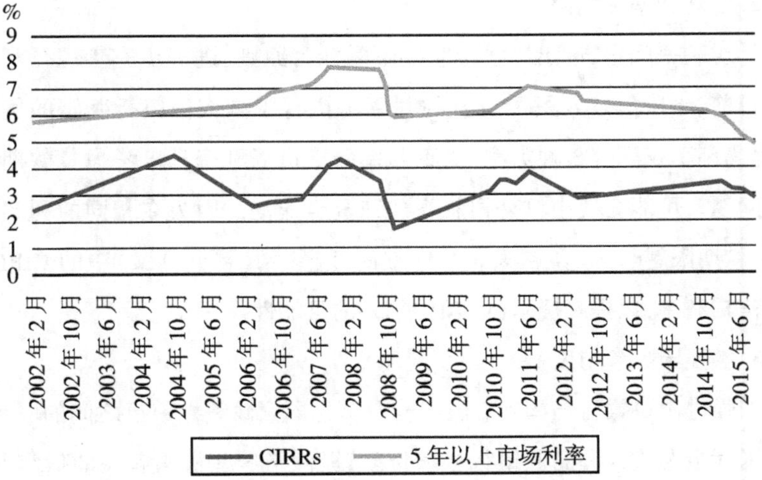

图 1　CIRRs 与 5 年以上市场利率曲线

另外,就还款期限而言,我国民航卖方出口信贷和买方出口信贷的最大还款期限原则上为 15 年,在某些情况下可以达到 20 年。根据《君子协议》的规定,第一类国家为 5 年(可以延长至 8.5 年),第二类国家为 10 年。某些特殊产品或项目(如船舶)的最长还款期限为 12 年,Ⅰ类飞机、Ⅱ型飞机和Ⅲ类飞机的最长还款期限分别是 12 年、15 年和 10 年。可以看出,我国飞机出口信贷的还款期都比《君子协议》规定的要长。[①] 因此,我国的飞机出口信贷更有可能构成被禁止的补贴。

(二)完善我国民航出口信贷措施合规性的对策

1. 开拓多渠道筹资

应建立更广泛、更多样化的融资渠道。发达国家一般以政策金融机构为

---

① 参见欧阳琳:《官方出口信贷措施与 WTO 合规性研究》,西南政法大学 2014 年硕士学位论文,第 32 页。

主导,充分调动商业金融机构的积极性,引导其资金向飞机出口信贷方向发展。此外,由于金融债券是进出口银行的主要融资方式,因此,中国应改善金融债券的发行方式,通过市场招标发行债券,按照市场规则运作,加强风险防范,改善金融机构的债务管理,促进中国债券市场的建设和发展。

2. 合规利率和期限

针对利率问题,进出口银行应以不赚钱为原则,进一步完善现行利率标准。目前,出口卖方人民币贷款的利率仍执行中国人民银行确定的优惠利率,优惠利率仅区分3种类型,优惠利率低于市场利率且未考虑贷款期限的长短问题。可能会使出口公司忽视加速资金流动。因为在相同的利率条件下,贷款期限越长,收益越大。在这方面,应参照《君子协议》中的CIRRs来执行信贷利率,以提高援引(k)项中例外的可能性。

3. 增强国际参与度

加强进出口银行与国际金融机构及其他国家政策性银行之间的联系,积极向国际金融机构和商业银行寻求贷款,提供与这些机构有关的信贷服务,并代表国家或企业筹集资金或提供相关资金的国外担保。此外,还应积极参与民航出口信贷领域的国际规则的谈判和制定,一方面争取有利于自身的规则,另一方面也确保能够更深入地了解国际规则。

四、结　　论

综上所述,我国民航出口信贷要完全符合WTO的要求,虽然极具挑战性,但也并非全无可能。因此,最紧迫的任务是按照WTO的要求合理化民航出口信贷机制。总体而言,有必要把重点放在出口信贷机构性质的转变以及贷款利率和贷款条件的遵守上。此外,还应努力增强出口信贷业务运作的公开性和透明度,包括发布相关信息,以免因缺乏信息而被WTO争端解决机构作出对我方不利的裁决。

比较法视野下民用飞机产业的补贴实践与中国对策研究*

李丹阳**

民用飞机产业(以下简称民机产业)对一国的经济、政治和国防安全具有重大意义。长期以来,欧美国家视民机产业为“工业皇冠上的明珠”,其通过各类补贴措施扶持本国民航业的发展。1997年,美国波音公司以140亿美元收购麦道公司后获得政府研发补贴,快速发展成为全球最大的航空制造公司。①欧洲各国为打破美国对世界民用航空市场的垄断,以开发支持、税收优惠等补贴政策扶持空客公司的发展。

近年来,我国在民机产业领域取得了许多重大

* 本文系2017年司法部国家法治与法学理论研究青年项目“中国大飞机发展补贴政策的法治进路研究”(项目编号:17SFB3039)阶段性研究成果。本文的写作得到了张超汉老师的悉心指导,在此表示诚挚的感谢。

** 中南大学法学院博士研究生。

① 《万米高空的恩怨:波音空客贸易争端拉锯战　补贴与官司齐飞》,载凤凰网2019年10月31日,http://finance.ifeng.com/c/7rDWz3X0Udc。

突破,如2017年5月,国产民用飞机C919首次试飞成功;同年10月,中美签署适航认证对等协议。但与欧美等发达国家相比,我国民机产业仍处于发展阶段,一些核心技术还未攻克。在当今贸易保护主义抬头的背景下,欧美等航空强国为保护其国内航空公司的市场份额和既得利益,极有可能通过对我国提起反补贴诉讼的方式阻碍我国民机产业的发展。为此,我国亟须研究欧美国家民机产业的补贴政策和法治实践,结合国内民航业发展实情,制定合理、合规的补贴政策,降低被诉风险,以促进我国航空制造业的发展。

一、民机产业补贴的必要性:理论与实践交织的现实选择

各国注重发展民机产业是因为该产业能够促进技术更新,带动其他产业的发展,为国家经济建设提供强大助力。如航空器制造商在研发大飞机过程中,选择减重效果较好的新型复合材料取代原有的铝合金材料,这极大地推动了一国材料产业的转型升级。此外,民机出口能够创造巨大的经济收益。一架民用飞机由300万~500万个零部件构成,这些零部件由成百上千家制造商生产,生产这些零部件的同时又催生了一系列相关产品。如美国兰德公司(Rand Corporation)的一项数据表明,利用飞机制造技术派生出来的产品销售额是用这种技术制造的航空产品销售额的15倍。有数据表明,向航空工业投资1万美元,10年后航空工业及其相关产业能带来80万美元的产值。[①] 因此,基于研发和制造民用飞机可以提高科技创新能力并带来巨大经济效益,发达国家积极通过各种方式补贴其本国民机产业的发展。

(一)民机产业的特点:民机产业补贴的现实根基

民机产业的发展需要政府为其提供补贴支持,这与其产业特性密切相

① 参见陈晓和、陈迎春主编:《政策法规对民用飞机产业发展的影响》,上海交通大学出版社2013年版,第83页。

关。民机产业具有高技术、高投入、高风险和回报周期长的特点。首先,民机产业是高技术产业。民用飞机的研制涉及人工智能、新材料、电子信息、自动控制和计算机等一大批高新技术产业,发展民机产业能够有力地带动其他产业的发展并优化产业结构。其次,民机产业是高投入产业。民用飞机的研发和制造耗资巨大,一种新的机型研发和制造需要数十亿元的资金,仅凭私人企业的力量难以实现,这需要政府投入大量的资金用于科技研发。再次,民机产业是高风险产业。民用飞机研发所需的关键技术能否攻克、何时攻克尚未可知,因此资金注入后能否得到回报具有一定的风险。最后,民机产业的回报周期较长。一般而言,民用飞机研发耗时长,其核心技术的突破需要将近10年的时间,因此资金的回报周期也相应较长,如欧洲的空客公司在运营近20年后才实现盈利。综上所述,基于民机产业"三高一长"的现实特点,仅凭民间企业的力量无法取得长久的发展,如果政府想要激励私人资本参与,应通过补贴平衡项目的成本收益对比关系,故政府应合法地将发展民机产业纳入国家财政和政策支持的优先行业之列。①

(二)欧美等国的普遍选择:民机产业补贴的实践经验

实践中,欧美等国高度重视民机产业的发展,波音公司和空客公司从最初的小公司发展为如今航空业的两大巨头,并且成为国家经济的中坚力量,离不开政府的支持和帮助。以空客公司为例,法国、德国、英国和西班牙政府通过扩大基础设施建设、提供税收、信贷优惠等方式补贴空客公司,促使其快速发展。在美国诉欧盟大飞机补贴一案中,美国指控欧盟及欧洲各国政府对空客公司的补贴措施高达70多项,尽管上诉机构和专家组并未对这些指控全部予以支持,但由此看出欧洲政府对其补贴范围之广、资金投入之多。与空客公司类似,波音公司的发展也离不开美国政府的鼎力支持。欧盟指控美国为帮助其本国民机产业发展,通过军用项目研发为其提供资金,以军事采

① 参见胡庆江、张园:《民用航空产业补贴国际比较及我国大飞机补贴策略》,载龙卫球主编:《航空航天法律与管理专刊》2011年第1卷,中国法制出版社2011年版。

购合同提高其销售额,对波音公司产品进行销售支持和干预等多种方式为其提供补贴,以保障美国在世界民用航空器市场上的领导地位。

由此可见,空客公司和波音公司作为大飞机市场上实力雄厚的两大霸主,仍需政府为其提供补贴。反观中国,国产民用飞机数量少,技术水平相对落后,政府对民机产业的补贴更不可或缺。鉴于当前全球大飞机市场处于欧洲空客公司和美国波音公司"双寡头垄断"状态,支线飞机市场又由加拿大和巴西占据主导位置,因此,我国民用飞机要想与欧美大国竞争,亟须政府为其提供补贴,帮助其快速发展。

二、欧美国家民机产业补贴的政策与法治实践及实证考察

目前,我国民机产业尚在起步期,与其相关的补贴政策和制度仍不成熟和规范,而欧美等发达国家民用飞机的补贴政策和措施业比较成熟,为防范我国未来成为欧美国家提起反补贴诉讼的重镇,提高合法补贴的利用率,我国可参鉴欧美国家近 80 多年补贴本国民机产业的政策法治实践及诉讼经验,完善我国民机产业的补贴政策,从而更好地发展我国的民机产业。

(一)美国民机产业补贴的政策与法治实践

美国民机产业是典型的在政府出资与指导下的大型企业基础上形成的具有高度组织性的经济体制。① 它之所以能够在全球占据一席之地,一是因为美国政府出台的补贴政策为民机企业提供了巨额资金支持;二是因为美国政府制定的法律法规为其发展补足了制度保障供给。二者相辅相成,共同促进了美国民机产业的发展。

---

① 参见[英]马修·林恩:《空中对决——波音与空客市场大战》,池俊常、陈雪松、尹杰钦译,华夏出版社 2001 年版,第 136 页。

1. 美国民机产业补贴的政策

美国的民机产业能在全球民用航空器市场上占优势,政府的补贴政策起着至关重要的作用。在将近一个世纪的时间里,美国借助军民共享共用机制,通过联邦和地方政府给予税收优惠政策,凭借国家强大的国际影响力强制本国飞机出口并限制他国飞机进入本国市场,间接地补贴和扶持了本国航空制造业的发展。① 具体表现如下:

第一,美国政府借助军事研发项目向民机企业提供补贴。② 美国为巩固其军事强国的地位,在军用飞机的研发上长期投入大量资金,如美国政府资助的众多国家航空航天局(National Aeronautics and Space Administration, NASA)的研发项目,其研究结论和成果可免费为本国航空制造企业使用。这些飞机制造商借助政府对军机研发项目的补贴,在研制军机的同时对军用飞机进行改进,生产出适合大众需求的民用飞机,从中赚取高额利润。这些科研成果和由此获得的收益间接地补贴了美国民机产业,帮助其在与国外民用航空器制造商的市场竞争中占据绝对优势。

第二,美国政府通过军事采购合同变相提供资金补贴。欧盟的一项报告显示,1976~1990 年,美国政府通过美国国防部(Department of Defense, DOD)、国家航空航天局的采购合同,向美国的民机产业提供的补贴金额高达 180 亿~220 亿美元。③ 又如摩根士丹利(Morgan Stanley)④的一项报告指出,美国国防部和波音公司签订的购买 B-767 空中加油机的合同,B-767 的正常利润率在 6% 左右,而波音公司在此合同中获得的利润率高达 15%,

---

① 参见张超汉、刘静:《WTO 框架下美国大飞机补贴实证研究——以"欧盟诉美国大飞机补贴案"为例》,载《国际经贸探索》2020 年第 4 期。

② See WTO Panel Report, *United States-Measures Affecting Trade in Large Civil Aircraft* (Second Complaint), WT/DS353/R, 31 March 2011, Annex B.

③ 参见周涵婷:《试论事实上的出口补贴——以美国诉欧盟大飞机产业贸易冲突案为例》,载孙琬钟、左海聪主编:《WTO 法与中国论丛》2012 年卷,知识产权出版社 2012 年版,第 233 页。

④ 摩根士丹利是一家负责金融服务的外商独资公司,成立于 1935 年,总部位于美国纽约。

这相当于为波音公司无偿提供了16亿~23亿美元的资金支持。① 通过以上数据可以看出,美国政府的军事采购合同是波音公司获得高额补贴的重要资金来源。波音公司变相借助这类资金的支持,研发出波音737等一系列新机型,从而在全球航空器市场上稳居高位。

第三,美国政府为民用航空企业提供税收优惠政策。美国政府对航空工业采取的征税方式是“全部完成合同征税方法”,即在合同实际履行后,承认航空公司的收入,并以此为基数计税征款。同时,政府还允许其加快折旧、减免研制开发税。例如,1997~2003年,由于美国政府的各种税收优惠政策,波音公司所得税的实际税率平均约为26.3%,远低于35%的法定税率。② 大幅度的税收优惠减少了波音公司的财政支出,有效地缓解了其资金压力,保障其持续稳定发展。

第四,美国进出口银行为其提供出口信贷。美国进出口银行的主要作用是,向购买美国产品的外国进口商的私人银行提供银行贷款担保。据统计,1957~1987年,美国进出口银行提供的370亿美元的出口融资总额中有192亿美元用于民用飞机出口融资。③ 不止于此,1998~2004年,进出口银行提供的贷款,或为私人贷款提供长期担保,金额总计530亿美元,其中280亿美元在波音公司的名下。④ 美国进出口银行为其客户提供出口信贷支持,缓解了进口商的资金压力,间接促进了波音公司的产品出口。

第五,美国政府利用国际影响力对波音公司的产品销售进行支持和干预。美国政府通过外交或提供优惠的购买政策,或对一些国家和地区施压,促使它们选择波音公司的飞机。例如,1972年尼克松总统访华时,将波音公司的飞机引入中国市场。又如2005年,美国运输部部长访问印度时曾暗示,

① 参见尹海涛:《波音:乘着政府暗补飞》,载《南风窗》2007年第8期。

② 参见杨薇:《国外民机产业政策及对我国的启示》,载《中国航空报》2006年9月19日,第3版。

③ 参见胡庆江、张园:《民用航空产业补贴国际比较及我国大飞机补贴策略》,载龙卫球主编:《航空航天法律与管理专刊》2011年第1卷,中国法制出版社2011年版。

④ 参见尹海涛:《波音:乘着政府暗补飞》,载《南风窗》2007年第8期。

如果印度国有航空公司购买美国波音公司的飞机,美印关系将迈上一个新台阶。美国利用其强大的政治影响力和国际话语权干预民用航空器的自由贸易,强制出口本国民机产品,有力地影响了民用航空器自由竞争的市场环境,从而提高了波音飞机在全球航空器市场中的份额。

第二次世界大战后,美国民机企业得益于上述补贴政策的支持而获得快速发展,波音等美国航空产品制造商在民用航空器市场上迅速占据主导地位。除各类补贴政策外,美国国会和联邦政府还制定了一系列法律法规为其发展提供法律保障,以确保民机补贴的每一环节都有法可依。

2. 美国民机产业补贴的立法实践

美国民机产业补贴的法律大多由美国国会和联邦政府制定,其结构繁杂,内容完备。按法律的位阶来看,位阶较高的是联邦政府制定的促进航空工业的专门立法。如1938年的《民用航空法》、1958年的《联邦航空法》和1994年的《通用航空振兴法》等,这些法律的效力仅次于其《宪法》和《宪法》修正案。而适用于航空业和飞机制造商的联邦一般立法,位阶相对较低。此外,还有一些州政府颁布的法规。① 为更加清晰地归纳美国航空业的法律法规,笔者大体按其内容进行了梳理。

第一,在销售方面。1933年,美国国会颁布了《购买美国产品法》,该法规定,只有在同类美国商品价格高于外国商品25%的情况下,才能购买外国产品;②1971年,美国国会颁布《国际国内销售法》,鼓励民用飞机的进出口。美国联邦政府和国会颁布的一系列销售法令为促进其国产民用航空器的销量发挥了重要作用,这些销售法令为提高民用飞机销售额提供了法律依据,为其产品在国内和国外市场所占份额提供了法治保障。

第二,在技术研发方面。1980年,美国国会制定了《斯蒂文森·威德勒技术转让法》,为推动"以军带民"政策的实施提供了法律支持。该法对如何

---

① 参见陈晓和、陈迎春主编:《政策法规对民用飞机产业发展的影响》,上海交通大学出版社2013年版,第94页。

② 同上书,第106页。

利用政府在科研方面的投资,努力将其技术转让给州、地方政府和民间企业作出具体规定,为民间资本进入航空航天领域创造了良好的法律环境,强制性地推动了美国航空航天局的技术转让。[①] 另外,美国国会1986年颁布了《联邦技术转让法》,允许联邦实验室同民间企业签订"合作研究与开发协议",目的在于加快联邦实验室军用技术的技术转让。这些法律的出台为军用、民用技术的相互促进提供了依据,加快了军用航空技术转化为民用航空技术的脚步,从而间接地提高了本国民机产业的科技水平。

第三,在政府投入方面。1958年,美国联邦政府颁布《联邦航空法》,该法进一步明确航空航天产业的发展战略及规划,规定政府对航空航天业的科研投入要有所提高;同年,美国国会为加大对航空航天产业的投入,颁布了《国家航空与宇宙航行法》。[②] 1980年,为降低民营企业投资民机产业的风险,美国国会颁布了《太空工业法》。美国政府通过以上立法规范了政府资金持续投入的财政措施,确保国内民用航空企业能够直接或间接地获得大量资金,以保证其资金能够切实为民机产业发展所用。

综上所述,美国政府在政策上为波音公司提供补贴资金和税收优惠等措施,支持波音公司的正常运转直至盈利;在立法上,将发展民机产业作为国家的一项长期战略规划,在销售和技术研发等方面进行立法,确保民机产业补贴措施的合法性和持续性,双管齐下,有效地保证了美国民机产业的稳定发展和产品的国际竞争力。

3. 欧盟诉美国大飞机补贴争端案(WT/DS317)

虽然美国的上述补贴措施有效地促进了本国民机产业的发展,但却引发了一系列反补贴调查和诉讼。[③] 2004年10月6日,欧盟向世界贸易组织

---

① 参见胡庆江、张园:《民用航空产业补贴国际比较及我国大飞机补贴策略》,载龙卫球主编:《航空航天法律与管理专刊》2011年第1卷,中国法制出版社2011年版。

② 参见陈晓和、陈迎春主编:《政策法规对民用飞机产业发展的影响》,上海交通大学出版社2013年版,第103页。

③ 参见张超汉、刘静:《WTO框架下美国大飞机补贴实证研究——以"欧盟诉美国大飞机补贴案"为例》,载《国际经贸探索》2020年第4期。

(World Trade Organization, WTO)提起诉讼,指责美国对波音公司提供大量专向性补贴,主要是指美国航空航天管理局为支持波音787飞机的研发工作,向波音公司提供了4亿美元的补助;堪萨斯州向社会公众发行工业收入债券,对持有该债券的企业进行税收减免;华盛顿州政府依据HB2294号(《外国销售公司和域外收入减免法案》),对符合域外收入条款的波音公司减免营业税和租赁税,为民用飞机制造商节省了34亿美元。

WTO专家组经过审理认定,美国华盛顿州、堪萨斯州、伊利诺伊州及相关机构所提供的支持措施构成补贴,美国航空航天局、国防部的航空科研项目,以及外国销售公司等法令构成了具体补贴。外国销售公司等法令的补贴事项构成了禁止性的出口补贴。①

2019年3月,WTO上诉机构对"空客诉美国政府补贴波音案"作出终裁,认定美国以华盛顿州税收减免形式向波音公司提供补贴非法。上诉机构发现华盛顿州政府仅降低飞机和零部件制造商的税率,其他产业依旧适用一般税率的行为符合《补贴与反补贴措施协定》(Agreement on Subsidies and Countervailing Measures, 以下简称《SCM协定》)第2条下的仅向"特定企业"提供的专向性补贴。华盛顿、堪萨斯和伊利诺伊等州政府都因对波音公司实行税收减免而被认定为构成专向性补贴。其中,华盛顿州和伊利诺伊州构成企业专向性补贴,堪萨斯州构成事实专向性补贴,美国商务部通过"先进技术计划"对包括波音公司在内的一系列高风险、高报酬和高科技公司提供的资金因其资助的对象较为广泛未被认定为专向性补贴。②

通过对欧盟诉美国大飞机补贴争端的分析可知,美国对其民机产业提供的税收优惠政策因针对特定企业而构成专向性补贴;"外国销售公司法令"因促进出口构成禁止性补贴;"先进技术计划"因资助对象广泛未被认定为非法补贴。这些补贴措施为本国民机产业的发展提供便利,帮助波音

① 参见张月姣:《亲历世界贸易组织上诉机构——中国首位上诉机构主席张月姣法官判例集》,社会文献科学出版社2017年版,第80页。

② 参见张超汉、刘静:《WTO框架下美国大飞机补贴实证研究——以"欧盟诉美国大飞机补贴案"为例》,载《国际经贸探索》2020年第4期。

公司在世界航空器市场占据主导地位超过50年,同时因违反《SCM协定》,而遭到反补贴调查,并因此受到惩罚,外界预计欧盟将有权对美国产品施加以每年120亿~180亿美元的补偿性关税,这在一定程度上制约了美国民机产业的发展。①

(二)加拿大民机产业补贴的政策与法治实践

民机产业在加拿大的经济发展中扮演着重要角色,是加拿大密集产品出口的中坚力量。加拿大的庞巴迪公司通过收购多家支线飞机制造商,形成了较为完整的支线飞机产业链,成为世界支线飞机制造业的霸主。② 和美国一样,加拿大民机产业能够在世界支线飞机市场中占有重要地位,与加拿大政府的补贴政策和相关立法密不可分。

1. 加拿大民机产业补贴的政策

加拿大的民机产业依靠本国政府提供的科研资金、采取的产业集聚政策和政府收购等方式在美欧的垄断中逐步发展壮大。加拿大政府对本国民机产业的补贴政策主要体现在以下3个方面:

首先,加拿大政府为航空工业提供研发资金支持。如加拿大成立加拿大账户、加拿大技术合作项目(Technology Partnerships Canada, TPC)和加拿大出口发展公司,以支持本国民用航空业发展。具体而言,TPC中所涉产品的销售在达到某种特定标准后,该项目将收回投资资金;若未能实现出口目标,公司无须返还接受的款项。③ 加拿大账户是加拿大政府为资助由于规模或风险等原因无法得到出口发展公司资助的贸易活动,④其成立的主要目的是

① 《万米高空的恩怨:波音空客贸易争端拉锯战 补贴与官司齐飞》,载凤凰网2019年10月31日,http://finance.ifeng.com/c/7rDWz3X0Udc。

② 参见周日新:《世界民机产业发展启示录(三)——加拿大、巴西民机产业的发展经验》,载《大飞机》2014年第2期。

③ See WTO Panel Report, *Canada-Measures Affecting the Export of Civilian Aircraft*, WT/DS70/R,14 April 1999, Para. 6. 180.

④ 参见欧福永、高萍:《WTO〈补贴与反补贴措施协定〉附件一(K)款二项的解释与适用——以加拿大飞机补贴案为例》,载《湛江海洋大学学报》2006年第5期。

支持本国产品出口。加拿大政府通过加拿大账户、TPC 和出口发展公司为其国内民用航空业直接或间接地提供了资金支持,这些资金大多用于民用航空企业的研发项目,以保证其民机技术的开发和应用位于世界前沿。

其次,加拿大地方政府鼓励产业集聚。蒙特利尔地区是加拿大航空业聚集地,也是庞巴迪公司总部所在地。该地区航天航空产业发达,占魁北克省航空航天活动总量的 97%,以及加拿大航空航天产业约 70% 的研发活动。蒙特利尔是全球为数不多的在 30 千米半径内就可以找到供一架飞机所用的几乎所有必要零部件的地方之一。该地区所有大学都参与航空航天的研究,相关航空院校提供航空航天训练。此外,蒙特利尔还是国际民用航空组织(International Civil Aviation Organization, ICAO)、国际航空运输协会(International Air Transport Association, IATA)等国际组织的所在地。基于产业的集聚效应,蒙特利尔成为继西雅图、图卢兹之后的世界第三大航空产业集群,为加拿大民机产业的发展提供了便利。

最后,加拿大政府以政府收购的方式扶持本国民机企业。加拿大政府先后在加拿大飞机公司和德·哈维兰(De Havilland)公司的两次收购中注入资金、偿还债务累计投入资金 25 亿加元。另外,加拿大政府还鼓励庞巴迪公司收购加拿大飞机公司、德·哈维兰公司、美国的利尔飞机公司和英国的肖特飞机公司。加拿大政府通过鼓励民航企业兼并的方式减少国内企业间的恶性竞争,以提高本国企业的国际竞争力。

综上,加拿大通过对庞巴迪公司等支线飞机制造商提供多项补贴和政策支持,以发展本国支线飞机的研发和出口。除了补贴政策之外,加拿大政府还通过相关立法为本国民航业的发展提供法律保障。

2. 加拿大民机产业补贴的法律实践

加拿大的相关立法为本国民机产业的发展引航导向。具体而言,加拿大航空工业立法(包括民用飞机发展立法)的体系,是以 1985 年《航空法》(2011 年 3 月 23 日最新修订)为核心,以《加拿大航空条例》、税收优惠、政府支持等一系列法律法规为主体的法律体系。①

第一,1985 年,加拿大政府颁布《航空法》。该法由 4 个部分组成,其中第 4 条规定:“部长代表政府,有为发展加拿大民航业提供资金或其他金融服务的义务。”由此可以看出,加拿大政府发展民机产业的态度和决心。该法对加拿大民用航空业作了原则性的规定,是指导加拿大民航运输业的基本法律。

第二,加拿大交通部下设的民航处制定《民用航空条例》。该条例是根据加拿大《航空法》授权所制定的部门规章,其中第五章对各类民用航空器在加拿大境内以及出口使用的适航标准作出了明确规定。值得注意的是,除加拿大庞巴迪公司外,该条例的适航标准对从国外进口到加拿大的各类民用飞机强制适用。适航标准为庞巴迪公司量身定做,该公司通过这些适航标准获得了相关适航证书,而国外民用航空器因不符合其标准被加拿大拒之门外。《民用航空条例》通过限制国外民用飞机的进口数量,保证了庞巴迪公司在国内民用航空器的市场份额不受侵占。

庞巴迪公司在加拿大政府的补贴政策和立法保护下快速发展,迅速成为世界民用支线飞机制造的佼佼者,这引起同为支线飞机制造强国巴西的不满。1996 年,巴西向 WTO 提出诉讼,指责加拿大政府的补贴政策违背《SCM 协定》。

3. 巴西诉加拿大支线飞机补贴案(WT/DS70)

(1)案件争端始末

巴西指控加拿大政府为支持庞巴迪公司出口,以 TPC 向相关民用飞机企业提供融资和贷款担保,成立出口发展公司向民机产业提供资金,通过 TPC 和加拿大账户给予庞巴迪公司的利益,构成《SCM 协定》第 3 条规定的“出口补贴”。两国对这些资助是否给予“利益”有不同看法。加拿大认为,当一个公共机构提供的财政资助造成了政府的开支,同时又为接受者提供了

① 参见庄浩刚、李乾贵:《中国民用飞机产业发展的立法研究》,科学出版社 2013 年版,第 101 页。

比市场可以提供的更多的好处时,是给予了利益。巴西则认为,要确定财政资助是否给予"利益",应看财政资助是否使接受者处于比没有资助时更有利的地位,衡量的标准是市场;只有财政资助的条件比接受者从市场上可以得到的条件优越,才可能给予"利益"。

(2)案件裁决结果

1998年7月23日,WTO争端解决机构成立了专家组。专家组否定了加拿大的意见,根据《SCM协定》第1条第1款(a)(1)(iv)的规定,政府指示私人机构提供"财政资助"实施第(i)到(iii)列举的行为,也是一种"财政资助"。如果发生第1条第1款(a)的情况,支出则完全由私人机构承担而非政府承担。按照加拿大的解释,给予"利益"的政府必须有开支,政府没有开支就不可能给予"利益",但"利益"通常被认为是带来某种好处,这与政府开支无关。即无论政府是否有开支,由政府或公共机构提供的"财政资助",如果给接受者带来了比市场条件下更优越的条件,就是给予了"利益",从而构成《SCM协定》第1条所称的"补贴"。经过调查,专家组确认"加拿大账户"和TPC对国内民机产业的补贴属于出口补贴,[①]违反了《SCM协定》,建议加拿大纠正其行为。

对加拿大出口发展公司来说,该公司根据加拿大法律成立,由加拿大政府独资拥有。巴西认为,出口发展公司是根据出口发展法成立的政府机构,目的是直接或间接地发展加拿大出口贸易,支持和发展加拿大出口商的贸易能力。因此,出口发展公司对庞巴迪公司的贸易活动属于《SCM协定》第3条所称的出口补贴。专家组认为,只有不符合总协定的强制性规范才是可以直接指控的对象,如果一项法规向行政机构授权,行政机构以不符合总协定的方式行事,这项法规不可直接被指控,只有在实施这类规范中不符合总协定的具体行为才是可以被指控的。由此看出,如果法律规定了强制性义务,这一法律本身就可以成为被申诉的对象;但如果法律只是规定了行政机构的

---

① See WTO Panel Report, Canada-Measures Affecting the Export of Civilian Aircraft, WT/DS70/R, 14 April 1999, Paras. 9.340, 9.341.

权限,行政机构在执行法律时采取的措施违反了《SCM 协定》,则只能就具体行政措施提出申诉。本案中,巴西提供的唯一证据是出口发展公司章程中的一句话:"公司的宗旨是直接或间接支持和发展加拿大的出口贸易,支持和发展加拿大的贸易能力,并对国际市场计划作出反应。"专家组认为,"支持和发展"不等于提供补贴,因为支持和发展可以采取许多方式,由此不能断定加拿大出口发展公司提供了禁止性补贴。①

综上所述,加拿大为抢占全球支线飞机市场,设立加拿大账户、TPC 项目以促进本国民用航空器出口。这些行为虽然达到了占据世界航空器市场的目的,但此类补贴属于禁止性补贴,违反了《SCM 协定》,为加拿大引来不必要的麻烦。不过,其鼓励科技研发和创新,提倡产业集聚,制定一系列法规支持本国民机产业的做法,值得学习和借鉴。

(三)欧洲民机产业的补贴方式与立法实践

欧洲同美国、加拿大不同,其民机产业起步相对较早,发展民用飞机具有较好的先天优势。但由于欧洲各国力量分散,仅凭一国之力难以和美国庞大的民机产业抗衡。为抢占世界民用飞机市场,欧洲各国达成一致,共同组建空客公司。半个世纪以来,空客公司逐步发展壮大,离不开欧洲各国补贴政策的支持和民机产业法律的保护。

1. 欧洲各国对民用飞机的补贴方式

欧盟及其成员国为使民用航空业发展壮大,英、法、德等国整合资源,通过直接补贴、签订军事采购合同,利用政治影响力促进产品出口等方式支持空客公司的发展,具体补贴措施表现为以下 4 个方面。

一是直接补贴。空客公司自诞生之日起,就接受欧洲各国政府提供的各种形式的资金支持,本地区相关国家以低于市场利率的贷款形式对其进行直接补贴。如在 A300 飞机机翼的设计和制造时,空客公司表示还需要约 3500

① 参见单一:《WTO 框架下补贴与反补贴法律制度与实务》,法律出版社 2009 年版,第 155 页。

万英镑的投资用于其他方面的条件改善,德国政府向其提供了银行贷款,[①]空客公司偿还贷款的时间视其盈利状况而定。又如,英国以开发支持(launch aid)的方式补贴空客公司,即英国政府对其研发生产提供补助金,对这些补助金英国政府要求飞机在正式交货时按架偿还;若飞机研制失败,则无须偿还。[②] 空客公司将欧洲各国政府提供的资金支持用于民用飞机的研发,在短短30年中取得了长足进步,并迅速发展为与美国波音公司相抗衡的民用航空器制造商。[③]

二是军事采购合同。与美国大型商用飞机的产业相同,欧洲的飞机制造商也有军用航空工业与民用航空工业整合的经验。例如,英、法、德、西等均资助空中客车及其子公司生产军用飞机;空客公司与欧盟成员国签订军事采购合同,这些合同的交易金额高达200亿美元。[④] 在空客公司的困难时期,基于欧洲各国的军事需求,其签订了一系列的军事采购合同,大量的军事订单为其提供了资金支持,帮助公司实现正常运转。

三是销售支持及干预。空客公司通过欧盟及各成员国的政治影响力,获得了大量订单。例如,20世纪80年代,欧盟承诺为伊朗建造核电站,换得伊朗对空客公司的订单;2004年,欧盟"暗示"土耳其,其本国航空公司在法兰克福航展上购买空客公司的产品,才可加入欧盟。[⑤] 不止于此,法国总统、德国总理在对中国进行国事访问时,多次代言推销空客飞机。2012年德国总理默克尔访华时表示,希望中国能够购买一定数量的A320客机。欧盟及欧洲各国政要通过外交等途径积极推销空客公司的产品,推动其打开销售渠道

---

① 《空客公司50年发展历程(一):联合起来谋出路》,载搜狐网2019年9月3日,https://www.sohu.com/a/335557724_115926。

② 参见杨晓龙:《从国外航空工业补贴政策谈中国产业补贴策略》,载《哈尔滨工业大学学报(社会科学版)》2004年第6期。

③ 参见陈晓和、陈迎春主编:《政策法规对民用飞机产业发展的影响》,上海交通大学出版社2013年版,第17页。

④ 参见杨晓龙:《从国外航空工业补贴政策谈中国产业补贴策略》,载《哈尔滨工业大学学报(社会科学版)》2004年第6期。

⑤ 参见陈晓和、陈迎春主编:《政策法规对民用飞机产业发展的影响》,上海交通大学出版社2013年版,第121页。

并获得订单,从而帮助空客公司开拓了海外航空器市场。

四是税收优惠。欧洲各国为减轻民用航空器制造商的财政支出,出台了一系列税收优惠政策。例如,2000 年,英国提出企业投资开发减免税收政策,[①]空客公司生产和销售的产品关税全免,需缴纳的增值豁免率高达 99% 。[②] 另外,空客公司的母公司欧洲宇航防务集团(European Aeronautic Defence and Space Company, EADS)在 2001 ~ 2003 年内获得的税收优惠高达 1.7 亿欧元。[③] 大幅度的税收优惠缓解了欧洲民用航空企业在产品研发和制造方面的资金压力,其产品在全球航空器市场上极具竞争力,2003 年,空客公司的民用飞机交易量首次超过波音公司,打破了美国"一家独大"的垄断局面。

空客公司的成长,离不开欧洲各国的税收优惠、销售支持及资金援助等补贴措施,其借助欧盟及欧洲各国的补贴政策快速发展壮大,扭亏为盈,成为世界民用大飞机市场的"领头羊"。

2. 欧洲民用飞机产业补贴的立法实践

除了欧洲各国以及欧盟的补贴政策以外,空客公司在国际航空器市场上取得的成就离不开欧盟及其成员国的立法支持。其发展既受欧洲各国法规的影响,也受欧盟相关法律的影响,"双重影响"促使欧洲民机产业得到有效的法律保障。

(1)欧盟发展航空业的主要规划。欧盟为全面提升欧洲航空工业在航空领域的竞争力,自 1985 年开始实施"科研资助计划",该项计划目前已经进行到第 7 期,它的主要内容和航空工业的研发有关。为强化技术创新,1995 年欧盟出台了《技术创新绿皮书》,以提高欧洲航空器的国际竞争力。

(2)德国的相关法规。德国的相关立法主要以预算和信贷为主。具体

---

① See WTO Panel Report, *European Communities and Certain Member States-Measures Affecting Trade in Large Civil Aircraft*, WT/DS316/R, 30 June 2010, Para. 2. 5.

② 参见陈晓和、陈迎春主编:《政策法规对民用飞机产业发展的影响》,上海交通大学出版社 2013 年版,第 17 页。

③ 同上。

而言,有关民机产业补贴的法规主要有:为相关高科技行业提供财政补助的《联邦预算法》;为提高国内产品购买量、规范政府采购行为的《公共采购条例》和为高新技术企业提供贷款优惠的《信贷法》。德国政府的采购行为及其他补贴措施都在《预算法》及《采购条例》等法律法规下进行,这些法律法规为补贴措施提供了行为准则,使其提供的补贴能够得到更充分的利用。

(3)法国的相关法规。首先,法国的《财政预算法案》对其为民机产业提供补贴的内容和方式作了详细规定。该法案是法国法律体系中的一部分,规定了科技投入(包括民机产业在内)占其国民生产总值的比例,每年国家和企业科研经费的增长速度,重大科研项目和优先发展的领域以及一系列促进科研成果转化的方针和政策。主要内容有三:一是财政管理法令。二是投资项目法令。该法令于1999年12月16日通过,根据2003年4月18日2003-367号法令修改,主要内容是对国家投资项目的有关补贴作了规定。三是《技术创新与科研法》。其次,1995年3月17日,法国颁布关于民用航空项目的学术、研发的财政管理方式的法令。该法令的主要内容是规定相关人员的职能,具体包括各个研发中心的负责人在签订研发支持协议时的分工和职能,以及国家审计人员在该项活动中的职能。最后,法国为支持信息技术、生命科学、交通城建、航空航天等高新技术领域,鼓励科研人员创办企业,1999年《技术创新与科研法》应运而生。[①] 法国以立法的形式规定科技投入占国民生产总值的比例和国家每年科研经费增长的速度,极大地促进了科技成果的转化,促使相关补贴政策得到落实。

综上所述,欧盟及欧洲各国制定的较为完备的法律法规体系使民机产业补贴有法可依,尤其是科研创新和技术转让等方面,实现了产、学、研的高度结合,为欧洲民机产业发展提供了一定的法治保障,使其产品更具市场竞争力。

---

① 参见庄浩刚、李乾贵:《中国民用飞机产业发展的立法研究》,科学出版社2013年版,第99页。

3. 美国诉欧盟大飞机补贴争端案

2003 年,空客公司的民用飞机交付量首超波音公司,美国将此归因于欧盟向空客提供超额补贴的行为,认为欧盟的做法严重损害了波音公司的利益。2004 年 10 月 6 日,美国向 WTO 提起诉讼,指责欧盟自 1968 年起对空客公司提供违反《SCM 协定》的补贴。该案中,专家组就美国指控的德国、法国、西班牙和英国四国政府对基础设施建设的投资认定为专向性补贴的诉讼请求,审查了所有证据,确认米尔博格湖工业区项目,不来梅机场跑道延伸项目,ZAC 航空星城(ZAC Aéro Constellation)和 EIG 设施(EIG Facilities),德国政府在诺登哈姆提供的地区援助,西班牙政府在塞维利亚、拉林科纳达、托莱多和王港市提供的地区援助构成对空客公司的专向性补贴。[①] 就德国政府提供的补贴,专家组认为:(1)根据《SCM 协定》第 1.1(a)(1)(i)条,1989 年德国政府通过复兴开发银行获得德国空客公司 20% 的股权,构成对空客公司的补贴,属于资金的直接转移,与德国市场中私人投资者的决策考虑相悖,被视为政府的财政资助,构成专向性补贴。(2)根据《SCM 协定》第 1.1(a)(1)(i)条,1992 年德国政府通过复兴开发银行将其在空客公司的股权转让给梅塞施米特—伯尔科—布洛姆公司(Messerschmitt-Bolkow-Blohm GmbH, MBB),构成对空客公司的补贴,属于资金的直接转移,转让的对价低于市场价格,亦被视为财政资助,构成专向性补贴。(3)就法国政府提供的补贴而言,1998 年法国政府向航空航天公司转让其在达索航空 45.76% 的股权,以换取后者向法国政府发售股票的方式进行直接资金转移,该行为构成《SCM 协定》第 1.1(a)(1)(i)条所称的财政资助,给予了航空航天公司利益,属于专向性补贴。[②]

长期以来,出于国内经济发展和国际竞争需要的考虑,无论是发达国家还是发展中国家,政府为保护本国的国产飞机能够迅速占有国际市场并在国际市场上立足,都或多或少、直接或间接地以补贴的方式扶持本国民机产业。但一

① 参见朱榄叶:《世界贸易组织法经典案例选编》,北京大学出版社 2018 年版,第 263 页。

② 同上书,第 264 页。

个国家的某些补贴行为也会影响其他国家的某些产业,特别是同类产业的国际竞争能力,因而引发其他国家的不满和诉讼。从加拿大与巴西关于支线飞机补贴的争端和美国与欧盟就民机产业补贴的相互指责和诉讼中,可以看出,只有减少或者避免有关民机产业的诉讼,才能实现民机产业利益的最大化。

三、域外借鉴:中国民机产业补贴的政策选择与法治路径

我国民机产业起步晚、基础薄,要想在民机市场上分得蛋糕,离不开政府的扶持。从美国、加拿大和欧洲等国的民机产业补贴的实践来看,要想更好地发展本国的民机产业,政府必须扮演好投资者、消费者等诸多角色,其补贴政策为本国民机产业发展起到了强大的推动作用。但各国通过政府补贴的方式发展本国民机产业也引起了利益相关国的不满。面对民机产业复杂的补贴形态,我们应谨慎处理补贴政策与《SCM 协定》的关系,避免产生诉讼争端。

(一)中国民机产业补贴的政策选择

综观航空强国对飞机制造业实施的各类补贴措施可知,其采取的扶持政策大多具有隐蔽性与间接性的特点,很难成为其他国家质疑的对象,从而减少了政府讼累,节省了大量司法资源。为避免欧美对我国提起反补贴调查和诉讼,确保我国民机产业持续稳定发展,今后我们民机产业补贴的政策应着重注意以下几点:

第一,积极支持军民航融合协调发展。上文提及,美国为使其民机产业得到更好的发展,促使以生产军机为主的麦克唐纳公司和以生产民机为主的波音公司合并为一家公司,这是典型的军民融合发展战略。民用飞机与军用飞机在技术上有很多通用技术,如果我国航空器的研发和生产处于军民分离的状态,势必会造成基础设施和资源的大量浪费,不利于国内民机产业的发

展。因此,我国应制定相关产业政策,促进军用航空与民用航空协调发展。另外,政府采购是引导投资规模和方向的重要政策工具,它可以有效降低企业进入市场的风险。政府采购的策略包括预付定金,以略高于成本的价格购买。通过政府采购特别是军事需求启动和维持军民两用项目的进行,可以为国内民机产业的成长提供所需要的空间。在军民融合方面,基于民用飞机和军用飞机在某些技术领域具有相似性,我国可考虑借鉴欧美经验,将军民融合作为政府补贴民机产业的重点,在资金投入及配套政策方面作出相应的调整,建立两类飞机共用技术的共同研究或共享机制,以起到节约研发成本的作用。此外,根据《SCM 协定》第 8 条第 1 款的注释,其规定不适用于由高等教育机构或研究机构独立进行的基础研究活动。因此,我国政府可对高等教育机构或研究机构与公司签约进行的研究活动进行援助,从而对民机产业给予一定的研发资助,避免被认定为违法补贴。

第二,鼓励国内企业购买本国产品。欧美国家为发展本国民机产业,通过设立各种条件严格限制国外民用飞机的进口,并鼓励国内航空公司使用本国航空产品,最终达到了提高本国飞机市场占有率的目的。中国民机市场前景广阔,未来 20 年民机需求预计为 3970 架,对此,我们在军民结合发展民用飞机的同时,应在法律允许的范围内采取相关优惠措施;积极鼓励国内航空公司购买国产航空器,以内需促发展,继而提高国产航空器在国际市场上的销售份额。

第三,杜绝使用法律上的出口补贴和事实上的出口补贴。基于以上分析可知,加拿大的"加拿大账户"和"技术合伙计划"被 WTO 争端解决机构认定为禁止性补贴,WTO 争端解决机构对其使用禁止性补贴作出了处罚。值得注意的是,直接的债务免除以及为弥补特定的企业或产业而给予的补贴也被认定为禁止性补贴。[①] 因此,我国在制定与补贴有关的法律法规及政策性文件时应注意措辞,避免被误认为禁止性补贴。如《关于科技型中小企业技术

① 参见杨晓龙:《从国外航空工业补贴政策谈中国产业补贴策略》,载《哈尔滨工业大学学报(社会科学版)》2004 年第 6 期。

创新基金的暂行规定》中规定的,"鼓励并优先支持出口创汇的各类项目"之类容易让人产生误解的表述,需加以修改,从而使国家继续通过组织科技项目实施的方式实现科技成果的商业化转型,向民机产业提供持续有效、合理的补贴。

第四,扩大补贴范围,禁止使用专向性补贴,建立不具有专向性补贴的补贴机制。[①]《SCM 协定》第 2.1 条规定,对授予机关管辖范围内的企业或产业、或一组企业或产业(本协定中称"某些企业")的补贴属于专向性补贴。专向性补贴具体包括法律上的专向性、事实上的专向性、地区专向性和推定专向性。专向性标准设立的目的在于区分政府正当功能和有贸易扭曲效果功能的补贴。[②] 非专向性的补贴政策不会影响正常的经济秩序和国际贸易活动,但针对一些特定的企业、特定的行业和特定的部门采取的补贴,会干扰资源的合理配置,扰乱平等的市场竞争秩序。非专向性补贴机制应当是包含多种政策目标的综合性补贴机制,或是以技术研发、基础研究或新设备的应用等单一政策目标的专门性补贴机制。[③] 如果从广泛的产业中挑选特定的项目作为补贴对象,而非向广泛的企业或产业开发,仍会构成专向性补贴。为防止法律上不具有专向性的补贴但却具有事实上的专向性,我国政府在制定补贴机制的时候,要注意补贴条件的广泛性和合理性,不得设定刻意向某些企业明显倾斜的条件,避免构成专向性补贴。

第五,加强国际间的科技交流与合作。在当今经济全球化背景下,加强国际合作能够将我国民机产业的发展与发达国家捆绑在一起,形成利益共同体,减少贸易摩擦。[④] 2018 年 12 月,空客公司与南京航天航空大学成立了"航空智能结构联合实验室",双方共同宣布,空客公司将与南京航空航天大

---

① 参见张军旗:《WTO 补贴规则背景下我国产业补贴政策的变革》,载《上海政法学院学报》2019 年第 3 期。

② See John H. Jackson, William J. Davey, and Alan O. Sykes, *Legal Problems of International Economic Relations: Cases, Materials and Text*, Fifth edition, Thomson West, 2008, p. 880.

③ 参见张军旗:《WTO 补贴规则背景下我国产业补贴政策的变革》,载《上海政法学院学报》2019 年第 3 期。

④ 参见陈晓和、陈迎春主编:《政策法规对民用飞机产业发展的影响》,上海交通大学出版社 2013 年版,第 24 页。

学共同开展关于航空领域的飞行智能结构、先进驱动及控制、结构自感知以及相关领域的研究工作,以达到将先进智能结构技术应用于航空工业领域的目的。今后我国应广泛开展国际间的科技交流与合作,取长补短,学习域外先进技术,提高民用飞机产业的科技水平。

第六,采取风险投资的方式对民用飞机的研制提供补贴。风险投资是因为投资人在投资的过程中存在不确定性,其投资和回报具有一定的风险性。这种投资机制在客观上起到了提供资金和分担风险的作用。例如,欧盟的"开发资助合同"中,空客公司被要求偿还的资助金是从第一架飞机的交付开始,但是在某些情况下,如西班牙和英国对 A380 客机的资助,是在 A380 客机的交付量达到一定的数目才开始还款。① 又如上文中提及的"加拿大技术伙伴计划",即只有计划所涉产品在特定程度上成功实现了销售,加拿大的技术伙伴计划才会收回投资。

综上所述,我国在补贴民机产业时应借鉴军民机产业融合策略,鼓励国内企业购买国产民用航空器并注重国际间的交流合作,以促进民机产业的发展;同时还应扩大补贴范围,禁止使用出口补贴,建立非专向性补贴机制,以降低被诉风险。另外,为保证我国民机产业长期稳定发展,降低民机产业发展过程中的不确定政策风险,我国亟须通过立法形式将国家意志和相关政策固化下来,以法律形式长期有效地支持民机产业的发展。

(二)中国民机产业补贴的法治路径

制定法律法规保护和扶持本国民机产业的发展是世界各国普遍采用且已取得成功的做法。在政府主导发展民机产业的过程中,涉及财政、税务和民航等多个部门,这需要法规协调各部门之间和部门内部的关系,需要相关法律法规建立和维护良好的发展机制。为保护和支持我国大飞机产业的快速发展,当前我国应制定法律法规明确政府对民机产业补贴负有的责任和义

---

① See WTO Panel Report, *European Communities and Certain Member States-Measures Affecting Trade in Large Civil Aircraft*, WT/DS316/R, 30 June 2010, Para. 7. 374.

务,建立民机产业补贴法治化体系。[①] 具体建议如下。

首先,尽快制定"民用飞机产业发展条例",待条件相对成熟时制定"航空产业促进法"。[②] 民机产业的发展是一项复杂的系统工程,与法律的实施期限相比,政策制定者的任期往往较短,为防止因政策制定者任职调动给我国民机产业发展政策带来的政策风险,建议由国务院尽早出台"民用飞机产业发展条例"。待时机成熟时,全国人大常委会可考虑制定上位法——"航空产业促进法",以便为民机产业的补贴提供法律依据,从而形成一个持续、稳定发展的法律环境。另外,"民用飞机产业发展条例"中应明确,国家扶持民机产业的资金项目应纳入国家预算管理并遵守《预算法》的相关规定。但为避免被其他国家误认为民用飞机补贴属于禁止性补贴或专向性补贴,建议该项规定不宜过于具体。唯有如此,才能在法律规章的框架下合法有效地扶持我国的民机产业,进而助力我国步入航空强国之列。

其次,制定符合国际社会利益的适航标准。具体而言,适航标准是一国出于保证本国的航空安全和航空利益的目的而制定的对进口的民用航空产品的审查标准。我国应积极和其他国家就适航标准进行沟通和协调,通过与其他国家订立双边或者多边适航协议,使国产民用航空器有更多的机会投入国际市场。在适航标准的制定上,我国应建立普遍适用于国际社会的新技术、新标准、新程序的适航审定系统,使其成为具有普适性的中国标准。

最后,积极倡导"严格的补贴规则不适用于民用航空器贸易"的主张,推动放宽民用航空器贸易领域的补贴规则。[③] 实践中,欧美等民机技术先进的国家都认为,发展民机产业需要极高的技术和大量的资金投入。如果没有政府提供补贴,民用航空器制造商将因资金链紧张而无法有效地参与市场活

---

① 参见庄浩刚、李乾贵:《中国民用飞机产业发展的立法研究》,科学出版社 2013 年版,第 27 页。

② 参见刘大响:《我国应尽快制定大型民用飞机产业发展条例》,载新浪网,http://news.sina.com.cn/c/2007-03-12/093212493843.shtml。

③ 参见张军旗:《世界贸易组织背景下我国政府补贴民用民机产业的若干思考》,载中国国际法学会主办:《中国国际法年刊》2012 年卷,法律出版社 2013 年版,第 201 页。

动,继而无法参与市场的自由竞争。在欧美民用飞机补贴争端中,美国指出,如果没有补贴,空客公司将无法生存。所以,如果限制政府对民用飞机提供补贴,那么世界倡导的公平竞争将不能达到实质公平,而是会更加巩固欧美等国的“寡头垄断”地位。WTO现有的补贴规则本身有极大的不合理性,它未能顾及民用航空器贸易的特殊性,不利于竞争,反而抑制竞争,这是各民用飞机生产国无一例外地都不得不违反公约义务进行补贴的重要根源。

四、结　语

民机产业作为新兴产业的战略地位不言而喻,如何确保其持续、稳定、高效地发展是我国当前亟须解决的问题。从民机产业的特性和欧美航空制造强国发展民用飞机的经验来看,对民用飞机产业提供补贴是理论与实践交织的现实选择。当前波音公司和空客公司仍盘踞全球的民用航空器市场,在新时代国家发展大飞机和建设航空航天强国的战略背景下,我们应紧抓机遇,快速发展民机产业。一方面,我国对民机产业的补贴措施应在不违反《SCM协定》的前提下进行,避免诉讼争端;另一方面,在多边贸易谈判中,我国应积极推动民用飞机贸易补贴规则的重构工作,放宽补贴标准,鼓励世界各国发展民机产业,改变民机市场的“寡头格局”,倡导建立一个公平、平等的全球民机市场。

机场特许经营情形下的有偿转让经营权

李　群*

为实现经济快速转轨，我国国有企业改革关注的焦点是建立现代企业制度。然而，建立了现代企业制度的机场管理机构承担机场公共管理的职责，其企业的营利性与机场的公益性不可避免地会发生冲突。实施机场有偿经营权，为这一冲突的解决提供了新的路径。机场有偿转让经营权制度中存在的一些缺陷以及对上述制度认识的差异，一定程度上影响了有偿转让经营权的具体实施。为此，亟须结合现行相关法律规范，对机场有偿转让权制度进行深入研究。

一、机场概述

法学家凯尔森指出，对一个概念下定义，必须要

* 法学博士，北京首都国际机场股份有限公司法律事务部总经理。

将表示该概念的这个词的通常用法作为它的出发点。[①] 需要特别指出的是,上述这句话中所指的"概念"专指法律概念,亦即一事物在法律学规范语境中的含义。法律概念是解决法律问题所必需的工具。

按照《国际民用航空公约》附件14的规定,机场是指在陆地上或水面上的一块划定的区域(包括所有建筑物、装置和设备),其全部或部分是供航空器进场、离场和场面活动使用。[②] 在《国际民用航空公约》的附件"标准及建议措施"中,机场被认为是与航空器运行直接相关的设施,包括跑道、滑行道、站坪、升降带端安全区、助航灯光、空中障碍物限制面等。

苏联、罗马尼亚的航空法将只为航空器起降和停放的区域(包括所有建筑物、装置和设备)称为"机场",而把为旅客、托运人提供客货运输服务的机场称为"航空港"。[③] 美国《联邦法典》第49卷"运输"篇中定义了机场,[④]在实践中将机场分为"着陆港"和"航空港"。其中,"着陆港"类似于苏联和罗马尼亚航空法上的"机场";"航空港"的范围与前述法律保持了一致,即提供客货运输服务的"着陆港"。[⑤]

根据我国《民用航空法》的相关规定,民用机场,是指专供民用航空器起飞、降落、滑行、停放以及进行其他活动使用的区域,包括附属的建筑物、装置和设施。[⑥] 民用机场的功用是围绕航空器活动的,这个定义与《国际民用航

---

① 参见[奥]汉斯·凯尔森:《法与国家的一般理论》,沈宗灵译,中国大百科全书出版社1996年版,第4页。

② 参见国际民航组织:《国际民用航空公约》附件14第1卷,"机场—机场设计与运行",2009年7月第5版。

③ 参见刘伟民主编:《航空法教程》(修订版),中国法制出版社2001年版,第149~150页。

④ 《美国联邦法典》第49卷:运输,"airport"—(A) means—(i) an area of land or water used or intended to be used for the landing and taking off of aircraft;(ii) an appurtenant area used or intended to be used for airport buildings or other airport facilities or rights of way; and(iii) airport buildings and facilities located in any of those areas; and (B) includes a heliport。机场(A)是(i)用于或打算用于飞机着陆和起飞的土地或水域面积;(ii)用于或打算用于机场建筑物或其他机场设施或通行权的附属区域;和(iii)位于其中任何地区的机场建筑物和设施;和(B)包括直升机场。

⑤ 参见曹三明、夏兴华主编:《民用航空法释义》,辽宁教育出版社1996年版,第120页。

⑥ 参见我国《民用航空法》第53条。

空公约》中对机场的定义一致。

《民用机场管理条例》又将民用机场分为运输机场和通用机场两种。本文所指机场除附加限定外,一律指民用运输机场,即专供从事旅客、货物等公共航空运输活动的民用航空器起飞、降落、滑行、停放以及进行其他活动使用的区域,包括附属的建筑物、装置和设施。

二、机场资产的属性

在大陆法系国家,公法调整政治关系以及国家应当实现的目的;与之相对应的私法调整公民个人之间的关系,为个人利益确定条件和限度。① 不同性质的资产受不同的法律调整,这是已建立市场经济体制的大陆法系国家的普遍做法。

(一)公产与私产

具有"行政法母国"之称的法国行政法根据用途的不同,将行政主体②的财产分为"公产"与"私产"两大类。其中,公产又分为公众直接使用的财产(共用公产)与公务作用的财产(公务用公产)两大类。法国行政法认为,共用公产是指公众直接利用公产本身,而不是指公众利用公产的最终目的是利用公产管理机关所提供的服务。例如,道路的通行是公众直接利用公产本身,铁路的旅行是公众利用铁路管理机关所提供的服务。前者属于共用公产,后者属于公务用公产。③

与公产相对应的,行政主体的私产则是行政主体财产中不属于公产部分

---

① 参见[意]彼德罗·彭梵得:《罗马法教科书》(修订版),黄风译,中国政法大学出版社2005年版,第7页。

② 行政主体又称公法人,是根据公法规定而成立的法人,以公共事业为成立目的,包括国家、地方自治团体和公务法人在内。参见王名扬:《法国行政法》,北京大学出版社2016年版,第31页。我国行政法规定行政主体包括行政机关和法律法规的授权组织。参见胡建淼:《行政法学》,法律出版社1998年版,第148页。

③ 参见王名扬:《法国行政法》,北京大学出版社2016年版,第239页。

的财产。行政主体的私产受私法的支配,私产的法律地位和公民自有财产一样,属于行政主体的经营性资产。当然,作为行政主体的私产,它还负担了一般财产所没有的特别义务,例如不能在私产上设立约定的役权,不能放置私产不加利用,私产的财政收入是一项公款,适用公款的特别制度。①

德国行政法在"公产"这一概念的基础上,创设了"公物"的概念。在"公物"之下,还有一个"公营造物"的分类项。"公营造物"被德国行政法界定为"掌握于行政主体手中,由人与物作为手段之存在体,持续性的对特定公共目的而服务"。② "公营造物"是人与物的结合体,以一定之人与物为其构成要素。"公营造物"制度设立的初衷是让其他独立的行政主体分担国家的任务,以减轻国家的负担。与此同时,国家从规制与控权的角度出发,将"公营造物"的管理权力抑或相关权利行使的范围限定于"公营造物"的物的范围。"公营造物"具有法律上的独立性,有权利也有义务自负其责地执行法定任务,并独立承担法律责任。设立"公营造物"的目的是希望公务法人能提升公产管理的效率与效益,以减轻国家财政的压力。机场属于公营造物的一种,其管理者被称为"公营法人"或"公务法人"。

各国划分公产和私产的标准不尽相同,学界亦是百家争鸣。总的来说,公产承担公共服务的责任,具有区别于私产的特殊法律地位。但是,公产并不当然地否定私人的所有权,在私人财产上可以通过行政行为和合同等方式设置公产,此即为私有公产,当其所有权发生转移时,并不丧失其作为公产的法的地位。③ 同时,私产也并不当然排斥直接供公众使用或公务使用,当私有财产用于公共用途时,就应该服从公共规则的管理,要受到公共利益的影响。

公产的归属关系与公产的管理是不同层次的法律关系。公产收费使用现象古已有之。收费在近代以来逐步被纳入一国法制框架,成为公产上设立

① 参见王名扬:《法国行政法》,北京大学出版社 2016 年版,第 282 页。
② 吴庚:《行政法之理论与实用》(第 4 版),台北,三民书局 1998 年,第 164 页。
③ 参见[日]盐野宏:《行政法》,杨建顺译,法律出版社 1999 年版,第 755 页。

私权的主要内容。[①] 公产受公法调整，由此决定了公产的管理主体不享有私人自治，对于公产的运营与经营活动受相关行政机关的监督和控制，对于因疏于管理所造成的否定性的后果，除了承担民事、行政责任之外，刑事责任则是参照公职人员定罪量刑。

(二)机场资产的属性

在讨论机场资产的属性前，还需结合机场的定位。前文提到，《民用航空法》承继了《国际民用航空公约》对机场的定义，《民用机场管理条例》在《民用航空法》的基础上，圈定了民用运输机场的范围。《民用机场管理条例》将民用机场定位为公共基础设施。那么，何为公共基础设施？

有学者借用经济学上的“灯塔”现象，对上述问题给出了答案，认为，世上的某些东西就像“灯塔”一样，对全体人民都有用却不允许存在个人单独、排他的私权。由于无法向所有使用者有效收费，或者成本太高，收益不确定，因此这类财产不适合私人投资、经营。这类财产的效益就无法配置给私人，成为私人所有权的客体。然而这类财产又确实需要一个建造人与管理人，以防止在不特定用益关系中形成恃强凌弱的自然状态。公共基础设施就是国家运用财政税收建造并管理的公产。

国家对公产的有效管理，使得公产保持了适用的状态，防止无主及私人所有状态下随机使用者推诿、拒绝支付使用成本而致其所有人因无利可图而怠于管护的不利局面的出现。[②]

2017 年财政部发布的《政府会计准则第 5 号——公共基础设施》(以下简称《政府会计准则》)规定，公共基础设施是政府会计主体为满足社会公众需求而设置并负责管理维护的，同时具有以下特征的有形资产：(1)是一个有形资产系统或网络的组成部分；(2)具有特定用途；(3)不可移动。[③] 由此，

---

① 参见张力：《公物的私产化及其法律控制》，载《湖南师范大学社会科学学报》2013 年第 1 期。

② 同上。

③ 参见《政府会计准则第 5 号——公共基础设施》第 2 条的规定。

结合机场的功用定义,即可明确机场是国家为了满足社会公众需求,由国家机关设置的供航空器起飞、降落、滑行、停放的经过人为加工的有形资产。

将被定为公共基础设施的机场划为公产,在国外已有范例。以日本羽田机场为例,早在1952年,东京飞机场由美国归还日本改为"东京国际机场"的同时,日本政府就将羽田机场作了公产与私产的区分,并实施有效的管理。其中,涉及跑道、停机坪等空侧的公产由国家修建,并由国土交通大臣设置和管理。在法国,根据《法国民法典》第552条的规定,土地所有权包括该地上空和地下的所有权。因此,法国行政法将国家或者其他行政主体①经营和管理的机场及其附属设备,不论其是否供行政主体自用或开放供一般商业飞机使用都将其归入公产的范畴。严格意义上说,机场应为行政主体公产中的公务用公产。②

将公共基础设施的机场划为公产,正是反映了其公共服务的内涵。"公共服务"一词是由法学家狄骥创立的。他认为公共服务是对社会公众公共需求的提供与满足,是现代国家的基础。③ 公共服务的特点是向社会公众提供底线服务,又称"生存照顾"。对社会的发展而言,这道底线是维持社会正常发展所必需的,无疑具有基础性地位。与此同时,公共服务的公共性决定了

---

① 行政主体是指依法享有国家行政权力,以自己的名义实施行政管理活动,并独立承担由此而产生责任的组织。参见王连昌主编:《行政法学》,中国政法大学出版社1992年版,第35页。其中,行政主体分为职权性主体与授权性主体。职权性主体主要是各级国家行政机关;授权性主体被称为"法律法规授权组织"或"被授权组织"。参见胡建淼:《行政法学》,法律出版社1998年版,第148页。

② 王名扬:《法国行政法》,北京大学出版社2016年版,第238~243页。作者认为国家或者其他行政主体所经营和管理的机场及其附属设备,不论其是否供行政主体自用还是开放供一般商业飞机使用都符合公产的标准,其或者是公务用公产,或者是共用公产。例如,道路的通行是公众直接利用的公产本身;铁路旅行是公众利用铁路管理机关所提供的服务。前者属于共用公产,后者属于公务用公产。本文认为供行政主体自用或开放供一般商业飞机使用的机场,都应认定为公务用公产。

③ 狄骥用了"社会团结"或"社会连带"两个词来说明人们的共同需要,只有通过共同的社会生活才能实现自己的目标以及通过分工并交换彼此的服务才能满足各自的需要。他认为:国家不再是一种发布命令的主权权力,它是由一群人组成的机构,这些人必须使用他们所拥有的力量来服务于公众需要,因而,公共服务是现代国家的基础。参见[法]莱昂·狄骥:《公法的变迁:法律与国家》,郑戈、冷静译,辽海出版社、春风文艺出版社1999年版,第47页。

公共服务的公平性,社会公众有权要求平等的公共服务,不因阶层、地域、经济差别而有所不同。因此,公共服务落实到机场这种公共基础设施上,这种基础设施对任何国籍、任何运营商的航空器都是受无歧视原则制约的。① 公共服务是公行政的一种,公共基础设施就是公行政的物的手段。究其根本,机场是国家为航空运输的安全运营提供的一种公共服务的物的手段。

三、机场特许经营

机场特许经营涉及"机场""机场特许""机场特许经营"这3个关键词。其中,"机场特许"决定了"机场特许经营"的内涵。

(一)英国、法国行政法下的行政特许

"特许",从字面上解释,是一种特别的许可。许可的含义是"准许"或"允诺"。② 许可通常分为民事与行政两种类型的许可。商业特许经营(franchise)属于民事许可的范畴,它是指平等的私主体之间通过签订合同,约定一方私主体所有的商标、商号、经营模式等经营资源允诺另一方私主体使用的行为。③ 相关行政特许则常用concession④一词表示,它属于公行政的范畴,是行政机关公共行政的方式之一。

英国行政法上的行政特许,被视为政府授予的许可权、特许权。英国行政法上的行政特许是政府规制和分配资源的一种行政行为,其意味着获得进

---

① 参见[荷]I. H. Ph. 迪德里克斯-范思赫:《国际航空法》(第9版),[荷]帕波罗·汶迪斯·德·莱昂修订,黄韬等译,上海交通大学出版社2014年版,第50页。

② 《现代汉语词典》,商务印书馆2002年版,第1421页。

③ 参见《商业特许管理办法》第2条的规定。

④ 法语作为英语的词源之一,其公务特许是用La concession来表示。在英国,公用事业合同条例(Utilities Contracts Regulations 2006)规定了两类政府特许经营合同:服务类特许经营合同(services concession contract)和工程类特许经营合同(works concession contract)。另外,在加拿大、澳大利亚、塞尔维亚、保加利亚、立陶宛和柬埔寨等国官方网站上所载的有关法律文本,涉及政府特许经营都使用了concession一词。

行某种活动的短期垄断权或独占权以及用拍卖的机制控制市场准入。[1] 英国行政法上的行政特许法律关系的“标的物”范畴较为广泛,既包括大陆法系行政主体财产分类中的“公产”,也包括行政主体的私产。

法国行政法上的“公务的特许”类似于上述英国行政法上的“行政特许”,只不过“标的物”仅限为“公产”。法国行政法上的“公务的特许”,是指公法人作为特许权所有者,通过签订契约,授权受许人在一定期限内,运营“公产”即公用事业,同时承担一切责任,并利用经营权从用户方面获取报酬。[2] 公务用公产可由受特许人使用,最典型的案例就是铁路特许人使用铁路公产。受特许人没有对公务公产的所有权,在不违背公产的公用使命和法律规定的范围内,对公务用公产有充分的使用权和收益权。例如,享有铁路特许权的人,可以允许在车站内设立售货站和广告牌。[3]

(二)机场特许经营的内涵

在国际民用航空组织(以下简称国际民航组织)编写的《机场经济学手册》(Doc. 9562 号文件,以下简称《手册》)中提到,机场特许经营应为政府相关部门对相关主体所实施的行政特许。这正契合了英国行政法上的市场准入以及法国行政法上的公务特许相关规定。上述文件的相关规定也是考虑了成员国来自不同法系的现状。

《手册》规定,机场特许经营的授权主体为政府,而受特许人分为两类:一类为在政府外建立法人实体或政府所有的自主机场实体;[4]另一类是商业化机场实体的所有权人——私人部门[5],以及在短期、中期或长期的机场租

---

① 参见[英]卡罗尔·哈洛、理查德·罗林斯:《法律与行政》(下),杨伟东等译,商务印书馆2004年版,第512页。

② 参见[法]让·里韦罗、让·瓦利纳:《法国行政法》,鲁仁译,商务印书馆2008年版,第473页。

③ 参见王名扬:《法国行政法》,北京大学出版社2016年版,第267页。

④ 参见《手册》第2.10~2.11条的规定。

⑤ 参见《手册》第2.22条的规定。

赁或特许经营下，负责机场或机场的管理和发展的私营实体或财团。① 上述受特许人在授权的范围内，有权以自己的名义行使机场范围内的公共管理权力以及从事相关经营活动。

公共管理权只限定于公产的范围。依据行政的权责统一原则，机场特许经营的受特许人——机场管理机构须在履职中尽到善意与忠诚的义务，未经相关行政机关的同意，不得擅自停止履行机场“公产”范围内的公共管理职责。因履行公共管理职责，机场管理机构有申请民航基金的补助的权利，但因此须受到相关行政机关合法性与合目的性监督。机场管理机构因管理所致损害，应自担主要赔偿责任；在其无清偿能力时，相关行政机关才负补充的赔偿责任。②

机场资产所具有的公产属性，决定了机场的经营势必受制于公共利益，这也正是国际民航组织相关机场收费原则的具体体现。例如，禁止歧视航空器的国籍、在公开透明以及与客户交流协商的基础上确定价格、培养费用的关联性机制等。③

（三）我国机场特许经营的实践

机场作为公共基础设施，其资产具有公产属性，持续地提升机场公产的公共服务的能力与水平，实现政府对公共资源的合理、高效配置，机场特许经营具有某些特殊的意义。

2003 年以来，我国对民用机场实施“二合一”的改革，即推行运输机场管理机构的企业化以及将民用机场资产由当时的民航总局所有下放给各地方政府所有。随后，国内多家运输机场先后进行了改制，陆续成立了以航空业为主的机场股份公司以及相关机场集团公司。与此同时，通过法律法规以及

---

① 参见《手册》第 2.30 条的规定。

② 参见王名扬：《法国行政法》，北京大学出版社 2016 年版，第 253 页。

③ 参见《国际民用航空公约》第 15 条的规定。

类似于行政许可项下的特许[①]方式,明确了运输机场使用证上载明的许可证持有人就是该运输机场的机场管理机构,即机场管理机构为受特许人。

就机场管理机构的机场公共管理权而言,机场的公共管理职责是围绕机场安全运行展开的,包括但不限于机场设施管理、机场净空管理和应急管理等方面的内容。在履行公共管理职责时,机场管理机构可申请民航基金的补助,但须受到相关行政机关合法性与合目的性监督。对于机场特许经营管理所产生的损害,由机场管理机构负主要赔偿责任。只有在机场管理机构无清偿能力时,相关行政机关才负补充的赔偿责任。[②]

机场管理机构的机场经营权,因资产的属性有其特殊性。机场管理机构在取得公共管理权的同时也取得了公产的相关经营权,要求与旅客、货物等公共航空运输活动的民用航空器运行直接相关的建筑物、装置和设施的经营遵守公共利益规则。在公产之外的财产,受私法范畴调整,遵守私法规则开展相应的经营活动。但就现在的规制而言,相关行政机关对机场公产以及相关私产的收费采取了无差别的模式。

四、机场特许经营情形下的有偿转让经营权

党的十八届三中全会决定中明确了"准确界定不同国有企业功能"的政策要求。为了使机场达到最佳的使用状态,从而更好地完成其公用使命,机场特许经营授权内容更多地侧重于公共管理职责的履行。由此,客观上就要求受特许人——机场管理机构——从管理与经营并重的全能型向管理型转变。

① 国务院原本草拟的《行政许可法》,是将行政许可分为了普通许可、特许、认可、核准和登记5种形式。虽然上述分类只停留在全国人大常委会草案的列项表述中,但上述分类却得到了理论界与实务界的普遍认可。参见张兴祥:《中国行政许可法的理论和实务》,北京大学出版社2003年版,第79~93页。

② 参见王名扬:《法国行政法》,北京大学出版社2016年版,第253页。

(一)有偿转让经营权制度设立的逻辑

有偿转让经营权制度的设定,须以机场管理机构通过特许取得的机场资产经营权为切入点。机场特许经营权的实质为行政许可的一种特许,故特许经营权的转让必然需遵循行政许可的相关规定。

从公共管理授权来看,其类似于日本行政法上的委任制,具有很强的身份性,是一种不可转让的权力。离开了特定的主体,这种特许即失效或作废。机场特许经营项下的经营权则不然,其具有一般财产的合理内核,被视为一种"经济学意义上的财产权"与"事实上的财产权"。[①] 按照行政许可相关制度的规定,只要法律、法规允许转让的,通过行政许可取得的权利即可转让。[②] 因此,有偿转让经营权是行政许可项下特许权的再转让权,是法律法规在一般禁止下的例外准予。

机场有偿转让经营权大多被视为机场特许经营本身。二者不仅分属于不同的层次,而且二者的权力抑或权利的来源以及内容也存在根本的差异。

从有偿转让经营权的来源来看,其权利源于机场特许经营权范围内的经营权的转让,亦是机场管理机构对其所享有经营机场"公产"抑或"公物"权利的出让。这与机场特许经营的权力抑或权利源于政府的授权不同,它是机场管理机构作为经营权转让权人,将其因行政特许而取得的经营权进行让渡。从机场有偿转让经营权的性质来看,它是一种在机场一定范围内的、机场某方面资产的一项专营权,不能与机场特许经营所具有的独占或垄断相比拟。从机场有偿转让经营权的授权范围来看,它只是机场相关资产的经营权,不包括机场特许经营授权范围内的公共管理权力。

从国外实践来看,大部分机场管理机构大都将自身定位为管理型公司。国外的机场管理公司虽名为"公司",大多数实则为依据公法成立的公法人,

---

① 参见[美]理查德·A. 波斯纳:《法律的经济分析》,蒋兆康译,中国大百科全书出版社1997年版,第57页。

② 我国《行政许可法》第9条规定:"依法取得的行政许可,除法律、法规规定依照法定条件和程序可以转让的外,不得转让。"

受公法调整。虽然英国、美国等国家无公、私法人的区别,但其与大陆法系国家的公法人并无二致。其中,美国机场管理的"政府公司"是受相关行政机关直接管理的特殊企业,其涉及的收入与支出直接纳入国家财政预算,不存在利润问题。日本的机场管理公司则为"特殊法人",其根据"一企一法"规定,执行特别企业预算会计制度。①

考虑到我国管理公共基础设施等公产的企业的特殊性,有学者认为应将上述经营主体归类为大陆法系国家行政法上的"公营造物"法人抑或公务法人。② 但是,受制于我国行政法政策学研究以及行政组织法立法的滞后,我国绝大多数机场管理机构目前只能为营利法人,其法律地位自然无法与国外的机场管理公司相提并论。

政府在绩效考核指标的设定上,可以以服务满意度为核心,不过分强调机场管理机构的利润水平,但要做到对机场管理机构的财务预算制度予以专门化法律处理,或纳入行政性的预算管理,或者导入特别预算会计制度,从而在经营预算、税收和利润收缴等基本规定上同普通商业性国有企业实施隔离,③却非易事。毕竟特许经营的初衷,正是为了解决政府财政对公共基础设施的投入有限,难以为继其发展的需求这一问题。

因此,通过实施机场经营权转让进而实现机场管理机构由经营型向管理型转变的考量,显然是立足于我国的国情和财政的现状的。

(二)机场有偿转让经营权制度的完善

机场有偿转让经营权的确立,不仅需要从机场公共基础设施的属性出发,还需要考虑机场管理机构这一特殊主体所承担的机场范围内的安全运营责任,以及其基于市场主体的角色所决定的追求效益的企业品格。因此,鉴

---

① 参见[日]盐野宏:《行政组织法》,杨建顺译,北京大学出版社2008年版,第74~76页。

② 参见李洪雷:《行政法释义学:行政法学理的更新》,中国人民大学出版社2014年版,第229页。

③ 参见贾小雷:《公益类国有企业特殊法律规制的理论与实践》,载《北京行政学院学报》2014年第2期。

于机场有偿经营权现存的一些问题与缺陷,有必要在理论层面进行完善。

1. 机场有偿转让经营权的分类规制

《手册》中所称的"特许经营"为在机场经营某种商业活动的权利,此种经营通常是专有的且一般在机场内的某一指定地点进行。《手册》所称的"特许经营"应为政府相关部门对相关主体实施的行政特许,受特许人有权进行公共管理和从事经营活动。

《手册》将机场特许经营业务分为两类:一是与航空运输服务的经营直接相关的特许经营,如燃油、地面服务和机上配餐等;二是与非航空活动直接相关的特许经营,如餐馆、酒吧、自助餐厅和配餐服务等。

针对不同类别的特许经营业务,《手册》在收费方面给予原则性的指引。其中,与航空运输服务经营直接相关的特许经营在收费制度中可不受空中交通收费的同类限制(如成本回收原则)的约束,但在决定这些活动的收费时应该谨慎。例如,就机上配餐而言,对该类型特许经营所征收的费用会低于对机场的其他餐饮特许经营所征收的费用;而对一般商业活动的开展应给予充分鼓励。上述收费指引契合了机场资产的分类,即对于涉及"公产"的经营,充分考虑了其公益的属性;对于非公产的经营,则充分尊重了市场主体的意思自治。

我国《民用机场管理条例》第 38 条规定,"机场范围内的零售、餐饮、航空地面服务等经营性业务采取有偿转让经营权的方式经营的,机场管理机构应当按照国务院民用航空主管部门的规定与取得经营权的企业签订协议,明确服务标准、收费水平、安全规范和责任等事项",相关立法解释以列举加抽象概括的方式,将机场有偿转让经营业务分为三大类:第一类为机场的核心业务;第二类业务中既有服务保障类业务,也有商业业务;第三类则属于一般意义上的商业业务。[①] 然而,列举中出现的第一类核心业务分类中的"机场设施"的分类与第二类机场地面与保障业务的分类中的"场道维护"是逻辑上的种属关系,而这与逻辑学上划分后的各子项必须互相排斥的原则相悖。

---

① 国家发展和改革委员会法规司、国务院法制办公室财金司、监察部执法监察司编著:《中华人民共和国招标投标法实施条例释义》,中国计划出版社 2012 年版,第 135 页。

而且,第三类中的商业业务实施与机场“公产”抑或“公物”无差别的规制,显然有违分类设置的初衷。

作为国际民航组织的成员国,我国有义务在尽可能广泛和完整的领域,促进国际民航组织国际标准和建议措施的实施。因此,我国机场有偿转让经营权的相关规定需要对接国际民航组织发布的《手册》的相关规定,从立法科学性的角度出发,进一步完善机场有偿转让经营权的相关规定。

2. 机场有偿转让经营权与反垄断

机场管理机构是基于机场特许经营的授权,取得了一个在机场范围内的“独占权”。不管机场管理机构采用何种组织形式,基于机场的自然垄断属性,它都具有机场范围内的市场支配地位。市场支配地位是一种经济现象,反映了企业与市场竞争的关系。对于取得这种市场支配地位本身而言,并不是《反不正当竞争法》或《反垄断法》等相关法律法规规制的对象。只有在不当地利用了合法取得的“市场支配地位”、实施了上述法律法规所规定的一系列禁止性行为时,行为人才会受到法律的否定性评价。对于滥用市场支配地位行为的认定,相关法律法规列举了限定他人购买其指定的经营者的商品①的行为,但法律还规定只有在行为人不能就自己所实施的经营行为提出合理的抗辩事由②时,其所作所为才会被认定构成滥用市场支配地位。

至于关联企业市场进入的法律限制,目前只可见于我国《招标投标法实施条例》第34条第1款的规定,即与招标人存在利害关系可能影响招标公正性的法人、其他组织或者个人,不得参加投标。可见,构成本款规定情形需要同时满足“存在利害关系”和“可能影响招标公正性”两个条件。但如果招投标活动依法进行、程序规范,即使投标人与招标人存在“利害关系”,也不影响其公正性的就可参加投标。③

---

① 参见《反垄断法》第17条、《反不正当竞争法》第6条以及《关于禁止公用企业限制竞争行为的若干规定》第4条的规定。

② 参见《反垄断法》第15条的规定。

③ 国家发展和改革委员会法规司、国务院法制办公室财金司、监察部执法监察司编著:《中华人民共和国招标投标法实施条例释义》,中国计划出版社2012年版,第91~92页。

机场有偿转让经营权，是在机场管理机构基于政府的行政特许的相关资产的经营权，在一定范围内和一定条件下，将其上述经营权中的一些具体项目的经营授予其他市场主体。对于其他市场主体包括机场管理机构的关联企业而言，机场有偿转让经营权是机场管理机构在取得了政府行政特许亦即机场特许经营权的情形下，同时满足了法律法规的相关要求，将其所获得的机场特许经营权的部分转授予其他市场主体的再转让权。从公平、公正、公开角度而言，首先，需要从制度上保证机场管理机构关联企业的进入；其次，借鉴招投标相关法规对"利害关系"的规定，将机场管理机构关联企业市场进入的禁止设定修改为一种有条件的禁止。这不仅能保证机场有偿转让经营权制度实施的公正性，而且还能避免因不加任何限定性的客观条件就限制"存在利害关系"主体市场准入而导致行政垄断情形的出现。

五、结　　语

法律的基本作用之一，就是通过颁布一些适用于某些应予限制的行动或行为的行为规则或行为标准调整相互冲突的利益，以使为数众多、种类纷繁、各不相同的行为与关系达致某种合理程度的秩序。①

机场"公产"抑或"公物"的属性，决定了机场特许经营权是行政许可项下的具体行为的实施，以及机场管理机构在特许经营项下所获得的是机场范围内的管理权与机场资产的经营权。为了更好地完成机场公共服务的使命，通过机场有偿转让经营权的规定，机场管理机构将已取得的机场特许经营权向相关的市场主体转让，实现机场管理机构向管理型公司的转变。由于机场以及机场资产相关规定的不明确性，机场有偿经营权相关业务分类以及所涉反垄断规定还存在一些缺陷，亟待对其进行调整和改进，以期能够更好地满足机场公共服务的需要。

---

① 参见［美］E. 博登海默：《法理学：法律哲学与法律方法》，邓正来译，中国政法大学出版社2004年版，第413、501页。

航空责任保险的第三人直接请求权

——以《民用航空法》第168条为视角

刘海安* 程艳平**

一、航空责任保险第三人直接请求权的行使面临困境

1999年，上海“4·15”坠机案中，大韩航空公司的一架大型货机在上海虹桥机场起飞后不久发生坠毁，对地面人员和建筑物造成巨大伤害，3名机组成员和5名地面人员死亡，37人受伤，11幢建筑物、32家店铺、1503套（10.4万平方米）商业用房等受损。该案件中航空器坠毁致地面第三人人员伤亡并且财产损失数额巨大，保险人（英国保险公司）与被保险人（大韩航空）协商给出受害第三人赔偿方案，但最终由于未达成一致意见，千余名受害者起诉大韩航空公司，诉讼经历了4个阶段，受害者最终获得了高

---

* 法学博士，天津大学法学院教授。

** 中国民航大学法学院法律硕士。

额赔偿,但是赔偿诉讼持续时间较长。

在2004年的包头空难中,飞机坠落到包头市南海公园的湖中爆炸起火,湖中五六个游艇和岸上的房屋也被殃及,机上乘客和机组人员全部丧生。此外,飞机坠毁致使地面2人死亡,机上5吨燃油也倾泻在湖水中,事件受害者起诉了东方航空公司,该案直到2012年还在审理中,持续时间长达8年之久。

从目前我国的立法来看,1995年《民用航空法》规定了公共航空运输和通用航空的航空器经营者都应当投保责任险,并且也在第168条赋予了受害的第三人直接起诉保险人的权利。[①] 然而上述两起空难中受害的第三人却没依据《民用航空法》第168条起诉保险人,其最终都是通过起诉航空公司获得赔偿。此外,通过检索也并没有发现司法实践中将《民用航空法》第168条作为裁判依据的案件。

《民用航空法》规定,航空器经营者应当投保责任险并且赋予第三人直接请求权的目的是保障受害第三人的合法权益得到保护,损失得到赔偿,实际问题得以确切的解决。而《民用航空法》从制定以来,有关第三人直接请求权的条款却一次也没有适用过,这就引发了人们对该条款的思考,为什么法律赋予受害的第三人保障自身权益的权利,受害的第三人却不行使,而非要选择持久之战去起诉航空器经营者?是什么原因致使航空责任保险的第三人直接请求权的条款被搁置?

---

① 《民用航空法》第168条规定:“仅在下列情形下,受害人可以直接对保险人或者担保人提起诉讼,但是不妨碍受害人根据有关保险合同或者担保合同的法律规定提起直接诉讼的权利:(一)根据本法第一百六十七条第(一)项、第(二)项规定,保险或者担保继续有效的;(二)经营人破产的。除本法第一百六十七条第一款规定的抗辩权,保险人或者担保人对受害人依照本章规定提起的直接诉讼不得以保险或者担保的无效或者追溯力终止为由进行抗辩。”

二、航空责任保险第三人直接请求权行使出现困境的成因

目前,从我国的理论研究来看,有关第三人直接请求权的研究主要集中于海商、机动车、医疗以及环境污染等领域,航空领域主要集中于对责任保险的研究,有关第三人直接请求权的研究寥寥无几。根据检索及查询,司法实践中第三人直接请求权的实践案例也集中在上述几个特殊领域内,航空领域却从未有过。

众所周知,航空器相较于其他交通工具,具有高度危险性的特点,因此不可避免地会出现航空事故或者事件。航空器经营者为了减轻自己的重负必然会投保各种保险,相应地,航空器经营者为了分散航空事故或事件导致地面(或水面)第三人人身或者财产遭受损害的风险,就会选择投保第三人责任险。我国《民用航空法》既规定了航空器的经营者应当投保第三人责任险,也规定了受害的第三人享有直接请求权。当出现航空事故致使地面第三人人身或者财产遭受损害时,受害的第三人在一定条件下有权起诉保险人。虽然法律中有第三人直接请求权的条款存在,但是实践案例却无。经研究发现,阻碍第三人直接请求权行使的原因,具体表现为下述几个方面:

(一)第三人直接请求权的行使受到双重限制

我国《民用航空法》第168条规定,受害的第三人仅在保险或者担保有效的期间内并且经营人破产的情况下,可以直接对保险人或者担保人提起诉讼;在经营人未破产的情形下,受害的第三人可以根据有关保险合同或者担保合同的法律规定直接对保险人或者担保人提起诉讼。另外,除外条款对受害第三人的抗辩进行了规定。从该条规定来看,第三人直接请求权行使的门槛并不低,其行使需要满足一定的条件,该条件具体为:第一,在保险继续有效的期间内并且经营人破产的情况下,受害人可以直接起诉保险人或者担保

人;第二,如果航空器经营人没有出现破产的情形,受害的第三人可以依据《保险法》对保险人提起诉讼。具体限制表现为:

1.第三人直接请求权的行使受到经营人破产条件的限制

根据我国《民用航空法》第168条的规定,第三人直接请求权的行使需要满足在保险或者担保期间内并且经营人破产的条件。一般来讲,受害第三人的索赔请求都会在保险或者担保期限内提出,因此,第三人直接请求权的行使最主要的限制在于经营人是否符合破产的条件。

从目前的实践来看,第三人直接请求权在航空保险领域是从未被行使过的,究其原因,最主要的还是航空器经营人出现破产的风险是非常低的。依据《企业破产法》第2条可知,①破产需要企业法人不能清偿到期债务并且资产不足以清偿全部债务或者明显缺乏清偿能力。国有航空公司由于国家资金和政策的支持,其破产的风险是非常小的;民营的小航空公司,由于资金链的问题,出现破产的风险是相对比较大的,比如,2009年东星航空破产,究其原因,即是由于内部资金链紧张的问题。但是,纵观民营航空的发展,国内出现破产的航空公司数量非常少,民营航空除了地方政策的支持外,其自身也在提升抗风险能力,比如,自己购买航空器、减少融资租赁以及降低自己的负债率等。而且,并购重组是目前航空公司发展的趋势,所以破产的民营航空公司也很少。虽然航空公司破产最主要的原因就是资金链断裂,资金无法周转,但是空难事故是任何一个航空公司在成立之时都会预估的风险,处理空难事故,航空公司肯定有自己的一套预防空难风险的系统,所以航空公司因空难而破产的概率很低。

第三人直接请求权的规定确实为空难致害的第三人提供了救济渠道,但是航空器经营人破产的条件却使该条款束之高阁,也就出现空难致害的第三人起诉航空器经营者的情况,而此时的航空器经营者由于遭受巨大损失也处

---

① 《企业破产法》第2条规定:"企业法人不能清偿到期债务,并且资产不足以清偿全部债务或者明显缺乏清偿能力的,依照本法规定清理债务。企业法人有前款规定情形,或者有明显丧失清偿能力可能的,可以依照本法规定进行重整。"

在困境中,所以受害人的损害很难在短时间内获得赔偿,这既不利于平衡三方的利益,也不利于降低诉讼成本。

2. 航空器经营者未破产时需要受《保险法》限制

根据《民用航空法》第 168 条的规定,航空器经营人未出现破产情形时,受害的第三人可以依据我国的《保险法》对保险人提起诉讼。然而,我国《保险法》虽然对责任保险进行了规定,但在实践中却存在缺陷。

第一,《保险法》没有明确指出该责任保险是任意责任保险还是强制责任保险,而我国《民用航空法》规定,航空器经营者应当投保第三人责任险,也就是说,航空责任保险属于强制责任保险。任意责任保险需要充分尊重当事人的意思自治,要坚守合同的相对性理论。而强制责任保险是依法设定的,体现了公权力的干预,其目的是分散特定领域的风险,保障受害的第三人可以填补其损失,实现社会的公平和正义。也就是说,任意责任保险中的受害人,不一定享有第三人直接请求权;即使享有第三人直接请求权,也会受到各种条件的限制,而强制责任保险中受害的第三人是享有直接请求权的。

第二,受害的第三人依照法律规定取得的保险金请求权还需要看保险人是否愿意,因为《保险法》仅规定保险人“可以”而非“必须”直接向第三人支付保险赔偿金。保险人如果被动地“根据被保险人的请求”向受害的第三人履行保险金给付的义务,那么受害的第三人是否享有直接请求权另当别论。①

第三,受害的第三人依据《保险法》第 65 条第 2 款对保险人提起诉讼,也会受到一定的限制:②一是被保险人的赔偿限额已确定;二是被保险人怠于请求。实践中,不管以何种方式请求,都需要确定被保险人的赔偿责任。但是,法官的自由裁量权非常大对被保险人怠于请求中“怠于”的解释及其在审查标准实践中的内涵并不统一。

---

① 马炎秋:《韩国海上责任保险直接请求权的立法与实践》,载《保险研究》2020 年第 4 期。

② 《保险法》第 65 条第 2 款规定:“责任保险的被保险人给第三者造成损害,被保险人对第三者应负的赔偿责任确定的,根据被保险人的请求,保险人应当直接向该第三者赔偿保险金。被保险人怠于请求的,第三者有权就其应获赔偿部分直接向保险人请求赔偿保险金。”

由于《保险法》条件的限制,受害的第三人行使直接请求权还是相当困难的。相比之下,受害的第三人更愿意依据侵权法律关系起诉被保险人,这就致使《民用航空法》第 168 条被搁置。

(二)第三人直接请求权的行使缺乏具体程序性事项

目前在我国,第三人直接请求权仅在《民用航空法》和《保险法》中作为实体性权利被规定,而对该权利行使涉及的程序性事项并未进行规定。比如,受害的第三人行使第三人直接请求权时是单独将保险人起诉作为被告,还是应该将保险人与被保险人共同起诉作为共同被告;如果受害的第三人行使直接请求权,哪些法院具有管辖权;如果保险人在投保限额内对第三人进行了赔偿,但是赔偿的保险金小于受害的第三人所遭受的损失时,受害的第三人是否享有追索权等,这些问题都未予以规定。实践中,刑事案件有《刑事诉讼法》对程序性事项进行规定,民事案件相应地也有《民事诉讼法》对程序性事项进行规定,这不仅在实体上保障了当事人的权利,也从程序上保障了权利的行使。但是,由于法律具有滞后性,并不是所有的法律关系涉及的程序性事项都会全面规定。对于责任保险第三人直接请求权的行使,我国《民事诉讼法》并未进行全方位的规定,这就导致该权利的行使会因程序性事项的缺乏而受到阻碍,也使得受害的第三人不愿意依据《民用航空法》第 168 条起诉保险人。

综上所述,我国《民用航空法》赋予第三人突破合同相对性的直接请求权的目的,在于更加高效地保障受害第三人的合法权益,但是由于第三人直接请求权在行使条件和行使程序上的限制,无异于使受到人身和财产损害的第三人将损害赔偿的希望再次寄托于侵权人自身的偿付能力上,适用的依然是侵权法的归责原则。

因此,航空责任保险第三人直接请求权的保障功能形同虚设,相应的条款被束之高阁,成为“僵尸条款”。

三、解决第三人直接请求权行使困境需考量的因素

即使航空责任保险第三人直接请求权的行使受到行使条件和程序上的限制,我们也不能够否认其价值。因此,我们需要思考如何解决这一困境。困境的解决需要从多方面去考量,具体表现为以下几个方面:

第一,是否有利于平衡三方主体之间的利益。法律设定的目的就是保证公平公正,但是每一个法律制度在设定之初总是不可避免地会出现各种各样的问题,责任保险制度也不例外。责任保险制度在理论以及实践中出现了问题,于是出现了第三人直接请求权制度。从航空领域第三人直接请求权制度的立法初衷来看,将经营人破产作为第三人直接请求权行使的条件之一,是因为考虑到经营人破产时,受害第三人的损害在很大程度上得不到及时赔偿甚至可能得不到赔偿,而此时赋予受害的第三人起诉保险人的权利,可以防止保险人将对被保险人应付的理赔金偿还于被保险人的其他债务人,从而使受害第三人的人身和财产损害无法得到赔偿。并且,由保险人代替被保险人进行可能发生的诉讼,可以降低因航空事故引发消费者对航空器经营人(被保险人)经营能力的质疑,降低对其的负面影响。由此可以看出,最初将经营人破产作为航空责任保险第三人直接请求权行使的主要条件,是为了保护被保险人的利益,如果没有经营人破产的限制或者将行使的条件降低,那么受害的第三人大多会去起诉保险人。那时的保险市场并没有现在这么成熟,保险人抗风险能力也不充足,为了保障保险市场持续发展,将第三人直接请求权适用的主要条件设置为经营人破产。但是,现在保险公司资本充足、市场大而且分散分担风险的能力也有所提高,第三人直接请求权制度不应该继续倾斜而保护保险人和被保险人的利益。第三人直接请求权的行使,需要对三方利益进行考量,只有保证了三方的利益平衡,才能促进航空器经营者的持续发展、航空保险市场的繁荣扩大以及对受害者利益的保护。

第二,是否有利于提高司法效率。在第三人直接请求权制度制定之前,

如果发生了空难事故致地面(或水面)第三人人身或财产损害的,受害第三人首先会要求被保险人进行赔偿,而后被保险人凭借相关的凭证要求保险人赔付保险金,这一过程看似简单,实则在实务中很复杂。比如,被保险人赔偿第三人损害赔偿金时需要确定赔偿的数额,如果确定不了就可能通过诉讼等程序予以确定。通过诉讼解决时,还可能会出现受害的第三人支付不起诉讼费或者律师费的情况。由此可知,对受害第三人利益的保护是非常困难的。也有可能在受害第三人提出赔偿要求后,被保险人要求保险人先在保险限额内支付保险金,待保险人支付保险金之后,被保险人再按一定的比例向受害的第三人支付。在此过程中,保险人向被保险人进行赔付需要经过许多程序性事项,非常不利于对受害第三人利益的保护。此外,在确定赔偿额之后,被保险人与受害第三人达成和解,如果受害的第三人给被保险人出具一份收到赔偿款的虚假单据,被保险人依据虚假单据再向保险人追偿,这对于保险人是非常不利的。

在航空责任保险中赋予第三人的直接请求权突破了合同的相对性,使原本与保险人并不存在法律关系的第三人可以在一定条件下直接对保险人提起诉讼。① 这一突破使得受害的第三人更容易获得赔偿,这不仅简化了索赔的程序,不再需要通过被保险人,也可以提高司法效率,有利于保护第三人的权益。

第三,是否有利于增进社会福利。科学技术的飞速发展,在给人们带来便利的同时,也引发了一系列的问题。比如,工业事故、环境污染、航空事故、交通事故、医疗问题以及食品安全等,这些领域不可避免地会引发高风险事件,这些事件风险之高,仅依个人力量是无法抗衡的。因此,人们本着“分担”的原则,把风险社会化,使每个人都享受到社会进步的福利。

随着接受度的提高,大众也就开始期望通过各种制度将风险分散,使风险社会化,责任保险制度的设立也不例外。责任保险制度设立的初衷是倾向

① 参见温世扬:《“相对分离原则”下的保险合同与侵权责任》,载《当代法学》2012年第5期。

于保护被保险人的利益,但是随着社会的发展其功能转变为保护受害的第三人,受害的第三人也就因为航空器经营者投保了航空责任保险而提高了获得赔偿的概率。保护受害第三人的利益起初只是作为责任保险制度的优势之一而被考虑,但是现在其已经逐渐发展成为整套责任保险制度最核心的一个理念,因而第三人直接请求权的出现也就顺理成章。责任保险第三人直接请求权制度不仅可以在个案中保障各方利益的平衡,而且在共性上促使在整个社会层面形成一种共有的价值观念,这既符合保险业的发展和社会的根本利益,也符合航空保险的发展前景。

四、航空责任保险第三人直接请求权行使的应然路径

第三人直接请求权制度设定的初衷就是为了保护受害第三人的合法权益,但是从目前的立法和实践来看,航空领域的第三人直接请求权的行使受到实体和程序上的限制,启动的可能性非常小。因此,为了保证航空责任保险第三人直接请求权在实践中得以应用,发挥其应有的价值,应该取消条件限制、完善我国的保险法以及完善直接请求权行使的程序性事项。

(一)取消经营者破产条件的限制

虽然我国《民用航空法》最早规定了第三人直接请求权,但是在实践中并没有受害的第三人起诉保险人请求赔偿的案例,也没有将航空器经营人(被保险人)与保险人列为共同被告起诉的案例。反观我国机动车和海事等特殊领域,法律并没有明确规定第三人的直接请求权,但是实践中却存在将保险人和被保险人列为共同被告的情形,如表1所示。

表 1　国内特殊领域强制责任险第三人直接请求权的规定及应用

第三人直接请求权适用领域	法律规定（对直接请求权以及起诉对象的规定）	适用条件	司法案例
机动车	1.《机动车交通事故责任强制保险条例》第 31 条第 1 款;[1] 2. 最高人民法院《关于审理道路交通事故损害赔偿案件适用法律若干问题的解释》第 16 条[2]	未规定	(2020)豫 10 民终 554 号、(2016)黔 27 民终 1866 号、(2016)豫 15 民终 1249 号判决等
海事	1.《海商法》未规定; 2.《海事诉讼特别程序法》第 97 条第 1 款[3]	未规定	青岛海事法院(2008)青海法烟确字第 22 号、广州海事法院(2001)广海法初字第 89 号、天津海事法院民事判决书(2003)津海法事初字第 183 ~ 186 号等
航空	《民用航空法》第 168 条	1. 保险或者担保继续有效的; 2. 经营人破产的	无

注:

〔1〕《机动车交通事故责任强制保险条例》第 31 条第 1 款规定:“保险公司可以向被保险人赔偿保险金,也可以直接向受害人赔偿保险金……”

〔2〕2012 年最高人民法院《关于审理道路交通事故损害赔偿案件适用法律若干问题的解释》(法释〔2012〕19 号)第 16 条规定:“同时投保机动车第三者责任强制保险(以下简称‘交强险’)和第三者责任商业保险(以下简称‘商业三者险’)的机动车发生交通事故造成损害,当事人同时起诉侵权人和保险公司的,人民法院应当按照下列规则确定赔偿责任……”

〔3〕《海事诉讼特别程序法》第 97 条第 1 款规定:“对船舶造成油污损害的赔偿请求,受损害人可以向造成油污损害的船舶所有人提出,也可以直接向承担船舶所有人油污损害责任的保险人或者提供财务保证的其他人提出。”

从表 1 中可以看出,在机动车交强险领域,法律没有规定第三人直接请求权,但是最高人民法院通过司法解释规定受害第三人可以通过起诉侵权人的方式维护权益,法院可以追加交强险的保险人为共同被告,并且实践中将保险人与被保险人列为共同被告的案件并不少。例如,在龚某友与中国太平洋财产保险股份有限公司绍兴中心支公司、李某山机动车交通事故责任纠纷案①中,龚某友将侵权行为人李某山与中国太平洋财产保险股份有限公司列为共同被告;中国人民财产保险股份有限公司许昌市分公司、魏某艳机动车交通事故责任纠纷案②中,魏某艳将宋某超、王某营以及中国人民财产保险股份有限公司许昌市分公司作为共同被告起诉。在海事领域,《海商法》并未规定第三人直接请求权,而是在《海事诉讼特别程序法》第97条规定了受害的第三人可以选择起诉保险人,实践中也存在将保险人与被保险人列为共同被告的案例。例如,在烟台东耀水产有限公司与联合远洋运输公司、西英船东互保协会船舶油污污染损害赔偿纠纷案③中,原告烟台东耀水产有限公司将联合远洋运输公司以及西英船东互保协会(卢森堡)作为共同被告;天津海事法院审理的"塔斯曼海"轮溢油事故索赔案④中,1490名渔民和养殖户将英费尼特航运有限公司和伦敦汽船船东互保协会列为共同被告起诉。

从原则上讲,由于保险人与第三人之间并不存在任何法律关系,受害的第三人只能依据侵权法律关系起诉被保险人,保险人本应该只能作为无独立请求权的第三人参加诉讼,但是实际审判中却将保险人与被保险人列为共同被告,实质上也就是通过审判间接性地承认了受害第三人的直接请求权。最为重要的是,在机动车和海事领域,受害的第三人起诉保险人与被保险人并不受经营人破产条件或者其他条件的约束。此外,我国台湾地区也在机动车和海事领域明确规定了第三人直接请求权,而且无条件限制,如表2所示。

---

① 信阳市中级人民法院(2016)豫15民终1249号。

② 许昌市中级人民法院(2020)豫10民终554号。

③ 中华人民共和国青岛海事法院(2008)青海法确初字第22号。

④ 中华人民共和国天津海事法院民事判决书(2003)津海法事初字第183~186号。

表 2　我国台湾地区特殊领域对第三人直接请求权的规定

相关规范性文件	具体规定	条件限制
“保险法”	第 94 条规定了受害第三人可以在保险金额范围内向保险人请求给付赔偿金额[1]	行使第三人直接请求权的前提条件是确定被保险人的责任
“海洋污染防治法”	第 34 条规定了受到污染的第三人,能够直接向责任保险人请求赔偿[2]	无条件限制
“强制汽车责任保险法”	第 28 条规定了受益人可以直接向保险人请求给付保险金;[3] 第 7 条交通事故致害的第三人可以向保险人请求给付保险金[4]	无条件限制

注:

〔1〕我国台湾地区“保险法”第 94 条规定:“保险人于第三人由被保险人应负责任事故所致之损失,未受赔偿以前,不得以赔偿金额之全部或一部给付被保险人。被保险人对第三人应负损失赔偿责任确定时,第三人得在保险金额范围内,依其应得之比例,直接向保险人请求给付赔偿金额。”

〔2〕我国台湾地区“海洋污染防治法”第 34 条规定:“污染损害之赔偿请求权人,得直接向责任保险人请求赔偿或就担保求偿之。”

〔3〕我国台湾地区“强制汽车责任保险法”第 28 条规定:“被保险汽车发生汽车交通事故时,受益人得在本‘法’规定之保险金额范围内,直接向保险人请求给付保险金。”

〔4〕我国台湾地区“强制汽车责任保险法”第 7 条规定:“因汽车交通事故致受害人伤害或死亡者,不论加害人有无过失,请求权人得依本‘法’规定向保险人请求保险给付或向财团法人汽车交通事故特别赔偿基金请求赔偿。”

从表 2 中可以看出,第三人直接请求权在我国台湾地区“保险法”第 94 条中进行了规定,其适用条件是确定被保险人的责任,在机动车和海事领域第三人直接请求权的行使并没有限制条件。我国台湾地区的“航空法”中并没有规定第三人直接请求权,那么可以直接适用“保险法”第 94 条。

在机动车和海事领域,我国对第三人直接请求权的行使都未设定经营人破产的条件,也就是当被保险人造成第三人人身或财产损失时,受害的第三人可以依照规定选择起诉被保险人(机动车所有人和船舶经营人)或者起诉保险人,不受特定条件限制。对于受害的第三人来讲,如果没有破产条件的限制,那么直接请求权的行使就更加容易,其权益也就容易得到很好的保护。那么航空领域是否可以借鉴机动车和海事领域的相关规定呢?

很多学者认为,机动车和航空领域不具有可比性。一方面,机动车事故发生率要比航空事故发生率高,据统计,2018 年全国发生交通事故 244,937 起,死亡人数为 63,194 人。[①] 而航空领域,一年内也并不一定会发生一次大的航空事故或事件,所以二者对于第三人直接请求权的限制条件并不具有可比性。另一方面,航空器经营者经营规模相对都比较大,资本力量雄厚;而机动车一般都属于私家车辆,发生事故时,受害的第三人起诉航空器经营者要比起诉个人更容易获得赔偿,所以为了确保机动车领域的受害者能够获得赔偿,其起诉保险人的条件就应该降低。

这种观点具有一定的道理,但是并不完全准确。第一,航空事故发生概率虽然低,但是一旦发生,造成的损害极大。而且受害的第三人在事故中都不一定会存在过失,但却要面临人身伤害、财产的损失甚至精神上的创伤。如果第三人请求权适用的条件太高,受害的第三人就只能起诉航空器经营者,此时的航空器经营者也处于困境当中,所以索赔之路会很漫长,甚至需要经历好多年才可以获得赔偿。第二,机动车必须投保交强险,航空器经营者也必须投保航空第三人责任险,交强险和航空责任保险都属于强制责任保险。强制责任保险是国家基于公益性考量,在特定领域规定的公权力可以对私人意愿进行干预,机动车和航空领域被赋予强制责任保险的缘由是相同的,因此第三人直接请求权在这两个领域的实施也就具有了可对比性。第三,从成本和效益的角度而言,赋予受害的第三人直接请求权,保证受害的第三人直接起诉保险人或者将保险人与被保险人作为共同被告起诉,相较于起诉被保险人付出的成本可能是相同的甚至可能会更低一些,但是最终的效果却大相径庭。受害的第三人起诉被保险人,由于被保险人航空器毁损、机组

---

① 《交通事故现场勘查救援设备行业报》,载中国产业信息网,https://www.chyxx.com/research/201811/695131.html。

人员伤亡并且众多的旅客要求伤亡赔偿,请求被保险人进行赔偿面临的阻力非常大,成本也可能会增加,获得赔偿的机会也非常小。与受害的第三人直接起诉保险人或者将保险人与被保险人列为共同被告相比,由于被保险人投保了航空责任保险,所以该条路径更为便捷,成本相对较低,而且获得赔偿的可能性也有所增加,具有激励作用,同时也更为经济。因此,我国的航空责任保险,可以取消航空责任保险第三人直接请求权中经营人破产的条件限制。

在海事领域,船舶与航空器相似性很大,旅客都处于一定的空间范围内,一旦发生事故,造成的损害是非常大的。除了造成船舶上人员的伤亡外,油污的泄漏也会使很多区域受到污染,受害的第三人索赔之路与航空事故中的受害的第三人索赔之路一样,烦琐而漫长。此外,二者都属于特殊领域,航空领域内很多事项也都是借鉴《海商法》,如实际承运人的责任,并且二者必须投保责任保险。因此,第三人直接请求权的行使条件,可以借鉴海事领域的相关规定。

通过上述比较,笔者建议,我国《民用航空法》第 168 条取消经营人破产条件的限制,赋予受害的第三人宽松的第三人直接请求权,确保其损失可以及时得到弥补。因此,我国《民用航空法》第三人的直接请求权可以规定为:"在保险或者担保继续有效的期限范围内,受害的第三人可以在保险金范围内直接对保险人或者担保人提起诉讼。除本法第一百六十七条第一款规定的抗辩权,保险人或者担保人对受害人依照本章规定提起的直接诉讼不得以保险或者担保的无效或者追溯力终止为由进行抗辩。"

(二)完善《保险法》的规定

《保险法》从颁布至今,并没有条文区分任意责任保险的第三人直接请求权和强制责任保险的第三人直接请求权,因此不可避免地会出现其与特殊领域的规定不一致的情形。所以,《保险法》应当区分强制责任保险和任意责任保险第三人直接请求权。强制责任保险应当确定强制责任保险受害的第三人享有独立的直接请求权;对于一般的任意责任保险,当事人可以对其进行约定,也可以由法律赋予受害的第三人直接请求权,同时可以设置具体的行使条件,如被保险人破产、怠于赔偿或者其他条件等。只有明确进行区分,才能保障法律适用的准确性。只有通过明确规定,才能确保《民用航空法》与《保险法》的有关规定保持一致,使第三人直接请求权的行使更加便捷。

此外,《保险法》第65条的规定涉及了第三人直接请求权,但是其并没有明确赋予受害的第三人直接请求权,而是赋予了保险人和被保险人选择的权利。只有在被保险人怠于行使权利的情况下,受害的第三人才有可能直接向保险人请求赔偿,这样的规定很难在现实生活中对第三人的权益进行保护。因此,《保险法》第65条应该全面赋予第三人直接请求权,而非间接性地将第三人直接请求权的行使归结于保险人的选择或者被保险人对保险人的权利转让。《保险法》第65条可以规定为"第三人可以在责任保险的限额内就其损失直接向保险人提出请求",这样就不需经过被保险人和保险人请求,其损失就能够得以弥补。

(三)完善第三人直接请求权行使的程序性事项

第三人直接请求权是一项实体及程序集合的权利,该权利行使中的一些程序性事项是不可或缺的。第三人直接请求权作为一项制度,其行使需要有相应的配套制度,对于一些事项,我国《民事诉讼法》已经作出了相应的规定,但是还是有缺漏的。

1. 明确保险人在诉讼中的地位

实践中,我国的海事和机动车领域将保险人和被保险人列为共同被告的案例并不少见,将二者列为共同被告的目的就是保障受害第三人的损失能够充分地得以弥补。从法院审判的角度来讲,将保险人与被保险人列为共同被告,对于案件事实的厘清、审判效率的提高以及司法资源成本的降低都将起到积极的作用;从保险人的角度讲,列为共同被告对于其责任承担份额的确定以及厘清其与被保险人和第三人的责任关系是非常有利的;对于被保险人来讲,由于其处于重创时期,令保险人在保险金限额内承担给付义务对于减轻其重负是有积极效应的。机动车领域已然明确规定可以将保险人与被保险人列为共同被告,海事领域程序法也对其进行了规定。对于航空领域,法律只是赋予了受害的第三人直接请求权,第三人可以起诉保险人。

2. 赋予第三人对被保险人的再追索权

航空事故的发生具有不确定性,因此损害赔偿也就具有不确定性。我国《民用航空法》规定了航空器经营者应当投保第三人责任险,然而并没有规定最低或者最高的投保限额。这虽然保证了保险人与被保险人充分的意思自治,但也为实务带来了一定的问题。在保险期间内,如果发生了航空事故致使地面(或)水面第三人身或财产的损害,第三人行使直接请求权时,保险人也只能在其与被保险人的责任保险合同中约定的保险金额范围内进行赔偿。如果保险赔偿金足够弥补受害第三人的损失,也就不存在后续索赔的问题;然而航空事故造成的损害是巨大的,地面(水面)受到的损失通过保险赔偿金是难以弥补的,受到损害的第三人未被弥补的损害如何索赔并没有法律依据。所以,为了确保受害的第三人能够被弥补损害,法律上明确赋予第三人对被保险人的再追索权是非常必要的。

3. 明确责任的承担方式

目前来看,我国法律并未对海事领域责任保险第三人直接请求权中保险人与被保险人的责任承担方式进行规定,理论界对此有各种各样的争议。有的认为,二者应该对第三人承担连带责任;有的认为,应该是不真正连带责任;也有人认为,保险人与被保险人应当分别对第三人承担独立的直接赔偿责任,但是应受到赔偿限额以及抗辩的限制。① 从司法实践来看,法院判决由保险人与被保险人对第三人承担连带责任,这么做是否合理也需要进行一定的论证。

---

① 参见陈萍萍:《油污责任保险人与油污责任人责任形式》,载《人民司法》2004 年第 3 期。

在机动车领域,2012年最高人民法院《关于审理道路交通事故损害赔偿案件适用法律若干问题的解释》第16条对此进行了明确规定,首先由承保交强险的保险公司在责任限额范围内予以赔偿;其次对于不足部分,由承保商业三者险的保险公司根据保险合同予以赔偿;最后仍有不足的,依照《道路交通安全法》和《侵权责任法》(现为《民法典》)的相关规定由侵权人予以赔偿。

在航空领域,实践中并不存在第三人直接请求权行使的案例,而且理论研究也相对较少,因此这一方面在理论和实践中存在空白。责任的承担实质上也是一种风险分配,最主要的还是公平原则。一方面,航空强制责任保险的责任承担不可以直接借鉴海事领域司法实践中由保险人与被保险人直接承担连带责任的做法。因为连带责任的承担,需要满足一定条件。面对航空事故,保险人对巨额赔偿避之不及,又怎会主动承担。另一方面,由于航空责任保险属于政府强制参加的商业险,其也区别于机动车的交强险和商业保险。因此,航空强制责任保险的责任承担方式也不可直接援用机动车领域的相关规定。依据公平原则,航空责任保险作为强制商业险,并且在此情形之下,如果赋予受害的第三人不受经营人破产条件限制的第三人直接请求权,那么保险公司应当首先在责任限额范围内对受害的第三人进行赔偿;对于不足部分,则要依据《民法典》以及《保险法》的相关规定请求侵权人赔偿。对此,我国的法律要进行制度化规定,使权利人行使权利时有法可依,这样才能更加高效、更加全面地保护受害人。

五、结　　语

取消《民用航空法》第168条适用条件的限制,并不意味着受害的第三人可以任意地适用该制度,如果该制度适用的条件过于宽松,则很容易导致制度的滥用,给保险人带来一系列问题,所以要完善第三人直接请求权在程序法中的相关规定,以便平衡保险人、被保险人与受害人之间的利益。此外,我国对于航空责任保险第三人直接请求权的规定并不完善,如对第三人的界定、航空责任保险的责任限额是否应设定最低限制、法律适用等问题。因此,无论是理论层面还是实践层面,对该制度的研究都是非常有必要的。

论航空电子客运合同的成立时间*

——以“梁某某诉中国东方航空股份有限公司航空旅客运输合同纠纷”案为切入点

刘胜军** 周芝妤***

电子合同已经成为航空客运合同的普遍形式，其不同于传统的纸质客运合同。航空电子客运合同在合同形式和合同成立与生效方面也不同于传统的纸质客运合同。航空电子客运合同成立时间的不同判定，对合同当事人尤其是旅客的权利义务影响甚巨。具体而言，如将旅客提交订单的行为视为承诺，则旅客负有付款义务，航空公司负有出票义务，任何一方不履行义务，都将面临违约风险；如将旅客提交订单的行为视为要约，则航空公司具有是否承诺的选择权，旅客面临付款后不能出票的风险。因此，航

---

* 本文系2016年国家社科基金一般项目“创新驱动国家发展战略下双层股权结构的基础理论与制度构建研究”(项目号：16BFX112)的阶段性研究成果。

** 法学博士，中国民航大学航空法律与政策研究中心副主任，副教授，蓝天青年学者。

*** 中国民航大学法学院2018级法律硕士。

空电子客运合同何时成立,将影响旅客和航空公司各自的行为预期和利益。学术和实务界对此一直以来都颇有争议,法院司法实践中也还没有形成统一的判定标准,实不利于指引和规范航空旅客运输合同的订立和纠纷的妥善解决。“梁某某诉中国东方航空股份有限公司航空旅客运输合同纠纷”案是航空电子客运合同订立过程中系统出现错误所导致的纠纷,该案中法院判决说理部分反映出,目前我国司法实践中对航空电子客运合同的订立还缺乏深入的讨论和理论上的共识。鉴于航空电子客运合同成立时间存在争议,并且成立时间的判定对当事人的行为预期和利益都有着重要影响,本文在该案的基础上,对此进行进一步分析和探讨。

一、案例梳理

(一)基本案情

2010年3月17日,原告通过被告航空官方网站预订了2010年4月2日从北京至宁波,4月6日从宁波至北京的往返机票各1张,并在订票后半小时之内,通过该航空公司官方网站的支付系统向其设在银行的账户支付了购票款。然而,该银行由于系统故障,未能将收款信息及时反馈给被告,被告系统因在指定时间内未收到原告付款信息,便自动取消了原告所订座位。之后,原告在未获得订票成功的票号等相关信息的情况下,未按网站提示拨打客服电话查询订单详情。4月2日原告到达机场办理登机时,才知晓被告系统没有自己的购票信息。原告随即通过电话向被告官方客服反映情况,方得知原告的订票已因系统故障被取消。当天,原告重新购买了往返机票。4月21日,被告通过银行将原购票款退回原告的账户。原告认为,双方之间已成立航空旅客运输合同,且被告在这一事件中存在严重违约,造成原告损失,应承担全部违约责任,并向原告支付违约金。被告认为,原告在阅读被告提示须知后下单,是对被告的要约行为,按提示,被告在半小时内向原告发送电子机票号,即作出承诺,才能视为合同成立,但原告既未收到被告发出的票号手机短信,被告网站页面也未显示订票成功信息,因此,本案合同没有成立。故原告要求被告承担违约责任,没有事实与法律依据。

此外,被告官方网站订票系统设有“购票须知”,其中提示:购票人须在提交订单后指定时间内进行网上支付,待被告系统产生票号后才视为支付成功,支付不成功则所订航班座位将自动取消。并且,在购票人提交订单后,页面还会提示购票人:支付成功后没有收到票号及行程信息短信的,应查询订单详情,如遇问题拨打客服电话。①

(二)争议焦点

本案的争议焦点主要有3个:一是双方之间的航空旅客运输合同是否已经成立;二是是否只有在网站系统产生票号后,才能视为支付成功;三是双方对航空旅客运输合同未能履行的责任承担问题。

(三)裁判理由概述

首先,本案的航空旅客运输合同是否已经成立问题。法院认为:被告的网站提示信息,为被告向不特定的旅客发出的要约邀请,如果购票人点击订票相关信息,应视为对被告的具体要约,表明原告愿意受之约束。在网站生成订票人具体的订单号、票价等订票信息并在规定时间内收到订票人付款后,双方之间的航空运输合同即有效成立,被告有向订票人出票的义务。本案中,原告已在预订机票后指定时间内付款,故原告、被告之间的航空客运合同已成立生效,被告有义务及时向原告出票,但由于被告委托收款的银行支付信息反馈系统发生故障,导致被告未能及时得到信息反馈而取消了原告的订票。因该指定银行是受被告所托为其收款,因此,该银行收到原告票款即可视为被告收到原告票款。

其次,是否只有在网站系统产生票号后,才能视为支付成功问题。法院

---

① 参见上海市浦东新区人民法院(2010)浦民一(民)初字第25394号。

认为:支付是否成功是一种客观事实,不因合同事先约定而改变,被告抗辩意见显然违背了原告已按合同履行付款义务的客观事实,也与法律规定的合同成立构成要件不符。被告网站提示"系统产生票号后视为支付成功"的条款,属于免除自身责任的格式条款,应依法确认无效。

最后,双方对航空旅客运输合同未能履行的责任承担问题。法院认为:双方合同已有效成立,被告有义务及时向原告出票,被告未按约定向原告出票即构成违约,因此造成原告损失的,被告应负相应的赔偿责任。虽然根据被告网站提示,在订票人逾时支付的情况下,视为支付不成功,可以取消订单。但事实上,原告在预订后半小时内已及时付款,按该提示的约定,被告不应取消原告的订单。因被告委托的银行系统发生故障,致使被告系统没有收到原告的付款信息,这是被告自身过错造成的,故不能成为其免责的理由。原告在没有收到票号及行程信息的情况下,也有义务根据被告网站提示查询订单详情或拨打被告客服电话查询。然而,原告没有收到订票成功信息,也未履行合同约定的相关注意义务按网站提示进行查询,由此造成的损失属于原告自身过错造成的扩大损失,原告对此应负相应的责任。法院酌情裁定由原告承担30%的责任,被告承担70%的责任。

二、本案中体现的问题:航空电子客运合同的成立时间存在争议

本案关于航空旅客运输合同是否已经成立的说理中存在问题。法院认为,被告的网站提示信息,属于被告向不特定的旅客发出的要约邀请,如果购票人点击订票相关信息,应视为对被告的具体要约,在网站生成订票人订票信息并在指定时间内收到订票人所付票款后,双方之间的航空客运合同即告成立。从法理上进行分析,当事人双方对合同的主要条款达成合意是合同成立的前提,这是一个双方意思表示达成一致的过程。因此,要约人作出要约后,需要受要约人作出承诺合同才能成立,承诺是同意要约的意思表示,其内

容应与要约内容具有一致性。要约须与承诺结合才能成立一个完整的法律行为。本案中法院将购票人点击订票视为向航空公司的要约,则此时需要作为受要约人的航空公司作出一个同意要约内容的意思表示,航空客运合同才能成立。根据本案说理部分的表述,购票人发出要约后,合同成立还应满足3个条件:一是网站生成订票信息,二是订票人在规定时间内付款,三是网站系统成功收到订票人所付款项。首先,网站系统在订票人提交订单后通常即时自动生成订票信息,中间不存在航空公司作出意思表示的过程。其次,订票人付款的行为相当于受要约人承诺前要约人的提前给付。最后,要求网站收到订票人的付款,这同样也是网站系统自动操作。因此,以上几个环节都没有体现航空公司针对该具体要约所为的相对应的意思表示,此时,在承诺环节欠缺的情况下,法院认为合同成立是不妥当的。那么,进一步分析,本案的合同是否成立呢?本案中,被告系统由于未收到原告付款信息而自动取消原告的订单,其原因在于被告委托的收款银行显示系统故障,未能将收款信息及时反馈给被告。如果根据法院的逻辑,订票人点击订票视为要约,则要约信息已经到达航空公司指定网站系统,订票人付款也已经达到航空公司指定银行,应视为要约生效。而根据"银行显示系统故障导致受要约人未收到付款信息,进而自动取消订单"这一事实可知悉,本案中受要约人还没有形成一个与要约相对应的承诺,当事人的意思表示未达成一致,因此本案中的航空客运合同尚未成立。本案说理的矛盾之处在于,将购票人订票行为视为要约,却在缺少承诺环节的情况下认定合同成立。这也反映了司法实践对于航空电子客运合同的成立时间没有从构成要件上进行深入讨论,未形成统一的判定标准。

航空电子客运合同订立通常需经过以下几个环节:第一,航空公司通过网站对外发布航班信息;第二,购票者填写购票信息,提交订单并支付;第三,航空公司确认出票(交付电子客票)并以发送短信等形式通知购票人。对于以上几个环节性质的不同判定,形成了对航空电子客运合同成立时间的几种不同的观点。第一种观点是交换登机牌说,认为旅客交换登机牌时航空客运合同成立。原因在于旅客交换登机牌时座位信息才得以确定,此时,航空客运合同的内容才具有确定性,合同双方形成完整的意思表示,使合同得以成立。第二种观点是旅客订票说,即旅客购票意思到达航空公司或其售票代理人信息系统时航空电子客运合同成立。持该种观点的理由主要有两个:一是有学者认为网页上已经存在商品的价格、图片及有效时间,则当事人意思表示的内容具体确定,应认为属于要约。① 因此,航空公司在网站上提供的航班信息及价格,可以推定为航空公司真实的意思表示,并且该意思表示内容具体确定,航空公司有受该意思表示约束的意图,此时旅客根据网站提示填写信息并提交订单的行为应视为承诺,当旅客购票意思到达了航空公司或其售票代理人的信息系统时,承诺生效,航空电子客运合同成立。② 二是认为航空运输属于公用事业,公共航空承运人提供时刻表、价目表的行为应视为要约,如同显示空车待租标志灯的出租车一样不得拒载,公众一旦承诺,承运人就不得拒绝服务。③ 第三种观点是客票交付说,即航空公司成功出票时航空电子客运合同成立。持该种观点的人认为,航空公司通过网站向公众公布的航班信息属于要约邀请,购票人提交订单的行为属于要约,航空公司出票信息到达购票人即客票交付时,视为承诺生效。这种情况下航空公司作为公共服务事业的经营者负有强制缔约义务。④ 此外,还有观点认为,公用事业包括水陆空运输等服务,本身处于长期承诺的状态,比如法国法规定从事城市电力、煤气、自来水的供应等公用事业,处于长期承诺状态,所以这类企业不得拒绝公众的要约,这项规则也适用于所有根据定式合同从事交易或服务的行为。⑤

---

① 参见舒曼、吴攀:《试论我国电子商务立法的问题》,载《中国科技产业》2001 年第 4 期。

② 参见石友琴:《航空电子客票的法律研究》,南京航空航天大学 2009 年硕士学位论文,第 15 页。

③ 参见唐德华、孙秀君主编:《合同法及司法解释理解与适用》,人民法院出版社 2004 年版,第 739 页。

④ 参见邓川:《民用航空旅客运输合同研究》,西南政法大学 2006 年硕士学位论文,第 7 页;丁茜瑶:《航空客运电子合同效力研究》,中国民航大学 2015 年硕士学位论文,第 5 页。

⑤ 参见王家福主编:《中国民法学·民法债权》,法律出版社 1991 年版,第 287 页。

航空电子客运合同作为不同于传统客运合同的新兴事物,其在合同形式、订立方式等方面都有新的发展变化。然而,司法实践中对航空电子客运合同的订立还缺乏深入的讨论和理论上的共识,也未形成既定的裁判标准。鉴于航空电子客运合同成立时间的判定对当事人的行为预期和利益以及民航业发展都有着重要影响,故有必要对其成立要件进行深入分析。

三、航空电子客运合同成立时间的判断标准

航空电子客运合同作为合同的一种,其成立时间同样适用合同成立的构成要件理论。因此,航空电子客运合同成立时间的判定应当以合同成立的构成要件为标准。本部分立足于合同成立的构成要件理论,通过考察合同的一般成立要件和特殊成立要件,以便分析并厘清航空电子客运合同的成立时间节点。

(一)合同的成立要件与航空电子客运合同成立的判定

1. 合同的一般成立要件与航空电子客运合同成立的判定

合同的一般成立要件有两个:一是有适格的当事人,即双方或多方具有相应民事权利能力和行为能力的当事人;二是当事人对合同的主要条款达成合意,并对于其意思表示受法律拘束亦有合意。对合意的判断应采客观说,着眼于对当事人表示行为的客观意义加以判断。对于合意的范围,应注意不是对合同的全部内容完全达成一致,而是对合同的必要之点达成一致即可,对于合同的非必要之点,除非当事人表示对合同非必要之点未达成一致的合同不成立,否则应推定合同成立。[①] 所谓合同的必要之点,是指某一合同所不可缺的要素,如买卖合同中的标的物及价款,雇佣合同中的劳务提供及报酬。根据最高人民法院《关于适用〈中华人民共和国合同法〉若干问题的解

---

① 参见王泽鉴:《债法原理》(第1册),中国政法大学出版社2001年版,第189页。

释(二)》第1条[①]的内容可以推知,原则上当事人的名称或姓名、标的和数量,属于合同的必要之点。[②] 因此,航空客运合同的必要之点应当包括:一是适格的当事人,即旅客和其选择的航空公司;二是合同标的,运输合同的合同标的应当是承运人为旅客提供的位移服务以及旅客支付的报酬。

2. 合同的特殊成立要件与航空电子客运合同成立的判定

对于某些特殊的合同,除了一般成立要件外,可能还需要具备其他特殊要件,合同始能成立。例如,要物合同需要在当事人双方合意之外还要有物的交付;要式合同,除了双方当事人的合意之外,还要满足特殊的方式,例如书面形式,或书面形式加登记或审批。

(1)要式合同与航空电子客运合同成立的判定

首先,客运合同不是法律规定的要式合同。要式合同,是依据法律规定或当事人要求的形式而成立的合同。对于一些重要的交易,法律通常要求当事人必须采取特定的形式订立合同,例如,根据《民法典》合同编第二分编第十二章"借款合同"第668条[③]的规定,借款合同应采书面形式。反观《民法典》合同编第二分编第十九章"客运合同"第814条[④]中对客运合同成立的规定,并没有形式要求。可见,客运合同并非法律规定的要式合同,但不排除当事人双方约定为要式合同的情况。其次,再看航空电子客运合同。电子合同是当事人之间通过数据交换系统和电子管理订立、变更、终止民事权利义务关系的协议。[⑤] 根据《民法典》合同编第一分编"通则"中第469条第3款的

① 最高人民法院《关于适用〈中华人民共和国合同法〉若干问题的解释(二)》第1条规定:"当事人对合同是否成立存在争议,人民法院能够确定当事人名称或者姓名、标的和数量的,一般应当认定合同成立。但法律另有规定或者当事人另有约定的除外。对合同欠缺的前款规定以外的其他内容,当事人达不成协议的,人民法院依照合同法第六十一条、第六十二条、第一百二十五条等有关规定予以确定。"

② 参见韩世远:《合同法总论》(第4版),法律出版社2018年版,第104页。

③ 《民法典》合同编第668条第1款规定:"借款合同应当采用书面形式,但是自然人之间借款另有约定的除外。"

④ 《民法典》合同编第814条规定:"客运合同自承运人向旅客出具客票时成立,但是当事人另有约定或者另有交易习惯的除外。"

⑤ 参见董志良主编:《电子商务概论》,清华大学出版社2017年版,第33页。

规定,[1]将数据电文视为书面形式,因此,根据现行法,电子合同可以视为以书面形式订立的合同。因此,航空电子客运合同作为电子合同的一种,是当事人通过电子数据交换订立的航空客运合同,其与书面形式订立的合同具有同等效力。

(2)要物合同与航空电子客运合同成立的判定

要物合同是除当事人双方意思表示一致外,尚需交付标的物或完成其他现实给付才能成立的合同。[2] 这种合同源自罗马法,在"合约应当遵守"理念已经确立的当今社会,应当考察要物合同存在的正当性基础及其特点,避免要物合同与诺成合同的界限不明。首先,要物合同设立的初衷在于对无偿行为人的保护。罗马法上的要物合同如消费借贷、使用借贷及寄托等均为无偿合同,此类合同的成立以交付标的物为要件,目的在于平衡无偿付出者之利益,给予无偿付出者以反悔的权利。[3] 其次,要物合同涉及物的返还。罗马法上的要物合同均涉及交付物的返还,返还义务发生的前提是标的物已先行交付,这也是要物合同延续至今的重要原因。[4] 再次,要物合同发生债的效力系于物的给予。[5] 消费借贷等合同之所以须交付物才能成立,是因为合同要求一方应当承担的义务,如无对方交付物的行为将无从履行。[6] 最后,交付物应当服务于受领人或交付人合同利益的实现。例如,消费借贷与使用借贷服务于受领人的利益,寄存服务于交付人的利益。[7] 综上所述,要物合同的正当性基础在于对无偿行为人的保护、发生债的效力系于物的给予,具有涉及物的返还以及交付物服务于受领人和交付人合同利益实现的特点。由

---

① 《民法典》第469条第3款规定:"以电子数据交换、电子邮件等方式能够有形地表现所载内容,并可以随时调取查用的数据电文,视为书面形式。"

② 参见韩世远:《合同法总论》(第4版),法律出版社2018年版,第82页。

③ 参见刘家安:《"要物合同"概念之探究》,载《比较法研究》2011年第4期。

④ 参见李永军:《民法总论》,法律出版社2006年版,第452页。

⑤ 参见蒋军洲:《要物合同的类型演进与其界定:罗马法的经验与启示》,载《东方法学》2015年第6期。

⑥ 参见佟柔主编:《民法原理》,法律出版社1983年版,第79~80页。

⑦ 参见张金海:《论要物合同的废止与改造》,载《中外法学》2014年第4期。

此反观客运合同,首先,客运合同中旅客的付款与承运人的运输服务是一对等价交换关系,不存在一个无偿给付的行为人,更谈不上物的返还,因为承运人提供的旅客位移服务一旦作出,便无法返还。其次,运输服务的发生并不依赖于旅客的付款或承运人的出票行为。最后,旅客的付款是获得运输服务的对价,承运人客票的交付是运输合同成立的初步证明,两者都无服务于合同利益实现的作用。① 因此,航空电子客运合同不属于要物合同,也无成为要物合同的必要。

(二)要约承诺与航空电子客运合同的订立过程

合同订立是当事人为实现预期目的,为意思表示并达成合意的动态过程,合同订立不同于合同成立,合同成立是合同订立的组成部分,标志着合同的产生,合同订立既包括合同成立,又包括缔约各方接触和洽商的动态过程。合同订立的方式是要约承诺,一方当事人提出要约,另一方当事人予以承诺,双方就交易达成合意,合同即告成立。因此,合同成立是要约和承诺的结果。② 对于航空电子客运合同而言,由于其既不是法律规定的要式合同,也排除了要物合同的可能,那么航空电子客运合同的成立即应当以达成合意为标准,订立方式遵循要约—承诺结构。

1. 航空电子客运合同订立过程中的要约

要约是希望与他人订立合同的意思表示。要约的构成应符合 4 个要件:一是主体方面,要约是特定人所为的意思表示;二是内容方面,应当具体确定;三是主观方面,应表明经受要约人承诺,要约人即受该意思表示约束;四是对象方面,应向希望与之订立合同的相对人发出。对于航空电子客运合同来说,航空公司通过网站对外发布航班信息的行为和旅客在购票平台提交订单的行为都符合要约的构成要件。航空公司通过网站对外发布航班信息,是

---

① 参见张金海:《论要物合同的废止与改造》,载《中外法学》2014 年第 4 期。

② 参见杨立新:《中华人民共和国民法典释义与案例评注 · 合同编》,中国法制出版社 2020 年版,第 38 页。

航空公司所为的意思表示,包含了航班的时间、出发地、目的地以及机票价格,其内容具体确定,向所有点开购票网站希望预订机票的旅客发出,旅客一旦作出承诺,航空公司即受该意思表示约束,负有出票义务。因此,航空公司通过网站对外发布航班信息的行为可以视为以公告方式作出的要约,公告发布时即生效。① 有观点认为,航空公司通过网站对外发布航班信息的行为不是要约,而是要约邀请。要约还是要约邀请,本身是一个解释问题,其区别在于是否希望对方主动向自己提出订立合同,以及是否有受意思表示拘束的意旨。② 如果将航空公司通过网站对外发布航班信息的行为视为要约邀请,则旅客提交订单的行为应当解释为要约,这是旅客向航空公司发出的,希望与之订立航空旅客运输合同的意思表示,订单信息一旦成功发送至购票平台系统,则视为要约到达生效,待航空公司承诺后航空电子客运合同即告成立。

2. 航空电子客运合同订立过程中的承诺

承诺是受要约人同意要约的意思表示,承诺的构成要件包括:一是主体方面,承诺须由受要约人作出;二是对象方面,承诺须向要约人发出;三是内容方面,承诺的内容应当与要约内容一致;四是时间方面,承诺应在要约确定的期限内到达要约人。要约须与承诺结合才能成立一个完整的法律行为。因此,如果将航空公司对外发布航班信息的行为视为要约,则作为受要约人的旅客向航空公司或其指定平台提交订单的行为可以视为与要约内容一致的承诺,订单信息到达航空公司或其指定平台系统时,视为承诺到达生效,航空电子客运合同成立。如果将航空公司对外发布航班信息的行为视为要约邀请,将旅客提交订单的行为视为要约,则需要航空公司向旅客作出一个内容一致的承诺。有观点认为,旅客提交订单后系统随即向旅客发送的订单号及提示付款通知是航空公司的承诺。③ 这一观点值得商榷,因为,一方面,由于电子系统操作具有即时性特点,此时系统的自动回复不能体现航空公司作

① 《民法典》第139条规定:"以公告方式作出的意思表示,公告发布时生效。"

② 参见韩世远:《合同法总论》(第4版),法律出版社2018年版,第119~120页。

③ 参见李明佳:《我国电子合同法律制度研究》,山东师范大学2020年硕士学位论文,第14页。

出意思表示的过程,只是要约成功到达受要约人的反馈;另一方面,购票平台系统数据与航空公司数据难以做到完全同步更新,具有一定的滞后性,[①]系统即时生成付款通知的同时,可能该航班的机票已售空,此时航空公司客观上不具备作出承诺的条件。因此,旅客提交订单后的系统提示不宜视为航空公司的承诺。航空公司作出出票通知的行为更符合承诺的构成要件,出票通知是航空公司确认航班有座位后,向旅客发出的确认双方之间成立航空旅客运输合同的意思表示,能够体现航空公司作出意思表示的过程,出票通知到达旅客时视为承诺到达生效。

四、航空电子客运合同成立时间的现有观点与评析

根据上文所述,航空电子客运合同的成立应以(在必要之点上)达成合意为标准,遵循要约—承诺过程。本部分即以上述航空电子客运合同成立的判断标准对航空电子客运合同成立时间的既有观点进行评析,梳理不同观点的内在逻辑与合理性,同时从利益衡平角度分析现有不同观点对航空运输合同当事人双方权利义务的不同分配以及所产生的利益影响。

(一)交换登机牌说

交换登机牌时航空电子客运合同内容才得以确定的说法不成立。根据前文所述,合同成立的一般要件包括适格的当事人以及当事人对合同的主要条款达成合意。其中,合意的范围是对合同的必要之点达成一致即可。航空客运合同的必要之点应当包括:一是适格的当事人,即旅客和其选择的航空公司;二是合同标的,航空承运人对购买某一特定航班的旅客提供的位移服务以及旅客支付的对应报酬——客票价格。由此,旅客在购买机票时就能确定双方当事人以及所搭乘的航班提供的位移服务和对应客票价格,合同的主

① 参见丁茜瑶:《航空客运电子合同效力研究》,中国民航大学2015年硕士学位论文,第7页。

要条款已具备,选定哪个座位并不是合同的必要之点,即使随机分配当事人的座位也不影响合同标的即将当事人安全运达目的地的实现。因此,该种说法在理论上不成立。再者,如果直到登机前交换登机牌时合同关系才得以确立,对于旅客来说,能否登机将具有极大的不确定性,其难以对自己的行程进行预期和安排,订立合同的成本过高,双方利益极不平衡,不利于促进交易的达成。而且,这意味着即使承运人超售拒载旅客,被拒载的旅客与承运人因未成立合同,而不能主张违约责任,这显然与人们的普遍预期与法感相悖。

(二)旅客订票说

根据旅客订票说,购票平台上航班信息的展示视为航空公司以公告形式作出的要约,旅客提交订单确认购票的行为视为承诺,当旅客购票意思到达航空公司或其售票代理人的信息系统时,承诺生效,航空电子客运合同成立。此时,合同双方当事人的权利义务是平衡的:旅客有付款义务,航空公司有出票义务。旅客的风险是,行程一旦确认即不能反悔,否则可能承担违约责任;航空公司的风险是有强制出票的义务,应当向旅客提供运输服务,否则即构成违约,如构成违约,航空公司应免费为旅客提供改签服务,弥补旅客因无法出票造成的损失。与此相类似的是长期承诺说,旅客一旦作出要约,则视为航空公司自动作出承诺,合同自动成立,各方负有对应的权利义务,本文不再赘述。

在旅客订票说情形下,航空公司和旅客双方的利益较为平衡。然而,旅客订票说对承运人提出了较高的要求,公众一旦作出承诺,航空公司必须提供服务。从我国的现实情况来看,航空运输面临的客观环境变化因素较多,诸如天气条件恶化、临时调整航班计划及订票平台数据滞后等原因,承运人时常不能及时出票,在这种现状下对航空公司施予强制出票的义务,可能不符合我国民航事业的承载力水平,航空公司也可能因强制出票义务对于售票采取谨慎态度,不利于促进交易的达成。

(三)客票交付说

根据客票交付说,航空公司对航班信息的展示性质上属于要约邀请,旅客提交购票订单的行为属于要约,航空公司的出票行为视为承诺,航空公司出票信息到达购票人视为客票交付,承诺生效,航空电子客运合同成立。在电子客票情形下,虽然在航空公司出票前旅客可以任意改变行程而无须承担违约责任,但旅客提交订单后还需完成给付才能获得航空公司出票的机会,同时还面临航空公司无法出票的风险。航空公司拥有是否出票的选择权,若无法出票,则意味着对于旅客的要约航空公司未作出承诺,航空电子客运合同未成立,航空公司仅需返还因订立合同所获得的利益,即退还旅客提前支付的票款。此时,双方的权利义务存在明显的不平衡:航空公司相较于旅客本身处于信息、资源上的优势地位,同时掌握了是否出票的主动权,而旅客支付了票款后还面临着不能出票的风险,其付款后的期待利益没有得到合理的保护。[①]

相较于旅客订票说,客票交付说对双方的约束力都较弱,航空公司能够根据客观环境变化做出灵活应对,决定是否出票,有利于促进交易达成,更符合我国民航业的发展水平。但是鉴于航空公司所处的优势地位,为了平衡双方的利益,航空公司须负有强制缔约义务。公共航空运输作为公用事业,居于独占地位,是一般人事实上依赖的民生需要,欠缺真正缔约自由的基础,故法律特令其负有缔约的义务。[②] 因此,采取客票交付说,应当注意航空公司所负有的强制缔约义务。我国《民法典》合同编第 810 条对公共运输承运人的强制缔约义务作出了要求,[③]但没有明确规定违背强制缔约义务的承运人

① 参见刘海安:《航空客运合同成立时间——达成合意的回归》,载《北京理工大学学报(社会科学版)》2016 年第 5 期。

② 参见王泽鉴:《王泽鉴法学全集》(第 12 卷),中国政法大学出版社 2003 年版,第 96 ~ 97 页。

③ 《民法典》合同编第 810 条规定:"从事公共运输的承运人不得拒绝旅客、托运人通常、合理的运输要求。"

应承担怎样的法律责任。笔者认为,承运人违背强制缔约义务致使合同不能成立的,应当承担缔约过失责任,赔偿旅客的信赖利益损失。具体而言,航空公司只在具有合法正当理由的情况下才有权拒绝旅客的要约请求,非正当理由拒绝出票致使合同未能成立的,航空公司则可能因违反强制缔约的先合同义务而承担缔约过失责任。

综上所述,航空电子客运合同成立时间的判定对当事人的行为预期与利益有着不同的影响。交换登机牌说在理论上不成立,且旅客承担了明显不合理的风险;旅客订票说情形下航空公司和旅客双方的权利义务较为对等,旅客拥有订票的主动权;客票交付说情形下,旅客提前给付票款后才能获得航空公司出票的机会,同时还面临不能出票的风险,航空公司则掌握了是否出票的主动权,双方利益不平衡。

五、航空电子客运合同成立时间的确定与对“梁某某诉中国东方航空股份有限公司航空旅客运输合同纠纷”案判决的回应

对于航空电子客运合同的成立时间,《民法典》颁布前,原《合同法》第293条采客票交付说。① 这一规定在我国《民法典》合同编第二分编第十九章“运输合同”第814条中得到了延续。过往的航空电子客票纠纷实践中,司法判决也通常根据原《合同法》采用客票交付说观点,例如2008年“张某境诉上海东方航空股份有限公司等航空旅客运输合同”案中法院的裁判理由陈述为:“客运合同自承运人向旅客交付客票时成立,但当事人另有约定或者另有交易习惯的除外。……原告委托他人订购被告航空公司的机票,被告银桥公司作为被告航空公司的机票销售代理,其出票的行为即表示被告航空公司已对原告的要约作出承诺,航空客运合同即告成立生效。”2015年“王某诉中国

---

① 原《合同法》第293条规定:“客运合同自承运人向旅客交付客票时成立,但当事人另有约定或者另有交易习惯的除外。”

东方航空股份有限公司航空旅客运输合同纠纷”案中，一审法院认为：“客运合同自承运人向旅客交付客票时成立。原告购买被告的机票，双方之间建立了航空旅客运输合同关系。”[①]不难发现，法院对于航空电子客运合同成立时间的裁判理由阐述相对简略，并没有从合同订立的构成要件上进行深入展开，仅仅是引用了法律规定，在法理阐释上相对薄弱。值得注意的是，2018年制定的《电子商务法》对于电子合同的订立采取了不同的观点，根据《电子商务法》第49条的规定，电子商务经营者发布的商品或者服务信息符合要约条件的，用户选择该商品或者服务并提交订单成功，合同成立。这一观点在《民法典》合同编第一分编“通则”第491条中也得到了体现。[②] 因此，按照《电子商务法》的规定，航空电子客运合同的成立时间应采用旅客订票说。根据特别法优于一般法的原则，《电子商务法》第49条，应当优先于《民法典》合同编第814条适用。这无疑将给司法实践带来挑战，因此，无论航空电子客运合同成立时间的判定标准是继续采用客票交付说，还是转变为采用旅客订票说，都需要法院在司法实践中进行充分的阐释，对合同订立的构成要件进行深入讨论，并最终形成合理统一的裁判标准。

综上所述，“梁某某诉中国东方航空股份有限公司航空旅客运输合同纠纷”案裁判理由中对于航空电子客运合同成立时间的论述，存在明显的问题，反映出司法实践对航空电子客运合同成立时间的判定缺乏深入的讨论和理论上的共识，需要进一步充分的解释并形成统一既定的裁判标准。

本文结合合同成立的构成要件，在对航空电子客运合同成立时间的不同观点进行分析后，得出以下结论：首先，从利益衡平角度，旅客订票说情形下旅客和航空公司之间的权利义务对等，双方利益平衡，但对航空运输业的运

① 参见上海市浦东新区人民法院(2008)浦民一(民)初字第10632号；上海市第一中级人民法院(2015)沪一中民一(民)终字第1946号。

② 《民法典》合同编第491条规定：“当事人采用信件、数据电文等形式订立合同要求签订确认书的，签订确认书时合同成立。当事人一方通过互联网等信息网络发布的商品或者服务信息符合要约条件的，对方选择该商品或者服务并提交订单成功时合同成立，但是当事人另有约定的除外。”

力水平提出较高要求;从行业发展角度,客票交付说更符合我国航空运输的客观环境和发展水平,此时由于旅客处于相对弱势地位,航空公司须负有强制缔约义务。其次,《民法典》合同编第二分编典型合同之第十九章运输合同中对客运合同的成立时间采客票交付说,我国航空电子客运合同纠纷的司法实践也将长期采用这一观点。然而,根据《电子商务法》和《民法典》合同编第一分编"通则"对电子合同订立的规定,航空电子客运合同应采旅客订票说。这给未来航空运输电子合同订立和司法实践都带来挑战。航空电子客运合同的成立采取何种标准,将对当事人的行为预期和利益以及民航运输业产生重要影响。因此,需要司法实践给予足够的关注,应当对航空电子客运合同订立的构成要件和法律效果进行充分展开,最终形成统一的判定标准,以便指导航空电子客运合同订立实践,使双方当事人在订立合同时能明晰自己的权利义务,避免存在多种解读和误解的可能性。

域外航空法书评

Book Review: Fundamentals of International Aviation Law and Policy

Zhang Luping*

Benjamin I Scott and Andrea Trimarchi's introductory textbook on aviation fundamentals is a first good read at the beginning of 2020. As many current international affairs have enlightened, it is essential for all sorts of aviation practitioners, such as pilots, airport/airline employees, lawyers and governmental representatives to take a handbook as such in hand.

Compared to a traditional stream of detailed aviation law textbooks, such as Pablo Mendes de Leon's *Introduction to Air Law* and Paul Dempsey's *Handbook on Public International Air Law*, the current Routledge textbook stands out due to its simplicity yet comprehensiveness.

* Assistant Professor at School of International Law, Researcher at Centre for Air and Space Law, China University of Political Science and Law, PhD (King's College London).

The whole book divides into twelve chapters, covering mainly air law topics and extending one chapter to space law: Foundations of Aviation Law, Early Development in Aviation Law, Convention on International Civil Aviation, International Civil Aviation Organization, International Air Transport, Criminal Aviation Law, Contractual Liability, Third-Party Liability and Damage on the Surface, Aviation Insurance, Aviation Competition Law, Regulation of Environment in Aviation and Suborbital Transportation and the Link to Space Law. The first five chapters lay the foundation of international air law, highlighting the most prominent international organization in this field—International Civil Aviation Organization. The next five chapters deal with liability and competition in air law, covering both criminal and civil law frameworks. The last two chapters target at the most innovative aspects of international air law, namely environmental regulations and suborbital transportation. As the title of this book suggests, it deals with both law and policy in the aviation sector.

The authors strategically arrange the substance with different frames "learning objectives", "definitions" and "did you know" and "case report". In particular, the authors provide useful trivial information in the study of air law in the section of "did you know" (p. 2). For instance, the authors have listed which journals are most topical in air law (p. 11) and which individuals have served as the President of the ICAO Council in history (p. 63). In presenting the classifications of aircraft, the authors tactically use graphics to deliver the information(p. 37 and p. 278).

The textbook provides updated data and case law, which is a highlight for any readers who are interested in exploring essential know-how in the aviation sector. As an example, the chapter on the role of ICAO, the chapter updates all case law brought to the ICAO Council for dispute settlement. Each chapter concludes with questions and recommended reading, which *per se* provides a resourceful literature review. Any reader can explore further on the basis of the literature the current book provides.

With all highlights, the textbook reaches its limit concerning the depth of analysis of different topics. As stated in the prelude, it is evident that the targeted audience of this textbook excludes students who want an in-depth learning experience. In this light, this textbook features a fair market stance as a hands-on introductory air law textbook.

Last but not least, including the new link of suborbital transportation and the link to space is an innovative way to draft an air law textbook—such innovation taps into the interconnected development of air law and space law. In order to fully comprehend the knowledge of air law, one has to broaden his or her horizon to the outer space in the new era.

《中国航空法评论》稿约

《中国航空法评论》是由陕西省哲学社会科学重点研究基地——西北政法大学国际法研究中心和西北政法大学郑斌航空与空间法研究所主办,由法律出版社出版的文集。

本文集秉承弘扬学术,探究法理,注重国际国内立法与司法实践的特色,力求收录海内外与航空法律、航空政策相关的一切研究成果。本文集涉及航空法热点问题评析、航空公约述评、国际国内航空法立法动态、航空案例研究、资料信息、译文摘录、学位论文等内容。

本文集面向国内外征集稿件,热忱欢迎国内外专家、学者、学界同人及同学不吝赐稿。稿件要求如下:

一、本文集欢迎选题新颖、有独到见解和学术价值的航空法中英文论文或资料信息。

二、来稿形式不限,学术专论、评论、判解研究、译作等均可,篇幅长短不拘。

三、来稿须同一语言下未曾在任何纸质和电子媒介上发表,请勿一稿多投。

四、来稿应附有作者简介(姓名、学位、工作单位及职务、职称、研究领域和通信方式及 E-mail 地址等)。基金资助的论文应对基金项目名称、项目编号予以注明。

五、译作请附寄原文,并附作者或出版者的翻译书面授权许可。译者需保证该译本未侵犯作者或出版者的任何权利,并在可能的损害产生时自行承担损害赔偿责任。本文集主编及编委会不承担由此产生的任何责任。

六、本文集注释使用脚注,每页重新编号,不使用尾注注释规范。具体注释规范请参考文集样刊格式。

七、本文集实行文责自负原则。

八、本文集欢迎对收录的文章、案例和相关资料信息予以转载、摘登、翻译和结集出版,但应尊重原作者依照《著作权法》所享有的权利,在实施转载时请注明“转自《中国航空法评论》20××年第×卷”,以及原作者、译校者署名,同时书面通知执行主编。

九、凡向本文集投稿,即视为接受本稿约。

执行主编:张超汉

投稿邮箱:aviationlawreview@ 126. com